王阳明传

十五、十六世纪中国
政治史、思想史的聚焦点

李庆／著

上海古籍出版社

王守仁入龍場路線圖

北京 → 杭州（北新关）→

→ 衢州（草坪驛）----→ 廣信 →

→ 南昌 → 分宜 → 袁州（宜春）→

→ 萍鄉 → 醴陵 → 長沙 →

→ 常德（天心湖）→ 羅舊驛 →

→ 辰陽（沅水驛）→ 平溪館 →

→ 七盤 → 興隆衛 → 清平衛 →

→ 龍場驛

第八章 王守仁路线圖

圖例：
→ 進程
----→ 進程存疑

王守仁入龙场路线图

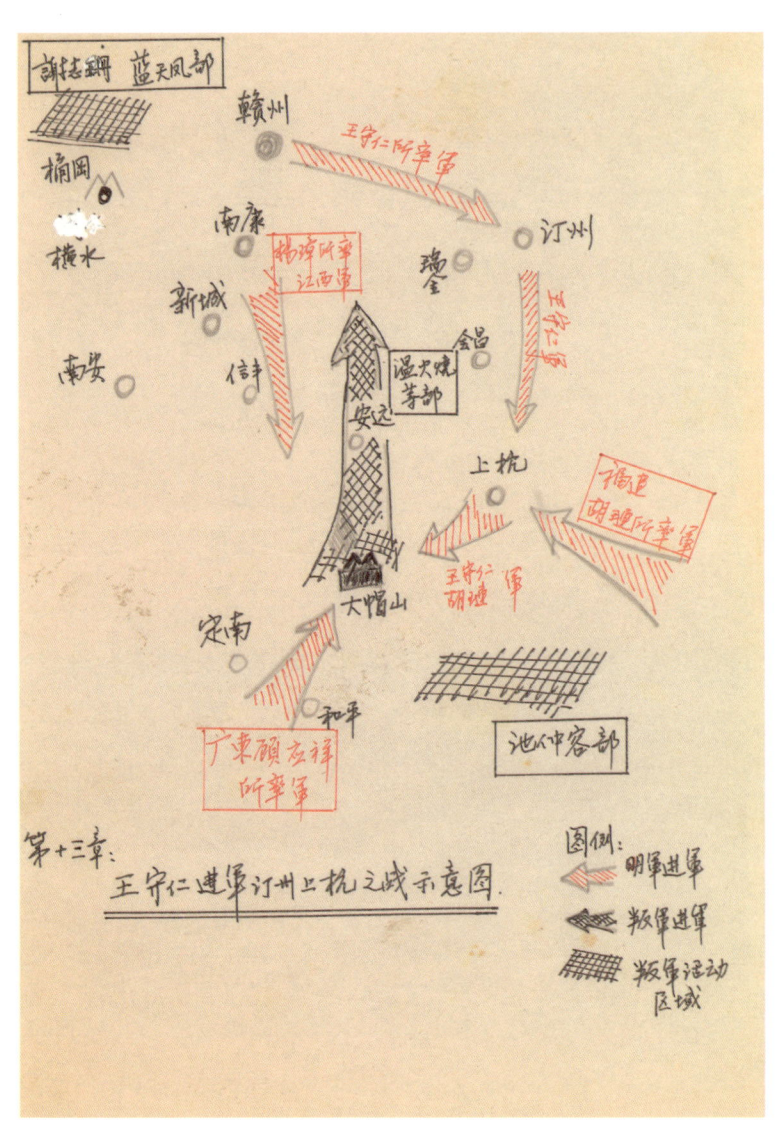

王守仁进军汀州、上杭之战示意图

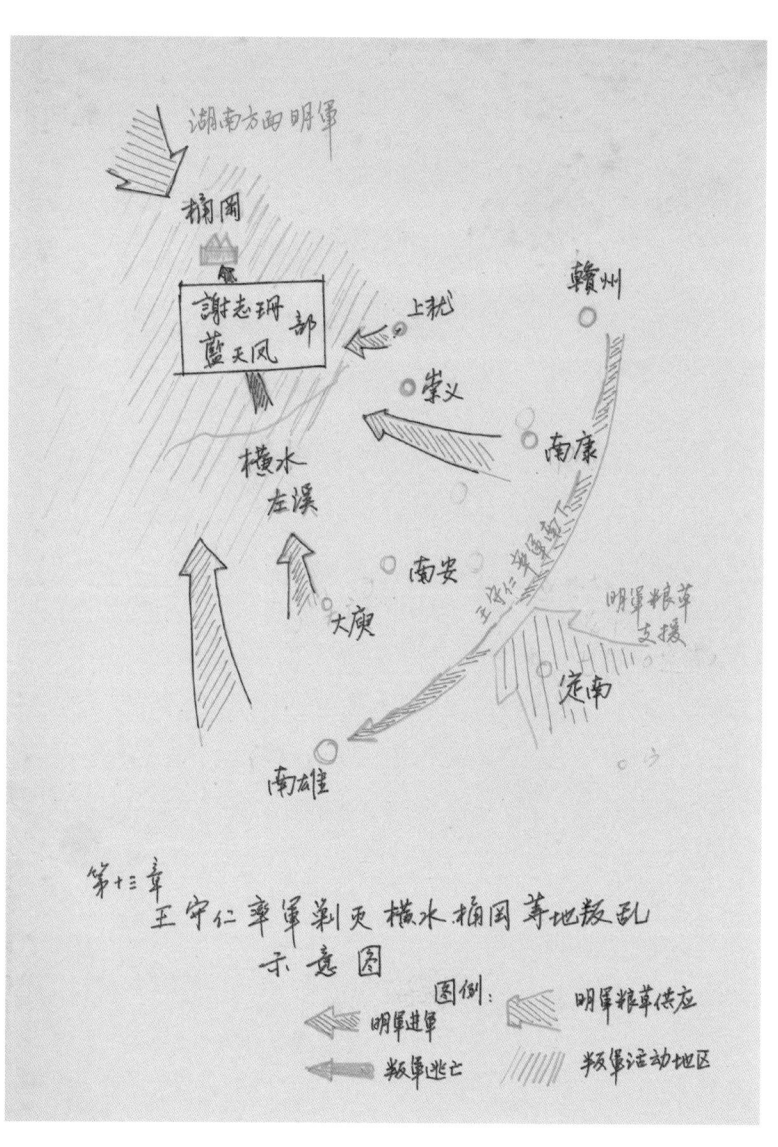

王守仁率军剿灭横水、桶冈等地叛乱示意图

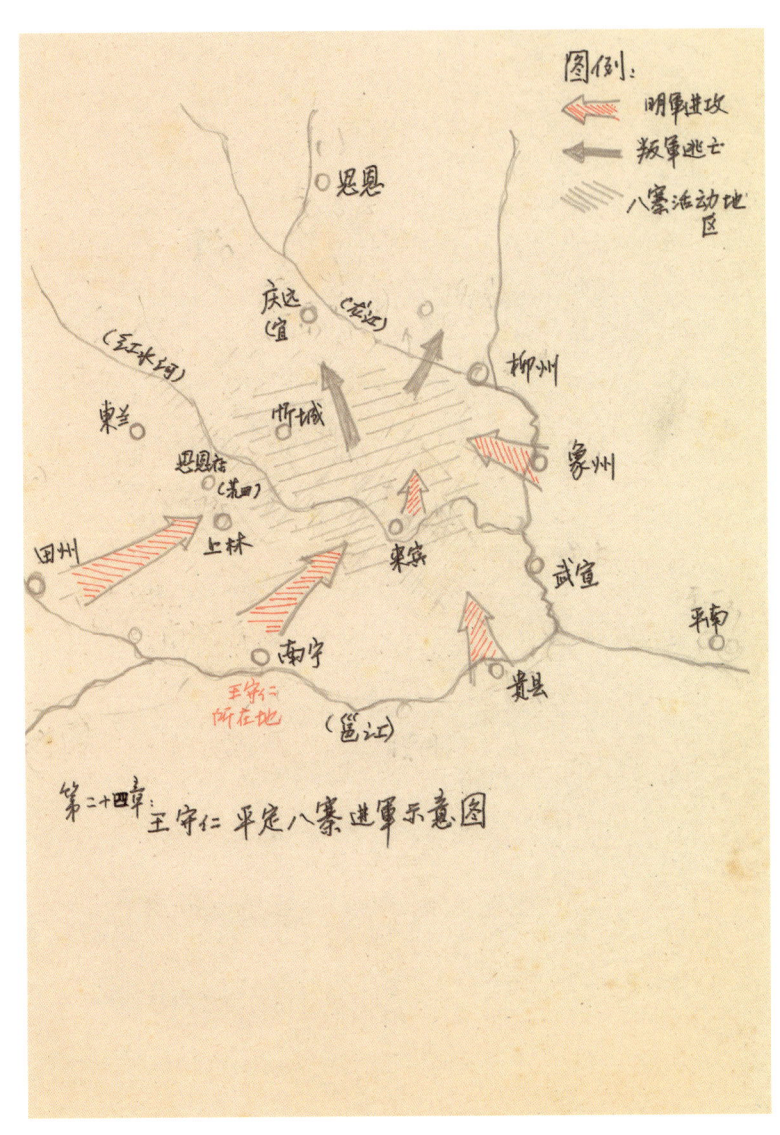

王守仁平定八寨进军示意图

前　言

　　十五、十六世纪，是大航海的时代，是世界地理大发现的时代，是世界走出了中世纪、新时代的曙光映现在地平线、新的生产方式展现出生命力的时代。

　　十五、十六世纪，也是中华文明——这存续了近五千年的文明，在历史进程中，开始从世界的领先集团中脱落的时代。

　　在这个时代，在东亚的中国大地上发生了些什么变化？

　　为什么会这样？作为中华文明代表的知识分子阶层，面对社会的变化，在现实中，是如何活动的？他们的梦想和追求是什么？他们的精神世界如何面对世界变化？他们的思维模式和知识结构是怎样的？这样的模式和结构在社会变化过程中起到怎样的作用？

　　五百年后再回首，面对着当今的世界，面对着未来的云天，我们应该有怎样的反思？可以吸取怎样的经验和教训？

　　这些就是我在提笔时，一直萦绕在脑海中的问题。

　　毫无疑问，我不可能完全回答这些问题。但我在思考，在反思。

　　思考和反思，应该有具体的对象。王守仁，恰恰就生活在十

五、十六世纪这个时代。

王守仁（1472—1529），字伯安，号阳明。明代浙江余姚人。弘治十二年进士。《明史》卷一九五有传。他是那个时代中国最有代表性的政治人物、思想家、诗人。通过对这样一个典型的追寻和剖析，或许可以为探讨上述问题，提供一些有益的启示。

这就是写这本书的出发点。

那么，就让我们把镜头的聚焦点，对准王守仁这个人。鉴于王守仁多以"阳明"自称，故以"王阳明"为传名。

一

说到明朝的王守仁，套眼下时髦之词，叫做"有很高的知名度"，可以说，读过点书的人大概不会不知道。然而，进一步追问：他究竟是怎样一个人？似乎又未必那么清晰，那么简单可以回答。

谈到王守仁的生平，近年出版的各种传记，几乎都津津有味地述说一个流传已久的故事：

王守仁原先是个六品主事，因为仗义上疏，反对太监刘瑾，结果被打了屁股，贬斥到贵州的龙场当驿丞，变成了相当于现今招待所兼邮局的"所长"或"主任"，低于公务员中最末等"从九品"的"勤杂"人员。

当时在京城管事的太监刘瑾是一个做事很绝的人。对于王守仁，不肯就此甘休，他特地找来了杀手，准备在王守仁离京赴任途中杀掉他。

王守仁料到刘瑾不会放过他，便在经过杭州时玩了一个把戏，把自己的帽子和鞋子丢进了钱塘江，还留了封遗书，大意是我因为被人整得很惨，精神压力太大，所以投江自尽了。

杀手们听说这人已经自尽，就回去交差了，更可笑的是连杭州的官员们也信以为真，还专门派人在江边给他招魂。

而与此同时，魂魄完好的王守仁已经漂泊到了福建，他虽然保住了命，却面临着一个更为麻烦的问题——下一步怎么办？

在武夷山，王守仁找到了问题的答案，因为在这里他遇到了一个老朋友。他的这位朋友思考了很久，给了他一个天才的建议："还是算一卦吧。"

算卦的结果出来了：利在南方。

那就去南方吧。

王守仁告别了朋友，踏上了新的征途。

这个故事，有各种文本，基本都是根据明代的《皇明大儒王阳明靖难录》改写而成。这是一个流传了近五百年的传说，很吸引人。

这个传说，笔者所见的最早的记载，乃是从王守仁的弟子中流传出来，到明代嘉靖年间，赵时春所写的《王守仁传》已可见。此后，又被《高坡异纂》等"小说家"流的笔记记载，被传说为冯梦龙所作的《皇明大儒王阳明靖难录》（有日本排印本），进一步加以渲染，流传海内外。多年来，一直被某些学者认为是真实之事。近年出版的日本冈田武彦的《王阳明大传》也相信这一传说，可见其影响。

然而，这毕竟只是个故事。《三国演义》并非《三国志》。我们总不能把小说《三国演义》中那位过五关斩六将的关云长，当作三国时代的真实关羽吧？（当然，小说形象的产生，也有历史真实的影子，那是另一回事。）

其实，早在明代，湛若水写的《阳明先生墓志铭》中，就已经点明此传说不可信。清代也有学者指出过。但这个故事毕竟有趣、有料、惊险、奇特，所以流传不绝。

历史人物的传记，若不建立在确凿的史料之上，容易深陷个人主观的泥沼，无法支撑起人们长久的信念。真实，才是最顽强有力的要素。

在当今文化快餐风行的潮流中，要对上述传说加以辨析，或被认为"冬烘"，或被反问一句："凭什么说，你认为的就是真的历史，人家说的就是传说故事呢？"我绝对不认为自己所写的，便完全真确地再现了历史——那只是我追求的目标。

希望通过同志者不断地相互批评探讨、切磋琢磨，逐步接近历史的真实。

理想和现实总有差距，但历史研究，归根到底，还是要让事实和理性说话。

二

要撰写王守仁的传记，首先应当了解，在此之前，有关研究达到了怎样的地步，处于怎样的水平。

早在王守仁去世后不久，就有其墓志铭、行状、年谱等生平资料的整理。在近年出版的《王阳明全集》（上海古籍出版社版，浙江古籍出版社新编本）中大致可见。

近年，国内已经出版的"王守仁传"主要有：

张祥浩的《王守仁评传》（南京大学《中国思想家评传丛书》本，南京大学出版社，1997年）

周月亮的《心学大儒王阳明传》（中国工商联合出版社，1999年）

钱明的《儒学正脉——王阳明传》（浙江人民出版社，2006年）等等。

在海外，最早有日本高瀬武次郎的《王阳明详传》（日本，广文堂书店，1916年）。日本有关王阳明的著述还有：山本正一的《王阳明》（日本，中文馆书店，1943年），山下龙二的《王阳明》（日本，集英社，1984年），近年有冈田武彦的《王阳明大传》（此书已有中文版。重庆出版社，2005年，2018年修订版）等等。

此外，日本吉田公平的《王阳明》（日本，角川书店，1988年）、北美华裔学者秦家懿的《王阳明》（台北，东大图书公司，2001年）、陈荣捷的《传习录详注集评》（台北，学生书局，1997年）也论及王守仁的生平。

当然还有不少著作，不再一一举出。

笔者认为，在上述的传记论著中，有一些值得注意的倾向。

（一）收集资料范围的局限性。大致按照钱德洪等编的《王阳明年谱》，参照黄绾的《阳明先生行状》、隆庆时期所出的《王文成公全书》编写而成。而对于此外的资料，如《明实录》、时人文集、笔记等史料，涉及较少。对王守仁的诗赋、行政文书等资料，研究有限。

（二）使用资料缺乏思辨考证。有关史料，未辨真伪。混淆传说和事实，未放到当时历史环境中去加以考辨。未考虑资料编纂者的局限。比如钱德洪等编《年谱》者，多系王守仁晚年所收弟子，他们虽然搜集了不少资料，但有的做了修饰，显然偏颇。

（三）研究角度比较单一。往往只侧重王守仁思想家的侧面，而忽略了他作为一个政治人物，作为一个有建树的官员，作为一个诗人，作为一个生活在十五、十六世纪的中国人的不同侧面，没有把他放在不同时期的社会关系中去认识。

因而，这样的传记，令人感到仅限于资料的字面阐述发挥，缺乏立体感和真实性。

王守仁是个有情感、有理念、有思辨的人，他生活在当时的社会政治环境、家庭环境、交游环境中。只有不同角度理性之光的照射，才能比较立体地展现一个历史人物的真实面貌。

三

要立体地展现一个有血有肉的真实人物，写出一个活生生的、具体的人，绝非一件容易之事。

撰写王守仁的传记，困难在于：

（一）对于他的生平，已有许多先入为主的固定观念存在，这些观念是反复传闻的积淀，要加以澄清和辨析，绝非易事。

（二）迄今为止，就明代历史而言，初期（朱元璋、朱棣时期）和晚明（万历以后时期）的研究较多，中期比较薄弱。

好在近年，学界对于王守仁生平文献资料的收集，有了相当的成绩，最主要的成果，有新版《王阳明全集》（上海古籍出版社版，浙江古籍出版社新编本），有束景南的《阳明佚文辑考编年》和《王阳明年谱长编》，汇集了作者多年的心血，是进一步研究的坚固基石。

此外，明代文献也多有整理出版，为深入研究王守仁的生平提供了资料。

我并不完全同意上述有关研究的结论，但我完全尊重所有为此付出心血的研究者的贡献。没有前人的积累，就没有笔者的著述，而笔者的研究，也不过是整个研究长河中一个阶段的产物。

那么，具体而言，怎么写呢？

传记的形式，多种多样。据笔者寡见所及，主要有这样几类：

（一）传统史传的传记。自《史记》以来，"正史"中的传记，是我们了解历史舞台上主要人物最主要的资料。

（二）流行小说式的传记。作为文学作品的传记，如《王阳明靖难录》等。这样的传记，较易流传，但多虚构成分。（关于文学传记和学术性的历史传记，这两者的界限和相互关系，是学术界讨论已久的课题。在此不论。）

（三）编年考证性的传记。列出具体史料再细加考辨分析，按照年代排列。

（四）评传式的传记。收罗史料，分析推断，在此基础上，描写传主生活、思想和各方面的活动，乃是受近代西方传记影响的产物。如朱东润先生的《张居正大传》。（关于这种传记的特点，可参见朱东润先生《张居正大传》的《1943年序》。）

各种类型的传记，都有自身的特点，都有存在的理由。有的比较细密，宛如绘画中的素描或工笔，纤细刻画；有的则粗略勾勒，就像是速写，传神写意。

笔者想吸取前人传记的长处，既要比较全面地收集资料，又要剪除枝蔓，有所选择；既要严格地考证其活动的时间和空间，又要显示各种事件、人物的内在联系，不仅仅按年代排列资料；既要描写其思想、感情发展的轨迹，又不是单纯思想观念的符号演绎。

传记的撰写，按照现代"叙事模式"理论，还有一个作者视角问题。有的是作为历史事件的参与者，用主观感受的第一人称写作——作者和主人公在某种程度上，叙事的角度是重合的；有的是作为客观的旁观者来写，而在这样的"客观"写作中，又有作为"无所不在"的"见证人"的角度和作为"万能的把握者"来写的选择。（参见王靖宇：《从〈左传〉到〈史记〉——中国早期叙事艺术上的传承与发展》，载复旦大学古籍整理研究所、章培恒先生学术基金编：《中国经典新诠论》，上海文艺出版社，2014年，69—88页）实际上，无论何种方式，目的都是尽可能地把传主传形传神地表现出来。笔者主要采取客观描述的方法，稍加整理和阐述。

四

  王守仁，从中国历史的发展来看，是十五、十六世纪中国社会和政治史的一个聚焦点，从中国思想的发展来看，也是那个时代儒学思想争论的聚焦点。

  笔者撰写《王阳明传》，力图解决的问题是：

  王守仁是个怎样的人？在怎样的时空中活动？过着怎样的真实生活？

  人的本质是社会关系的总和。所以，要探讨他生活在怎样的家庭，和哪些人有交往？在人生的关键节点，是什么因素促使他选择或迫使他走上了这一条而不是另外的道路？

  他的思想情感，有怎样的发展过程？是什么因素，使得他在不同的阶段，思想发生了变化，具体表现如何？

  他的学说和思维模式是怎样的？存在哪些特点和不足？

  通过对这个聚焦点的分析，从更广阔的人类文明发展的角度看，是否有值得借鉴的意义？

  总之，要洗涤传说、小说给王守仁描上的油彩，尽可能地显现他各个侧面的细节，重现一个十五、十六世纪中国土地上的现实人物的形象，重现他作为士人、官员、思想家、诗人的本来面貌，抹去后世加在王守仁身上的光环，找出他思想发展的基本脉络，为分析他的思想，提供确实的根据。

  这当然是一个非常高的要求，笔者水平有限，不可能完全达到这样的目标。但笔者深信,只有这样,我们才有可能渐渐迫近历史的真实,而不是反反复复地在低水平的泥潭中翻滚折腾,毫无进展。只有这样,我们才能正确地吸取历史的经验和教训,使我们的文化扎根在真实的土地上,经得起狂风巨浪。

五

想要写作这本传记,由来已久。早在二十世纪八十年代初,研究生毕业以后,笔者留在复旦大学古籍整理研究所工作。笔者的专业是文献学,毕业后在章培恒先生的领导下,参与《全明诗》的收集、编纂工作,负责全国的明人文集目录调查;同时,在徐鹏师主持下的《正史艺文志汇校汇辑》工作中,负责《明史·艺文志》的校理。因而,笔者进入了明代文史研究的领域,曾写了一些论文。

在研究中感觉到,无论研究明朝历史,还是中国思想、文学,王守仁都是一个不可回避的人物。

这就促使我逐步把研究集中到王守仁身上,注意收集有关资料。

二十世纪八十年代末,应邀到日本教学研究。由于各种原因,研究的重点,转到了《日本汉学史》的写作和出版上。前前后后,经历了约二十年,其间当然也在关注明代研究、王阳明研究,但毕竟无法全力投入。

直到《日本汉学史》出版后,才又回到明代研究或者说十五、十六世纪以来的文献和思想研究中。当时曾写过这样的诗句表述自己的感触:"写就东瀛汉学史,重回华夏阳明天。"

经过多年对王守仁诗文的注释考订,撰成了《王阳明诗集编年校注》稿。在此过程中,对王守仁的生平,逐年逐月进行了考证,对这个历史人物有了更深的感觉和认识。正如近代学者所说,"历史学家必须学会阅读和解释他的各种文献和遗迹——不是把它们仅仅当作过去的死东西,而是看作来自以往的活生生的信息",应该把这些零乱的资料,"溶合在一起……浇铸成新的样态"(恩斯特·卡西尔《人论》224-225页,甘阳译,上海译文出版社,1985年)。因此,笔者逐步构想、撰写了这本传记。

当然,离自己所追求的目标,距离尚远,对王守仁的描述论说,是否准确,尚有待识者共同探讨。然而,作为具体的著述,总要告一个段落。因此,不揣粗陋,交由社会和读者去判断。如蒙批判指正,则为幸甚。

李 庆

2017年5月草

2018年10月改定

目 录

前　言　　　　　　　　　　　　　　　　　　　　　　i

第一章　莽苍中原行（弘治十二年）　　　　　　　001
　　一、科举风波　　　　　　　　　　　　　　　　004
　　二、科场弊案　　　　　　　　　　　　　　　　008
　　三、中原造墓　　　　　　　　　　　　　　　　011
　　附录：明代科举制度简述　　　　　　　　　　　022

**第二章　会稽山麓的瑞云（成化八年九月—
　　　　　成化二十三年）**　　　　　　　　　　　025
　　一、迟到的婴儿　　　　　　　　　　　　　　　027
　　二、家世传承　　　　　　　　　　　　　　　　028
　　三、沉默的孩子　　　　　　　　　　　　　　　030
　　四、家庭关系　　　　　　　　　　　　　　　　032
　　五、少年的经历　　　　　　　　　　　　　　　033
　　六、北京生活和母亲去世　　　　　　　　　　　036
　　七、居庸关之行　　　　　　　　　　　　　　　038
　　附录：王华婚姻状况考　　　　　　　　　　　　047

第三章　奔波的青年时代：余姚、北京、南昌（成化二十三年八月—弘治五年秋） 051

一、朝代的更替 053

二、早来的婚姻 055

三、书法和学问 059

四、父亲的教诲 061

五、踏上科举路 062

第四章　科举的洗练：北京、济南、余姚（弘治五年秋—弘治十一年） 071

一、弘治初期的社会 073

二、北京考场碰壁 075

三、国子监生活 076

四、再次名落孙山 077

五、山水、佛道间的徘徊 081

六、重赴京城考场 085

附录：关于王守仁"格竹" 096

第五章　官场与文坛（弘治十二年十月—弘治十四年七月） 097

一、济世的热诚 099

二、官场的奔波和交往 101

三、官场的交往与应酬 103

四、文坛唱和与《坠马行》 104

五、垣南草堂的文人们 105

附录一：弘治年间王守仁京师交游考 112

附录二：《坠马行》考释 118

第六章　周游和探索（弘治十四年八月—弘治十八年五月）　　121

一、"审录"江北　　123

二、巡行与访友　　124

三、故乡养病　　126

四、重返京师官场　　129

五、徐州的夜涛　　130

六、山东乡试　　132

附录：关于"绍兴阳明洞"　　144

第七章　仗义进谏：锦衣卫监狱的日子（弘治十八年—正德二年二月）　　147

一、弘治、正德之际的社会状况和政坛　　149

二、正德元年十月的"丁巳之变"　　153

三、仗义上疏　　157

四、狱中日夜　　161

附录：王守仁正德元年入狱时间考　　174

第八章　漫长的南行之路：从北京到贵州（正德二年二月—正德二年五月前后）　　177

一、都门悲歌　　179

二、流传的故事　　183

三、跋涉浙湘路　　184

四、逗留长沙　　186

五、从洞庭湖入沅江　　187

六、经沅水入贵州　　188

七、列入朋党　　190

附录：王守仁贬谪贵州时间考——兼论《泛海》诗　　198

第九章　贵州生涯（正德二年五月—正德四年十二月）　209
　　一、初到龙场　211
　　二、友朋交往　215
　　三、拒辱抗争　216
　　四、思乡之情　217
　　五、参与地方政教活动　219
　　六、告别贵州　222

第十章　从贵州到庐陵（正德五年一月—正德五年十月）　237
　　一、刘瑾擅权和王守仁升迁　239
　　二、"安化之乱"和刘瑾的覆灭　243
　　三、前往庐陵途中　247
　　四、庐陵县令　251

第十一章　北京风尘（正德五年十月—正德八年九月）　259
　　一、刘瑾覆灭与升迁京城　261
　　二、吏部的公干　263
　　三、圣道的探究　264
　　四、京城时局与友朋聚散　266
　　五、告别京师——故乡山水行　270

第十二章　滁州和南京时期（正德八年十月—
　　　　　　正德十一年九月）　279
　　一、烽烟遍地的正德王朝　281
　　二、滁州六个月　283
　　三、南京时期的生活与交游　287
　　四、对儒学的探索　290
　　五、佛道思想的清理　294
　　附录：《书悟真篇答张太常二首》笺注　306

第十三章　巡抚南赣（上）（正德十一年九月—正德十二年十一月）　309

　　一、前往南赣　311

　　二、出兵汀、漳，平定大帽山　315

　　三、整顿和准备　317

　　四、合剿左溪、横水，袭取桶冈大寨　320

　　附录一：王守仁任南赣巡抚考　328

　　附录二：大帽山考　330

　　附录三：王守仁平詹师富（象湖山之战）考　331

第十四章　巡抚南赣（下）（正德十二年十二月—正德十四年五月）　333

　　一、剿灭三浰叛乱　335

　　二、治理南赣　341

　　三、赣州的生活和思想——刊布《传习录》　345

第十五章　平定宸濠之乱（上）（正德十四年六月—正德十四年七月）　353

　　一、宁王的野心　355

　　二、矛盾的激化　360

　　三、风云突变　365

　　四、返回吉安　367

第十六章　平定宸濠之乱（下）（正德十四年六月—正德十四年七月）　373

　　一、起兵平叛　375

　　二、直取南昌　378

　　三、决战黄家渡　380

　　四、擒获宸濠　383

第十七章　献俘杭州（正德十四年八月—
　　　　　　正德十四年十二月）　　　　　　387
　　一、棘手的问题　　　　　　　　　　　　389
　　二、正德亲征的背后　　　　　　　　　　393
　　三、杭州献俘　　　　　　　　　　　　　396
　　四、南京请教行藏计　　　　　　　　　　400

第十八章　风波江上行（正德十四年十二月—
　　　　　　正德十五年二月）　　　　　　　407
　　一、漂泊的回程　　　　　　　　　　　　409
　　二、反复风波江上行　　　　　　　　　　411

第十九章　经营江西（上）：从九江到赣州
　　　　　　（正德十五年三月—正德十六年六月）　421
　　一、会见"北军"　　　　　　　　　　　423
　　二、返回赣州　　　　　　　　　　　　　426
　　三、经营江西　　　　　　　　　　　　　430
　　四、"致知"说的提出　　　　　　　　　432
　　五、放情山水间　　　　　　　　　　　　436

第二十章　经营江西（下）：白鹿洞讲学前后
　　　　　　（正德十五年三月—正德十六年六月）　443
　　一、正德之死与朝中波澜　　　　　　　　445
　　二、白鹿洞讲学："致良知"说的展开　　450
　　三、遥望故乡的云天　　　　　　　　　　452
　　附录：杨廷和除去江彬考　　　　　　　　460

第二十一章　百战归来白发新：从江西到浙东（正德十六年七月—嘉靖二年十月）　463

一、"大礼"风波中的回程　465

二、百战归来白发新　467

三、冷对"大礼议"漩涡　471

第二十二章　在"大礼议"风波中："良知"说的成熟（嘉靖二年十一月—嘉靖六年四月）　483

一、左顺门事件前后　485

二、新学的洗练——"良知"说的成熟　489

三、碧霞池之宴：阐述"致良知"的真髓　494

四、家乡的生活与交游　500

附录："大礼议"非朱子学与阳明学之争　510

第二十三章　踏上最后的征程（嘉靖六年五月—嘉靖六年十一月）　513

一、"大礼议"的余波　515

二、提督两广军政　517

三、天泉桥答问："良知"说的未解之谜　520

四、前往两广途中　522

附录一：关于"杨一清阻止王守仁入阁"说　530

附录二：关于"四句教"的不同记载　532

第二十四章　平定两广　献驱南疆（嘉靖六年十一月—嘉靖七年十一月）　535

一、平定思、田之乱　537

二、王守仁的治理方略　540

三、生命最后的火花　546

附录一：关于王守仁剿平断藤峡斩杀人数　　553
　　附录二：关于平"八寨"及追杀人数　　554
　　附录三：追杀民众数　　555

尾声——在历史的长河中（嘉靖七年十一月以降）　　557
　　一、死后家中的变化　　559
　　二、治理社会的影响　　562
　　三、思想、学说的流布　　564

参考文献　　573

后记　　581

第一章　莽苍中原行

弘治十二年

第一章 莽苍中原行

大明王朝,弘治十二年,该年干支是"己未",公元1499年。

广袤的中原大地,秋气降临。

一匹白马,自远方奔驰而来,蹄下扬起团团尘土,仿佛腾云驾雾一般。骑在马上的,是当年刚上榜的新科进士王守仁,时在工部当差。[1]这是王守仁人生历史上标志性的一年。

这一年,他二十八岁,恰好走到五十七岁生命的一半。

这一年,他中了进士,意味着这位未来的中国思想史上的巨人,这位明朝中期政治舞台上的明星,登上了政坛,开始了孕育他思想形成的政治历程。

这一年,又是明代政坛上多事的一年。弘治皇帝已消初期为政的锐意,返崇佛道。国内民众反叛渐起,北部鞑靼部落勃兴,小王子部进犯河套,东北也屡遭进犯。[2]

这一年,还是15世纪即将结束之年。15世纪,世界发生了巨大的变化,有的人走出了中世纪神灵的阴影,呼唤着自身的解放;有的人冲破了大西洋的波涛,发现了新的大陆;而有的人,落下了曾经往返印度洋大船上的风帆。世界越来越剧烈地变动。

五百年后的今日,回首当年,或许可以感受到,整个15世纪也是中国在世界历史进程中,开始脱落的世纪。

当然,那时的王守仁,不会有这样的感受。当时的他,意气飞扬,心怀大志,策马扬鞭,奋勇直前。

为什么呢?

一、科举风波

王守仁此行之所以会内心激情冲涌,和他在这一年的经历、和他在当年中进士的会考有关。

王守仁是作为当时北京官学——北京国子监学生参加当年会考(进士考试)的。[3]

明代的科举考试,明初以降,各个时期略有不同,而在成化、弘治年间,大致确定。[4]当时的考场,在今北京建国门内中国社会科学院一带,即现今的贡院东街、贡院西街、贡院头条、贡院二条、贡院三条等地,每个考生都有个一米见方的单间,各单间紧紧相挨,大约每排有 45 个,每排之间仅留可让一人通过的空隙。这样的单间在瞭望塔楼两边各有 120 排,大约共有 9 999 个单间。考生在整个考试期间都住在贡院内,不得外出。

每个单间约一人高,两面墙上都有两个槽,插上木板,就可以当作椅子和书桌,也可以当床。每个考生都被允许带一些被单,以便在睡觉时盖在身上。考生只能坐着睡觉,或是蜷身躺在木板上。书桌上有一块砚台、毛笔、一个茶壶和茶杯。定时供餐。[5]

这是当时考试场所的大致情况。王守仁以及其他的学子,就是在这样的条件下考试的。

当时的会试,科目分为解述经义、论和策。这三种科目,用现在的话来说,就是对经典内容的解释,对有关经典的论说发挥,最后是提出理论在实际运作中的方法。

那一年的主考官是李东阳,考官有程敏政[6]、刘春[7]、林廷玉[8]。

在明朝的成化、弘治年代，科举制度逐步稳定成熟，成为士人"进身出仕"的主要门径。文风也多有变化，由明初的质朴，渐趋华雅。为了纠正文人敷衍泛滥的倾向，在弘治年间，诏令"作文务要纯雅通畅，不许用浮华、险怪、艰滞之辞"[9]。由此可见当时考场文风之一斑。

那年二月，[10]二十八岁，已经历过两次考试的王守仁，冒着料峭的春寒，从国子监生的住所，来到考场。验明了身份，按号坐到了考试的格子间里。经历过考试，又有过两次"会试"落榜经验，王守仁已无紧张之感，舒展了身子，静候开考。

拿到了考题后，他冷静思考着。

考的是《礼记》。

"经义"的考题："乐者敦和，率神而从天；礼者别宜，居鬼而从地。故圣人作乐以应天，制礼以配地。"这是《礼记》中《乐记》的一段话。

这要考察考生对《礼记》中《乐记》的认识。《乐记》说：圣人制作"乐"和"礼"，一是"率神"从天的，一是"居鬼"从地的，要求学子对这二者的异同发表见解。

对于"礼"学，王守仁这几年受到父亲的熏陶，多有体会，所以他凝聚平日所思，认真写道：

> 礼乐合造化之妙。
> 圣人者出，因其自然之和也，而作为之乐。
> 因其自然之序也，而制为之礼。
> 圣人之道，不外乎礼乐，而和序者，礼乐之道也。其实则一而二，不知者乃歧而二之。

这些话的要旨，是他认为，自然是和谐的，而人的社会是有序的，礼、乐则合乎自然造化的微妙。圣人乃根据自然造化，将其制作出来，从根本上说，二者是统一的，只有那些不明道理者，才将其分为二。这可以说是比较独到的见解。

考生的试卷,都全部把名字糊去,为的是防止考官徇私作弊。

考官刘春在众多试卷中,读到这篇文辞典雅、意义明了的试卷,眼前一亮,提笔批道:

"作此题者,多体认欠明,徒务敷演,浮冗可厌,盖时习之弊也。是卷说理措辞精深典雅,而其气充然,岂拘拘摹仿之士哉!"

另一位考官林廷玉也看好此卷,批语是:"近时经生率以此礼乐为造化自然,恐但云礼乐,便涉制作上说;不然,则敦和别宜,造化岂自敦且别邪? 此作是也。"

程敏政的批语是:"究本之论,涉造化处便难楷笔,若辞理溢出类此篇者,鲜矣。"

主考官李东阳的批语:"邕达无滞,《乐记》义仅得此耳。"

总之,所有的考官,都对这一试卷,给了很高的评价。

接下来考的是"论"。

论卷的试题是:"君子中立而不倚。"这是《中庸》里的一句话。考试要求对这句话加以论说,发表见解。

"中"是《中庸》最重要的概念,"中也者,天下之大本也"[11]。

熟读《中庸》的王守仁面对这样的试题,思潮如海。他写道:

"独立乎道之中而力足以守之,非君子之勇不能也。盖中固难于立,尤难乎其守也。"

这里,王守仁首先强调了能独立于"大道"之"中",并恪守"中"道,前提是必须要有"君子之勇",必须要有不惑歧途的理性,要有不走邪道的行动,要有克服私欲的定力。[12]接下来,他对这一命题展开论述。王守仁写道：

"君子所以自立者何？中而已。"

君子根据什么立于"中"呢？"中"是随时随事变化的。[13]君子必须坚持"道"。"履道于至正之区，而特立乎流俗之外。""当出而出，当处而处，出处之立乎中也；当辞而辞，当受而受，辞受之立乎中也；以至于动静语默皆然。则君子之立也，可谓中矣。"

而这样的特立独守，是"不倚"，也就是不凭借外力的，所以尤其困难。[14]要做到上述这些，重要的是要"一定之守"，也就是坚守一定的见识，不为外在的和内心的诱惑所动摇。"天下之勇，岂复加于此哉。""勇所以成乎智仁而保此中者也。"

最后，点明：这种"勇"，并非是"血气之刚"，而是孔子所主张的"德义之勇也"。[15]

这些议论当然是在当时的经学语境中的表述，其中心的观点，就是强调要以先圣孔子所推尚的"德义之勇"，保持自己内心所持的"定见"也就是对于世界万物合乎"中道"的"一定之守"，不倚不凭，独立于世。

这是王守仁对《中庸》言及的"中立而不倚"之说的阐发，在这篇考试文章中，已经表现出一种强调内心自持定见的独立意识。

他的这篇答卷，也受到了当时考官的一致好评。当时的考官，有的从行文风格品论，认为"此卷，其词气如水涌山出，而义理从之，有起伏，有归宿，当丰而健，当约而明，读之惟恐其竟也。四方传诵，文体将为之一变乎"[16]。

有的从内容上判断，认为此卷"盖深于性理之学者"[17]，"此篇议论滔滔自胸中流出，若不经意焉者；且理致精深，言辞深厚"[18]。最后有主考官李东阳的批语："此篇见理真切，措辞条畅，亦何尝无开合起伏于其间，而终不出乎绳准之外，为论学者可以观矣。"[19]

总之，考官都对他立意的精准、文辞的表述，给了很高的评价。

王守仁的应试文章谈及人和自然、社会的关系，显示出王守仁二十八岁时基本的处事理念和为人风格。[20]这里表现出来的思想，可以说是王守仁前半生人生经历和学习的概括和总结，也是他后半生行动和思想的出发点。

王守仁自然觉得自己考得不错，而所有的考官，对于这份考卷的评价也都很高，按照常理，金榜题名应该不成问题。但是，就在这关键当口，考场意外地掀起了大波。

二、科场弊案

考完以后，王守仁和一般的考生一样，等待着发榜，关注着自己能否榜上有名。但是，那年到了通常应该发榜的日子，却没有发榜。士子们敏感地察觉到，出了什么问题。

确实，王守仁那年的会考，风波迭起，惊心动魄，发生了明代科举中有名的"科场案"。在发榜之前，朝廷收到了有人科举作弊的举报。为此，朝廷拖延了发榜的时间。

如上所述，当时主持考试的考官为李东阳和程敏政。[21]

有人举报："江阴富人徐经鬻题于敏政家僮。"[22]这是说，江阴有一个姓徐的有钱人家，花钱买通了出题目的程敏政家的家僮，从他那里得到考题。

那年的会考，还涉及几个人物。后来非常有名的唐寅（唐伯虎）也参加了那次考试。他在前一年乡试得中"解元"，主持吴郡乡试的是梁储[23]，非常赏识唐寅的才华。考试完毕，他把唐寅的考卷带回京城，和程敏政等朋友喝酒时谈论其人，并把他的卷子给人看，加以称赞。据说，引起了有关人士的注意和妒忌。[24]

明代的朝廷中，不乏敢言者。（设立科道等监察机构，允许"御史"等言官上书言事，乃明代政治体制的一个特色。）这消息被户部的官员华昶得到[25]，于是立即上疏弹劾。指名道姓地指出：今年考官程敏政将题目"卖与江阴徐经、苏州唐寅（戊午新解元），二生先以题问人，且骄于众，败露至此，百口难掩"。[26]

华昶在当时以敢言闻天下，曾上疏纠弹时弊，倡言："天下之财聚于大官，大官之财聚于内府。"也就是说天下小民的财物，皆被皇帝内府搜刮去了。有点天不怕地不怕，敢为天下呼号的气质，孟子所谓"浩然正气"在身，"虽千万人吾往矣"[27]。他这一上书，朝中哗然。

明朝对于考试作弊的处罚相当严厉。景泰年间顺天乡试，就发生过舞弊案，朝廷作了处罚。[28]这次，又接到这样的举报，弘治皇帝大怒，立即下命彻查。

被劾的程敏政感到委屈，上书辩解说没有此事。但承认自己在家中，或有疏忽，不经意间透漏了一些关于考试的消息，被家人得知，或有不妥的地方。

鉴于当时还没有发榜，于是，弘治下旨，程敏政停止阅卷，核查全部考卷。[29]礼部尚书徐琼命当时的主考官李东阳，会同所有五位考官，将场中凡是经过程敏政批阅的卷子全部重新校阅，查看是否有弊。如发现有涉及作弊者，一律除名。[30]

于是就不能如期发榜了。

王守仁的考卷，如前所述，恰恰是程敏政批阅过的，当然是要重新严加审核的。

经过查核，结果是，被举报的两个人，都不在录取名单之中，也就是说，程敏政并没有特地照顾那两位据说是买了考题的学子。但是，在复核官员给皇帝的报告中，还是指出程敏政等确实有行为不妥处。[31]

推迟了三天，总算在那年的二月二十九日发榜，录取了三百名新科进士。王守仁是二甲进士的第七名。[32]

事情本该结束了。不料此时，又生出新的风波。同为考官的林廷玉又上疏，说，根据自己在考场中所见所闻，程敏政确有六条可疑之处。也不知怎么回事，这次弘治下令，把程敏政和林廷玉都关进了监牢，又派人查证。结果是程敏政被勒令致仕，举人徐经还有那位因此霉运而成名、后来更加有名的文人——唐寅等十余人落榜为民。[33]

华昶举报不实，降职到南京当太仆寺典簿，林廷玉则被贬到海州当州判。

总之，这场会考，风波迭起，人心惶惶，举世瞩目。

设想一下当时在等候发榜的王守仁的心情，虽没有什么文献记载留下，但按常理推测，可以想象是一种怎样的情境。

这场科考案和王守仁有关，还因为在其背后，官场中还有涉及王守仁父亲的传说。[34]

在回味这一段经历时，肯定会令王守仁感受到朝廷政坛在端庄肃穆的氛围下，较量和争斗的暗流在涌动。

王守仁之所以被录取，当然主要是因为他的考卷有自己独到的见解，可能还因为科场案中对立的双方，以及最后审核的官员，都对他的考卷作了很高的评价。当是经过复核后，才被录取，可谓出没惊涛骇浪。会试完毕，还有最后一关的"殿试"，由皇帝亲自主持。

根据《弘治十二年进士登科录》的记载：

三月十五日殿试。

三月十八日发榜。第一甲三名，赐进士及第，为伦文叙、丰熙、刘龙。

第二甲九十五名,赐进士出身。所列前六人的名字为:孙绪、林廷棉、罗钦忠、杨廷仪、陆栋、王守仁。

第三甲,二百零二名,赐同进士出身。[35]

经历过多年数次落榜的辛酸,又经历了这次考场的风波,王守仁终于正式跨进了明朝的官场,开始了新的生活。

回首往事,同年考生,升降有自,处境迥异。面对着这样的周边形势,面临着如此的朝廷,一个满怀壮志的青年官员,一个有着独立观念的人,将如何行事呢?

三、中原造墓

王守仁中进士以后,按明朝的惯例,被派往工部办事。[36]

他在工部,干了几个月,转眼到了秋天。接到钦命,前往浚县,为威宁伯王越建造陵墓。这是王守仁当官后第一件独立担当的差事。[37]

对一个新科进士,一个刚踏上官场的官员来说,奉钦命去办事,这在当时(其他时代也大多如此)是一种荣耀——可见此人已经"上达圣听"了。更何况,要做的事情,是为当时的著名人物、也是王守仁自己心目中崇敬的将军建造陵墓,那就更激起他内心的波澜。

王守仁踌躇满志,怀抱济世之情,首次前往中原。

给威宁伯王越修坟,对于有些人来说,可能也不能算什么特别好的差事,但是,王守仁却感到兴奋。为什么呢?这要先说说王越是怎样一个人。

每个时代都有每个时代的英雄。王越,可以说是明朝成化、弘治年间的一位传奇式的英雄，是王守仁当时心中仰慕的偶像。[38]

王越，生平跌宕波折，充满传奇色彩。从他参加科举考试起，便有传奇经历。[39]此后，当官，听到父亲去世的消息，撂下官帽，径自回家奔丧去了。虽被弹劾，但景泰皇帝比较宽厚，让他逃过一劫。[40]明英宗天顺初复辟[41]，重新启用，调到边疆，屡建大功，被封为世袭的威宁伯。但官运多舛，卷入政争下野。[42]

王越在宦海几经起伏，到了弘治十年前后，也就是王守仁连续考试都落榜的那几年，边境烽烟又起。吏部尚书屠滽举荐王越，总制甘、凉边务兼巡抚。[43]

王越戍边有功。为人豪爽，但也不是省油的灯，好酒好色，用钱无度。有一次他到当时的秦王府上拜见。秦王设宴，叫了秦地的歌妓。王越竟当面对秦王说："我当您的走狗很久了，难道不应给点酬劳吗？"秦王问他要什么，他说就把那些歌妓都赏给我吧，结果这些秦妓都归了他。

他好酒好色，但对部下豪爽大度。一次，大雪之中，他围炉饮酒，秦妓伺候。小校探查敌情，回来报告。他非常高兴，未等小校说完，就赐以金杯赏酒，命秦妓弹琵琶助兴。等报告完，指着秦妓中最漂亮的一个，问道："想要她吗？"事出意外，小校颇感惶恐。王越大笑，当场就将秦妓赏给了小校。由此可见其为人之一斑。[44]

就是这样一位传奇式人物，弘治十一年十二月，死于甘州前线任上。[45]死后不久，民间就出现了"王越尚在人世，且得道成仙"的不经之谈。[46]

王越死后颇为风光。朝廷增封他为太傅，并为他修墓。

年轻的王守仁，十几岁时，随父祖在京师，就读北雍，故对于当时的风云人物，久有所闻。他自己好侠，习马练箭，期待有朝一日，驰骋疆场，马革裹尸，故对王越充满敬意。未中进士时，曾梦见王越赠给自己弓和宝剑[47]，刚中了进士的当年，想不到,自己竟会奉旨为这样一位自己崇敬的英雄建造陵墓,当然心中高兴。

王守仁受命之后,一路疾行,不日即达浚县,早有官府迎接。寒暄之余,王守仁具体询问了建造坟地的准备情况。说是已经选定了坟址,在县城东南部,大伾山旁。

王守仁按例到王越府上,拜访遗族,了解他们的愿望,听取他们的意见。接着便着手开工。

那是很大的一片土地。[48]当时抽调来的民工有数百人,但如何操作,如何管理,如何一步步地建造,全无章法。于是,王守仁将这些民工,按各自所住村庄的远近,十人编为一伍,指定伍长,分配到东南西北各个方位,确定任务。同时定下规矩:休息进食,俱有定时;各伍中的分工轮替,自行决定;王守仁派人考核进度质量,如有纰漏,问责伍长。这样一来,责任明确,节制有度,众人皆服。由此可见王守仁的管理指挥能力。

有时,王守仁还趁民工闲暇,将他们作为军队,操练兵书上读到的布阵之法。如是,驾驭指挥役夫民工,进展迅速。[49]而且王守仁也算是过了一次指挥"军队"之瘾。这对于他后来的带兵打仗,不无补益。

秋天的中原,天高气爽。重阳节时,王守仁放假,带着几个随从,登大伾山游览。大伾山位于浚县城东,故又称东山。山上有中国最早、北方最大的大石佛。山本身并不高,但是在平原地带,登山之后,四方百里平原,一览眼底。

王守仁到了山顶,俯瞰中原大地,不胜感慨。面对广阔的山河大地,苍茫的历史,感到人生微茫。回来后,他写了一篇《大伾山赋》,刻于大伾山大石佛北崖下。有曰:

> 感鲁卫之故迹,吊长河之遗踪。倚清秋而远望,寄遐想于飞鸿。

> 山河之在天地也，不犹毛发之在吾躯乎？千载之于一元也，不犹一日之于须臾乎？
> 遨游八极之表，而往来造物之外，彼人事之倏然，又乌足为吾人之芥蒂者乎！

数千年历史的画卷，就曾在这中原大地上展开。二十八岁的王守仁，这时对于人生，对于个人在历史上的作用，已经有了一定的感悟，显出豁达之气。

建造陵墓，进展很快，到中秋时节，已经初具规模。为了表彰王越的功绩，当时朝中的名人礼部尚书李东阳撰写了碑文，吏部尚书屠滽书丹[50]，掌后军都督府提督张懋篆额[51]，制作了非常考究的墓碑。此外，还在墓旁安放石坊、石人、石兽等石刻仪仗，种上树木，形成了一片陵园。[52] 竣工之际，王越家族非常满意，为了酬谢王守仁的劳苦，备了金银绢帛，以表谢意。守仁婉言谢绝。王越家过意不去，因听说王守仁年轻时，曾梦见王越赠他宝剑，因此就把王越的佩剑送给守仁。守仁推辞再三，方才收下，也算圆了当年一梦。[53]

借着这份工作，王守仁和王越周边的人士、和上述那些达官显贵们也就建立了个人的联系，他们知道了，有这样一位新进的、能干事的进士。

如果说，在科举考试、科场风波中，王守仁经历了学业的洗练，领略了政坛的错综关系，那么，这次的浚县修陵墓之行，王守仁初步尝试了组织、指挥的味道，并和军界的权臣们有了接触，建立起一定的联系。这在他以后的生活中，发挥了当时预想不到的作用。

回京的路上，王守仁想了很多：中原、边疆、家国、人生。

这一年中，王守仁就这样自觉地而又不自觉地走上政坛，卷入了各种事件，迈进了历史舞台。这时的王守仁充满了要在现实世界中努力、发挥才干的梦想,志向所指,乃是"济世"。

这位二十八岁的进士,是从何处走来,以后又怎样走下去呢?让我们从头说起。

注释

1 钱德洪《王阳明年谱》弘治十二年:"举进士出身。""观政工部。"此《年谱》见上海古籍出版社版《王阳明全集》,1982年,此后简称《年谱》。凡未特别注明而仅称《年谱》者,概出此版。

按《明史·职官志》所载:工部各有关部门负责"经营兴作之事""山泽采捕陶冶之事""川泽、陂池、桥道、舟车、织造、券契、量衡之事""屯种、抽分、薪炭、夫役、坟茔之事"。也就是负责建筑、水利、屯田、制造等各方面的事情。

2 参见《明实录·孝宗敬皇帝实录》"弘治十二年",又清夏燮《明通鉴》卷三十九所载给事中张弘至所列"初政渐不克终"八事。

3 见上海图书馆藏《弘治十二年进士登科录》:"王守仁,贯浙江绍兴府余姚县民籍。国子生,治《礼记》。字伯安,行一,年二十八,九月三十日生。曾祖杰,国子生。祖天叙,赠右春坊右谕德。父华,右春坊右谕德。母郑氏,赠宜人。继母赵氏,封宜人。"弟守义、守礼、守智、守信、守恭、守谦。娶诸氏。浙江乡试第七十名,会试第二名。"

4 明代的会试每隔三年举行一次,通常在三月举行,叫"春闱"。会试共考三场,每场考三天。考取的参加皇帝主持的殿试,殿试中了,便成进士,前三名即为状元、榜眼、探花。各地乡试在八月举行,叫"秋闱"。关于明代考试制度,参见本章附录《明代科举制度简述》。

5 关于明清科举考试的具体情况,近年有研究指出:贡院,建于明永乐十三年(1415),原系元代礼部衙门的旧址,坐北朝南,大门五楹。往里有二门五楹、龙门、明远楼、至公堂、内龙门、聚奎堂、会经堂、十八房等处。明远楼前有株明朝栽的槐树,称文昌槐。

6 李东阳,当时为大学士,《明史·李东阳传》:"李东阳,字宾之,茶陵人。""天顺八年,年十八,成进士,选庶吉士,授编修。累迁侍讲学士,充东宫讲官。"

程敏政，当时为少詹事，《明史·文苑二》有传。程敏政，字克勤，休宁人。为南京兵部尚书程信之子，以学问渊博见称。明陈洪谟《治世余闻》上编卷二："己未春，程敏政与李西涯同主考礼闱。"

7　刘春，字仁仲，号东川，又号樗庵，重庆巴县柳市里（属今重庆市）人，祖籍兴国州（今湖北阳新），明成化二十三年（1487）榜眼，官至礼部尚书、文渊阁大学士、太子太保，谥"文简"。《明史》卷一八四有传。

8　林廷玉，字粹夫，号南涧翁、烟霞病叟，福建侯官（今福州）人。成化十九年（1483）乡试解元，成化二十年（1484）成三甲进士，历吏科给事中、工科都给事中，因涉唐寅考场舞弊案，被贬海州判官。弘治十六年（1503）升任湖南茶陵知州，倡建洣江书院，聚生徒讲解儒家经典，风雨无阻，寒暑不辍。历江西按察使司佥事、广东提学副使、右通政、都察院右佥都御史等。嘉靖十一年（1532）病逝，终年78岁。有《南涧文录》。参见《明史》1704、5260、7885页。

9　见现署泰昌年官撰，实为上海生员俞汝楫所修《礼部志稿》卷二三。

10　本书中月份，全部是旧历，下不一一注明。

11　见《中庸》第一章。

12　王守仁的原文是："中立而有以守之，必其识足以择理而不惑于他歧，行足以蹈道而不陷于僻地，力足以胜私而不惑于外物。"

13　王守仁的原文是："然一事有一事之中，一时有一时之中，有定理而无定在焉。"

14　关于"不倚"，王守仁认为："譬之物焉，有所凭则易以立，无所恃则易以倚。吾之所立者中，则或前或后无可恃之人，或左或右无可凭之物。""苟吾之力不足自胜，其不至于欹侧者亦寡矣。故中立固难，立而不倚尤难。"

15　以上引文，见束景南《阳明佚文辑考编年》48－54页。

16　程敏政的批语："论场中文字，丰者多失之弱，简者尤失之晦，未有满人意者。忽得此卷，其词气如水涌山出，而义理从之，有起伏，有归宿，当丰而健，当约而明，读之惟恐其竟也。四方传诵，文体将为之一变乎。"

17　刘春的批语："论场佳者固多，但初读似辨博可喜，徐而点检，皆时中之义，未有的然着题者也。此亦习尚使然，主司命题，不为无意。及得是卷，历论中立不倚之旨，节节俱有源委，而抑扬曲折，无不在题中，盖深于性理之学者。即是而观，子岂独为文不受变于俗邪？"

18　林廷玉的批语："中立处，学者类能言之，一到不倚上，便茫然不知。所谓间有知者，又拘于笔力，不能尽写其意，说理之文最难也。此篇议论滔滔自胸中流出，若不经意焉者；且理致精深，言辞深厚，脱去时俗气息。噫！吾于是有以知子之所养矣。"

19　李东阳的批语："近来士习多厌平易，喜奇恢，论场尤甚。至有泛滥千言，而终篇不及本题正义者。其所得意，非雕虫之字，则謷牙之句也。沿是以往，亦将何所底极乎？此篇见理真切，措辞条畅，亦何尝无开合起伏于其间，而终不出乎绳准之外，为论学者可以观矣。"

20　关于"策"的考卷，未见。据明陈洪谟《治世余闻》上编卷二，程敏政出的题目是"四子造诣为何"。

21　《明实录》卷一四八，记载李东阳奏折："日者给事中华昶劾学士程敏政私漏题目于徐经、唐寅……"《明史·卷一七四·文苑二》："十二年与李东阳主会试，举人徐经、唐寅预作文，与试题合。给事中华昶劾敏政泄题……"《明史·选举志》："弘治十二年会试……大学士李东阳、少詹事程敏政为考官。给事中华昶劾敏政鬻题与举人唐寅、徐泰。"（庆按，此徐泰为另一人，《选举志》误。当为徐经。）

22　关于徐经，见乾隆《江阴县志》，其父名元献。《江阴县志》称"经与吴门唐寅以才名相引重"。而李东阳《怀麓堂集》称徐经为"富家子""师事唐寅"。徐经为徐霞客的祖先。

23　见明阎秀卿《吴郡二科志》"文苑"。梁储，字叔厚，号厚斋，广东顺德人。明朝中期名臣。成化十四年举进士第一，选庶吉士。由翰林编修累官至特进光禄大夫、左柱国、少师兼太子太师、吏部尚书、华盖殿大学士。见《明史》卷一九〇《本传》。

24　关于这次事件的经纬，有人认为和明代另一位学者都穆有关，乃是都穆从朋友处听到了徐经从程敏政家人处买得考题的事，见秦酉岩《游石湖纪事》卷二。但这仅是传闻而已。

25　华昶，无锡人，事见乾隆《无锡县志》卷二十七"宦迹"："字文光，弘治九年进士。由庶吉士改户科给事中。"

26　见清李调元《制义科琐记》。

27　《孟子·公孙丑上》。

28　见《明史·选举志》。

29　见《明史》卷二百八十六《文苑》。

30　见《制义科琐记》卷二《卖题》。

31　见《明史》卷二百八十六《文苑》。

32　湛若水《阳明先生墓志铭》："初举己未《礼》闱第一，徐穆争之，落第二。"《弘治十二年会试录》："第二名王守仁，浙江余姚人，监生。"《弘治十二年登科录》："国子生……浙江乡试第七十名，会试第二名。"钱德洪《年谱》弘治十有二年己未："先生二十八岁，在京师。举进士出身。是年春会试，举南宫第二人，赐二甲进士出身第七人。"

33　见《制义科琐记》卷二《卖题》，又，《明通鉴》卷三十九"弘治十二年"夏四月："下程敏政及林廷玉等狱。坐徐经尝贽见敏政，寅尝从敏政乞文，皆黜为吏，敏政勒致仕。"唐寅落榜后，据说当时吴宽曾介绍他到浙江为吏。但这位才子很有骨气，不屑为之，结果终身于书画风月之间。见《美术生活》第三十七期所载《吴文定公为唐子畏乞情帖》。后有人为唐伯虎鸣冤，如果他没有卷入此案，说不定就是和王守仁同年进士。但从更广阔的历史视野来看，唐寅此次遭遇，是祸耶？是福耶？又何能简单而论。

周道振、张月尊《文徵明年谱》"弘治十二年"下，收罗有关"科场案"资料颇详，多可参考。

34　后世有论者把王守仁的父亲王华算在纠弹程敏政的官员之中，见《明通鉴》所录王世贞《史乘考误》："焦芳修《孝宗实录》，谓'傅瀚嫁祸程敏政，后果代其位。时刘健当国，既偏溺于恚怒，莫之能辨。适大学士谢迁、谕德王华俱憾敏政。而都御史闵珪与迁、华皆同乡，乃属科、道数辈，内外并力交攻，罗织成狱。而华昶之甘心鹰犬者，不足道也。'世贞按：傅文穆有倾程之意，人亦知之。至于家童鬻题，事已彰著，且与刘、谢不相关。盖芳乃李南阳贤门客，程则南阳婿也，故颇为掩复，而刘、谢与芳有隙，遂肆其丑诋若此。"焦芳之说，似未必准确，当可再考。见《明通鉴》标点本1474页。

35　据此，王守仁为第二甲的第六名，而不是《年谱》所说的第七名。

36 当时,各榜的进士,分别被派往不同的地方。一甲的为庶吉士,进翰林院;二甲三甲的,分别派往六部,见《明孝宗实录》"弘治六年四月甲辰",丘濬根据给事中涂旦的意见,对于考试选拔人员的方法提出意见:"请自今以后,立为定制,一次开科,一次选用。待新进士分拨各衙门办事之后,俾其中有志学古者各录其平日所作文字,如论、策、诗、赋、序、记之类,限十五篇以上,于一月之内赴礼部呈献。"为以后进一步选拔官员做准备。

37 关于这是否为王守仁首次前往办事有不同的看法。束景南认为,在此之前,还有一次派往北方视察军务之行,见所著《阳明佚文辑考编年》对《坠马诗》的说明。笔者认为,该说尚可再考。此次奉旨公干,对于王守仁乃最重要,故以此次为"首次重要的公干"。

38 王越生平,见《明史》卷一七一《列传》,称其"奖拔士类,笼罩豪俊,用财若流水,以故人乐为用。又尝荐杨守随、侣钟、屠滽辈,皆有名于世"。此外,崔铣《王越神道碑》:"奇事生疑,累功起嫉。"因宦官汪直故,被贬。王世贞《弇州山人续稿》卷八十三、《明史纪事本末》卷三十七、《明史》卷三百零四等所载略同。关于王越,还可参见王鏊《震泽纪闻》,郑晓《吾学编》中的《名臣记》卷二十四《王越传》,顾起元《客坐赘语》,何乔远《名山藏》中的《臣林记》卷十一成化朝《王越传》,顾其言《皇明百将列传评林》卷三之《王越传》,李贽《续藏书》卷十三勋封名臣《太傅威宁伯王襄敏公》等。下列王越资料,多出上列诸书。

39 王越在明朝中期"土木之变"的第二年考上进士。从他进入考场之日起,就不得安宁。据说,在进入"廷试"的考场时,还没有坐定,一阵风吹来,把他的考卷吹走了。监考的御史只好再给他一张卷子,才得以考试。见《明史》本传,又见明郑晓《吾学编》中的《名臣记》卷二十四《王越传》:"廷试时,风尘蔽天,扬公卷去。监试陈御史为请,得再给卷。"

40 王越为监察御史,到陕西去巡查。在任中,接到了父亲去世的消息,这位孝子不等继任者到来,就撂下了官位,回老家去尽孝了。

41 关于英宗复辟,参见《鸿猷录》《明史纪事本末》《明史·英宗本纪》。

42 王越被封为世袭的威宁伯后,当时派到王越部队监军的太监叫汪直,受成化皇帝的宠信,权势熏天。汪直在成化十七年前后失宠。这下子,和汪直关系不错的王越就成了言官们攻击的对象，结果被夺爵除名，谪居安陆。（事见《明史》卷三百零四《宦官传》）其实，在整个明代，军队和宦官一直有着密切的关系。

直到弘治皇帝登基掌权，这才又恢复了王越的左都御史职位，到七十岁致仕退休。

关于王越结交宦官汪直、李广之事，明清以来对此就有极大的争论。如明代陆容《菽园杂记》卷十三载："同寮尝曾饮予官舍，坐有誉威宁伯之才美者。刘时雍云：'人皆谓王世昌智，以予言之，天下第一不智者此人也。以如此聪明，如此才力，却不用以为善。及在显位，又不自重，阿附权宦，以取功名。名节既坏，而所得爵位，毕竟削夺，为天下笑。岂非不智而何？'坐客为之肃然。"但也有不同看法，如和王守仁关系不错的崔铣在《王越神道碑》中说："奇事生疑，累功起嫉。"

43 屠滽，又作屠潚，事见《明史》卷一一一。鄞县人。明成化二年（1466）进士，历任监察御史、右金都御史、右都御史、左都御史。弘治初，继马文升以后为都御史。灾异迭起，数次上疏陈述时弊，得采纳。正德元年（1506），武宗登位，起复为太子太傅、吏部尚书兼左都御史掌院事。时刘瑾专权，欲治谏官罪，他抵拒刘瑾欲织冤狱，设法保护前兵部尚书刘大夏。致仕归里卒，谥襄惠。著有《丹山集》，后其孙编有《屠襄惠公遗集》。

44 见《明史》卷一七一《王越传》。

45 见《明史》卷一七一《王越传》，崔铣《王越神道碑》，王世贞《弇州山人续稿》卷八十三，《明史纪事本末》卷三十七，王鏊《震泽纪闻》，何乔远《名山藏》"臣林记"《王越传》，李贽《续藏书》卷十三勋封名臣《太傅威宁伯王襄敏公》，康熙《浚县志》卷四"文章"部分所载屠滽的《祭太傅王襄敏公文》等。浚县图书馆藏有《王越年谱》，乃王氏后人所撰。

46 百年后，公安三袁中的袁中道，于万历三十六年（1608），参试落第，返归湖北，曾到浚县大伾山游历，其日记体文学作品《游居柿录》载："访王威宁伯子孙，尚有存者。或云威宁不死，出游人间，似有可信。"可见，在当时，已经多被议论。

47 《年谱》："先生未第时，尝梦威宁伯遗以弓剑。"

48 见《淇滨晚报》陈志付《红脸白脸说王越》，浚县网，2009年2月

27日。

49 《年谱》:"是秋钦差督造威宁伯王越坟,驭役夫以什五法,休食以时,暇即驱演'八阵图'。"

50 书丹,也就是用朱笔在碑石上书写,供工匠们雕刻。

51 张懋(1440—1515),祖籍河南祥符(今开封),世居京师,遂为北京人。明勋臣。靖难功臣。张玉的后裔,英国公张辅之子,九岁袭父公爵。常从成化皇帝阅骑射西苑,历掌京营和五军都督府等军职。后为进封太师兼太子太师。正德十年卒。赠宁阳王。张懋是在军方和大臣中很有影响的人物。见《明史》卷一五四《张懋传》,2224页。

52 见《淇滨晚报》陈志付《红脸白脸说王越》,浚县网2009年2月27日。

53 《年谱》:"威宁家以金帛谢,不受;乃出威宁所佩宝剑为赠。"

附录：
明代科举制度简述

明代的考试制度，简介如下。

从明初洪武年间起，开科取士。洪武十七年规定了"三年大比"的制度，即每隔三年，每逢子、午、卯、酉年的秋季，举行乡试；每逢辰、戌、丑、未年的春季，举行会试、殿试。

科举考试分为四个层次。

第一，先要取得秀才（又叫生员）的资格。参加资格考试的人，不论年龄大小，都称"童生"或"儒童"。各府、州、县选取优秀的诸生参加第二层次的"乡试"。

第二，乡试，是由南、北直隶和各布政使司主办的地方考试，地点在南、北二京以及各布政使司所在地（省城），每三年一次，一般在八月举行，又称秋闱、乡闱，考中者成为举人。

第三，会试，由礼部主持的全国考试，又称礼闱，在乡试的第二年于京师举行，各省的举人以及在国子监就读生员，才有资格参加。

第四，殿试，又称廷试，是最高级的考试。由会试中式者参加，由皇帝亲自主持。录取名次分为一、二、三甲。一般一甲三人，依次为状元、榜眼、探花，赐进士及第；二甲若干人，赐进士出身；三甲若干人，赐同进士出身。最多时一年上榜者为四百七十二人（永乐四年），到成化以后，基本为三百人左右。见《明史·选举志》。顾树森《中国历代教育制度》、郭培贵《明史选举志考论》都有比较详细的考察。

《明史·选举志》："诸生应试之文，通谓之举业。《四书》

义一道，二百字以上。经义一道，三百字以上。取书旨明晰而已，不尚华采也。"

王世贞《弇山堂别集》卷八十一《科试考一》则曰：乡、会试"第一场《四书》义三道，每道二百字以上，经义四道，每道三百字以上，未能者，许各减一道……第二场，试论一道，三百字以上，判语五条，诏、诰、章、表、内科一道……第三场，试经史策，五道。未能者许减其二，俱三百字以上。"

又万历间有学者上疏："弘治、正德、嘉靖初年，中式文字纯正典雅。宜选其尤者，刊布学宫，俾知趋向。"可见当时选拔的标准。

第二章　会稽山麓的瑞云

成化八年九月—成化二十三年

一、迟到的婴儿

在浙东余姚,不太高的龙山就坐落在城中,一片青苍。山脚下,弯弯曲曲的姚江,千百年来,潺潺流淌。

不远的村落中,夏天的余热消失殆尽,秋意降临,树叶渐渐从树上飘落。斑驳的秋山似海,透出苍凉味。

竹林下,茅屋中,魏瀚问有点犯愁的老王:"你这几天吟诗无神,授徒不力,愁着眉头,大不似平日潇洒,为何?"[1]

王老名伦,是村里的教书先生,家中虽然清贫,但一直淡然处之。[2]这几年,由于儿子王华中了秀才,家境略见改观。

王华娶了郑氏之女,[3]他知书达理,和各家都相处和谐,故延聘之人络绎不绝。这些日子,媳妇又怀孕,虽说弄璋弄瓦尚不得而知,但毕竟是日渐人丁兴旺,家境朝好。

然而,哪家都总有难念的经:王伦看到自家的儿媳妇生育情况不顺,已经过了预定时期,至今还未生产,奈何?奈何?岂不令他揪心揪肺?

魏瀚还以为他为生男生女犯愁,劝解道:"弄璋弄瓦,自有天命,子孙自有子孙福。你何必如此犯愁?"

"你有所不知,已经过了预定产期,至今还没有动静。昨日拙荆还做了个梦,说什么有神人穿着红衣服,送了个孩子给她。而我只愿其顺利产下,母子平安,便是菩萨保佑,上上签了。"[4]

过了一段日子,到成化八年(1472)九月三十日(10月31日),王守仁终于出生了。[5]这是王伦家老二王华的第一个儿子,全家当然非常高兴。

二、家世传承

家庭的环境、幼年的生活,对于任何一个人的身体状况、心理状态、人格形成,都有着潜移默化的巨大影响。所以,要理解王守仁,必要对于他的家庭和少年时代的生活、教育状况,做一些介绍。

王守仁出生时,家中的状况如何呢?

祖父王伦,字天叙,是乡中的教书先生,为人正派,喜《仪礼》《左传》《史记》等。夫人岑氏,在二十五岁时,生下第二个儿子王华。这年有三个儿子的她,正好五十岁。

王伦有三个儿子:长子名荣,次子名华,三子名衮。

王华这年二十七岁,其妻郑氏已经近三十岁了。(参见本章附录《王华婚姻状况考》)

王华的老家,有竹林环绕的屋子,家境并不富裕,但可以过活。父亲王华对于王守仁一生,是个非常重要的人物。

王华于正统丙寅(1446)出生在余姚。[6]到他这一代时,祖上的荣光已经消磨殆尽了。父亲王伦在乡村教书度日。[7]王华自幼聪明过人,所以王伦从小就精心培养,家中传统的家学是经书中的《易》《礼》，他当都认真读过。十一岁，从里师钱希宠读书。[8]

十七岁时，王华参加秀才考试。当时的乡里之试，一般的童子多以《四书》投考，而他投考的是经书中最难的《三礼》。县令看了他的试卷，大为赏识，但是，又有点疑心，这会不会是他偶尔碰到以前做过的题目啊？于是，接二连三地出题让他做，他越考越好，县令大为惊奇，赞赏道："此儿日后一定会天下称魁。"于是王华就有了点名气，远近的乡里人，都来请他去教自己的子弟。[9]

这样过了几年，王华成人后，大约在成化七年前后，父母为他娶了一个并不富裕的郑家的姑娘，这就是王守仁的母亲。

那时，王华二十六岁前后，而姑娘已经二十九岁上下了。[10]

王守仁出生了。王华依然时常外出教书，赚银子回家养家。日子虽比以往过得好些，但依然平静、淡泊，并不怎么富有，要靠妻子在家纺织，抚养双亲。[11]

成化十年（1474），时任浙江提学的松江张悦[12]考察学生时，发现了王华这个人才，赞赏王华和后来为内阁首辅的谢迁："二子皆当状元及第。"认为他们是浙东最好的学生。[13]

经张悦的推荐，王华和谢迁都参加了省里"乡试"（举人考试）。此年谢迁中举，而王华落榜。张悦就把王华推荐给了当时在浙江当官的宁良。[14]

王华被宁良聘到湖南的祁阳（属湖南省永州市），当自己孩子宁玹的教师。[15]王华在祁阳的梅庄别墅为西席，过了三年的教书、读书生活。

成化十一年（1475）作为王华同乡、同学的谢迁，一举金榜题名，中了状元，为翰林编修。报喜的锣鼓引起了众多的议论和关注，也给当时还在湖南祁阳的王华以很大的刺激。

当时同被先生张悦视为"日后当为状元"之人，现在，人家谢迁"金榜题名",已经是状元及第、翰林学士,自己还是个塾师。

"彼能为,为何我不能为?"这对王华当然有触动。

于是,他下定决心,发奋读书,投身科举,专心应考。对此,父亲竹轩公王伦等家中人,当然也都支持。

王华考试的道路开始并不顺利。

成化十四年的科举考试,他又落榜了,只得回到故乡,奔波于附近的各个城市,授徒养家。

这期间,王守仁则在母亲和祖父、祖母的养护下度过了自己的幼年时代,叔叔王衮对他颇为照顾。这些或在他幼年的心灵中,播下了善良的种子。一个在少年时代没有感受过善良和家庭温暖的人,往往会有一种心理上的缺陷,缺乏善良的情感;而善良的种子,也会发芽生长,在以后的人生中显现出来,开花结果。[16]

三、沉默的孩子

现在流传着一些王守仁幼年的传说。

成化十二年(1476)五岁时,他还不太会讲话,家中都很着急。有个乡间的"神人",说他的名字"云",泄漏天机。闻此言,祖父就把他的名字改成了"守仁"。说也奇怪,他这就开了口,而且还能背诵一些祖父读的诗书。可见,王守仁幼年时虽很聪明,但是在口头语言表述上,开口得比较晚。[17]或许祖父的吟诗诵读,对少年的王守仁有着很深的影响,他在默默之中就受到熏陶。

大约在王守仁七八岁时,也就是成化十四五年间,父亲王华从北京考试回来，因落榜了，只能继续以授徒为生。

他带着少年的王守仁，前往海盐、德清、东阳等地，夜间就住宿在寺庙中。所以年少时，神仙佛道之类，在王守仁身上有相当明显的印记。[18]

少年的王守仁从小就有过的这种奔波的经历，浙东地区佛教、神仙道教的氛围，对于他日后的人生以及思想的形成，有相当的影响。[19]

王华严格地培养王守仁，期待他能够走科举考试的道路，有所成就。当然，经书中的那些圣贤形象，也留在了王守仁的脑海里。或许是这样教育的结果，王守仁在年轻的时期，就抱有不仅要读书科举，还要"学圣贤"的远大志向。

在邹守益《王阳明先生图谱》中，这样记载：

> 自是对书静坐，思为圣学，而未得所入。公怪，问曰："不闻书声。"曰："要做第一等事。"公曰："舍读书登第，又何事耶？"对曰："读书登第，还是第二等事。为圣贤，乃第一等事。"[20]

而在《年谱》中，成化十八九年间，有这样的记载：

> 先生豪迈不羁，龙山公常怀忧，惟竹轩公知之。一日，与同学生走长安街，遇一相士。异之曰："吾为尔相，后须忆吾言：须拂领，其时入圣境；须至上丹台，其时结圣胎；须至下丹田，其时圣果圆。"先生感其言，自后每对书辄静坐凝思。尝问塾师曰："何为第一等事？"塾师曰："惟读书登第耳。"先生疑曰："登第恐未为第一等事，或读书学圣贤耳。"龙山公闻之笑曰："汝欲做圣贤耶？"

以上两条资料，都说明了早期王守仁并非只想科举进身，而有着更高远的志向。这不会是无稽之谈吧。

四、家庭关系

王华在家乡研读赶考到最后考中进士（即从成化十二三年到十七年的四五年间）的这段时期，王家发生了一件事：王华娶了个侧室杨氏，而且怀孕了。[21]

杨氏至少为王家生育了两个孩子：王华的次子守俭、四子守章。王华和她关系好，却未能在郑氏去世后将她扶正。如前所述，父母很中意郑氏，郑氏也孝顺公婆。但王华有自己的感情生活。或许正因为这样，父母不允许给杨氏名分，使她最终无法成为"夫人"。[22]

王华纳外室，以一般人情推测，已经有儿子的王守仁的母亲当不会很快乐。但处在纳妾习以为常的明代社会，自然无法表示什么，只能默默地把感受埋在心底。年幼的王守仁，或许在幼年时代就感受到这样的一种氛围。这事，对于他心理当有影响。

对于这位新的家庭成员，王守仁开始时无法接受。有的传记中，载有王守仁和其"继母"有矛盾冲突的传说：

王华有一个爱妾，在郑氏去世之后升为正室。说这位"继母"对于王守仁不太好。王守仁很不舒服。一天，他在街上看到一个卖鸮鸟（猫头鹰一类）的，这是一种传说中不祥之鸟。于是就买了一只。并且立即去找巫婆，给了她一些银子，并和她商量好，如果继母来找她，如何如何说。

回到家中，王守仁就把鸮鸟放到继母卧室的被子底下。

继母走进卧室，掀开被子时，鸮鸟突然飞出，大为吃惊。于是找巫婆。巫婆就说，这是因为你们家有妖魔怪气。需要焚香驱魔。上香驱魔仪式中，巫婆装作王守仁母亲的亡灵附体，说"汝对吾儿无理"云云。继母非常害怕，表示："今后再也不敢了。"以后，王守仁和继母的关系就得到了改善。[23]

这无疑是当时人或后人编造出来的故事。

这事，有的传记，列于王守仁十三岁，说他是对"续弦"（也就是赵氏）干的。这和有关的记载不符。据邹守益说：王守仁幼时失去母亲，很是"倜傥出常规"（这是客套话，实际是说他不守规矩），他父亲王华对他严加管教，而赵氏则多加维护劝导。[24]设想一下，一位状元郎/高官的家里一个十岁的孩子，把一只鸟放到夫人的寝室中，后来还叫巫婆来驱魔，即使是传说，也有点过于离奇了。所以，即使有这样事情的影子，也当是在故乡时和杨氏之间的事。

这时，王守仁要面对的是父亲有了侧室，而这个侧室，似乎并未被祖父母接纳。[25]

这反映了王守仁幼年时家庭关系的一个侧面。

五、少年的经历

父亲在王守仁年纪不大的时候纳妾，使得家庭关系变得比较复杂。

王守仁十岁以前在故乡，祖先的荣光已经淡漠，家中境况也不富足。祖父、父亲都是读书人，从小就受到儒家经典和传统诗文的熏陶。而家乡的社会环境中，又充溢着佛教、道教、民间神鬼传说的浓厚气氛。母亲在比较贫困的环境中，把他拉扯大。王守仁本身的身体状况不是很好。

在这样的环境下，王守仁从小就表现出一种言语不多但相当敏感的心理气质。同时，对男女情爱之事，有着独特的感受。这些隐性的心理气质和感受，在他后来的人生道路上，逐步显现出来。

平静的群山环抱中的余姚，人们平静地、数百年不变地在过着自己的农耕生活，但是，在世界上，却发生着剧烈的变动。

成化十六年（1480），王守仁已经九岁了。自从湖南宁家回来，王华一直在乡间以教书养家。直到这一年，王华考上了浙江乡试的举人。按照明朝的规定，可以有点银两收入。

后世的史料中，有王守仁八岁到海盐等地，居住在寺庙中的记载。《弘治海盐县志》："王守仁幼从海日公授徒资圣寺，寺有杏花楼。"

《资圣寺杏花楼》诗中有"素质翻疑同苦李""冻合青枝亦任猜"等句，反映了当时的情况。[26]

也可证明，年幼时，他尝随父亲到处行走，有过在社会底层的经历。[27]

成化十七年，王守仁十岁了，在家乡，随着年龄的增长，渐渐有了自己的兴趣爱好。在前往北京之前，王守仁就是在余姚的家中，在浙东群山环绕的村落中度过的。

这期间，父亲"望子成龙"，严厉管教他，希望他能够专心学业。传说，王守仁喜欢下棋，结果被父亲发现，父亲非常气愤，就把棋子丢到水中，王守仁就作了一首诗：

> 象棋终日乐悠悠，苦被严亲一旦丢。兵卒坠河皆不救，将军溺水一齐休。马行千里随波去，象入三川逐浪游。炮响一声天地震，忽然惊起卧龙愁。[28]

这一年，王华上北京，参加全国的考试。历经会试、殿试，中了状元。那是成化十七年（1481）春天三月，王守仁十岁。[29]这在王守仁的少年人生中,是一个重要的转折点,家中的境遇明显地改变了。

王华进了北京的翰林院,用俸禄赡养在故乡的父母,而王伦还分出钱来,帮助弟弟王粲。王伦有三个儿子。弟弟王衮有三个儿子,所以,王守仁也把这三位堂弟视为自己的亲弟。[30]

父亲在京城奔波,为了生计,也为了升腾。王守仁在乡间,陪同历经艰辛的母亲,同时跟着祖父读书。[31]

《三礼》《四书》,乃其家传之学,当为熟读。此外,陶渊明为其祖父所喜爱,自然也影响王守仁。[32]祖母岑氏也对王守仁多加爱护,常默默地把他拉到身边。[33]

他身体羸弱,在比较复杂的家庭关系中,感受到祖父母和母亲对自己的关爱和教育,受着祖父儒家的启蒙教育、古典诗文的熏染;同时,也过早地感觉到各种人际关系复杂的另一面。

这样略显复杂的家庭环境,对于王守仁的人格、思想形成,有很大的影响。他后来的各种好学、努力、任侠、特立独行,都和这家庭的土壤有着千丝万缕的联系。

王华中状元之后,当了翰林院修撰。在京城中基本站稳了,住在长安西街。[34]那是该年下半年的事。

王守仁十岁,由祖父带领,前往北京,开始了新的生活。[35]

当时由浙江上北京,一般是乘车船到杭州,从杭州坐船经大运河北上。

在经过镇江金山时,王守仁留下了在金山寺庙的诗歌。一首是《金山寺》:

金山一点大如拳,打破维扬水底天。醉倚妙高台上月,玉箫吹彻洞龙眠。

另一首是《蔽月山房》:

山近月远觉月小,便道此山大于月。若人有眼大如天,还见山小月更阔。[36]

他的心目中,自己的"眼"会有多大呢?

六、北京生活和母亲去世

成化十八年(壬寅,1482)王守仁十一岁时,住在北京。这次,郑夫人是否随同前往,无法确认。在王华旁陪伴的有侧室杨氏。

不管郑氏是否到北京,在这样的家庭环境中,虽有祖父护持,但对于一个只有十一岁的少年来说,王守仁处于比较微妙的地位。

除了家庭环境以外,就王守仁自身的经历而言,既曾跟随作为农村教书先生的父亲,在浙东各地奔波,又在刚懂事不久的青少年时代,长途跋涉,由浙东前往北京;更重要的是,有一个从社会较为底层人物上升到京城高官子弟的身份地位变化过程。所以,就经历和心理来说,他有着同年龄人不可比拟的成熟度。

王华渐渐在官场展开。这一时期,也是明朝进入相对稳定的时期。

成化十九年(1483),王守仁十二岁,父亲三十八岁。万安进入内阁,渐渐成为朝廷中的主要人物。万安得以主掌权柄,主要是依靠了他和万贵妃的关系。[37]在这样的朝廷中,刚入宦海不久的王华,只能唯唯诺诺,谨慎从事。[38]

这一年,由成化皇帝下旨编纂的《文华大训》成书。这是用以教育皇太子的典籍。此事对于世间的教育取向,当有影响。王华当然会注意这一倾向。

成化二十年（甲辰，1484），三十九岁的王华当上了廷试的弥封官（相当于档案管理秘书），和皇帝以及朝廷的大臣有了接触的机会，当然更严格地要求王守仁研读经书。

在北京，王守仁在父亲的严厉管教和祖父的呵护下，完成着当时一般官僚家庭通常的基本教育，阅读儒家的经书《四书》《五经大全》等。

王守仁已是十二三岁的少年，且读了一些书，到了青春的反抗时期。有关王守仁少年时代的资料中，多有他在这一时期不听父亲教导的记载。如邹守益《王阳明先生图谱》：

> 成化十九年癸卯，龙山公命就塾师，督责过严，先生郁郁不欢，伺塾师出，率同学旷游。体甚轻捷，穷崖乔木攀援，如履平地。公知之，锁一室，令作经书义。一时随所授辄就窃启钥以嬉。公归，稽课无所缺。

这时，中国北方的边境非常不安定，鞑靼小王子部落的军队侵犯大同，大同边防告急。南方也有动乱，越南入侵，苗族反叛。东北方，辽东、居庸关一带不安宁，地震等自然灾害频发。这样的局面，引起了北京政坛的变化。朝廷任命户部尚书余子俊为左都御史，主管大同等北方边务。重新启用马文升，主持辽东。[39]

这样的局势，引起了社会上对于边防、对于军事的关注。

京城中，那些侠客的举止和传说、那些军营中骑射的练习，更吸引着王守仁这个身体敏捷、有着远比一般官宦子弟多得多的经历的少年。他在这一时期，骑马射箭，练习武功，并打好了一定的基础。[40]

时光如箭，三年一晃就过去了。王守仁在京城中感受到另外一种生活，他的身心在发生变化，他追求的目标，也和以前不同了。

就在这时，成化二十年，生身母亲郑氏去世的噩耗，给了王守仁以巨大心理冲击。[41]成化二十一年到二十二年，王守仁基本就是守丧在家。读书，或仍练习骑射。

成化二十二年（丙午，1486）王守仁十五岁，王华则已过了不惑之年。亲人去世，对于每个人来说，都是人生中的重要关节。

过了一年，王守仁还在丧中，父亲则又娶了一位新的夫人赵氏，她比王守仁只大三岁，比王华小二十三岁。这样，王守仁的家庭中，又增添了新的复杂因素。好在这位新的继母比较通达温厚，给一直受到父亲严厉管教的王守仁一定的关照。同时孝顺公婆，妥善处理和侧室的关系，使得这个状元府变得比较和睦。[42]经历亲人去世，内心受到冲击，会促使在世的人重新思考和审视人生，促使人变得成熟。在这样的经历中，王守仁成长了。

七、居庸关之行

在十五岁时，王守仁抱着青春时期的冲动与志向，前往居庸关一行。

这时王守仁的骑马、射箭已经有了一定的水准。一般的北方善骑的人都不敢侵犯他。也就是说他的武术，已经能够防身。[43]听说北方边境战事，王守仁于是抱着学武之志，前往北边，想要一显身手。

古代的英雄，是他尊崇的楷模。汉代伏波将军马援的故事，时在他脑海中萦绕。据说，他曾在这时前后，写过一首关于马援的诗：

卷甲归来马伏波，早年兵法鬓毛皤。云埋铜柱雷轰折，六字题文尚不磨。[44]

　　一个十五岁的少年，骑马到北边的关塞，跑了一个多月。虽说居庸关离北京城不算太远，但这一举动，或可看出这时王守仁身上带有的桀骜不羁的侠气，可见此时他的志向不在科场。

　　那么，为何王守仁会有这样和一般读书人家不同的性情呢？这和当时京都的社会环境与风气有关。

　　晚年的成化皇帝，和古往今来的帝王一样，追求现实生命的延续，越发信奉神仙之说。因此，封赏道教的法师。该年，封真阙、玉阙两真君为上帝，还要首相万安祭之。因为皇帝颇信神仙、道教，封了不少僧侣、道士为官，所以社会上漂浮着尊崇、迷信神仙道教的烟雾。[45]王守仁在北京，自然受时风影响，也接触到了道教的一些神仙术、养生术等。而道术的另一种表现形式，便是任侠。

　　当时，首相为万安，内阁中还有刘吉、刘珝。万安和南方人接近，刘珝则和王越等北方人交往，[46]在政坛上形成不同的派系。这在青少年时代的王守仁的脑海中，或多或少会留下记忆痕迹。

　　同时，边疆多事，社会弥漫着不安的氛围。儒、佛、道三教合流之风盛行。王守仁由一个乡间教书先生的孩子，平步为状元郎之子，变化巨大。这一切，造就了他既有着儒学的追求，又有着比较开放的思想和宽广的视野。

　　如前所述，成化晚年，王华被提升为廷试的"弥封官"。（见陆深《海日先生行状》）对于自己的儿子，王华坚持着儒学观念，期待着儿子在科场上求得发展。据说，他为了锻炼王守仁，就把他也带到了考场，和自己一起看卷子，让他发表评论，也就是让他熟悉科举考试的现实状况。王华"望子成龙"，为了让王守仁能在科举的道路上走得顺畅,可谓煞费苦心。

但是,王守仁心怀大志,别有追求。这时的王守仁,面对日见发达的父亲,有一种青春期的叛逆。他抱着济世的热情,甚至想学习古代的学子,上书言事、一举成名。结果被父亲阻止。[47]

面对这一切的王守仁,虽心有大志,但家中缺乏父母关爱的温暖,自然会有一种内心的孤独。就在这样的时期,一个人物走进了王守仁的生活。那就是以后成为他岳父的诸让。[48]他比王华早进官场,官至山东布政使司左参议。[49]

家庭和社会环境跌宕变化,大开大阖,熏染了青少年时代的王守仁,造就了他聪明、敏感、狷狂、有侠气、坚毅而又多识人情世故的性格,塑造了他除了儒家学问以外,又兼有骑射之能以及佛、道、神仙、养身等三教九流多方面因素的知识结构基础。

在京师当了状元的儿子那里过了三年之后,竹轩公似乎对于在北京的生活并不十分满意,想回故乡。[50]

于是,在这一年,祖父就带着王守仁回了故乡。

王守仁从京师南下,经过金陵,得《三悟集》(《三悟集》,明初兼通三教的僧人、"黑衣宰相"姚广孝所撰)。[51]

八月,成化皇帝去世。王守仁青少年时代的生活,随着成化时代的终结,落下了帷幕。

注释

1 魏瀚,《明史》中,略载其事。(见14册,4367、4417页)他为王守仁祖父撰写的《竹轩先生传》,称王伦"性爱竹,所居轩外环植之"。见上海古籍出版社版《王阳明全集》(此后概略称"上古版《全集》"),1384页。

2 王伦,一名天叙。见魏瀚的《竹轩先生传》。《竹轩先生传》载:王伦之父王杰"蚤世,环堵肃然,所遗惟书史数箧"。"居贫,躬授徒以养母。"可以看到,王守仁出生时,家中并不富裕。

3　王华为王伦的第二个儿子。关于郑氏和王华的婚姻家庭情况，见本章附录《王华婚姻状况考》。

4　明黄绾《阳明先生行状》："郑氏孕十四月而生公。"钱德洪《年谱》也说王守仁之母怀胎十四月才生他。怀孕十四个月，笔者认为此为一种传说。在明代，当时王守仁家中的处境，似无法完全确认其母受孕的时期。故说十四个月未产，有后人夸张神话王守仁之嫌。至于怀孕过期不产的原因，据《诸病源候论》："过年不产，由挟寒冷宿血在胞而有胎，则冷血相搏，令胎不长，产不以时。"其病名见《张氏医通·妇人门》。一种是"肝肾不足"，表现为"形体消瘦，耳鸣头晕，面色无华，二便正常，舌质暗红，苔白稍腻，脉濡滑或弦滑"，一种是"气虚血瘀"，表现为"神疲乏力，纳食不香，腰膝酸软，腹胀痛"。要之，是身体虚弱、血脉凝滞所致。

《年谱》：王守仁祖母岑氏，"梦神人衣绯衣云中鼓吹"，故最初起名"云"，指其所生楼曰"瑞云楼"。中国古人，多以祥瑞依托。浙江一带尤其如此。如王守仁父亲王华的传记《海日先生行状》《墓志铭》中，也有类似的传说。有梦云云，殆因郑氏过期未产，岑氏心中忧念所致。浙东一带，佛教、道教兴盛，多少有佛道影响。

5　王守仁的出生地，当在寄居的莫家，见邹守益《瑞云楼铭》，载《邹守益集》卷十九。现在所谓"王阳明故居"的"瑞云楼"，或云为守仁出生处。笔者认为，此王家之屋，为后来所建。

6　关于王华生平，见杨一清《海日先生墓志铭》，又，陆深《海日先生行状》。俱见上古版《王阳明全集》卷三十八《世德录》，不赘引。

7　见《王阳明全集》卷三十八《世德录》中所载胡俨《遁石先生传》："从四明赵先生学《易》。"戚澜《槐里先生传》：王华的祖父王杰著有《易春秋说》《周礼考正》，为同辈所称许。

8　见《王阳明全集》中所载陆深《海日先生行状》，所谓"里师"，应是乡里的塾师，而非县学的教谕。

9　同上《海日先生行状》："天顺壬午，先生年十七，以三礼投试邑中。邑令奇其文，后数日，复特试之。题下，一挥而就。令疑其偶遇宿构，连三命题，其应益捷。因大奇赏。谓曰：'吾子异日必大魁天下。'远迩争礼聘为子弟师。"

10　参见本章附录《王华婚姻状况考》。

11　见《海日先生行状》："先生元佩赠夫人郑氏，渊靖孝慈，与先生共甘贫苦。起寒微，躬操井臼，勤纺织以奉姑舅。"束景南《阳明佚文辑考编年》认为：或其母郑氏即为海盐人（郑氏为海盐大族），见该书第8页。这一说法似可再考。

12　张悦，《明史》卷一八五有《传》："张悦，字时敏，松江华亭人。举天顺四年进士，授刑部主事，进员外郎。成化中出为江西佥事，改督浙江学校。力拒请托，校士不糊名，曰：'我取自信而已。'迁四川副使，进按察使。遭丧，服阕补湖广。王府承奉张通纵恣，悦绳以法。及入觐，中官尚铭督东厂，众竞趋其门，悦独不往。铭衔甚，伺察无所得。铭败，召拜左佥都御史。孝宗立，迁工部右侍郎，转吏部左侍郎。王恕为尚书，悦左右之，尝两摄部事。弘治六年夏，大旱，求言。陈遵旧章、恤小民、崇俭素、裁冗食、禁滥罚数事。又上《修德》《图治》二疏。并嘉纳。俄迁南京右都御史，就改吏部尚书。九年复改兵部，参赞机务。以年至，累疏乞休。诏加太子少保，驰传归。卒赠太子太保，谥庄简。"

13　见陆深《海日先生行状》："提学松江张公时敏考校姚士，以先生与木斋谢公为首，并称之曰：'二子皆当状元及第，福德不可量也。'"谢迁，《明史》卷一八一有传：字丁乔，号木斋，余姚泗门人。成化十一年（1475）中进士一甲第一名，历修撰、左庶子。弘治八年入内阁参与机务，累官太子太保、兵部尚书兼东阁大学士。历经成化、弘治、正德、嘉靖四朝，政绩卓著，时人云"李公谋（李东阳的谋略），刘公断（刘健的当机立断），谢公尤侃侃（谢迁的能言善辩）"。

张悦在王华以及王守仁以后的人生道路上，是有影响的人物。具体见后。

14　见陆深《海日先生行状》。关于提拔谢迁、王华二人的伯乐，一说是明成化年间的浙江布政使宁良。宁良，字元善，生于明代永乐年间，祁阳县金兰桥（今衡阳市祁东县）人。明正统十年（1445）进士及第，提升为行人首，后迁升刑曹、浙江省参政。成化十一年宁良为浙江布政使，曾开水门导西湖水。成化十二年，又在西湖孤山重建西湖书院。可见他在浙江为官。（见《西湖游览志》卷二，"孤山"条下，21页）他到浙江诸生中考察，提拔了谢迁和王华。这和前面所说张悦提拔的说法类似，殆二人看法类似，曾谈及谢迁、王华。后谢迁先中状元，王华则被聘至祁阳，为宁良之子宁竑讲学。后亦中状元。宁良之子由于王华的教诲，也中进士。

宁良在成化元年到十二年间，在浙江为官。或在其间与张悦相遇。因张悦的推荐，延聘王华当家庭教师。

15　宁良的孩子名竑，见王华《瑞梦堂记》，载《双槐岁抄》。

16　王守仁为其叔父所写《易直先生墓志》，载上古版《全集》，927页。

17　《明史·王守仁传》："五岁不能言，异人拊之，更名守仁，方能言。"又见《年谱》："先生五岁不言，一日与群儿嬉，有神僧过之曰：'好个孩儿，可惜道破。'竹轩公悟，更今名，即能言。一日诵竹轩公所尝读过书。讶问之。曰：'闻祖读时已默记矣。'"

18　查继佐《王守仁传》："八岁，妄意神仙，嬉戏皆绝人。"（上古版《全集》1545页，又见束景南《阳明佚文辑考编年》5页）

19　见《全集》卷二十一《答人问神仙》："仆诚生八岁而即好其说。"佛、道以及一些民间神仙等传说，在明代浙东地区的社会底层，颇为盛行。这和当时皇帝的信奉与容纳有关，也和自古以来中国江南地区的民风有关。这种情况，甚至流传到近代。

20　此条资料被置于成化十九年前后。考，王华成化十七年前往北京考试，此后不在家乡。又考当时督促其发声诵读，似是对年幼童蒙的教育方法，故疑此乃守仁少年时之事，不应列于成化十九年。王守仁之所以会有这样的想法，和他所处环境、和祖父日常的熏陶有关。

21　见附录《王华婚姻状况考》。或如《宗谱》所言，杨氏生了三个，女儿也是她生的。那就说明，她和王华的关系应该是比较好的。王华续弦以后，再和杨氏生养了一个孩子。考王守仁之弟守章年纪最小，当是在王华娶了赵氏以后，杨氏所生。产生这种情况，其一，在郑氏未亡时，是因郑氏身体状况不好，年龄大、色衰，缺乏感情生活。其二，王华更钟情于杨氏。或杨氏和王华接触的时间更多，一直在王华身边服侍。

22　有两种可能：第一，杨氏的身份有着无法扶正的原因。或明代规定，一般的民众，要在四十岁以后，无子，方可纳妾。王华纳杨氏时，不到四十岁。（《大明会典》：庶人"年四十以上无子，方许奏选一妾。"当然，关于明代纳妾的法律规定，说法不一，此仅供参考）第二，王华的父母不允许她转为正室。

23 参见冈田武彦《王阳明大传》61页。

24 见邹守益《叙云山遐祝图》:"方先生之幼失恃也,倜傥出常规,龙山公欲夙其成,痛钤勒之……赵氏则委曲开谕,使充其量也,其慈惠有如此者。"那当是王守仁到了北京以后的事。(《邹守益集》)

25 在现存的《弘治十二年登科录》中,王守仁条下,列有王守仁的亲属情况。有弟弟的名字:守义、守礼、守智、守信、守恭、守谦,而没有守俭、守文、守章。这当是正式的官方记载,提供者当然是王守仁本人。这么多"弟"是把堂兄弟的名字都记入了(堂兄弟中人名有出入,姑且不论),但是没有当时已经出生的守俭,这是很令人回味的。这或许是王家即竹轩公王伦还没有答应杨氏"入籍"的一个旁证?在《竹轩先生传》中,称他"对门人弟子,则矩范严肃,凛乎不可犯"。这样的性格,做出严格的家规,当不为怪。

26 《同治湖州府志》卷二十六:"德清县锦香亭,在大麻,明王守仁读书处。"又:"父王华未遇时,携公馆于此。"

27 见束景南《阳明佚文辑考编年》所收《资圣寺杏花楼》诗下所引。这些记载的本身是否完全属实,或可再探讨,但这些传说可以证明,王守仁早年的生活比较贫苦。束景南认为这时期"约在成化十四年至十六年间"。《阳明佚文辑考编年》,5页。

28 此诗乃褚人获《坚瓠集》甲集卷一所收。见束景南《阳明佚文辑考编年》9页。但是,此是否王守仁所作,可再考。因为《坚瓠集》乃小说家言。然这首诗被传为王守仁之作,反映出王守仁少年时所具有的一种反抗情绪,也略带有一种孤独无奈之感。束景南将此诗系于成化十六年,大致不误;当在守仁懂事可教,而其父尚未进京赶考、为状元之前。

29 《明史》卷十四《宪宗本纪》十七年:"三月辛卯,赐王华等进士及第、出身有差。"又见杨一清《海日先生墓志铭》:"成化庚子,发解浙江第二人。明年辛丑,廷试第一甲第一人,授翰林院修撰。"

30 参见《弘治十二年登科录》。

31 王华进京后,妻子郑氏和侧室杨氏的居所不详。或许杨氏随王华前往京师、照料,郑氏依然还留在余姚的故乡,王守仁也和爷爷奶奶以及妈妈留在故乡。叔父王衮当时三十多岁,也时加照顾王守仁。王衮,字德章。王守仁叔父。王华之弟。生于正统己巳，卒于弘治戊午（弘治十一年），年四十九。王衮有三子：守礼、守信（以上为叶氏所生）、守恭（为继室方氏所生）。（见《易直先生墓志》，上古版《全集》927页）

32 见上古版《全集》所载《槐里先生传》，1383页。

33 王守仁《辞新任乞以旧职致仕疏》："自幼失慈，鞠于祖母岑，今年九十有七。"上古版《全集》，297页。

34 住在长安西街。见《王阳明全集》卷二十九《送绍兴佟太守》："成化辛丑（十七年），予来京师，居长安西街。"可见王华中状元不久，就接自己的父亲到北京奉养。

35 《年谱》：成化"十有七年辛丑，先生十岁，皆在越。"王华殿试为状元，当为二三月间事。《年谱》之说与王守仁自己所说有异，当以守仁自己所说为准。殆该年内，随祖父入京。

36 关于这两首诗歌，见钱德洪《年谱》。《金山寺》中所说"妙高台"，乃金山江天寺中高台，在妙高峰。

37 《明史·万安传》："万安，字循吉，眉州人。长身魁颜，眉目如刻画，外宽而深中。正统十三年进士。改庶吉士，授编修。成化初，屡迁礼部左侍郎。五年命兼翰林学士，入内阁参机务。""安在政府二十年，每遇试，必令其门生为考官，子孙甥婿多登第者。子翼，南京礼部侍郎。孙弘璧，翰林编修。"

38 虽说万安当权，且注意网罗文人，但王华似乎和他没有牵连瓜葛。

39 《明通鉴》卷三十四至卷三十五，成化十九年、二十年纪事。

40 后来他在江西，和北军对阵时，得以显身手。如果没有基本功，那是做不到的。湛若水《阳明先生墓志铭》："初溺于任侠之习，再溺于骑射之习，三溺于辞章之习，四溺于神仙之习，五溺于佛氏之习。"

41 见《年谱》："母太夫人郑氏卒。居丧哭泣甚哀。"明代礼制，如按照《仪礼·丧服》，生母去世，亲生儿子的丧期为三年。

42 邹守益《叙云山遐祝图》："方先生之幼失恃也，侚傥出常规，龙山公欲凤其成，痛钤勒之。……赵氏则委曲开谕，使充其量也，其慈惠有如此者。伯仲遗孤茕然，岑太夫人所闵也，携入京都。分俸，俾自树，以顺适姑志，其孝爱有如此者。"

43 何乔远《名山藏》卷二《儒林记》王守仁:"十五从宦京师,出游居庸,慨焉壮图。"《年谱》:"先生出游居庸三关,即慨然有经略四方之志。询诸夷种落,悉闻备御策;逐胡儿骑射,胡人不敢犯。经月始返。"

44 见《年谱》成化"二十有二年丙午,先生十五岁"条下:"一日,梦谒伏波将军庙,赋诗曰:'卷甲归来马伏波,早年兵法鬓毛皤。云埋铜柱雷轰折,六字题文尚不磨。'"但是,此诗究竟何时所赋,可再考。

45 见《明通鉴》卷三十五。又《万历野获编》卷二十七《释道》:"成化间宠方士李孜省、邓长恩等,颇于灵济、显灵诸宫加奖饰,又妖僧继晓用事,而佛教亦盛。"

46 《明通鉴》卷三十五:"时阁部大臣万安与南人相党附,珝及尹旻、王越又党于北人。"《明通鉴》1346页。

47 《年谱》:"时畿内石英、王勇盗起,又闻秦中石和尚、刘千斤作乱,屡欲为书献于朝。龙山公斥之为狂,乃止。"此条也列于"十五岁"。又冈田武彦《大传》认为根据《皇明大儒王阳明靖难录》所载,王守仁上书,是模仿汉代终军故事。

清朝毛奇龄《王文成传本》卷上,指出:"石和尚、刘千斤在成化二年作乱,越一年遂平。又越五年,至(成化)八年而公始生,是作《疏》讨贼,皆公前世事也。"由此指出《年谱》之说,颇为牵强,非实时实事。其说是。

要之,《年谱》编修者为表现王守仁年少便有大志,与众不同,而对世事时间的考证稍嫌疏漏。但在当时,王守仁或曾有过想要上书的冲动,被父亲制止。

48 这种情感,在为岳父写的文字《祭外舅介庵先生文》中表现出来。诸让,字养和,号介庵。成化十一年进士。见《成化十一年进士登科录》。

49 见叶树望《新发现的王阳明佚文六件》。据该文,弘治八年,诸让已去世。王守仁和诸让的关系,见下一章。

50 二儿子位高官,故乡的小儿子又没有多少功名,但老人却带着二房的长孙回到故乡去。推测如下:老人可能和新的儿媳以及杨氏共同生活,感到不适;也可能是有叶落归根的想法。

51 姚广孝,见《明史》卷一四五《姚广孝传》。

附录：
王华婚姻状况考

王华是王守仁之父。王华的婚姻状况，决定了王守仁幼年到青年时代的家庭环境和生活状况。这对于王守仁的心理状况、人格形成，无疑有很大影响。所以，在研究王守仁时，考察王华的婚姻状况，很有必要。

关于王华的婚姻状况，有一些文字记载，其中有矛盾，且不完全。透过这些纸面的文字资料，探讨、再现实际状况，是此文的目的所在。

据记载，王华一生娶了三个女人。

先看元配郑氏。

陆深《海日先生行状》："先生元配夫人郑氏，渊靖孝慈，与先生共甘贫苦。起微寒，躬操井臼，勤纺织以奉舅姑。"故可知，在王守仁之父王华中状元以前，家中较清贫。王守仁的童年是在贫苦中度过的。因为，如果当时并非如此的话，如何会说郑氏"与先生（王华）共甘贫苦"？

关于郑氏的岁数，有两种不同的资料来源：其一，杨一清《海日先生墓志铭》云：去世时，为四十一岁，其二，陆深《海日先生行状》则云："先生元配赠夫人郑氏……寿四十九，先先生三十六年卒。"

以上两者记载矛盾。两者的记载之间相差八年。

二者都云：郑氏比王华早三十六年去世。王华去世时，当为七十七岁，如此推算，以陆深《行状》，郑氏在年四十九去世，王守仁十五岁。那么其母亲在三十五六岁时才生他，在当时似比较异常。如作四十一岁去世,那么,此时当在二十七岁左右,比王华大三岁。这比较合理。

故根据现所知资料推测,王华卒于嘉靖元年,郑氏卒于成化二十二年,则王守仁在母亲去世时已十五岁。

王华何时结婚,未见明确记载。

如果王华在二十岁前后结婚,郑氏二十三四岁,从年龄上看比较妥当,但考王华生平,"先生甫踰弱冠",祁阳的宁良"延至家""为其子师",在那里三年。

综合王华的年纪、经历,王守仁的年纪以及家中其他情况推测,王华结婚当在成化五六年间,即王华从祁阳归故乡后,二十四五岁时较妥。

如果他是二十岁左右,就已经娶了郑氏,一是他年龄显得略小,当时他家中尚贫;二是如果早结婚了,到四五年后才得子,似也略违常理。如此则《海日先生行状》,郑夫人四十九岁去世,似有误。

王华娶的另一个,是侧室杨氏。所谓"侧室",就是妾。

纳杨氏为侧室的时间,也无明确记载,从王华的经历上推测:杨氏当是王华进京成为状元之前所纳。

据陆深《海日先生行状》:王华娶有郑氏、继室赵氏和侧室杨氏。杨氏生有两个儿子:守俭、守章。赵氏生有一子,守文,还有一个女儿。

而世传《四明上菁李家塔王氏宗谱》(见钱明、叶树望主编《王阳明的世界》)记载:守俭为赵氏所生,杨氏生了二子一女,即守文、守章和一个女儿。

这两者之间有明显的矛盾。

守俭不会是赵氏所生。

首先,《海日先生行状》、杨一清《墓志铭》、世传《王氏宗谱》都称赵氏为"继室",当是在郑氏去世以后所娶,不会在郑氏尚未去世和生病之时娶之。按照《仪礼》以及明代的习俗,发妻去世,为丈夫的按理当有一年的丧期。郑氏在成化二十年去世,所以,王华续弦,最早当在成化末年或弘治初年。如早娶,在郑氏的丧期内,似不合当时王家"崇尚礼制"的家风。

再看守俭的情况,《王阳明全集》有《守俭弟归曰仁歌楚声为别予亦和之》诗,时当在正德初年,王华拟将女儿妻徐爱之时。王守俭为王华次子,当时在京城就读。根据黄佐《南雍志》卷四:"丁卯正德二月己丑,南京吏部尚书王华子守俭,自北监奏乞随父读书,遂改入本监。"王守俭似当已成年。如为赵氏所生,则当时最多仅十八岁。

又《邹守益集》卷四有《叙云山遐祝图》,乃是邹守益为王守仁祝贺继母六十大寿所献之《图》而撰的《叙》,其中明确写到"守俭,庶出也,而长;守文,夫人出也,而幼",可见《宗谱》所说,王守俭为赵氏所生,乃误。

因此,综合各种记载,比较合理的推测,杨氏当是王华在结婚以后,郑氏未去世、王华外出讲学之时所纳。或正值郑氏生育、抚养幼儿时期。年岁大了,男女之情欲渐减。而当时,王华正三十岁前后,精力正旺,收入增多,又得官员赏识。奔波在外,需人照料,这时收纳杨氏,较为合理。

王华的另一个妻子,赵氏。

据《邹守益集》卷四《叙云山遐祝图》,当时王守仁五十七岁,赵氏六十岁,比王守仁仅年长三岁。

此外,从下面两条资料,也可看到王华家庭关系的一些情况:其一,从王华夫妇两人年龄的差异上看,郑夫人当为父母为王华所定。王守仁的祖父母疼爱儿媳,儿媳也孝顺公婆(见上引《海日先生墓志铭》《海日先生行状》),两者相依为命。

王守仁晚年回到家乡,在移动母亲墓葬时,不将其母之坟墓与父亲合葬(事见杨一清《海日先生墓志铭》),而是附葬在穴湖山,即王守仁祖父的坟边(见王守仁为其叔父所写《易直先生墓志》),是很可令人回味的。

其二,下面要说到,民间流传的,王守仁和继母关系的传言。这继母,当指杨氏。

和继母赵氏的关系,在《邹守益集》卷四《叙云山遐祝图》等记载中较明确。都说到王守仁年轻时,甚为"倜傥",也就是顽皮。王华管教甚严,而赵氏曾在家中多有关照。可见和赵氏的关系还是比较和谐的。

王守仁的青少年时代,就是在这样的家庭关系中成长的。

第三章 奔波的青年时代：余姚、北京、南昌

成化二十三年八月—弘治五年秋

一、朝代的更替

成化二十三年（1487），八月，成化皇帝去世。一个时代结束了。

政局随之发生了变动。

首先，在成化末年执掌大权的首相万安下台了。万安掌权，很大程度依靠的是他和成化皇帝宠妃万贵妃的关系。[1]万贵妃在成化末年去世，[2]加上成化皇帝的归天，万安的权力基础崩塌。当时他作为首辅，主持发布登基诏书，禁止言官"风闻奏事"，也就是禁止根据捕风捉影的流言来上奏言事。这从表面上看固无不妥，但联系当时的社会环境，其用意就很明白了。因为成化皇帝宠信万贵妃，社会上有许多对万家不利的传闻[3]，万安的目的，乃是要阻断言路。这引起了言官和舆论的一致反对，结果，新皇帝弘治登基后两个月，他就被罢免。[4]

弘治初，一批以前被贬斥的有能力、有声望的官员相继复出，如王恕、丘濬、张悦、章懋、林俊等。这些人在后来王守仁的政治生涯中，都起到了相当的作用。[5]

弘治元年（戊申，1488），王守仁的父亲王华被提拔为"经筵官"，还被选召参与修撰成化皇帝的《实录》。[6]同为编修官的有刘吉、李东阳、王鏊、吴宽、谢铎等人，在编修过程中，相互之间的交往，形成一种个人间的联系。

王华之所以会如此官运亨通，和他在明代政治结构中的位置、在官场中的相互联系有关。

弘治初，万安下场，王恕被重新起用为吏部尚书，王恕曾在南京任职多年。[7]当年提拔王华的张悦曾受到王恕的奖掖推荐，[8]他主掌了选拔任用人才的部门。[9]

另外，耿裕被起用为礼部尚书。[10]耿裕也曾被王恕推举。

他们都反对在成化年间靠万贵妃上台的原首辅万安，还有万安的同党比如当时的首辅刘吉等。他们想要改变成化末年崇尚佛道之风、重振儒学，想要依照儒学的精神，更新朝政，以呈新风。

在当时的官场上，王华的友朋甚多：

如前所述，王华和谢迁是同门同学。谢迁在弘治为太子时，就当过太子师。[11]还有李东阳、王鏊、丘濬等，都和王华关系密切，曾一起与修《宪宗实录》。[12]

除此之外，还有不少和王华有交往、后来和王守仁的宦海生涯有密切关系的官员，也是在这一时期得到提升，比如林俊、储瓘。[13]

储瓘的提升，曾受到林俊的推荐[14]。可以说，在弘治皇帝登基的权力交替过程中，这样一批恪守儒家经义，比较清廉的官员团体，受到了重视和提拔，而王华和这些官员都有着比较良好的关系。以上是王华在当时朝廷的外在环境。

王华得到提升，除了上述外在因素，还有本人的内在条件。他的内在条件也很充分。王华为成化后期状元，专于礼经，当时已有参与廷试的经验，就资历而言也完全合格，故被推举修实录、预讲经筵，也就不足为奇了。

由于给皇帝讲课，得以接触到政权的高层，这为以后王华被任命为东宫的师傅，有直接的关系。而他在东宫，又为和当时陪伴太子的刘瑾、张永等人的联系，奠定了基础。

由此可见王守仁后来在朝廷中所处的位置，也是他后来进一步展开的社会土壤。

二、早来的婚姻

就在王华的前途光明，日子见好的时候，却遇到了一个非常棘手的问题，就是家庭内部的关系问题：如何处理儿子王守仁和续弦的赵夫人以及侧室杨氏的关系？

在这个家庭中，有新的继母，还有从情理上推测，和王守仁的生母有着隔阂的侧室杨氏，再加上又有了新的弟妹，父亲心思也不可能全部放在王守仁身上。而王守仁正处青春期，带有反叛的性格，这从他曾到关外的行动可略见一斑。

如何处置这些关系，成了王华以及十七岁的王守仁必须面对的问题。

这时，给王守仁带来温暖的，是诸让。

诸让，和王华在京城关系很好，时常相互走动，对于王守仁也比较赏识。诸让看到王守仁一些突兀的举动，心中颇有感触：王华续弦了，他这时还不满四十岁，有几个孩子。长子的母亲已经去世，此后王守仁怎么办呢？看他思辨敏捷，心有大志，所以盘算，想将女儿许之。

回家后，和妻子张氏商量定了，[15]就和王华商谈，打算把自己的女儿嫁给王守仁。这对于当时内心孤独而有些自卑的王守仁，实在是一种很大的温暖，因而他对于舅姑非常孝顺。[16]

如前所述，就在成化皇帝去世的这一年，王守仁十七岁，和祖父一起，从北京回了故乡。

诸让这时被派往江西为官，当参议。[17]得知王守仁回了故乡，就写信给王华，要王守仁到江西去成婚。王华写信给王守仁，命他前往。

让长子在母亲丧期刚满，十七岁的年纪就独身远道前往南昌，到未来的岳父那里迎亲结婚，这有点违背常理，然而也是必然的选择。也就是说，家中有着促使王华、王守仁这样做的原因。

那么，原因何在？

就王守仁而言，父亲在北京，官场上仕途正忙，家中弟妹要照顾。自己如果到北京，必须继续面对继母、弟妹等新的家庭关系。这对于一个正处于青春敏感期的少年来说，心理的感受可想而知。

自己随祖父从北京回到故乡浙东的余姚，依然是过去的老屋。屋在人非，母亲亡故。自己丧期已满。[18]祖父、祖母已经老了。虽然三叔王衮还有几个堂兄弟都在，但毕竟不是父母，无法一直靠在别人身边过活。

经历过北京繁华的年轻的王守仁，或许会觉得故乡这浙东的山村，宁静的世界有点闭塞，无法施展自己的抱负。

王守仁也许感觉到孤独，同时，内心中更冲涌着大丈夫仗剑走天涯的豪情。他觉得自己长大了，选择离开是合理的。

从王华的角度看，他理解王守仁所处的境况。老友诸让非常喜欢王守仁，这时，诸让被任命为江西布政司参议，在江西当官，因而让儿子到他那儿去，解决婚姻大事，独立门户，脱离家中各种关系的羁绊；同时，让他受到更多的人生历练。这倒是一个妥善的安排。

从诸让的角度看，他关心着未来的女婿王守仁，也考虑到了王华的情况，积极促成王守仁的南昌之行。

诸让写了信，邀王守仁到南昌来结婚。王华也催促王守仁前往。王守仁后来这样回忆当时的情况：

> 岳父怜悯我中年丧失了母亲，给我父亲写信问候，并教诲我。在弘治己酉（二年）那年，他到江西当参政，来信叫我去。我当时或许还有点犹犹豫豫，父亲答应了，并对我说："你岳父有命，你还敢磨磨蹭蹭？"[19]

在故乡、北京、南昌三处的选择中，南昌成了王守仁和家族选择的结果。

这年七月，王守仁从故乡出发，经浙西，前往南昌，到后来的岳父家中。

诸让当时是江西布政司参议。这又是一个新的环境。

王守仁从浙江出发，到了南昌，那里除了未来的岳父以外，一切都是陌生的。

岳父安排他在自己的官署中住下。守仁开始慢慢地熟悉环境。官署即江西布政使司的衙门。[20]

明代江西南昌一带，道教兴盛，流行净明道，漂浮着道教、神仙养生的氛围。[21]著名的道观有铁柱宫。在成化年间，尊封道士为天师，使得宣扬炼丹养气、修身保精的风气在民间愈发流行。

诸家的人，对于这位未来的姑爷，是友好和欢迎的。这从王守仁留存的、后来给诸家人士的文字中，可以感觉到。[22]岳父诸让也是一个讲求儒学之人。在当时，婚姻多由父母之命，身为儒官之家的小姐当然遵从。

作为大家的闺秀，按理，她当也只有近二十岁。要和一个从来没谋面、既无功名、又无家财的年轻人结婚，即使在五百年前，大概也还是会有些心理上的波折吧。可以想象，小姐的态度就是：顺从、冷静，但不热情。[23]

年纪仅仅只有十七岁的王守仁，虽说经过在北京的那些日子，已经渐趋成熟，但毕竟还充溢着青涩的味道。

他会想到些什么呢？

——想到自己这十多年来的境遇：从贫困宁静的浙东山村，到官宦喧闹的北京城；从慈祥亲切的祖父母、温顺勤勉的母亲，到奔波升腾的父亲；

——想到书斋中读过的《四书》，北方奔驰着的骑马射箭。文人、将军、侠客、隐士、道士、神仙，不同的人生境况；

——或许，还会想到小姐模样，自己以后的生活前景，甚至还有对于成亲结婚，多少带有神秘感的忐忑。

凡此等等，都会在他脑海中展现，影响着他的情绪。

结婚大喜的日子临近了，虽说诸让生性淡泊，但毕竟是官宦之家的喜事，不会过于平淡。

张灯结彩，喜气洋洋。家人在准备着。

婚礼之日，宾客汇集，多是岳父家人。看着众人的忙碌，独自等待的王守仁感到有点落寞。

母亲的去世，父亲的续娶，自己的孤独一身，有志而未酬，如今飘零在此，加上自己身体状况未必很好，他感到迷茫和不安。

突然想起，到南昌以后，曾在铁柱宫听道士讲过的养生之道、阴阳之事，于是，便独自前往铁柱宫。

他在宫内四处转，见到室内有道士打坐，便唱喏进入。相谈之下，发现此人并非本地道士，于是和他谈及养生吐纳之法。道士将道教内丹派"八卦收鼎炼丹"之类的道法向他细细讲述。[24]

不知不觉，已经入夜。天黑，无法返回，王守仁就在铁柱宫内留下了。他或许还有想就此出家的冲动。

诸府的人，忙碌停当，这才发现新郎不知去向了。

于是全府上下，一起寻找。新娘则坐在房中等待，个中滋味，不言而喻。

当夜天色昏暗，无法寻得，只好等到天明再说。小姐就在新婚之日，孤单单地过了一夜。[25]

这就是王守仁结婚的一幕。

这一幕当然是翻过去了，但是，这对于结婚当事人的日后生活会留下什么样的影子呢？

如果说北京的生活，使王守仁感受到了官场的动荡、北方的旷野和莽苍；那么在南昌的生活，使他更多地受到了人生的洗练、受到了更多的宗教和文化的熏染。

三、书法和学问

结婚成家以后，王守仁便住在岳父的府中。研读经书之外，兴趣放到了书法上。诸让官署中积有不少废旧的纸张，于是，他就拿来练习书法。从王守仁现在流传的书法真迹中可以看出，他学的是元代以来流行的帖派书法，宗法的，据说是他的祖先王羲之。在了解了怀素的生平，观赏了怀素的书法作品后，王守仁感到此时的心境有着某种呼应，又学习了草书。

怀素草书的狂放，使得他书写时，有着一种身体和心灵的舒放感。他喜欢怀素，在怀素任情挥洒的笔锋变动中，他觉得不仅是外在的字的形态在变化，更重要的是自己内心和外在变化的统一。他在怀素的《自叙帖》后，这样写道：

> 怀素家长安，幼而事佛，经禅之暇，颇好笔端。然恨未能远睹前人之奇迹，所见甚浅。遂担笈杖锡西游上国，谒见当代名公，错综其事。遗编绝简，往往遇之，豁然心胸，略无疑滞。

在叙说了《自叙帖》的形成和历史上有关的评论后,强调了其书法的"气概通疏,性灵豁畅","赏其不羁,引以游处"。后来又对书法的功用做了这样的论说:

> 吾始学书,对模古帖,止得字形。后举笔不轻落纸,凝思静虑,拟形于心,久之始通其法。既后读明道先生书曰:"吾作字甚敬,非是要字好,只此是学。"既非要字好,又何学也?乃知古人随时随事只在心上学,此心精明,字好亦在其中矣。[26]

这是实践中得出的感受。

他在南昌期间,受到岳父的很多教诲、关切和鼓励。[27]

时间很快就过了一年多,王守仁在结婚以后,心情渐趋平静。他必须要考虑以后生活的道路。

这时,诸家有了丧事。(当是诸让的父母辈之丧。因为此后,诸让服丧三年。见下章)诸让按规定,需丁忧,离开了在任的官位。

也就在此时,王守仁自己家中也传来了消息:年迈的祖父病倒,父亲在北京也病倒了。祖父是自幼呵护王守仁、教育他逐步成长的人。祖父的病,使王守仁颇感震惊,祖父带着自己走过的人生道路上的各种画面,浮现在他的脑海。

鉴于上述情况,王守仁决定,带着妻子回余姚。那是在弘治二年(1489)的十二月。

归途中,乘船路过广信(治所在今江西上饶市),得知那里有位知名的学者娄谅,王守仁就前往拜访。[28]

两人相谈甚洽,王守仁受到不少启发。对于儒家的学问,有了一种新的视角和认识。如果说,此前王守仁所学习的传统的经典,多有明初以来《四书大全》的影响,属于一般文化教养以及为了科举考试的知识,那么,在江西的学习,和娄谅的接触,使得他接触到了当时儒家学术的核心——那就是关于人的社会性和人的本性的探讨。更重要的，这次拜见，使他产生了"圣人必可学而至"的观念，这应该是他思想开始成熟的发端。[29]

四、父亲的教诲

在弘治三年（庚戌，1490）的严冬时节，王守仁携带着自己的妻子回到了故乡浙江余姚。他真正独立成家了。

祖父已经病得很严重。见到了自己的孙儿和孙媳，感到慰藉。王守仁在祖父生命的最后时期，守护在病榻边服侍。

正月下旬，王伦阖眼，谢世而去。王守仁是孙子，父亲又不在，就跟着伯父和叔父打理后事，同时报告在北京的父亲。

在北京的王华，在此之前已经知道自己父亲病重了。当时，他在京为官已经九年，经过考核，按照规定，在吏部的王敞、张悦等当路者，本来想要提拔他。但是，他自从得知父亲病重的消息，就病倒了，闭门不出。

朝廷派人来催，朋友也劝说："你先到新职就任，等到真的有不幸的消息了，你再不出门也不晚。"

王华这时心绪难定，回答："父亲有重病，自己不能在旁匍匐侍候汤药，又岂能为了升迁，匆匆碌碌地奔波官场？等到家中有信，父亲有幸无恙，我再外出也不晚吧。"于是一边安排，一边在家中苦苦等候。

虽说有心理准备，真的接到讣闻，还是控制不住感情，王华嚎啕大哭，数次昏死过去。当天他就独自南奔。

回到余姚，和家中兄弟等亲属操办丧事，把父亲葬在穴湖山祖坟中。他在坟旁搭了个草庐，为父亲守丧。据说墓地原来是个虎穴，晚上时常有老虎出没。他也不顾，昼夜在坟边哭泣，无视老虎。那些老虎也就卧在草庐边上,据说也不侵犯人畜。[30]

祖父的去世,使王守仁失去了一个和他早年最为密切的亲人。看着父亲痛苦的样子,想到祖父以往对自己的关照,面对着故乡的山水亲人,王守仁认真地思考着自己的人生。

王华在服丧期间,除了痛苦之外,也想到要为自己的亲属做点事。于是,他就把从兄弟王冕、王阶、王宫以及妹婿牧相等找来,让他们和王守仁一起读书,给他们讲解儒家经典的经义。

三年的居丧期间,王守仁和父亲一起在余姚度过。

王守仁在这一时期,与父亲有了进一步的接触,加深了对父亲的理解,当然也会从父亲那里了解到官场的各种情况;对于自己的人生,有了进一步的认识。

人们发现,这一时期的王守仁变了。过去他待人比较随意和顺,喜欢随意开玩笑,这时突然变得像另一个人,时常端坐着,话也少了。弟兄们都不理解,问他为何如此,他说:"过去我放逸,现在知道自己的过错了。"他白天和大家一起听父亲的讲课,晚上则搜取各种经学、史学、诸子的典籍,认真研读。他的学业、文字表述都有了很大的进步。众兄弟都自叹不如。[31]

这时,已经身居政权高层的父亲,对他的影响相当大。

五、踏上科举路

数年间,江浙、北京、江浙、江西。来来往往,王守仁在奔波着。

青春的活力散发在这奔波的途中。在这一时期,他思考、探索着自己的人生道路。结果是,他决定要投身科举考试。这是一条当时底层人物走向社会上层的通道。当然,这条充满了竞争和荆棘的道路,并不好走。

弘治五年(壬子,1492),经过几年准备,二十一岁的王守仁于这年的八月,参加了浙江乡试,也就是省里的举人考试,踏上了科举的道路。

当时的考试,分别考《四书》和经义。

《四书》的考试,考对《四书》意义的理解,要写两百字以上的文字一篇,经义的考试,则要写三百字的文章一篇。

王守仁这年乡试,经义考的是《毛诗》,《四书》考的是《论语》"志士仁人"一节。[32]

王守仁对此的论述是:

> 志士仁人皆心有定主而不惑于私者也。以是人而当死生之际,吾惟见其求无愧于心耳,而于吾生何恤乎?

> 夫所谓志士者,以身负纲常之众而志虑之高洁,每思有以植天下之大闲;所谓仁人者,以身会天德之全而心体之光明,必欲有以贞天下之大节。是二人者,固皆事变之所不能惊而利害之所不能夺,其死与生有不足累者也。

> 是知观志士之所为,而天下之无志者可以愧矣;观仁人之所为,而天下之不仁者可以思矣。

王守仁这段话的阐述,没有突破宋代二程、朱熹对孔子之说的传统解释,强调的是"理欲无并立之机"(此为王守仁答卷中语),主张志士仁人不可求生以害仁,碰到与信念抵触的事,宁可舍掉性命,也要坚持自己的理念,也就是所谓以身殉道。但是在王守仁的叙述中,应当注意之处在于,王守仁注意到了心的概念和位置,认为"皆心有定主而不惑于私者",强调各人的心的"定主"作用。而这样潜存的倾向,在以后的思想活动中,渐渐萌生、成长。

还有一篇是对《孟子》"子哙不得与人燕"两句的理解。[33]

这说的是齐国的大臣沈同，因燕国国内政权的交替（即相国子之替代燕国国君子哙）不合乎法度，以此为理由，问孟子："是否可以讨伐燕国？"孟子回答："可以。子哙不可以把燕国给与人，子之不可以受之于子哙。"也就是认为，这同样是不合乎法度的。这正如朱熹的《孟子集注》所说："私以与人，则与者受者皆有罪也。"

王守仁在答卷中认为：天子、大臣等的等级名分，是天所授，君、臣，只是为天"守名器""守候度"的，"夫君子之于天下，苟非吾之所有""虽一毫而莫敢取也""于义或有所乖，虽一介不异于人也"。

认为：子哙、之子之所为，"各负难逭之罪"，所以"有王者起，当为伐矣"。也就是应当由王者加以讨伐。这一论述深层的意思，是说君臣名分，不可僭越差池。这一看法，和朱子的解说基本是一致的。

另一道题是考《中庸》"《诗》云'鸢飞戾天'"一节。[34]

王守仁的考卷，阐发了程子之意，认为："《中庸》即《诗》而言。一理充于两间，发'费''隐'之意也。盖盈天地间皆物也。皆物，则皆道也。"

"今天地间惟理而已矣。理御乎气，而气载于理，固一机之不离也。"这里，蕴存着宋代理学的中心概念之一，所谓"理一分殊"的思想。[35]

这里也可以看到王守仁对于这关系到理学要紧处的关键概念的理解和对于"理"的基本认识。[36]

王守仁考得不算太好吧，名列第七十名。不管怎么说，总算是成了举人。同为举人的，有第一名秦文、第八名张文渊，还有在王守仁以后的人生中，颇有关系的胡世宁、孙燧。[37]魏朝端[38]、程守夫[39]也都是在那一年中举的。

当时主持考试的，或许是吴伯通。[40]王守仁这位老师，在他的人格成长上，有相当的影响，故在多年以后，仍心存感激。

从上述这些考卷的回答内容来看，王守仁对于当时作为科举基本文献的《四书》，了然于胸。由此可以窥见他年轻时知识构造的情况。就历史的认识和价值道德观而言，他自然受到这些经典和学说的影响；他回答的内容，基本是按照程朱理学的注释。

就这样，王守仁走上了科举的道路。

注释

1 万贵妃在成化年间，一度在宫内很有权势。见《明史》卷一一三《后妃传一》："妃益骄。中官用事者，一忤意，立见斥逐。"而万安，据卷一六八《万安传》："安无学术，既柄用，惟日事请托，结诸阉为内援。时万贵妃宠冠后宫，安因内侍致殷勤，自称子侄行。"

2 万贵妃，薨于成化二十三年春。见上引《后妃传一》。

3 这些传闻，其实未必完全正确，这一点清代乾隆的《资治通鉴三编御批》已经说得比较清楚了："史家纪万妃之事，皆谓其骄妒横行，至于后宫有娠，尽遭药堕。今以宪宗封建诸子证之，知其说殊不足尽信。盖宪宗偏宠万妃及妃之恃宠骄妒，固当时情事所有，若谓其专房溺惑，则后宫必进御无期，何就馆之多，竟尔蝇蝇相继？"见《明通鉴》1361页。

4 《明史·孝宗本纪》：成化"二十三年八月，宪宗崩。"冬十月"丁亥，万安罢。"又见《明孝宗实录》。

5 参见《明史纪事本末》卷四十二《弘治君臣》。

6 见杨一清《海日先生墓志铭》。用现在的话，就是为皇帝讲课的讲师。

7 王恕，见《明史》卷一八二《王恕传》："恕扬历中外四十余年，刚正清严，始终一致。所引荐耿裕、彭韶、何乔新、周经、李敏、张悦、倪岳、刘大夏、戴珊、章懋等，皆一时名臣。"

8 《明史》卷一八五："张悦……孝宗立，迁工部右侍郎，转吏部左侍郎。王恕为尚书，悦左右之，尝两摄选事。"

9 《明史·选举志三》:"侍郎以下及祭酒,吏部会同三品以上廷推。太常卿以下,部推。通、参以下,吏部于弘政门会选。"

10 《明史》卷一八三:"耿裕,字好问,刑部尚书九畴子也。景泰五年进士。改庶吉士,授户科给事中,改工科。天顺初,以九畴为右都御史,改裕检讨。九畴坐劾石亨贬,裕亦谪泗州判官。终父丧,补定州。……弘治改元,召拜礼部尚书。时公私侈靡,耗费日广。裕随事救正,因灾异条上时事及申理言官,先后陈言甚众,大要归于节俭。"

11 见《明史》本传。他和王华是同门、同学。已见前。王守仁后来的诗歌也有提及。

12 见《明史·李东阳传》。王守仁撰有《太傅王文恪公传》,见上古版《全集》,944页。

13 林俊和乔宇、王守仁多有交往。王守仁《与林见素》:"某自弱冠从家骏于京师,幸接比邻。"说"弱冠"殆在二十岁前后。王华居长安西街,和林俊的交往当较早。林俊为弘治初年戊申进士。见杨一清《林俊墓志铭》,载《献征录》卷四十五。王守仁和林俊的交往,又见林俊《见素集》卷二十二、二十三《寄阳明》《复王阳明》《答白岩》等函(日本内阁文库藏明万历乙酉序刊本)。

14 见《明史·隐逸传》:"弘治中,佥都御史林俊上言:'今讲读侍从诸臣固已简用,然百司众职,山林隐逸,不谓无人。以臣所知,则礼部侍郎谢铎、太仆少卿储罐、光禄少卿杨廉,可备讲员。'"储罐传记,见《纪录汇编》(《丛书集成初编本》)。

15 关于张氏,王守仁有为岳母写的《祭张淑人文》,上古版《全集》,1213页。有曰:"一奠告诀,痛割心膂。言有尽而意无穷。"这是正德十六年十二月,王守仁已经为南京兵部尚书时所写,恐非客套,反映了他对岳母的真实感情。淑人,明三品官员祖母、母、妻封号。

16 《祭外舅介庵先生文》:"公与我父,金石相期。公为吏部,主考京师。来视我父,我方儿嬉。公曰:'尔子,我女妻之。'公不我鄙,识我于儿。"这里说诸让"主考京师",就云"我女妻之",殆是祭文语言。揆诸常理,当在诸让和王华交往,对王华和王守仁有一定认识后之事。故当在王华续弦前后为妥。

17　布政司参议为正四品官，见《明史·职官志四》。

18　子为生母，为三年斩衰。夫为妻丧，如父母不在，服杖期；若父母在，则服不杖期。参见《仪礼·丧服》。"丧服第十一"条下，宋贾公彦《疏》："孔子答宰我云'子生三年然后免于父母之怀，是以子为三年报之'。""斩衰裳"条下，宋贾公彦《疏》："三年，明上斩衰三年可知。"虽说现实中未必完全按此，但在士大夫家族中，大致如此。

19　《祭外舅介庵先生文》："悯我中年，而失其慈，慰书我父，教我以时。弘治己酉，公参江西，书来召我，我父曰咨，尔舅有命，尔则敢迟？"

20　据清叶舟等编纂《南昌郡乘》卷五《官署》："在章江门内。"

21　明代的道教，主要为天师道，也称为正一道。本山在江西龙虎山。明朝初年，朱元璋封龙虎山第四十二代张正常天师为正一教主，世代掌管全国道教，带有官方色彩。

到成化时期，尤其兴盛。《宪宗实录》成化十二年十一月："时僧、道官传奉寖盛。左道邪术之人szert至京师，吏部尚书尹旻等无旬日不赴左顺门候接传奉。"（又参见《明史·佞幸传》）

净明道，为道教正一道教派，亦称净明忠孝道，始见于南宋绍兴年间。当时西山（在今江西南昌）玉隆万寿宫道士何真公祈请许逊降临解救战乱，因得许授"飞仙度人经净明忠孝大法"等，"净明大法"遂行于世。元初道士刘玉整理教法、教理，正式采用"净明"为教派名称。

铁柱宫，在江西南昌市翠花街西。始建于晋，唐咸通（860—873）中，赐名铁柱观。南宋嘉定（1208—1224）间，改名铁柱延真宫。祀净明道所尊祖师许逊。

22　《祭外舅介庵先生文》《祭张淑人文》《寄诸用明》《书诸阳伯卷》《别诸伯生》等诗文中可见。前四篇见上古版《全集》1212页，1213页，147页，277页。最后一篇见束景南《辑考编年》391页。

23　有的小说中，记载宸濠之乱时夫人持刀让王守仁先行避开的故事（见冈田武彦《王阳明大传》76页）。这故事反映出诸夫人识得大体、敢于决断的性格。

24　何乔远《名山藏》"王守仁"条称王守仁遇到的是"蜀中道士"。而《年谱》仅云"遇道士"。其实这两者有着不同。考明代，皇室尊崇的乃是江西龙虎山的道教，属正一派，多主张符箓仪式。而四川青城山的道教，有所谓内丹派。内丹道教又有内丹西派和东派之分，讲求炼内丹以养生。青城山，为内丹西派。所谓"蜀中道士"所讲，当非完全的正一派之说，所以，以往也曾接触过道教的王守仁，在此之时，会有新鲜之感。

25 后来，王守仁和诸夫人的关系，似乎不很亲密。最明显的证据就是他们结婚三十多年，没有一个孩子。当然不能否认，有王守仁自己的身体原因，他经常生病。此外，王守仁一生中，多有波折，常年在外，夫妻相聚时间少。但在"不孝有三、无后为大"被视为社会基本道德的时代，这总是令人思考的问题。更何况，就在诸夫人去世不久，五十多岁的王守仁和续弦张夫人就生了个儿子。这就更不能不让人思考他和诸夫人的感情。而这新婚之夜的铁柱宫之行，或许是造成两人心理情感差异的一个因素。

26 王守仁有《书怀素自叙帖》，上古版《全集》未载。见束景南《辑考编年》。又，王守仁研习书法，见《年谱》："官署中蓄纸数箧，先生日取学书，比归，数箧皆空，书法大进。先生尝示学者曰：'吾始学书，对模古帖，止得字形。后举笔不轻落纸，凝思静虑，拟形于心，久之始通其法。既后读明道先生书曰："吾作字甚敬，非是要字好，只此是学。"既非要字好，又何学也？乃知古人随时随事只在心上学，此心精明，字好亦在其中矣。'后与学者论格物，多举此为证。"

27 见前引《祭外舅介庵先生文》。

28 娄谅，见《明儒学案》卷二："字克贞，别号一斋。"他和胡居仁（康斋）、陈白沙（石斋）一起，为吴与弼的三大弟子。他尊崇周敦颐、二程，为学"以收放心为居敬之门"，殆重视"心"的修养，而又"非仅蹈袭师门者也"。他的女儿"嫁为宁庶人妃，庶人反，先生子姓皆逮系，遗文散失"。王守仁曾问学于娄谅："文成年十七，亲迎过信，从先生问学，相深契也。则姚江之学，先生为发端也。"

关于和娄谅的相见，日本学者吉田公平认为：其一，王守仁留存的文字中未提及过此事，娄谅喜爱的弟子夏尚朴（东岩）也没有谈到过此事，所以，有可能是《年谱》的编撰者虚构的。其目的，是为了强调王守仁之学，乃可上溯到吴与弼。

然考《名山藏》"王守仁……见娄谅，谈朱氏格物之旨。……虽任侠之气未除，乃已知砥学自砺。"则《年谱》所记曾与娄氏相见，恐非虚构。然是否一定在归途特地拜访，则可再考。又关于夏东岩，可见《明儒学案》卷四"崇仁学案"。

29 见《年谱》弘治二年。上古版《全集》，1223页。《年谱》的编撰者，或许正是为了强调王守仁学术的发端，才在此列入见娄谅的。

30 以上有关资料，见陆深《海日先生行状》，不赘引。其中有传说的因素，未可全信。

31 《年谱》："龙山公以外艰归姚，命从弟冕、阶、宫及妹婿牧相，与先生讲析经义。先生日则随众课业，夜则搜取诸经子史读之，多至夜分。四子见其文字日进，尝愧不及，后知之，曰：'彼已游心举业外矣，吾何及也！'先生接人故和易善谑，一日悔之，遂端坐省言。四子未信，先生正色曰：'吾昔放逸，今知过矣。'自后四子亦渐敛容。"

32 所谓"志士仁人"一节，当指《论语·卫灵公》中"志士仁人，无求生以害仁，有杀身以成仁"这一段话。

王守仁的考卷，见束景南《辑考编年》19页以降。引自《钦定四书文》。当是他在成化、弘治时期，科举考试所写有关《四书》的文字。以上文字，明清时期便已流传。考卷的来源、真伪都还有需要进一步确认的余地。束景南定其为"弘治五年乡试"时王守仁所书。因王守仁弘治十二年会试卷仍存，而王守仁弘治五年乡试，此后弘治六年、九年会试俱落第，故此确切为何年之试题和答卷，并无确证。但为弘治十二年以前所撰当无误。今次于是。

33 这段话，见《孟子·公孙丑下》："沈同以其私问曰：'燕可伐与？'孟子曰：'可。子哙不得与人燕，子之不得受燕于子哙。'"

《孟子》谈到的沈同，是齐大臣。子哙是燕国国君，名哙，前320至前318年在位。他在位期间厉行政治改革，并于前318年让位于相国子之，不久爆发内乱，齐国乘机攻占燕国，他与子之均被杀。此处所说"不得与人燕"，即指其让位之事而言。

"以燕伐燕"，朱熹的《集注》云："言齐无道与燕无异，如以燕伐燕也。"

34 "《诗》云：'鸢飞戾天，鱼跃于渊。'言其上下察也。"这里引的《诗》，为《诗经·大雅·旱麓》中的一句。这一段，朱熹认为："以明化育流行，上下昭著，莫非此理之用。"程子认为："此一节，子思吃紧为人处。"

这句诗,其本来意义,各有所说,而《中庸》"君子之道费而隐"一节,用这特殊的形象,说明天下万物之理,强调了这一形象所具的普遍性。

35 理一分殊,程颐《答杨时论西铭书》首次提出,后朱熹对此加以阐发论说,成为构筑宋代理学的重要概念。朱熹云,"《西铭》大要,在'天地之塞吾其体,天地之帅吾其性'两句","要知道理只有一个道理,中间句句段段只说事亲事天。自一家言之,父母是一家之父母;自天下言之,天地是天下之父母。通是一气,初无间隔。'民吾同胞,物吾与也'"。朱子所说的"天人一体",不是指天与人简单的同一关系,而是具体展开为"理一分殊"的关系。

36 据焦竑《国朝献征录》卷九十二郑度《河南左参政秦先生文墓志》:秦文"弘治壬子(五年),以《毛诗》中浙江乡试第一,士论服之。"可知,该年乡试的题目有《毛诗》。当然,墓志的意思也可理解为根据《毛诗》来发挥的议论。上述三题中,《中庸》之题,涉及《诗》,故也无法完全排除这种可能。束景南《辑考编年》中,收有三篇据说是王守仁乡试时的答卷。

37 见上海图书馆所藏《弘治十二年进士登科录》,见《年谱》:弘治五年壬子"举浙江乡试。"又有:"是年场中夜半见二巨人,各衣绯绿,东西立,自言曰:'三人好作事。'忽不见。已而先生与孙忠烈燧、胡尚书世宁同举。"这当是事后民间传闻,略带神化谱主意识,姑存之。

38 见魏瀚《竹轩先生传》:"先生与先君菊庄翁订盟吟社,有莫逆好。瀚自致政归,每月旦亦获陪先生杖履游,且辱知于先生仲子龙山学士。学士之子守仁,又与吾儿朝端同举于乡。"(上古版《全集》,1385页)

39 见《程守夫墓志》:"君之父味道公与家君为同年进士,相知甚厚,故吾与君有通家之谊。弘治壬子,又同举于乡,已而又同卒业于北雍,密迩居者,四年有余。"(上古版《全集》,943页)

40 吴伯通,见《万历杭州府志》卷六十二:"吴伯通,字原明,四川广安州人,天顺甲申进士,弘治三年擢浙江提学副使。"郎瑛《七修类稿》卷四十五:"弘治间,浙江省提学副使西蜀吴伯通,淳博而能约,天下推为'第一士子',专取功夫。"他弘治三年为"浙江提学副使",后王守仁有信给他,称"生自壬子岁拜违函丈",可见在这一年曾和吴伯通有过交往,并自称"生"。或许乡试主考者为吴伯通。也或许王守仁曾拜其为师。(见《奉石谷吴先生书》。束景南《辑考编年》,99-101页)

第四章 科举的洗练:北京、济南、余姚

弘治五年秋—弘治十一年

一、弘治初期的社会

正当王守仁在绍兴守丧期间,明代的社会环境和学术氛围,发生了相当的变化。

边疆的烽火,不断燃烧。鞑靼部落进入河套地区,小王子部落进入贺兰山后,实力日益增强,侵入甘肃地区,进而进攻宣府。土尔番部占据了哈密,辽东地区也有北部部落三次进犯。整个北方边境都在烽火蔓延,处于动荡状况。

国内各地,民众反叛。南方桂林等地的少数民族纷起。长城以内,所谓的中原和江南地区,水旱灾难屡屡发生。黄河决堤,殃及民众。

整个社会在平稳的表面之下,各种矛盾在积累、加剧。[1]

社会的意识也在演变。

明朝的儒学,永乐年间,厉行以《四书大全》为标准的意识形态。而另一方面,则有终身不仕的吴与弼之学。[2]吴与弼主要有三个学生:陈白沙、胡居仁、娄谅。此三人在承继吴氏之学的同时,又有发展。尤其是陈献章,崇尚"自然",渐由朱子之学,向陆象山转变,反映了对于百多年来明朝正统的朱子之学的调整。[3]在成化和弘治交替时期,凝固的、以《四书大全》(朱子学)

为主体的明代正统儒家意识形态，出现一定程度的松动。

在佛道、神仙等宗教意识方面，也有了变化。成化皇帝相信道教鬼神，即位之初，就封了道士为"真人"；相信长生不老，房中术（晚年，在成化皇宫中发现万安送给他的春药）。而且，皇宫中佞佛盛行。这样就使得佛道的实力在社会上有相当的蔓延。但是，到了弘治即位，情况一变。[4]

这种变动，反映到明朝的政坛上。

成化的万贵妃家族衰败，代之而起的是弘治皇帝张皇后的家族。与原首相万安一派走得较近的首相刘吉，在弘治初被罢免。[5]一批受到弘治信任的官员，如王恕、丘濬等走进了权力中心。面对社会现实，他们试图采用儒家的学说治理社会。

如弘治四年，丘濬被提拔进入内阁。他编撰了《大学衍义补》，在上层传布。[6]

他注意经世致用之学，"尤熟国家典故，以经济自负"，欲用儒学的教义，治理国家。

李东阳摘录《孟子》七篇大义，附论时政得失。张悦上书，陈列"遵旧章，恤小民，崇俭素，裁冗食，禁滥罚"数事。[7]

这些都反映了一种将儒学运用到现实治国方针的倾向。

此外，作为中国知识分子修养和情感主要表述方式的诗文领域也在变化。对于明初以来的台阁体，对于正统、景泰、天顺以来模仿唐诗、过于凝重僵化的情况，出现了要求变革的呼声，出现了清新化、世俗化的倾向。到了成化、弘治之间，各种民间的歌谣也多传到宫内。在这一时期，以李东阳为首，诗作儒雅清新，渐开诗赋之新风。[8]

对于当时文坛，李梦阳《朝正倡和诗跋》说："诗倡和莫盛于弘治，盖其时古学渐兴，士彬彬乎盛矣，此一运会也。"李梦阳弘治六年进士，所言的就是在此前后一段时期的情况。

在这样的形势下，考上了举人的王守仁，从浙江前往北京。

二、北京考场碰壁

成为举人之后，弘治五年下半年，王守仁告别了仍在故乡服丧的父亲，前往北京，准备参加明年春天的全国会试。[9]

明代的科举考试，在成化时期，渐渐走上了正轨。底层的士人，经过考试被提拔到关键性的岗位，有了向上的通道，得以跻身统治阶层。[10]

王守仁要走的正是这条道路。

在弘治五年秋冬之际，前往北京的途中，王守仁到济南和岳父诸让相见。当时，诸让在山东任布政使。岳父对他鼓励有加。[11]

弘治六年（癸丑）二月，王守仁参加了北京的会试。

这次会考的主考官，或是李东阳。[12]

科举的道路，并非任何人都一路顺畅。满怀着期望，赶到北京，首次参加会考的王守仁，这次撞了南墙。落榜了。在科举考试的道路上，他第一次尝到了失败的苦涩滋味。

王守仁会试下第，有挫败感，内心不舒坦。和王华交往颇洽的礼部侍郎李东阳，[13]一次见到他，加以劝慰，开玩笑似地对他说："你这次不中，下次必当为状元，你不妨作一首来科状元赋。"王守仁也不客气，提起笔来，立马写就。在一边的老人们都显出佩服的神色，异口同声地赞叹："天才！天才！"

文人政客，口蜜腹剑者不少见，所谓人情叵测。有的人过后就在背后嘀咕："这家伙如果取为上第，那将来他眼中还有没有我们的位置？"[14]

落榜以后，王守仁带着妻子前往山东任职的岳父那里。大概是散散心吧。王守仁在济南过了数月。[15]岳父安慰他，加以鼓励，要他把失败和屈辱，当成动力，并对他寄予期望。[16]

年轻人在受到挫折时，长辈在心理上的疏导和鼓励，往往是很有效的营养剂。王守仁受到启发,逐渐恢复了重新出发的信心,在这一年稍晚时节,回到北京。

为何回北京呢?

因为在弘治六年的闰五月,父亲王华服阕,服丧期满,起复,被晋升为右春坊右谕德,充任经筵的讲官,[17]到了北京。

王华的被提拔,和他处于王恕、丘濬、张悦、李东阳等这样一批已经在权力中心的官员网络中的位置有关。

王华和丘濬、李东阳、王鏊等都是成化皇帝《宪宗实录》的修撰者,这是朝廷中臣子交往的重要平台。他和丘濬相识,要为皇帝讲的,就是丘濬的书。另一方面,和丘濬政见不和的吏部尚书王恕,是提拔张悦等有影响官员的重臣,也对王华有所关照。王华处于这样的位置,加上他自身的资历,处事的风格,官途顺畅,可以想象。这显然是一颗正在不断上升的新星。

王守仁,也就有了更广阔的活动天地。

三、国子监生活

王守仁回北京,还因为,此时他可以进国子监就读。当时,举人会考落榜,有进国子监读书之先例。如,在此之前的陈白沙就是如此。[18]王守仁已经是举人,有先例可援。父亲又升了官,所以,进国子监读书,是当然的。[19]

明朝的国子监生活和待遇是不错的。有宿舍住,有银子收入,还有各种福利。[20]

王守仁生活得以安定,可以专心探究儒学。二十二三岁的王守仁,面对新的环境,开始了新的人生。

王守仁就读于国子监,这时,其父王华为弘治的经筵讲师,研读宋儒之书[21]。父亲的学问，对他有一定影响。王守仁为准备科举考试，自然也必须要详细研读当时作为官方正统、科举考试标准的《四书大全》。而这些都是以朱熹《四书章句集注》的解说为依据的，[22]所以，他就"遍求考亭遗书读之"，从事宋儒所说的"格物"之学，追根寻源，探求"道学"的原理。[23]

朱熹的《大学集注》中，有关"格物致知"之说，认为"众物必有表里精粗，一草一木，皆涵至理"的论断，引起了他的思考。[24]在父亲的官署中，多有竹子。他即以竹子为对象而"格"之，用现在的话来说，也就是去分析、体验。但是，经过相当时间的沉思，不能得其理，甚至为此而生病。

在这样的研读过程中，产生了两个效应：一方面他为自己不能理解先贤所说"至理"感到失望；另一方面，这样的经验，在某种程度上，埋下了日后对于朱熹学说怀疑的种子。

在国子监内，除了对于儒家经典的学习之外，王守仁还进一步学习了骑马射箭。按照规定，每月的朔望（初一、十五）是习射之日，他必定认真为之。在北雍学习的日子里，他的射箭水平有提高，为后来的军旅生活打下了基础。[25]

在此期间，或许是觉得，世上圣贤或许都是由命运注定，与自己无缘，王守仁有时便也会朝其他方向探索，以求发展。

这时，李东阳为首的一些官员，正热衷诗文创作，王守仁也随着世俗的潮流，去探究辞章之学。但不久，兴味就减退了。

四、再次名落孙山

弘治七年六月，吏部尚书王恕致仕，由耿裕代之，而倪岳接替耿裕为礼部尚书[26]。弘治八年二月，内阁中主要阁臣丘濬去世。

他们和王华多少都有关系。这些政府高层的人事变动，氛围的变化，对已经二十多岁的王守仁来说，当然不会没有影响。

弘治八年二三月间，家中发生了一件令王守仁震惊的事。他突然接到西江魏公发来的讣闻，说：就在你发信给你叔叔，询问岳父是否到余姚以后，接到消息，二月六日，你岳父去世了。[27]王守仁闻讯，倍感突然。因为，就在去年（弘治七年）冬天，他在国子监就学，还听说岳父在山东的政绩很好，有人推举诸让往南京任职，因此感到非常高兴。[28]由于路途遥远，王守仁忙于在京学习，和诸让一度五六个月没有通音信。

弘治八年初，他又听到传闻，说诸让可能在赴南京赴任时，顺便到越地（浙江、余姚等地）去。王守仁给余姚老家的叔叔去函，问是否有此事。接到回函，说诸让还没有起程。王守仁也就没有再探问。

现在一下子接到的竟然是讣告。当然令他震惊。[29]正巧有一个姓韩的人从南方来，王守仁又再次去确认。[30]确认之后，王守仁仿佛有崩溃之感。怀着悲痛，在四月，他写了《祭外舅介庵先生文》。[31]

遵照父亲的指示，按照当时的常理，王守仁作为女婿，奔赴山东奔丧。这样来回一两个月，已经夏天了。[32]匆匆的往返奔波，心神劳瘁，体力疲惫。

就在这时，弘治八年的五月，国子监成了朝廷中议论的话题，变动很大。

明朝的考试制度，从明初到弘治时期，有好几次变化。按照原来的规定，没有考上进士的监生，依照年代的顺序，分配到各个部门历练，其名单报送吏部备选。后来要"历练"的官员越来越多，吏部无法安排。在景泰年间，有所改革，但问题未能根本解决。结果，到弘治时期，国子监就读的监生越来越少。而处于"历练"期在吏部备案听选者，则达万余人，有十余年不得官者。³³针对当时在国子监的监生越来越少的情况,弘治中,南京国子监的祭酒章懋提出,进行"选贡",就是由各地推荐选拔优秀的人才到京都国子监就读,此为明代"选贡"之所由。³⁴

《明史》有这样的记载:"祭酒林瀚³⁵以坐班人少,不敷拨历,请开科贡。礼部尚书倪岳覆奏:科举已有定额,不可再增,惟请增岁贡人数,而定诸司历事,必须日月满后,方与更替,使诸生坐监稍久,选人亦无壅滞。"

也就是说,北雍贡生的选拔和在读监生出路的既定方针有较大的变动。这对监生当然会造成冲击。

所以,在整个弘治八年,王守仁面临的是朝廷、家族、国子监环境的众多变动。

关于在北京国子监学习时的状况和他的心情,在王守仁给朋友程守夫的诗《毒热有怀用少陵执热怀李尚书韵,寄年兄程守夫吟伯》中可略见一斑:

> 晓来梅雨望沾凌,坐久红炉天地蒸。幽朔多寒还酷烈,清虚无语漫飞升。此时头羡千茎雪,何处身倚百丈冰?且欲泠然从御寇,海桴吾道未须乘。³⁶

诗歌有些典故,稍加解释如下:

诗题中"用少陵执热怀李尚书韵",指唐杜甫《多病执热奉怀李尚书(之芳)》。³⁷王守仁诗中的"千茎雪",字面为头上白发如雪之意,而似乎又隐唐杜甫《郑驸马池台喜遇郑广文同饮》"白发千茎雪,丹心一寸灰"之诗意。御寇,指列御寇。那是《庄子·逍遥游》所涉及的一位传说中的人物:"夫列子御风而行,泠然善也,旬有五日而后反。"唐朝的成玄英在《庄子疏》中说:"姓列,名御寇,郑人也。与郑缪公同时,师于壶丘子林,著书八卷。得风仙之道,乘风游行,泠然轻举,所以称善也。"海桴:乘桴赴海外。《论语·公冶长》,孔子曰:"道不行,乘桴浮于海。"此两句意为，如泠然从列御寇，那也就不必"乘桴浮于海"了。诗歌中所说的"红炉"，指烧得很旺的火炉。"百丈冰"，指身如处寒冬。意思是：读书时，夏天如坐火炉中，冬天则寒冷难忍。虽说读的是孔夫子的书，王守仁心中想的，却是清虚之太空，有着泠然跟从列御寇、超然于世外的想法。这样的想法，如一股潜流，经常在王守仁思想的底层涌动。

总之，在失去了亲人的悲痛和国子监的变动中，王守仁碌碌地过了一年。

第二年，弘治九年丙辰（1496）的二月，又到了会考的时刻。国子监生、二十五岁的王守仁当然参加了考试。也不知道是因为被人妒忌，还是因为社会和家庭生活环境突然变化，岳父去世，他的身心状况波动较大，反正那年的会试，王守仁再次落榜。[38]

经历了两次落第的冲击，王守仁对于科举考试有了比较新的感受。他认识到，这样的考试，只不过是一种仕途上升的选择。看明白这一点，他变得淡然了。所以同学中有的"以不第为耻"，王守仁反倒很坦然地安慰他们："世以不得第为耻，吾以不得第动心为耻。"[39]也就是说：只有那些因为"不得第"而感到伤心落魄或觉得抬不起头的人，才是可耻的。这说明，王守仁已经在一定程度上，把"落第"与否置之度外了。有识者都很佩服他。

如果说王守仁的科举道路坎坷，这时父亲王华的官场道路却颇为亨通。弘治八年，李东阳、谢迁被提拔入内阁。弘治九年三月，也就是王守仁再次落第的那个月，父亲王华被特命为日讲官（即给皇帝讲经的官员），服金带（四品官员的服饰）。

闰三月，王华为弘治皇帝讲解丘濬的《大学衍义》，谈到唐代的李辅国，对其多加指责和批判。[40]当时，太监李广正被弘治的张皇后信任，专权用事，所以，这是个比较敏感的话题。弄不好，就会被认为有"借古讽今"之嫌。但是，王华大胆直言，为当时舆论所称。

四月，王华升任东宫辅导，成为太子的老师。这样，王华就和太子（也就是后来的正德皇帝）以及东宫的有关人员，有了直接的接触。这时，太子才六七岁，完全是个孩子。一群年轻的宦官陪着他，其中就有刘瑾、张永等。[41]王守仁生活在父亲的庇荫之下。这对于他日后的成长、在明代政治舞台上的活动，有相当大的影响。

五、山水、佛道间的徘徊

经历了两次会试失败，王守仁在这年初冬，乘船沿着大运河回老家余姚。[42]

归余姚途中，经过山东。这山东，是岳父当年为官的地方。总有旧知仍在吧，他在任城逗留，稍作浏览。那里据说是李白的故乡，有太白楼。王守仁登楼远望，感慨万千，写下了《太白楼赋》：

> 木萧萧而乱下兮，江浩浩而无穷；鲸敖敖而涌海兮，鹏翼翼而承风。[43]

他感到宇宙广阔的同时，又有一种不为人所知的孤独。他感叹自己这样的遭遇，从历史上看，并非前所未有：

"蹇余虽非白之俦兮，遇季真之知我。"这里说的是唐代贺知章遇李白的典故。[44]虽感慨"信流俗之嫉妒兮，自前世而固然"，但同时又表示出一种宏观看待人生的意识，不想顺从权势、同流合污的心情。由此可见，此时王守仁的想法和抱负。

壮阔山川的感染，历史人物的共鸣，激发了他内心中对世情的不满,翻卷着激荡之情。同时,又显现出一种怀才不遇、济世为用的锐气。这是他此时的基本思想倾向。由此可知,他以后之所为,并非偶然。

弘治九年冬天,王守仁回到了余姚。家乡的山水和亲情,慰藉了他内心的挫折感。一些朋友,既有旧识,也有新交,谈文论诗,颇为投缘,于是选了个好日子,结诗社于龙泉山寺。当时也回到乡间的魏瀚平时以雄才自放,因为他和王家有交情,对于小辈的王守仁非常赏识,也参与其间。时而和王守仁对弈、联诗,同登龙山,游山玩水。[45]

自弘治九年回余姚后,直到十一年春,王守仁基本就在故乡。[46]

经历了两次会试的挫折,此时王守仁对于科举的热情,已经不像当初那么炽烈。在探究经文、吟诗作赋之外,他思想中另一侧面的道家养生、佛学出世之念,在蔓延滋长。而这和当时社会风尚的变化有关。

说到佛教,六朝以来,在江浙地区就一直流传。明朝的佛教,大多不是建立在严格的教义上,而更多表现为仪式上、风俗上的民间信仰。道教就更是如此。佛道的说教中多带有长生不老、男女交接、健身强骨、驱魔祈福等内容,宣扬往生的幸福,在民间广有市场。

朝廷中,前一时期有所收敛的佛道之说,这时又流行起来了。弘治皇帝即位后,经过几年的经营,又开始返回到他父亲晚年所崇奉的神、道的烟雾之中。太监李广深于此术,得到皇帝信任。上行下效,在社会上,道家之说,本来就有深厚的土壤,此时,又渐复兴。[47]

王守仁的思想意识中,本来就有佛、道的因素,所以王守仁回到余姚,在远离京城喧嚣的山水氛围中,心中佛教尤其是道教思想,颇见滋长,甚至闪现入山出世的念头。[48]在他游览时写的诗歌中,有所反应。

这一时期,王守仁造访了周边的一些佛教寺庙,留下了一些带有佛教色彩的诗作。如《留题金粟山》曰:"飞霞泻碧雨初歇,古涧流红春欲阑。佛地移来龙窟小,僧房高借鹤巢宽。"这是春天僧房的亮丽。

《无题诗》:"青山晴鬖小茆檐,明月秋窥细升帘。折得荷花红欲语,净香深处续华严。"[49]这是夏天读经的幽静。

《惠济寺》:"停车古寺竹林幽,石壁烟霞淡素秋。趺坐观心禅榻静,紫薇花上月华浮。"[50]紫薇开花在夏秋之际。这是秋天寺庙的恬淡。

考王守仁的生平和思想发展,在弘治年间,曾两次较长时间返回故乡养病。一是在中进士以前,即弘治九年到十一年底,一是在京城官场,即弘治十六年到十七年间。两者的区别在于:前者乃是处于尚未进入官场、前途迷茫、追寻生活真谛之际,是在探索着,对外界抱有新鲜感,思想是发散、扩展的;而后者是经过了数年官场的升腾,对于官场功利,已经有了一定的感受,是在沉思着,对外界已有了一定的经验,思想是收敛、批判的。

当然,人的情绪和感觉是一个微妙变化的世界,难免会有异常波动,所以,难以仅根据描写情感的诗歌氛围(这当然包涵作者主观情绪的要素),来断定诗歌的写作时间。以上的推断,姑作参考。[51]

关于王守仁对道教的一些看法,在他二十六岁,弘治十年丁巳三月写的《兰亭次秦行人韵》中可略见一斑:

十里红尘踏浅沙,兰亭何处是吾家?茂林有竹啼残鸟,曲水无觞见落花。野老逢人谈往事,山僧留客荐新茶。临风无限斯文感,回首天章隔紫霞。[52]

诗歌风格和前《太白楼赋》颇为一致。"临风无限斯文感,回首天章隔紫霞。"飘浮着出世的意欲。

在现实的社会中遇到挫折而又没有找到进一步前进道路的时候,年轻人——当然不仅是年轻人——便容易陷入宗教的泥潭,或者说天国的梦幻。在那里可以有感觉上的松弛和平静,仿佛进入了安乐的境界和天堂。这样的出家观念和佛教信仰因素,在王守仁的思想和人生理念中,始终占有着一席之地。这也是他后来思想发展的土壤。

除了寺观以外,自然的山水也令王守仁陶醉。

弘治十一年的春天来了。春光下的故乡山水,使王守仁流连忘返。《登秦望山用壁间韵》一诗,可见王守仁的心情。诗中有"山鸟山花吟不足"句,当为春天氛围。[53]诗中有对山间景色宏观的描述:"秦望独出万山雄,萦纡鸟道盘苍空。飞来百道泻碧玉,翠壁千仞削古铜。"[54]也有对历史的回顾:"蓬岛茫茫几万重,此地犹传望祖龙。仙舟一去竟不返,断碑千古原无踪。"[55]游览时的感慨:"吊古伤今益黯然""且续苏君观海篇。"[56]还有归后的回味:"长啸归来景渐促""小榻寒灯卧僧屋。"王守仁放浪形骸于山水之间。

佛、道思想和远离喧嚣的故乡云水山川,使得王守仁的情绪得以舒缓,心性得以修养,眼界得以扩展。他一度不再把科举当成唯一的出路,他在思索着其他的人生方向。

然而,宗教的松弛和平静是表面的,如同想象中的云雾。生活需要现实地面对。在王守仁那里,也是如此。在宗教的云雾和闲静的山水中休息了一阵,王守仁无法在脱离世俗的宗教和隐遁的山水中超然度过一生,他还是要面对现实社会的风雨雷电,还是要回到现实的人生舞台。

他内心中面向现实社会的火种,始终未熄灭。

六、重赴京城考场

当时的现实生活，依然严峻。

北方多事。边寇时常入犯，京城的百姓谣传恐慌。北边、西边以及南边，边警不断。朝廷中，对此做了应对：

弘治十年十月，吏部尚书屠滽，举荐了当时被罢免待罪的王越担当北边大任。[57]

于是王越再次复出，加封太子太保，总制甘、凉边务兼巡抚。弘治十年和十一年间，王越先后数次击退北边的小王子等部族的入侵，一时成为朝野关注的人物。这位一生中两落三起的传奇人物，给年轻的王守仁很深的印象，成为他心目中崇敬的英雄。[58]

年轻时有仗剑任侠之志的王守仁，又热心地把注意力转向了兵书，努力学习军事，想要驰骋疆场。他寻觅兵家、杂学之书，凡兵家秘书，莫不精究。

他学习兵法的方法，是在历史典籍中寻找有关的记载，分条摘录，主要是《左传》《战国策》《史记》等书中的战例等，并编成了《兵志》[59]。

这年，北京政坛上，发生了比较大的事情：太监李广自杀，大将王越去世。当时，王越在边疆，分兵进攻获胜。加封为少保，兼太子太傅。就在此时，当时在朝廷中很有权势的太监李广，得罪自杀。在追究过程中，牵连到王越。王越年纪大了，身在边陲，经不起折腾，同年冬十一月，死于甘州。弘治皇帝比较宽厚，赠封他为太傅，谥襄敏[60]。这位命运多舛的儒将，在世间成为议论的话题。纷纷扬扬，广为人知。

此事对于面临考试的王守仁，自然也有相当的影响。一种仗剑天涯的激情，有时在他的脑海中涌动。这年前后写的《夜归》

诗:"夜深归来月正中,满身香带桂花风。流萤数点楼台外,孤雁一声天地空。沽酒唤回茅店梦,狂歌惊起石潭龙。倚栏试看青锋剑,万丈寒光透九重。"[61]

这时,王守仁也对自身进行反思,他读了宋代朱熹的《上宋光宗疏》。其中有曰:"居敬持志,为读书之本;循序致精,为读书之法。"乃感觉到,以前自己阅读探讨虽博,却没有循序以致精,所以无所得。于是,又循其序,希望能够渐渐浃洽。他还没有突破朱子学的藩篱。

尽管如此,此时他的内心中,对于朱子把"物理""吾心"断然分剖为二的说法,仍感到疑惑。思考了很久,没有结果。他并没有正面去否定朱子之说,而是反思自己是否合乎圣贤之教,感到"圣贤有分"。也就是说,自己理解不了圣人之说,还因此生病,所以自己不是个圣贤的料子。[62]

促成王守仁态度转变的另一个因素,是父亲和家庭境况的变化。

父亲王华不仅为东宫讲读,还在弘治十一年、十四年先后奉命主持顺天府、应天府乡试。录取了不少举人。这样,他在年轻学子中的影响不断扩大,门生日多,成了许多新进士的师长。[63]

一个是全国学子师长的人,他的儿子却在故乡访道敬佛,悠游于山水之间。且不说父亲王华,就是王守仁自身,又是如何感受呢?自己不就是受过两次挫折吗?不是自己也认为此"不足耻"吗?自己内心中,不仍然有着驰骋边疆的热情冲涌吗?

弘治十一年八月二十三日,叔父王衮去世。王守仁在余姚老家,自然要参与丧事。当时他住在老屋,祖母在京,说要等她回来才最后为王衮入葬。所以,王守仁肯定感受到家族中各种关系的微妙变化。[64]

要之,在这一时期,因为两次会试的挫折,王守仁感受到科举之路的坎坷。在期间又经历了政坛的各种变化,悠游于故乡的群山之间，佛教、道家、神仙家的出世；儒家、兵家的面对现实的济世、安民理念；诗赋辞章的功业声名的追求，各种思想因素互相交织。同时，现实家族生活的变化，摆在他的面前。他内心仍存的济世之念、仗剑天涯的激情，时在脑海中涌动。这年前后写的《夜归》诗中云："倚栏试看青锋剑，万丈寒光透九重。"反映出他思想的波动变化。他在交互变动中，坎坷地探索前行。结果，还是选择了在科举的道路上跋涉。

弘治十一年春以后，考虑到第二年有会试，王守仁准备再次北上。这时的王守仁，对于会试，因经历过两次落榜，已经没有了初始的紧张和神秘感。他比较坦然，带着自信，带着期待，在弘治十一年夏秋之际，前往北京。

走向那前面第一章已谈到过的、弘治十二年的科举考场。

注释

1 参见《明通鉴》卷三十七，1425页。

2 吴与弼，黄宗羲以其为明代儒学之始，称"微康斋，焉得有后时之盛哉"。《明儒学案》卷一《崇仁学案》，14页。

3 《明史·儒林传》："明初诸儒，皆朱子门人之支流余裔，师承有自……学术之分，则自陈献章、王守仁始。"参见《明儒学案》卷五，又见秦家懿《王阳明》24页。

4 《明通鉴》卷三十六："礼科给事中张九功奏请厘正祀典，下尚书周洪谟等议，以释迦、文殊、上清、太上老君，不宜修建斋醮，遣官祭告……于是祀典为之一正。"《明通鉴》，1379—1380页。

5 刘吉，《明史》卷一六八本传："字佑之，博野人。正统十三年进士。""吉多智数，善附会，自缘饰，锐于营私，时为言路所攻。"

6 丘濬，字仲深，琼山人。《明史》卷一八一有传。丘濬历事景泰、天顺、成化、弘治四朝，先后出任翰林院编修、侍讲学士、翰林院学士、国子监祭酒、礼部尚书、文渊阁大学士等职，弘治七年升户部尚书兼武英殿大学士。

丘濬好学，史称"三教百家之言，无不涉猎"。参与编修《英宗实录》《宪宗实录》《续通鉴纲目》等书。他自称"仕宦不出国门，六转官阶，皆司文墨，莫试苽政临民之技"（《进大学衍义补表》）。

7 见《明通鉴》卷三十七，1423页。

8 李东阳，已见前第一章注6。弘治初，以诗文名。弘治八年入内阁。一些进京赶考的文士、新科进士，多从其唱和，如弘治六年进士李梦阳等。

李梦阳，比王守仁小一岁。《明史》说其为弘治七年进士，此说有误。弘治七年没有科举，李梦阳科举当为弘治六年。王守仁和他在此时或就相识。当时他们同时参加科举考试，李梦阳上榜，而王守仁落第。

9 《年谱》："是年为宋儒格物之学。先生始侍龙山公于京师，遍求考亭遗书读之。"明显有误。到弘治五年底，王华在乡中服丧。又考明代乡试，在秋季。所以秋闱之前，王守仁肯定在浙江。中举以后，为了参加明春的会考，必然是在该年的秋冬之际或冬季北上。

10 《万历野获编》卷七"词林大拜"："本朝自英宗天顺以后，揆地鲜不出词林者。"甚至有所谓非进士不得入翰林，非翰林难以入内阁之说。又见《明史·选举志二》："自天顺二年，李贤奏定纂修专选进士。由是非进士不入翰林，非翰林不入内阁，南、北礼部尚书、侍郎及吏部右侍郎，非翰林不任。"

11 在弘治八年，王守仁为其岳父写的祭文中，有曰"我滥乡举，寻亦北行，见公旅次"，可知他曾在弘治五年末或六年初前往北京的旅途中，见过诸让。当时，诸让在山东任布政使，治所当在济南。后来，他多次到山东，其原因当和诸让在此任过职有关。

12 见李东阳《怀麓堂集》卷二十八《会试录序》："弘治六年春二月，礼部当会试天下士。"尚书耿裕，左侍郎倪岳，右侍郎费訚以考试官，"请上命少卿臣李东阳、少詹事臣陆简辍讲事以同往"。而《国榷》卷四十二："弘治六年二月庚子，太常寺少卿兼侍讲学士李东阳、少詹事兼侍读学士陆简主礼闱。"

13 李东阳曾与修《宪宗实录》，弘治四年，《实录》修成。在修撰过程中，和同为撰修的王华当有交往。此外，他是湖南茶陵人，和有过湖南经历的王华、湖南的官员宁良等也有交往的可能。

14 《年谱》:"退有忌者曰:'此子取上第,目中无我辈矣。'"反映了当时政坛上一些人的态度。

15 诸让具体何时为山东布政司左参政,不详。但他是在丁忧后被起用的。他丁忧的时间比王华稍早,应该是在弘治二年底,王守仁从南昌回绍兴以前,则服阙肯定在弘治六年以前。复出,到山东任职,应在弘治五年。

16 见《祭外舅介庵先生文》:"屯蹇屈辱,玉汝于成。"文中又曰:"拜公之教,夙夜匪宁。从公数月,启我愚盲。"可见当时情况。

17 陆深《海日先生行状》:"癸丑服满。升右春坊右谕德,充经筵讲官。"

18 见《明史》卷二八三《陈献章传》:"字公甫,新会人。举正统十二年乡试,再上礼部,不第。……久之,复游太学。"

19 王守仁具体何时进国子监,无确切资料,但在八年时,已经在"金台"。见《祭外舅介庵先生文》。此金台,指延揽士人之处。宋秦观《谢程公辟启》:"引置金台之馆,俾参珠履之游。"殆指北京国子监。

20 按照《明史·选举志》,监生住在宿舍(号房)内,每月有生活费,每年发给衣服,过年过节还有赏钱。

据近年有关的考察,明朝北京国子监坐落在今北京东城区安定门内国子监街(原名成贤街)15号,与孔庙和雍和宫相邻。国子监街两侧有槐荫夹道,大街东西两端和国子监大门两侧有牌楼彩绘。

21 见陆深《海日先生行状》,王华曾向皇帝进言,应如宋儒程颐所言"涵养本原,薰陶德性",研读宋儒之书。由此可以看到王华所持的儒学倾向。(上古版《全集》,1395页)

22 见《四库全书总目提要》卷三十六《四书大全三十六卷》:"成祖御制序文,颁行天下,二百余年,尊为取士之制者也。"根据顾炎武《日知录》,该书源于朱子的《四书章句集注》。

23 王守仁这样读朱子的书,未必仅在冬季。应当说在这一时期,更多地阅读了宋儒的著作。

24 按:此乃概括朱熹《大学集注》中对"格物"一节解说之意。原文:"天下之物莫不有理,惟于理有未穷,故其知有不尽也。……而一旦豁然贯通焉,则众物之表里精粗无不到,而吾心之全体大用无不明矣。"

25 关于王守仁何时学会骑射？未见详细记载。《年谱》列于弘治十年："是年先生学兵法。"时当在北京国子监中。先生二十六岁。然考王守仁生平，在少年时代，父亲未中状元时，处于浙东山区，恐骑马射箭的机会不多。到十一岁和十五岁之时，在祖父的呵护下，住在北京，父亲为官，有学习骑射的机会。《年谱》言王守仁十五岁时"出游居庸三关"，可证当时已经会骑马了。

明代国子监的学习，多承袭了自《周礼》以来的儒家教学理念。《周礼·保氏》："养国子以道，乃教之六艺：一曰五礼，二曰六乐，三曰五射，四曰五御，五曰六书，六曰九数。"明代国子监以《四书》《五经》为主（主要是永乐时期制定的《四书大全》《五经大全》），兼及律令、术数，还有书法和射箭。书法等对于王守仁来说是不在话下之事，射箭为他喜爱。而在这多事之秋，他对于射箭，当更用心。

26 耿裕，字好问，景泰甲戌（五年）进士。为人清廉坦直。事见《明史》卷一八三本传。倪岳，字舜咨，上元人。天顺甲申（八年）进士。为明中期一干练人才。见《明史》卷一八三本传。

27 束景南认为"西江魏公"是"魏灏，时为江西布政使"。见所著《辑考编年》29页。

28 《祭外舅介庵先生文》："别公半载，政誉丕彻。……仓剧闻之，惊仆崩裂。"束景南《辑考编年》27页。

29 弘治八年二月，诸让去世，王守仁三月得确切消息。见《祭外舅介庵先生文》。

30 束景南认为韩氏是"韩邦问，字大经，号宜斋，会稽人"。

31 《祭外舅介庵先生文》，见叶树望《新发现的王阳明佚文六件》。此文束景南《辑考编年》、浙江古籍出版社《王阳明全集（新编本）》俱收录。

32 《祭外舅介庵先生文》："我父泣曰：'尔为公婿，宜先驰奠，我未可遽。'"

33 见《明通鉴》卷三十八"弘治八年五月"。

34 见《明史·选举志一》"今在监科贡共止六百余人"，建议："乞于常贡外令提学行选贡之法……务求学行兼优、年富力强、累试优等者，乃以充贡。"章懋，字德懋，号枫山，兰溪人。成化二年进士。《明史》卷一七九

35 林瀚，字亨大，闽县（今福州市）人。《明史》卷一六三有传。父林元美为永乐末年进士。明成化二年（1466）进士，授庶吉士。后为编修，成化十一年与修《通鉴纲目》。成化二十二年，进左春坊左谕德。弘治元年，召修《宪宗实录》兼经筵讲官。弘治三年，为国子祭酒。弘治九年，升礼部右侍郎。

36 程守夫，名文楷，淳安人。《王阳明全集》卷二十五有《程守夫墓碑》，可见其人。《淳安县志》卷十："程文楷，字守夫。……领弘治五年乡荐。与王守仁、林庭㭿友善。"此诗见束景南《辑考编年》25页。束景南认为此诗作于"弘治七年"。程守夫等都是王守仁当时的同学。

37 杜甫诗曰："衰年正苦病侵凌，首夏何须气郁蒸。大水茫茫炎海接，奇峰硉兀火云升。思沾道暍黄梅雨，敢望宫恩玉井冰。不是尚书期不顾，山阴夜雪兴难乘。"

38 关于王守仁之所以会落榜，《年谱》说是"为忌者所抑"。是否为忌者所抑制，无确实史料。明代会考，考卷需誊抄、糊名，数人判卷，故意抑制，恐未必。

39 《年谱》："及丙辰会试，果为忌者所抑。同舍有以不第为耻者，先生慰之曰：'世以不得第为耻，吾以不得动心为耻。'识者服之。"

40 按：李辅国和当时张皇后"表里为事"（即阁臣与后族相勾连，左右朝政），见《新唐书》卷二百八《李辅国传》，又，参看《资治通鉴》卷二百二十二以降，唐肃宗"上元二年"到唐代宗"宝应元年"。

41 杨一清《海日先生墓志铭》：弘治丙辰，"皇太子出阁"，选人辅导，"公卿多荐公。自是日侍东宫讲读"。而皇太子周围，当然有一批服侍的太监，刘瑾为其中之一。《鸿猷录》卷十二《刘瑾之变》："陕西西安人，幼以阉被选入宫。武宗在青宫时，瑾得近幸。"《明史·刘瑾传》："孝宗时，坐法当死，得免。已，得侍武宗东宫。"可见他在后宫已经多年。武宗在东宫时代，也就是弘治五年以后的某个时期，刘瑾就开始侍奉武宗。其他的人员，还包括张永等。王华作为太子之师，在那些人心目中，自然就有一定的地位。这样的社会关系网络，对后来王守仁的一生，影响颇大。

42 《太白楼赋》："岁丙辰之孟冬兮，泛扁舟余南征。"孟冬：冬季初月,一般指农历十月。《礼记·月令》:"孟冬之月,日在尾。"此赋可补《年谱》未载。

43 敖敖:无拘束自由状。涌海:指在海浪中冲涌。

44 唐孟棨《本事诗》:"李太白初自蜀至京师,舍于逆旅,贺监知章闻其名,首访之,既奇其资,复请为文。出《蜀道难》以示之。读未竟,称叹者数回,号为'谪仙',解金龟换酒,与倾尽醉,期不间日,由是称誉光赫。"

45 《年谱》:该年,王守仁"归余姚,结诗社龙泉山寺"。在这一时期,他对于诗赋花了相当的功夫。参与诗社的有当时祖父的朋友,也就是那位为王守仁祖父写传记的退休官员魏瀚。魏瀚之父与守仁之祖竹轩公为莫逆之交,结吟社。他又与王华交,并为王华之父竹轩公王伦撰《传》。已见前。魏瀚为景泰五年进士,见《光绪余姚县志》卷二十三。如以其弱冠即中进士,则此时也当在五十岁以上,可知他的年纪比王华还大。

46 《程守夫墓碑》:"已而又同卒业于北雍,密迩居者四年有余。"当指从弘治五年末到弘治九年在北雍的日子。

王守仁《居越诗》中所载《再登秦望》的诗题:"嘉靖甲申冬二十一日,再登秦望;自弘治戊午(十一年)登后,二十七年矣。"《年谱》曰:"十年丁巳,先生二十六岁。先生寓京师。"

束景南认为,弘治八年到十年"阳明于此数年中,每年往返于京师、南都、绍兴、余姚之间",《辑考编年》,41页。"自弘治五年在京师入北雍后,每年都在岁末归越过年,至次年春间再回到京师",同上,44页。

47 见《明通鉴》弘治十年:"上自八年后,视朝渐晏。中官李广,以斋醮烧炼被宠。"李广,见《明史·佞幸传》:"以符箓祷祀蛊帝,因为奸弊,矫旨授传奉官,如成化间故事,四方争纳贿赂。又擅夺畿内民田,专盐利巨万。"后因太后怪罪,畏惧自杀。"帝疑广有异书,使使即其家索之,得赂籍以进,多文武大臣名,馈黄白米各千百石。帝惊曰:'广食几何,乃受米如许。'左右曰:'隐语耳,黄者金,白者银也。'帝怒,下法司究治。诸交结广者,走寿宁侯张鹤龄求解,乃寝勿治。"

48 《年谱》弘治十一年:"是年先生谈养生。先生自念辞章艺能不足以通至道,求师友于天下又不数遇,心持惶惑。……沉郁既久,旧疾复作,益委圣贤有分。偶闻道士谈养生，遂有遗世入山之意。"按：这一年，守仁并非全年都在京师。《年谱》："弘治十一年戊午，二十七岁，寓京师。"此说有误。

49 茆檐：犹茅檐。华严：指《华严经》。《辑考编年》157 页，乃据《艺苑掇英》73 期所载手迹。束景南认为是弘治十六年初秋七月，在杭州净慈寺中所作。

50 束景南《辑考编年》150 页，录自乾隆《绍兴府志》卷三十九，认为此诗作于弘治十六年秋，由钱塘归山阴经萧山时。

51 以上诸诗，或云作于弘治十六年在杭州净慈寺养病时。但似乎并无确证。

王守仁之所以历访寺院，恐和这一时期他在余姚老家居住不便有关。祖父去世了，一般说来，老家由长子也就是王守仁伯父主持。此时，王华似还没有在故乡建屋。

在没有其他确证的情况下，笔者比较倾向于这些诗歌为王守仁在九年到十一年间在故乡所作。

52 此诗原载《历代诗人咏兰亭》62 页，系该书编者之一邹志方录自天津图书馆所藏清代诗人绍兴沈复灿的嘉庆间稿本《山阴道上集》。浙江古籍出版社《王阳明全集（新编本）》1700 页。钱明认为作于弘治十五年，见所著《阳明学的形成与发展》。

53 《登秦望山用壁间韵》，浙江古籍出版社《王阳明全集（新编本）》原题有"六首"二字。束景南《辑考编年》认为：守仁所次，为陆游之诗韵，诗为古风，本为一首，不当分为六。按：考此诗意，束景南之说是。又，浙江古籍出版社《王阳明全集（新编本）》据《再登秦望》的诗题："嘉靖甲申冬二十一日，再登秦望；自弘治戊午（十一年）登后，二十七年矣。将下适董萝石与二三子来，复坐久之，暮归，同宿云门僧舍。"定此诗作于"弘治十一年"，其说是。

54 秦望：山名。《读史方舆纪要·南直方舆纪要·卷二十五·南直七》："本名峨耳山，秦始皇常登此四望，因名。"

55 祖龙：指秦始皇。见《史记·秦始皇本纪》。南朝宋裴骃《集解》引苏林曰："祖，始也；龙，人君象。谓始皇也。"仙舟：指传说中的徐福乘舟泛海求仙药事。《史记·秦始皇本纪》："齐人徐（福）等上书，言海中有三神山，仙人居之。请得斋戒，与童男女求之。于是遣徐发童男女数千人，入海求仙人。"

56 苏君：殆指苏轼。观海篇：不详，或指苏轼到登州后所作《海市诗》。又，苏轼《虔州八境图八首》中的第七首以及《行琼儋间肩舆坐睡梦中得句云千山动鳞甲万谷酣笙钟觉而遇清风急雨戏作此数句》中都有观海内容，未敢妄断。

57 屠滽：见前第一章注。关于屠滽，或认为他是通过内官李广得职。但是，也有不同看法。见《明史》本传。屠滽和王守仁是有交往的。

58 关于王越击败小王子事，见《明通鉴》卷三十八"弘治十一年秋七月"。

59 此书未刊，有抄本现存于上海图书馆。《年谱》弘治十年："是年先生学兵法。当时边报甚急，朝廷推举将才，莫不遑遽。先生念武举之设，仅得骑射搏击之士，而不能收韬略统驭之才。于是留情武事，凡兵家秘书，莫不精究。每遇宾宴，尝聚果核列阵势为戏。"何乔远《名山藏》："再上京师，值边警，讲求兵法阵势以勉学。"

60 李广罪、死，在弘治十一年十月。王越死在弘治十一年。见《明孝宗实录》。又《明史》卷一七一《王越传》，《明通鉴》卷三八，李广自杀在是年十月，王越死于同年冬十二月。

61 石潭龙：隐在石潭中的龙。唐白居易《黑潭龙乐府》："黑潭水深黑如墨，传有神龙人不识。"青锋剑：锋利之剑。诗见束景南《辑考编年》159页，所据为阮元手书的王阳明诗。出处不详。束景南认为是弘治十六年秋在钱塘西湖时作。然考其诗意，有尚未出仕的感慨，当为未"发达"时所撰，而不是出道以后不能展现自己抱负的怨愤，姑列于中进士之前。

62 《年谱》："寓京师。是年先生谈养生。先生自念辞章艺能不足以通至道，求师友于天下又不数遇，心持惶惑。一日读晦翁上宋光宗疏，有曰：'居敬持志，为读书之本，循序致精，为读书之法。'乃悔前日探讨虽博，而未尝循序以致精，宜无所得；又循其序，思得渐渍洽浃，然物理吾心终若判而为二也。沉郁既久，旧疾复作，益委圣贤有分。偶闻道士谈养生，遂有遗世入山之意。"

又，《年谱》说，这年"寓京师"，不确切。前面所引数种诗歌，可证至少春天，王守仁还在越中故乡。

63　见杨一清《海日先生墓志铭》。

64　见上古版《全集》卷二十五《易直先生墓志铭》："王衮……以弘治戊午之八月廿三卒。卒之岁，太夫人岑氏方就养于京，泣曰：'须吾归，视其柩。'"因为王衮的去世，必然涉及王家老屋的财产等事物的处分，涉及王家整个家族关系的变化。

附录：
关于王守仁"格竹"

王守仁"格竹"的传说，流传甚广。"格竹"乃是他对当时视为正统的朱子学说产生疑问的契机之一。但是"格竹"事具体发生在什么时候，不详。

有的学者推测当在王守仁二十一岁前后。钱德洪《年谱》"弘治五年壬子，先生二十一岁"条下，记王守仁在京师时，"官署中多竹，即取竹格之，沉思其理不得，遂遇疾"。又，《传习录》卷下："先生曰：'众人只说格物要依晦翁。何曾把他的说去用？我着实曾用来。初年，与钱友同论做圣贤，要格天下之物，如今安得这等大的力量？因指亭前竹子，令去格看。'"

对此，也有学者还存疑问，有所保留。日本学者吉田公平指出："可以说，没有其他证据能确认这样的体验是在二十一岁，也没有证据反证不是在二十一岁。"而这样的体验，"在王阳明心中留下了深刻伤痕"，"在龙场，大悟心即理说，从朱子学的迷梦中解放出来。这样的原始体验，乃是其根源所在"。参见吉田公平《传习录》，275页。因王守仁到达北京在弘治五年秋冬，而六年年初便有会试，所以，这期间当专心于应付考试，似无暇详细研读其他。故列于国子监时期，或更适当。

第五章　官场与文坛

弘治十二年十月—弘治十四年七月

一、济世的热诚

如第一章所述，弘治十二年，王守仁进士金榜题名后，观政工部（算是在工部就职吧），前往浚县，修造王越的坟墓。完工以后，回到京城的王守仁，根据以前所学的知识，结合自己在浚县的见闻和思考，上了《陈言边务疏》。

这是对于当时"国际关系"的看法。边境狼烟四起之际，往往会使一些年轻知识分子热血沸腾，加以关注。王守仁也是如此。

这是王守仁登上政治舞台后，第一次正式向皇帝提出政见。满怀着济世的热切，自然也包含着对自身见识的自信。

他提出了八条意见，概括起来就是：一曰蓄材以备急（事先培养有关的人才），二曰舍短以用长（对于边将，勿完美求全，应取其长而用之），三曰简师以省费（精简京师驻军，把给京军的赏赐，分赏边军），四曰屯田以足食（在边境地区屯田，以保证军粮），五曰行法以振威（严正军法，做到令行禁止），六曰敷恩以激怒（抚恤伤亡将士家属，晓以大义，提振士气），七曰捐小以全大（用兵不因小失而忘大局，抓住关键，以逸待劳），八曰严守以乘弊（在当时的情况下，严加守备，以待敌军

疲惫）。¹

然而，这样一篇上书，很快地就淹没在官僚的日常文牍之中。有的还认为他这是迂腐之举，不通世情。他自己后来也认为，在处理外事等问题上，不能只凭一股激昂之气而为之，这样的心态不改变，想担当天下事之大任，怎么能办得到呢？那是后话。²

当时的弘治皇帝，是否看过这篇疏文？或许是看过的，所以，在后人编的《孝宗实录》中有所记载。或许其中并无实际可用的新政策，也就置于一边，但当时王守仁济世的热情，还是非常真诚的。

在这一时期，王守仁没有随波逐流，他有着自己的抱负。鉴于对边境烽烟的关注，他继续此前对于军事的研究，特别注意披览了《孙子》《吴子》《司马法》《李卫公答问》《尉缭子》《三略》《六韬》等传统兵书。在阅读中，随时施以批注。比如，在《孙子·谋攻第三》批曰："兵凶战危，圣人不得已而用之者也。"《兵势第五》："战势不过奇正……任势，即不战而气已吞，故曰以正合，以奇胜。"又如《尉缭子·兵教上》："兵之用奇，全自教习中来。"都是心得之语。这些心得，加上他后来的不断学习，为他后来的率兵打仗，打下了军事指挥的基础。³

虽说为国担忧，上书言事，而皇上、王公贵族们热衷的，却主要是拜佛崇道，模仿神仙，追求长生。这是明代中期的风潮。王守仁内心济世救民、驰骋边疆的激情之火，渐渐湮没在帝王大臣们散漫的神道云雾中。

他早年就有着想当圣贤的梦想，但什么是圣贤，没有阅历，无法真正理解。王守仁走上了科举道路。在他成为明代官员群体中的一员之后，开始周旋于官场之中。

二、官场的奔波和交往

京城中的官僚生活，或许是某些年轻人的梦想，但一旦进入，就明白那不是想象中的天堂。

王守仁"观政工部"，不算什么特别好的职位。当时的工部尚书是徐贯。[4]他和王华、王守仁是浙江的同乡，对于这位风华正茂的年轻下属，自然是关照的。

官僚机构底层的小官，对于国家的大政方略，别说没有决定权，就是发言权，也有明确限制。王守仁接触的大多是官府的书牍往来，处理的大多是平凡的日常事务。

在京师的官场上，一年就这样过去了。

到了弘治十三年（庚申）二月，弘治皇帝下旨，要更定法律。这是受刑部给事中杨廉的建议，因为自明初确定法律以后，经过多年，增加了不少新的条款，繁冗多绪，滋生弊端。杨廉建议加以整理，以适应新的环境。就在这时，王守仁升任为刑部云南清吏司主事。[5]

为什么在这时候他会去刑部云南清吏司呢？

当时西南区域是明朝政府关心的重点地区。西南的少数民族多有骚动，在田州的岑氏又发生了变乱[6]，正是用人之处。云南巡抚是洪钟。[7]另一位和王守仁关系密切的林俊，也曾为云南按察副使。[8]为了更好地控制西南地区，在弘治十三年五月，朝廷重新启用当时的名将刘大夏为两广总督。他和王华的父亲有交情。[9]

他们都前往云南，足见明朝政府对当地的重视。云南方面需要人。而王守仁和以上这些人物，都有交往。

在朝廷中，就在这一年，闵珪调到刑部任尚书。[10]他和王华关系很好。不仅属浙江同乡，在政见上也比较一致。[11]

正巧工部尚书徐贯也要致仕了，接替他的是曾鉴。[12]徐贯和闵珪、王华也都是浙江同乡。

闵珪调刑部，下面需要得力的帮手。而此时的吏部尚书屠滽是和王守仁有交往的。[13]同时，大家也知道，王守仁是当今皇上近臣王华的儿子，挺有才华的。或许是因为上述这些因素的综合，王守仁这时调到了刑部。在六部中，刑部毕竟比工部有地位。

六部之间小官的调动，由工部调刑部，只需部内例行文牍，无须惊动皇上。

在刑部，王守仁抱着济世责任感，奔波职场，办事非常认真，颇有要扫清陈陋旧习的气概。

明代刑部有"提牢点视"之制。[14]刑部官员，每月一次，提牢点视，检核安全，查验犯人。[15]

弘治十三年十月，王守仁调到刑部不久，轮到他到所辖的监狱中去巡视。[16]他发现有些狱吏，把囚犯们吃剩的饭菜养猪，非常愤怒："囚犯因犯罪被关押，还要给他们饭吃，这是朝廷的浩荡之恩。你们这样把饭菜给猪吃，是率禽兽来吃人呵。如此，把朝廷的德意放在何处？"想要督责众人之过。群吏胆战心惊，跪地俯首请求宽恕，并说明："这样做，是沿袭以前的惯例，而且堂卿也都知道。"王守仁说："哪有这样的事？你们这是想借上级来掩饰自己的罪过。"当日，就报告了上级。上级管事的官员肯定了王守仁的想法。[17]王守仁下令杀了那些猪，并割了肉分给那些囚犯。有关官员得知此事，下令禁止狱吏养猪。一时舆论传言此事。从此，狱吏就再也不养猪了。[18]

由此可见王守仁初入官场时的意气锋芒和奔波忙碌之状。

三、官场的交往与应酬

经过一年多的官场奔波，王守仁在官场中崭露头角，渐渐建立了自己的人际网络。

他的交往大致有这样两类：一类是父执辈，如：李东阳、闵珪、刘大夏、赵宽、魏瀚、黄珣、刘春（考官）、林俊、邵宝、毛纪、储巏、汪循等，一类是前后中进士的官员、同僚以及同乡旧友（包括国子监中的同学），如：程文楷、秦文、牧相、林庭㭿、乔宇、李梦阳、何景明、何孟春、杭济、杭淮、汪俊、汪伟、侯守正、王瓒、许赞、顾璘、边贡、戴铣、都穆、鲁铎、陆深、陈槐、张邦奇、方献夫、陈凤梧、潘府、郑岳、杨子器等。其中，这几年和王守仁关系较密切，对他比较有影响的，有林俊、储巏、邵宝、乔宇、陆深等，还有以李东阳为首的文人团体（见下节）。

王守仁和林俊早就相识，因为林俊中进士进京后，就住在王华所居的长安西街附近，是邻居。[19]储巏、乔宇、邵宝，这三位和王华前后进士[20]。

对于这些前辈官员，王守仁非常尊重。大凡有人任新职，或者高升，或者外派，同僚之间，上下级之间，或同乡旧交之间，自然是赋诗作文，酒宴应酬。[21]这时期应酬文字中，颇能代表王守仁风格和心态的，是给邵宝的《时雨赋》。

弘治十三年十月，邵宝被外派去当按察副使，提辖江西。当时北京正值旱情，饯别之际，在帐中饮酒，恰逢一场雨，王守仁撰《时雨赋》为他送行。[22]大意是：期待他到了江西以后，像及时雨那样，为江西的民众和政教，带来福祉和大的变化，使江西产生新气象。

或许是在政坛上比王守仁经历丰富，对于江西的政局比王守仁有更深的认识，邵宝的回答很含蓄。大意是：我会记住你的期待，但是也会注意，不行之过分。及时雨如果下得过分，也会造成灾难，"江河溢而泛滥，草木泄而衰黄。功垂成而复败，变丰稔为凶荒"。也就是认为，促进社会的发展，官员的行政作为是必要的；然而，过度地想凭个人的意志行事，或许会造成适得其反的结果。

王守仁受到了启发，"俯谢不及"。他们尽兴而别。这是一位有一定阅历的先辈对于正在官场活跃的王守仁的教导，对于后来王守仁的作为，有一定的影响。[23]从这些文字中，可以看到当时王守仁和官场人物关系的一个侧面。

在京城的进士圈，江南地区的人员形成了互相交错的人际关系网络，这是当时整个明代中央政权的实际状况。

四、文坛唱和与《坠马行》

王守仁这一时期，一度注重诗文，想在这方面发展。

在弘治初期，由于在文坛活跃的李东阳的倡导，社会的文风发生了变化。弘治十一年，李东阳又入阁为宰辅，在京师文坛上，对辞赋的研探写作，更成为热门。[24]李东阳朝政之余，多有诗文之会，成为当时文坛主要的代表人物。文坛成为年轻进士意气飞扬的场所。王守仁受到这种氛围的熏染，一度也热衷词赋的创作和探讨，和李梦阳等人一起参与了诗赋创作活动。[25]

在中进士以后的数年间，王守仁和当时文坛上年轻的官员们酬唱诗文。当时活跃于京师文坛的，主要有李梦阳、储巏、乔宇、杭氏兄弟、何景明、边贡等数子。这些新科进士，鼓吹"复古"，要振兴古代文化。[26]王守仁通过辞赋创作活动，活跃在文坛，与内阁的李东阳等高级官员，有了更进一步的交往。[27]然而，王守仁此时的作品现存不多。王守仁和这些人的唱和之作，现存比较有代表性的，当属《坠马行》。[28]

弘治十二年，王守仁出差回京以后，在西街摔坏了脚。正如《坠马行》所说："我昔北关初使归，匹马远随边檄飞。……长安城中乃安宅，西街却倒东山屟。"（按：街，《辑考编年》作"涯"。当作"西街"。）结果，"伏枕兼旬不下庭"，一躺就是一二十天，出不了门。用药以后，才渐渐恢复。

李东阳非常体恤这位年轻的后学，"慰问勤拳情"，常来探望。当时身居高位的李东阳倒没有什么架子："入门下马坐则坐，往往东来须一过。"还给王守仁讲文坛"马讼故事"，使王守仁颇为感动。[29]王守仁蒙受他的错爱，觉得"词林意气薄云汉"，又感觉到自己的辞章还不够好，"独惭著作非门户，明时尚阻康庄步"，有点沮丧。或许对自己在诗赋领域的发展信心不足，所以表示："世事纷纷一刍狗，为乐及时君莫误。"似乎想要撒手任之，自寻快乐。[30]可以说，这些诗句反映了他一时的情绪。

王守仁伤病好了以后，就写了这篇《坠马行》。[31]这首诗和其他的一些诗作，反映出王守仁和诸多官员尤其是李东阳为首的文人团体的关系。

王守仁参与了一阵文辞方面的活动，但他的价值趋向发生了变化，渐渐觉得"焉能以有限精神为无用之虚文也"[32]，所以就渐渐淡漠了，那是后话。

五、垣南草堂的文人们

王守仁初入官场，在京城交往的人士，就处世态度而言，大多是追求仕途发展的。而就他们的兴趣而言，则大致可分为两种情况，一类创作诗赋文辞，追求在文坛发展，一类则注重儒学思考，研"经"探"道"。

在弘治十二年以后，随着阅历的增长，王守仁渐渐觉得"辞章艺能，不足以通至道"[33]，关注重点朝儒学方面转移。

王守仁当时住在垣南草堂。一些志同道合的年轻官员，各部的郎官们，常到草堂里走动。话语投机，便作彻夜长谈，议论文史、品评学问。这样的举动，颇受世间瞩目。这些人，被世人称为"西垣翰林"。

当时和王守仁同道的"西垣翰林"有陈文鸣、杨名父、潘府、郑岳、林希元等，多为一时名士。[34]

也就是说，在当时文坛上，除了受李东阳影响、领略风骚的诗文团体，也即后世称之为"茶陵派"的文人团体外，还存在着其他的儒学团体。

王守仁和这些年轻的政坛"新星"交往，探讨儒学。这对他以后人生的展开、思想的发展，有相当的影响。虽说这一时期，有关探讨的内容，未见系统的文字留下，仅能从散见的文字中略知一二。如《全集》卷二十八《性天卷诗序》，乃是应时在户部为官的秦金之请而作。其中探讨了"天"和"性"的关系，谈到了对于佛教的看法，可见当时王守仁的思想。

这些人在以后王守仁的人生道路上，相互间有着各种各样的关联，起到了不同的作用。

世界上的事情有时真的很奇怪，追求的东西，会难以如愿；而不经意时，却唾手可得。一旦入手，却又觉得，不过如此。王守仁这时对于京城官场的感觉，大抵如此，渐渐乏味了。

他曾这样形容当时官场的生活："懒爱官闲不计升，解嘲还计昔人曾。""龙渊且复三冬蛰，鹏翼终当万里腾。"[35]虽说对于官场不满，有点怏怏，但还是抱有"鹏翼""万里腾"的期待。

在文坛和官场上生活了几年，王守仁的思想在变化中。他的人生目标，还处于想要升腾的层次。他还没有形成明确的学说观念，没有发展到要在宋代大儒外另树一帜的地步。他还在追寻探索。

注释

1 全文见上古版《全集》285－290页，又摘要见《明通鉴》1478－1479页。文长不录。

2 晚年的王守仁也自己反省："语中多抗厉气，此气未除，而欲任天下事，其何能济？"见《辑考编年》945页。录自黄文炤《古今长者录》卷八"王守仁"。

3 王守仁批点的军书，后来传到他的堂侄王正思那里。王正思将其转给了嘉靖时期在浙江任职的胡宗宪，在胡宗宪处任幕僚的茅坤得之。后来，孙元化得见于茅坤的四世孙茅震东处，孙氏力劝其刊刻行世。茅氏把这些批本编成《武经七书》刊行。孙元化乃徐光启门人，刊刻时特请序于徐光启，总其名曰《武经七书评》，又称《阳明先生批武经》。该书刊本流传到日本，为治阳明学者佐藤一斋所得，1924年在日本《阳明学》杂志107期披露，引起关注。

王守仁的这些批语未必全为专心研读所得，诚如胡宗宪《阳明先生批武经序》所云"在先生不过一时涉猎以为游艺之资"，也未必都是弘治十年前后所批。但如《年谱》所载，"弘治十年"王守仁"寓京师"，"是年先生学兵法"。再有，弘治十二年，上《边务八事》。可见这一时期，王守仁确实关注兵法、军事。由此可知，王守仁有兴趣阅读武经，用心久矣。后来指挥军队，得心应手，也绝非一时所致。

《武经七书评》，永富青地《王守仁著作的文献学研究》第四章论说较详细，见是书365－413页。永富青地所据为日本尊经阁文库所藏明天启元年刊《新镌武经七书》。

浙江古籍出版社《王阳明全集（新编本）》卷三十九《补录一》。各序，见卷五十一《附录一》，所据为日本《阳明学》杂志所载。束景南《辑考编年》所据与浙古版同。但束景南有考证，认为王守仁"学兵法、读兵书，主要在弘治十年至十二年之间"，推测批阅于弘治十二年。

4 徐贯，《明史》无传。《明史》卷一八八载有其事。参见本章附录

《弘治年间王守仁京师交游考》。

5 见《明通鉴》卷三十九，1480页。杨廉，江西丰城人，字方震。成化丁未（二十三年）进士。见《明史·儒林传》。官至南京礼部尚书。为居敬穷理之学，学者称月湖先生。有《杨文恪公集》六十二卷，《四库全书》收录。又有《月湖集》四十八卷，《四库存目》著录。编著有《皇明名臣言行录》《象山语录》《月湖文集》等多种，见《千顷堂书目》。

按：《年谱》：弘治十三年"先生二十九岁，在京师。授刑部云南清吏司主事。"未标明月份。此据王守仁《给由疏》，见上古版《全集》，299页。

6 见《明通鉴》1479页。

7 洪钟，《明史》卷一八七本传："正德元年由巡抚贵州召督漕运兼巡抚江北。"而王守仁撰有《两峰洪公墓志铭》，弘治戊午（十一年）后，洪钟曾转任"云南巡抚，再改贵州"。此事殆《明史》本传漏脱。见上古版《全集》937页。

8 见《明通鉴》。他和洪钟共事，意见不合。

9 刘大夏《刘大夏集》卷三，有《送王上舍南还》，为送王守仁之作。时刘大夏已届六十，可见刘、王两家交情。关于刘大夏的生平，见后。

10 见《明史》卷一八三《闵珪传》："闵珪，字朝瑛，乌程人。天顺八年进士。授御史。出按河南，以风力闻。成化六年擢江西副使，进广东按察使。久之，以右佥都御史巡抚江西。南、赣诸府多盗，率强宗家仆。珪请获盗连坐其主，法司议从之。尹直辈谋之李孜省，取中旨责珪不能弭盗，左迁广西按察使。

孝宗嗣位，擢右副都御史，巡抚顺天。入为刑部右侍郎，进右都御史，总督两广军务……弘治七年迁南京刑部尚书，寻召为左都御史。十一年，东宫出阁，加太子少保。十三年代白昂为刑部尚书，再加太子太保。"

11 在有的文献中，说闵珪和王华等一起，曾鼓动庄昶揭发程敏政的"弊案"。见《明通鉴》卷三十九引王世贞《史乘考误》："焦芳修《孝宗实录》，谓'傅瀚嫁祸程敏政，后果代其位。时刘健当国，既偏溺于恚怒，莫之能辨。适大学士谢迁、谕德王华俱憾敏政，而都御史闵珪，与迁、华皆同乡，乃属科、道数辈，内外并力交攻，罗织成狱。而华昶之甘心鹰犬者，不足道也'。"（《明通鉴》1474页）此说虽然后人多有怀疑，但王华和闵珪关系较好，则可推知。

12 见《明史》卷一八五《本传》：曾鉴，字克明，湖广桂阳（今属湖南）人。天顺八年进士，授刑部主事，弘治十三年累迁工部尚书。曾鉴为尚书在弘治十三年五月。如是，则徐贯的去职当在此稍前。见《明通鉴》卷三十九，1483页。

13 王守仁去年到浚县为王越建造陵墓，特地请屠滽题写了墓碑。见第一章。

14 见《明史·刑法志》。

15 上古版《全集》卷二十九《提牢廷壁题名记》："旧制，提牢月更主事一人。"

16 这时，或许正是他坠马受伤，恢复后不久。见下文。

17 金文炤《古今长者录》卷八《王守仁》，说王守仁报告了"大司寇"。如是，那当为刑部尚书。由此可见王守仁和刑部尚书闵珪的关系。

18 到了晚年，有了一定阅历以后，王守仁想法有了变化。金文炤《古今长者录》卷八《王守仁》记载了他这样反省："筮仕刑曹，言于大司寇，禁狱吏取饭囚之余橐豕，或以为美谈。晚自愧曰：'当时善则归己，不识置堂官同僚于何地？此不学之过。'"

金汝谐《新编历代名臣芳躅》卷下"王守仁"条："新建伯文成王先生筮仕刑曹，适轮提牢，见诸吏橐豕，恻然悲曰：'夫囚以罪系者，犹然饭之，此朝廷好生浩荡恩也。若曹乃取以橐豕，是率禽食人食矣，如朝廷德何？'晚年在家，谈及此事："先生复蹙然曰：'此凭一时意见，揭揭然为此置堂卿于何地耶？只此便不仁矣。'"参见束景南《辑考编年》945页，955页。

19 林俊，事见《明史》卷一九四《林俊传》。又见本章附录《弘治年间王守仁京师交游考》。

据《明通鉴》卷三十九，林俊当时正式的官职是云南按察副使，管刑罚的。弘治初年任命。王守仁为"刑部云南司"官员，当和他有接触。

又，据《明史·隐逸传》，弘治中，林俊上言推荐礼部侍郎谢铎、太仆少卿储巏、光禄少卿杨廉为太子讲师。

林俊，乃王守仁一生中颇有关系之人，具体见下文相关注释。

20 三人都是成化二十年进士，王华为成化十七年状元。王守仁作为新进的进士，又是王华之子，与之交往，乃是自然之事。

储罐，《明史》卷二八六《文苑二》云："储罐，字静夫，泰州人。九岁能属文。母疾，刲股疗之，卒不起。家贫，力营墓域。旦哭冢，夜读书不辍。"

《明史》卷二八二："邵宝，字国贤，无锡人。年十九，学于江浦庄昶。成化二十年举进士，授许州知州。""弘治七年入为户部员外郎，历郎中，迁江西提学副使。""宁王宸濠索诗文，峻却之。后宸濠败，有司校勘，独无宝迹。迁浙江按察使，再迁右布政使。与镇守太监勘处州银矿，宝曰：'费多获少，劳民伤财，虑生他变。'卒奏寝其事。进湖广布政使。正德四年擢右副都御史，总督漕运。""世宗即位，起前官，复以母老恳辞。许之，命有司以礼存问。久之卒，赠太子太保，谥文庄。"

乔宇，号白岩。《明史》卷一九四本传："乔宇，字希大，山西乐平人。祖毅，工部左侍郎。父凤，职方郎中。皆以清节显。宇登成化二十年进士，授礼部主事。"

王守仁还有《送宗伯乔白岩序》，可参见。关于乔宇在以后政坛上的活动和与王守仁的关联，见下各章。

21 如给黄肃，见《全集》卷二十九《送黄敬夫先生金宪广西序》；给张思孔，见《全集》卷二十九《送张侯宗鲁考最还治绍兴序》；给方良永，见《全集》卷二十九《送方寿卿广东金宪序》等等。

22 邵宝和林俊是好朋友，王守仁与邵宝的关系当和林俊有关。林俊有《林见素文集》《诗集》，现存日本内阁文库。林俊《林见素诗集》有《和邵二泉韵》，而邵宝《容春堂集》卷三有《听雨歌读见素所上封事作》，互相唱和。而林俊和杨一清又关系密切，林的《文集》由杨一清作序。当时，杨一清主持西北马政。而杨一清，乃是乔宇的老师。

23 《时雨赋》见浙古版《王阳明全集（新编本）》1755页，又束景南《辑考编年》93页。

24 弘治十一年二月，李东阳入内阁，见《明孝宗实录》卷一百三十四。此后，多作诗赋。是年，编《习隐诗》。《李文正公麓堂续稿·文续稿》卷十二有《习隐诗卷前后题》："久居仕籍，年过无闻。谬登禁垣，旷职思咎。瞻慕林壑，邈焉兴怀。抚事触景，因诗言志。"意思就是在这官位上做得久了，默默无闻，所以怀慕林泉的闲暇，写些诗歌抒发情志。其实也隐存着以诗文立世，以求声名之意。

"弘治戊午"间，李东阳和各种高官的唱和诗，编成《西堂雅集》，见程敏政《西堂雅集序》。此《序》，见程敏政《篁墩文集》卷二十五。

25 李梦阳《朝正倡和诗跋》说："诗倡和莫盛于弘治，盖其时古学渐兴，士彬彬乎盛矣，此一运会也。余时承乏郎署，所与倡和则扬州储静夫、赵叔鸣、无锡钱世恩、陈嘉言、秦国声、太原乔希大，宜兴杭氏兄弟，郴李贻教、何子元、慈溪杨名父、余姚王伯安、济南边庭实。"他这里提到的王伯安，就是王守仁。见李梦阳《空同集》卷六十六。

26 参见本章附录《弘治年间王守仁京师交游考》。

27 王守仁早在中进士以前就和李东阳交往，当是由于父亲的关系，见前第四章。

28 关于此诗，见本章附录《坠马诗考释》。

29 《坠马行》："西涯先生真缪爱，感此慰问勤拳情。入门下马坐则坐，往往东来须一过。词林意气薄云汉，高义谁云在曹佐。"

30 《坠马行》："尝闻所□在文字，我今健笔如挥戈。独惭著作非门户，明时尚阻康庄步。""物理从来天如此，滥名且任东曹簿。世事纷纷一刍狗，为乐及时君莫误。"

31 《坠马行》跋："余坠马几一月，荷菊先生下问，因道马讼故事，遇出倡和。奉观间录此篇，求教万一。走笔以补，甚幸。□在玉河东第（校：□，或为"时"字）。八月一日书，阳明山人。"

此诗，后来没有收入《文录》《全集》，或如束景南所言，殆因和李士实的关系，当时有所忌讳，故《文集》中不录。见所著《辑考编年》55页。也有可能因为此诗多诙谐，王守仁文学观念改变，所以不录。

32 见《年谱》，上古版《全集》1225页。

33 见《年谱》"弘治十一年"，上古版《全集》1224页。

34 有关人员，见本章附录《弘治年间王守仁京师交游考》。

35 见王守仁《奉和宗一高韵》。诗出自朱孟震《朱秉器全集》中的《游宦余谈》。束景南《辑考编年》97页。据其考证，"宗一"乃李源字。源号平台，弘治十二年为兵部主事。

附录一：
弘治年间王守仁京师交游考

王守仁在弘治十二年金榜题名，迈入官场以后，由于各种历史的和现实的关系，交游颇广。其中在弘治年间交游颇多的，有如下一些人：

徐贯，《明史》无传。《明史》卷一八八载有其事。徐贯，字原一，浙江淳安人，景泰四年（1453）中举人，天顺元年进士，历任兵部主事、福建右参议，分守延平、邵武四府。时值当地饥荒，徐贯开官仓，减价出售，救济灾民。继而升迁右副都御史，巡抚辽东。时有镇守总兵，多占军丁佃户，徐贯坚决取缔。后升任工部左侍郎。会苏、松大水连年，敕贯往治之。贯以简能吏、授方略，水患悉平。晋升为工部尚书，累加太子少保，以疾乞归。加太子太傅。晚年居家，去世后朝廷遣官礼葬，并追赠为太保，谥号"康懿"。有《余力稿》十二卷，《千顷堂书目》《明史·艺文志》《四库总目》收录，行于世。

洪钟，《明史》卷一八七本传："正德元年由巡抚贵州召督漕运兼巡抚江北。"而王守仁撰有《两峰洪公墓志铭》，弘治戊午（十一年）后，洪钟曾转任"云南巡抚，再改贵州"。此事殆《明史》本传漏脱。见上古版《王阳明全集》937页。

林俊，事见《明史》卷一九四《林俊传》。字待用，号见素，莆田人。成化十四年进士，除刑部主事。"性侃直，不随俗浮湛。""弘治元年用荐擢云南副使。""九年引疾，不待报径归。久之，荐起广东右布政使，不拜。起南京右佥都御史，督操江。""武宗即位，言官交荐。""乃进右副都御史，再抚江西，遭父忧不果。正德四年起抚四川。""世宗即位，起工部尚书，改刑部。"后因"大礼议"与嘉靖皇帝意见不合。嘉靖五年，卒。

据《明通鉴》卷三十九，林俊当时正式的官职是云南按察副使，管刑罚的。弘治初年任命。王守仁为"刑部云南司"官员，当和他有接触。

林俊，乃王守仁一生中颇有关系之人，具体见下文相关注释。

储巏、乔宇、邵宝三人都是成化二十年进士，王华为成化十七年状元。王守仁作为新进的进士，又是王华之子，与之交往，乃是自然之事。

储巏，《明史》卷二八六《文苑二》云："储巏，字静夫，泰州人。九岁能属文。母疾，刲股疗之，卒不起。家贫，力营墓域。旦哭冢，夜读书不辍。"他幼年聪慧过人，五岁读书过目能诵，九岁能作文章，人称神童。十六岁中秀才，成化十九年秋乡试列第一为解元，第二年赴京会试为会元。授南京吏部主事，迁郎中，后改京师吏部郎中，评荐贤否务协公论。历任太仆寺少卿、太仆寺卿。正德二年（1507）改右佥都御史总南京粮储。升户部左右侍郎，正德五年正月致仕。正德八年初起为南京吏部左侍郎，同年七月初十日卒于官，年五十七。淳行清修，介然自守，工于诗文。谥文懿。著有《柴墟文集》。储巏有手迹，现存泰州博物馆。

邵宝，《明史》卷二八二："邵宝，字国贤，无锡人。年十九，学于江浦庄昶。成化二十年举进士，授许州知州。""弘治七年入为户部员外郎，历郎中，迁江西提学副使。""宁王宸濠索诗文，峻却之。后宸濠败，有司校勘，独无宝迹。迁浙江按察使，再迁右布政使。与镇守太监勘处州银矿，宝曰：'费多获少，劳民伤财，虑生他变。'卒奏寝其事。进湖广布政使。正德四年擢右副都御史，总督漕运。""世宗即位，起前官，复以母老恳辞。

许之,命有司以礼存问。久之卒,赠太子太保,谥文庄。"

乔宇,号白岩。《明史》:"乔宇,字希大,山西乐平人。祖毅,工部左侍郎。父凤,职方郎中。皆以清节显。宇登成化二十年进士,授礼部主事。弘治初,王恕为吏部,调之文选,三迁至郎中。门无私谒。擢太常少卿。武宗嗣位,遣祀中镇、西海。还朝,条上道中所见军民困苦六事。已,迁光禄卿,历户部左、右侍郎。刘瑾败,大臣多以党附见劾,宇独无所染。拜南京礼部尚书。""未几,宁王宸濠反,扬言旦夕下南京。宇严为警备,而谈笑自如。""帝至南京,诏百官戎服朝明年正旦。宇不可,率诸臣朝服贺。江彬索城门诸钥,都督府问宇。宇曰:'守备者,所以谨非常。禁门锁钥,孰敢索?亦孰敢予?虽天子诏不可得。'都督府以宇言复,乃已。""帝驻南京九月,宇倡诸臣三请回銮,又自伏阙请。驾旋,扈至扬州。明年加太子太保。论保障功,复加少保。""世宗即位,召为吏部尚书。""宇遇事不可,无不力争,而争'大礼'尤切。""帝怒,切责。宇遂乞休,许之。""后《明伦大典》成,追论前议,夺官。杨一清卒,宇渡江吊之。南都父老皆出迎,举手加额曰:'活我者,公也。'""宇幼从父京师,学于杨一清。成进士后,复从李东阳游。""穆宗即位,复官,赠少傅,谥庄简。"王守仁还有《送宗伯乔白岩序》,可参见。关于乔宇在以后政坛上的活动和与王守仁的关联,见下。

李梦阳,《明史》:字献吉,庆阳人。父正,官周王府教授,徙居开封。母梦日堕怀而生,故名梦阳。弘治六年举陕西乡试第一,明年成进士,授户部主事。迁郎中。李梦阳一生,多有跌宕起伏。弘治十八年,应诏上书,陈"二病""三害""六渐",凡五千余言,极论得失。因上疏言:"寿宁侯张鹤龄招纳无赖,罔利贼民,势如翼虎。"得罪皇后一族,入锦衣狱。弘治帝临终前释之。孝宗崩,武宗立,刘瑾等八虎用事。他为尚书韩文草疏。瑾深憾之,矫旨谪山西布政司经历,勒致仕。既而瑾复摭他事下梦阳狱，将杀之，康海为说瑾，乃免。瑾诛，起故官，迁江西提学副使。与何景明、徐祯卿、边贡、朱应登、顾璘、陈沂、郑善夫、康海、王九思等号十才子，又与景明、祯卿、贡、海、九思、王廷相号七才子，皆卑视一世，而梦阳尤甚。吴人黄省曾、越人周祚，千里致书，愿为弟子。迨嘉靖朝，李攀龙、王世贞出，复奉以为宗。天下推李、何、王、李为四大家，无不争效其体。华州王维桢以为七言律自杜甫以后，善用顿挫倒插之法，惟梦阳一人。据嘉靖《陕西通志·乡贤·李梦阳传》，其为弘治（五年）壬子解元、（六年）癸丑进士。又据《明清进士题名碑录索引》，弘治有六年癸丑科，无七年科，与《陕西通志》记载合。故疑《明史》本传所记梦阳科次有误。

　　这里值得注意的是，李梦阳在《朝正倡和诗跋》中，没有提后世所称"前七子"中的康海、王九思，倒有王守仁以及和王守仁关系很好的乔宇等。这说明：第一、"前七子"这一概念，是在弘治十八年以后形成的。考王九思为弘治九年进士，康海中进士是在弘治十二年，和王守仁同年。如果此二人早就闻名文坛，"七子"早就形成，不当有守仁而无此二人。而"七子"中，徐祯卿为弘治十八年进士，他列名"七子"，则此概念形成当在此后。第二、王守仁活跃在当时京师的辞赋文学领域，相对时间较早。考弘治六年的会试，李梦阳及第，王守仁落榜，他们当时应该有相识的机会。故到十一年后，唱和之风起，王守仁又在十二年中进士，且他早就与李东阳相识，便参与其中。

　　徐祯卿，王守仁《徐昌国墓志》："始昌国与李梦阳、何景明数子友，相与砥砺于辞章。正德庚午（正德五年）冬，阳明王守仁至京。守仁故善数子，而亦没溺于仙释。昌国喜，驰往省，与论摄形化气之术。当是时，增城湛元明在座，与昌国言不协，意沮去。"此《墓志》当在徐祯卿正德辛未（六年）去世后所撰。

　　从上引王守仁所写的《墓志》看，徐祯卿和李梦阳等相交时，未曾和王守仁多交往。故有"庚午冬（正德五年）"前往拜访王守仁之事。

又考《徐祯卿集》卷二，有《中秋夜不见月兼邀储太仆不至》《喜玄敬献吉见过》《往岁中秋，与献吉饮，子容幽吟于月下》等诗，乃是弘治十八年和正德初期所作。可知他与李梦阳交往，始于弘治十七、十八年，其间与李梦阳互相酬唱，关系甚洽。

据《明通鉴》，李梦阳在弘治十八年三月入狱，四月出狱。

王守仁《徐昌国墓志》曰："守仁故善数子。"意思是，自己以前和那些朋友交往过，现在又交了徐祯卿这样的朋友。所以，徐祯卿和李梦阳等的交往肯定在王守仁与他们交往以后。徐祯卿当是由前面说到的"数子"而结交王守仁的。

又，何乔远《名山藏》载《王守仁传》："审录江北还朝，与太原乔宇、广信汪俊、泰州储巏、河南李梦阳、何景明、南都顾璘、姑苏徐祯卿、济南边贡工苦古文辞。"这说得比较明确，指出王守仁的文学活动在"审录江北还朝"即弘治十四年以后。

再考王守仁行迹，弘治十五年以后基本回到故乡，到十七年才回到京师，而又有山东之行。接着就有"龙场"之行，见下。

所以，他致力于古文辞的时期大约在弘治十二年中进士后至十五年前后的两三年间。而徐祯卿为进士在弘治十八年，所以王守仁和李梦阳等的文学活动时期大致可推定，当在弘治六年前后相识，交往最密切的时期，在弘治十二年以后到十五年间。

除了文辞领域互相交往的文人外，王守仁还和不少探研儒学的人士交往。

陈文鸣，据韩邦奇《都察院右都御史赠工部尚书静斋陈公凤梧传》，名凤梧，泰和人。弘治丙辰（弘治九年）进士，"壬戌（弘治十五年），升浙江司员外郎"，"癸亥（弘治十六年），奉命江南审录重囚"，"九月，升湖广按察司提学佥事"。著有《集定古易》十卷、《毛诗集解》（卷数不详）、《周礼校正》《周礼合训》各六卷、《修辞录》六卷等（见《千顷堂书目》）。

杨名父，据邵宝《河南左布政使杨公子器墓志》，名子器，慈溪人。成化二十年进士。"弘治甲寅（七年）起复，知山西一二年，调常熟。又二年，考最，进阶文林郎，受赠封典，寻召补吏部考功主事，正德丙寅（元年），转验封员外郎。"著有《家礼从宜》《慈溪诗选》《杨嘉山读礼录》等多种著述，《千顷堂书目》著录。

潘府，《明史·儒林传》："字孔修，上虞人。成化末进士。"曾为长乐知县。得马文升、杨一清等赏识。嘉靖初，为太仆少卿。又见《明儒学案》。著有《孔子同纪》《孝经正误》《校集颜子》《潘氏道萃编》等。

郑岳，《明史》卷二百三本传："字汝华，莆田人。弘治六年进士。授户部主事，改刑部主事。"正德初，为广西副使，广东副使，迁江西按察使、左布政使。嘉靖时，为右副都御史，寻迁兵部右、左侍郎。他也是经营西南方面的官员。著有《山斋净稿》《西行记》等。

林希元，《明史·儒林传》："字懋贞。与琛（陈琛）同年进士。历官云南佥事，坐考察不谨罢归。所著《存疑》等书，与琛所著《易经通典》《四书浅说》，并为举业所宗。"

此外弘治九年、十五年、十八年中进士的官员：王瓒、许赞、顾璘、边贡、戴铣、杭淮、都穆、鲁铎、湛若水、陆深、陈槐、张邦奇、方献夫等等，应该都会与王守仁有所接触和交往。以上诸人，参见《明清进士题名录》。

凡此，都是在经学、理学等方面有著述之人。

由此可见弘治间王守仁交游之一斑。

附录二：
《坠马行》考释

此诗日本存王阳明手迹长卷。该长卷据说是日本人加藤八重磨在日本大正年间访问绍兴时购得。见日本1924年《阳明学》第162号所载蓬累轩编《姚江杂纂》，卷后有清郑濂跋。钱明《王阳明全集未刊散佚诗文汇编及考释》对此有论说，认为成于"弘治十年"，后收入其负责编校的浙江古籍出版社《王阳明全集（新编本）》卷四十二。束景南《辑考编年》收录，出处同。束景南对此诗有考证，对于理解该诗，非常有补益。

束景南主要有四点成果：一、认为"此诗有以为作在弘治十年，非是"，推断作于弘治十二年。二、检出王守仁模仿的李东阳的原诗。认为李东阳"坠马"，在成化十七年。三、考证了李东阳所说的"马讼故事"，指出，他的诗作和邵珪、李士实有关。四、认为王守仁在该诗跋文中说的"菊先生"为李士实。王守仁这首诗后来未收入《全集》，可能和李士实后来助朱宸濠为乱有关。

所得出的结论，笔者认为有可商榷处。因为此诗涉及王守仁在弘治十年以后的行踪，特考之如下，以供参考：

其一，束景南考释了李东阳"坠马"故事，并列出了李东阳的原诗《坠马后束萧文明给事长句并呈同游诸君子》（载《怀麓堂集》卷八）。萧文明在成化十七年前往镇宁州，所以推断李东阳坠马在成化十七年。如照其所论，李东阳的跌伤，为成化十七年事。

又据束景南所说，此诗涉及邵珪和李士实。邵珪，字文敬，明代宜兴（今江苏宜兴）人。成化五年（1469）进士，授户部主事，官至严州太守。他善书，工棋，诗亦有新意，有"半江帆影落尊前"之句，人称为邵半江。著有《半江集》六卷。又号东曹隐者。

邵珪堕马伤足，邵氏何时伤足？待考。李东阳有诗谑之："十年双足蹒词场，我亦怜君坠后伤。历块敢夸千里俊，乘船却笑四明狂。扶颠老仆空随路，学仆娇儿更倚堂。应似崔家亭下鹭，独当秋雨向寒塘。"诗中有"十年双足蹒词场，我亦怜君坠后伤"，此"十年"如指邵珪中进士以后的十年，那么，他伤足当在成化十五年以后，与弘治十二年也间隔多年。

其二，束景南认为该诗不可能作于弘治十年。这一结论笔者赞同。但对于其所主作于"弘治十二年"之说，笔者认为值得再考。理由如下：

束景南认为王守仁在到浚县之前，还有一次北行的公干。笔者以为此说缺乏根据。《年谱》：弘治十二年，王守仁举进士，"观政工部"，并无该年前往北边公干记录。且从常识考虑，三月刚中进士，派往工部，总有手续要办。据束景南《年谱长编》，三月，王守仁还"荣归绍兴"，五月返京，然后就马上派往"北方"，还上了《陈言边务疏》。七月坠马。八月一日写诗。九月已经在浚县"钦差督造威宁伯王越坟"。即使按近现代的交通状态思之，也显得过快了。

而且，和王守仁诗中的有关叙述不合。《年谱》弘治十二年云是年秋天往浚县造坟。《明史·王守仁传》：弘治十二年"使治前威宁伯王越葬，还而朝议方急西北边，守仁条八事上之。"可见弘治十二年，王守仁刚中进士，秋天，往浚县修王越墓，八月不太可能还在北京。诗中有"我昔北关初使归"句，"初使"当指此事。又，诗中称"昔"，则不应为当年事。故此诗当作于弘治十二年以后。

其三，束景南认为王守仁诗末云"荷菊先生下问，因道马讼故事"，菊先生就是李士实。

这样的推断，似可再考。

李东阳、萧显、李士实三名士玉堂联句《咏六安茶》："七碗清风自六安，每随佳兴入诗坛。纤芽出土春雷动，活火当炉夜雪残。陆羽旧经遗上品，高阳醉客避清欢。何时一酌中霖水？重试君谟小凤团！"在世间广为流传。

李士实曾为刑部侍郎。考《明史》等有关记载，李士实，字若虚，南昌人，一作丰城人。成化二年进士，授刑部主事，迁员外郎、郎中，出任按察副使，提学浙江。累擢山东左布政使。他为刑部侍郎当在正德年间，是否会在弘治十二年便称其为"秋官"？进而判断他就是诗歌中所说的"菊先生"？

笔者以为，该诗中多有尚未明确之处，只能根据现有资料做大致推测。如无确切可以判定该诗所作年代的资料，比较可靠的方法，是根据王守仁的行迹，推定其大致时间：

1. 考诗中有"滥名且任东曹簿"句。东曹，当指六部属吏。王守仁任刑部云南司主事、兵部清吏司主事，或可当之。故此诗当作于弘治十三年至十八年间。

2. 该诗写作有几个条件：(1) 王守仁在北京，(2) 李东阳未致仕前（正德三年前），(3) 王守仁出使"北关"后，(4) 王守仁跛于八月，故此诗写作时间当在八月或八月以前。

那么，看看所知的王守仁的行迹：

弘治十三年，在北京。十四年八月"审录"，出行江北，此时腿部当无伤病。十五年八月，因病请求归省，往江南。十六年夏秋，在杭州养病。十七年在京，但九月便有主持乡试之行。十八年，王守仁在京，这时，京中政坛风云变幻。而王守仁如他自己所说，已经没有了对诗歌的兴趣。

因此，在弘治十二年到十八年间，比较满足上列条件的，只有弘治十三年或十七年。笔者认为，作于十三年的可能性比较大。

第六章　周游和探索

弘治十四年八月—弘治十八年五月

第六章 周游和探索

一、"审录"江北

在北京官场,"扰扰于案牍间"过了两年,[1]到了弘治十四年。

既然在刑部当官,总有要干的差事。弘治十四年八月,王守仁被派往江北淮安、南直隶等地去"审录"。所谓"审录",乃是明代的一种法律制度,也就是对在押的罪犯进行复核。[2]

奉命出京,即使在车船奔波之际,王守仁仍感到一种内心的轻松。凡到一处,王守仁会同各地巡按、御史,对各种罪犯尤其是重犯进行审核。[3]工作时的王守仁,充溢着正义感和进取精神。

他坚持依法办事,对审核的囚犯,发现有不公或冤屈者,便予平反。同时也不畏权势,对该处决而因各种关系被庇护下来的罪犯,则坚决处决。[4]

有一个囚犯,原来是个"指挥",杀了十八个人,被关押十多年,一直没有处决。这当然是有背景的。因为他是个功臣之子,其父战死疆场,所以家中通融当道,一直活着。王守仁到了此地,查明真相,就下令处决他。

当地的巡抚为之求情。王守仁不允,并坚持公开处刑。行刑前,此人依然张狂,对王守仁说:"死若有知,我必不相舍。"意思是,我死了以后,如果有知,决不会放过你。

123

王守仁回答:"我不杀你,十八个人的灵魂当不会放过我。你死了,还能干什么?"就把那人拉到市上公开处决。[5]

处决了一个这样的人,必然引起有关各方面的强烈震动,古今皆然。有关系者胆寒,市人称快。王守仁表现出秉公办事、独立自强的气质,而这样的气质在当年写给老师吴伯通的信中,明确地表现了出来。

在审录途中,得知老师吴伯通已经返回四川故乡,恰好刑部同僚侯守正有四川之行,于是王守仁写信给老师,让侯守正带去。信中谈到自己:"才疏事密,惟日扰扰于案牍间而已。"又说:"伏惟大贤君子,不以久而遂绝,不以微而见遗,仍赐收录,俾得复为门下士,岂胜庆幸感激哉。"

对于儒学的理念,"不以久而遂绝",对于有识见之才,"不以微而见遗",这不仅是对吴伯通的赞扬,也是他自己所坚持的理念吧。

由此可以看到王守仁尊重师长、怀念旧情的一面,也显现出他坚持操守、特立独行的气质。[6]

二、巡行与访友

中国历史上的文人,寄托自己身心情感的重要方式,是投身到自然的山水之中,王守仁也不例外。

在"审录"江北的过程中,王守仁周游了江南、江北不少地方。所到之处,探胜访古,吟诗会友,诗文唱和,论道谈经。

弘治十四年秋天,他到了凤阳望谯楼,有诗:"客思江南惟故国,雁飞天北碍长风。"[7]

由凤阳,南下到庐州府的无为州(今安徽无为)。当时,他和当地官员王璟，有所交往。[8]

这时，王守仁的身体状况不太好，"感微寒"，有点发烧，所以对于王璟送的礼也无法亲自面见答谢。王守仁对于前辈和地方先贤，颇为尊重，注意恪守为后辈的礼节，于是派门人前往致谢。

经无为州，王守仁沿江南下，弘治十五年正月元旦，王守仁到了池州。当日，就游了九华山。后写了《九华山赋》等文字。[9]在游山时，宿无相、化城诸寺，曾和佛道人士、隐遁"异人"相遇，与之交往，并探索佛、道和儒学精微。[10]

可见王守仁在思考探索人生。一方面，他关注周濂溪、程明道等人的学说，抱有好感，想由此探究儒学的真谛；另一方面，对神仙、道教、佛教也没有完全放弃，也在思索。这在《九华山赋》中表现了出来。赋中曰"逝予将遗世而独立，采石芝于层霄"，这样可以脱离"尘嚣"，有着出世的意欲。而看到国家所面临狂寇的猖獗，看到百姓的艰辛现状，又涌动着"欲请长缨于阙下"的壮怀。[11]既担心自己"力微而任重，惧覆败于或遭"，[12]又感慨人生短促，自己不应"同草木而腐朽"，当不避"群喙"，勇敢前行。[13]

总之，在这时的王守仁身上，时而显现出一种矛盾心理：既抱有济世之宏愿，想要努力担当重任，又受到世间宵小讥讽，想要遁隐出世。

弘治十五年（壬戌）正月，王守仁仍在池州。其间，趁公务之余，又到当地的名山——齐山游，撰写了《游齐山赋》。[14]

在此赋中，他首先说："适公事之甫暇，乘案牍之余辉。"在新年之际，到齐山一游。登山观览，当时雨后日出，霓虹麾彩，峰岩开豁，山色鲜朗。望着变幻的景观，俯视滚滚东去的长江，他感慨："叹人事之倏忽，晞草露于须斯。"认为："敬长生之可期，吾视弃富贵如砾瓦。吾将旷八极以遨游，登九天而视下。"

第六章　周游和探索

颇有想要出世求仙的气息。[15]但又"叹仙质之未化",顾及"君亲","所以难以舍弃独往,[16]还是有着矛盾。这种来回反复、权衡斟酌,反映了王守仁这一时期的思想,处在养身独善与济世安民的交织反复之中。

从池州出发,王守仁到了芜湖。在芜湖,他造访了刑部郎中李贡[17]。然后,顺江而下,到镇江,游历北固山、京口三山的寺院,并撰有《游北固山》《赠京口三山僧(四首)》《屋舟为京口钱宗玉作》等诗。[18]

弘治十五年三月,王守仁南下到苏州,访吴氏海天楼。作《姑苏吴氏海天楼次邝尹韵》,有曰:"晴雪吹寒春事浓,江楼三月尚残冬。"[19]可见当时境况。

路过吴江,又写了《登吴江塔》《仰高亭》等诗。"秋兴绝怜红树晚,闲心并在白鸥前。""莫向病夫询出处,梦魂常绕碧溪烟。"(《仰高亭》)诗情画意之间,透漏出生病的懒散。

在上述游历的过程中,王守仁结交了各个方面的人士,了解了社会各个层面的情况,接触到了不少佛、道教的寺院和人士,探讨了养生和各种教义,对他的思想变化当然有影响。在这样的行程途中,王守仁也写了不少诗文。此时他对于诗赋之作,依旧抱有一定的热情,这是他创作丰盛的时期之一。

三、故乡养病

弘治十五年初,在京的王华被提升为翰林院学士,三月,又被命参与撰修由李东阳主持的《大明会典》,[20]仕途看好。

而在外完成了公务事以后,王守仁必须北上回京。或是由于旅途风尘,过于劳累,他病倒了,前往扬州养病三月。[21]这一时期，他较多注意养生。

春天，他会见汤礼敬。[22]和他一起，朝西到了句曲、丹阳，并且上了茅山。两人同游茅山，探讨吐纳之法，寻访"仙人"。[23]

该年五月，王守仁回京师复命。

京城之中，原来的一些朋友，仍在以诗文为追求。而王守仁此时有了一定的反思，认为："怎么可以把自己有限的精神消磨在那些无用的虚文之中呢？"这成了他以后思想转变的契机。[24]

三十岁前后，王守仁的身体状况一直不佳，弘治十五年，或许由于几个月在外周行，过于劳累，也或许因为对于今后的人生，内心中纠结不定，王守仁又病了。是年八月，他上疏告病归越。[25]

得到朝廷恩准，这一年立秋时，王守仁回到故乡。[26]

说到回故乡，或许和王守仁家中的变化有关。[27]如前所述，王华中状元以后，把父母接到了北京生活。余姚老家，由王守仁的伯父王荣一家和叔父王衮一家共同居住。但是，王衮在弘治十一年去世了。这样，王家就面临着"分家析产"的问题。当时祖母岑夫人在北京，她坚持要等到她回家再办理丧事。有一部分原因，当就在于此。"壬戌正月"，"太夫人自京归"，到"十月甲子"，葬王衮。在此期间，八月，王守仁归乡。

王守仁见到祖母岑氏。这时，她已经八十一岁了。亲人相会，感受到了亲情的温馨。此时，王守仁的父亲正在京中忙碌，操办三叔丧事的担子，自然有些具体事务也就落到了王守仁的肩上。[28]

归浙江后，王守仁在绍兴附近的山上，修筑了个"阳明洞"，居于其中。[29]

远离了喧嚣的京城和社会交往，王守仁在山间洞穴，身心都渐渐安静下来，行导引之术。[30]

这期间，他与故乡的老友王司舆、许璋有交流，和他们探讨养生之道和儒学的精微。³¹ 王守仁汇集养生的实感，还写了一首《坐功》诗："春嘘明目夏呵心，秋呬冬吹肺肾宁。四季常呼脾化食，依此法行相火平。"³²

在这些行动和诗文中，可以看到，一方面，王守仁确实继续关注道教，这和他以往的思想有关，另一方面，也当注意到，对于道教，这时，王守仁显现出从人生论、宇宙论角度朝实际养生方法论转化的倾向。

这期间，王守仁对佛教也进行了探索和反思。他游历了浙江四明山一带和杭州周边的寺院，如本觉寺、圣水寺、曹林寺、惠济寺、觉苑寺等。³³ 一日，王守仁到一间寺院中见到一僧在寺中静坐。听说他已经坐了三年了，感到有点奇特，就上前和他寒暄，问他："这么静坐，是否还想念家人呢？"

这也许正是王守仁在思考的问题：出世的话，固然六根清净，但又如何处理和自己休戚相关的家人呢？

僧人倒也坦率，说自己还是想念家人的。

王守仁觉得他还是六根未断，想：既然如此，何必强制自己静坐？于是就说："那你就回家好了，还静坐什么呢？"

过了几天，王守仁再去那间寺院，那个僧人已经不在了。³⁴

可见在游历中，王守仁非常热衷于道教养生，也非常注意对佛教"出世"观念的思考，经过实际生活的体验，逐步得出了自己的结论。

繁琐的礼节，严格的等级，消磨着进入官场的年轻人的豪情和锐气。在文坛和官场上，有的人积极投入，施展运作；有的人则随波漂流，任侠求仙，追求彼岸世界的超逸解脱。

在当时遇到的各种思想潮流中，王守仁探索寻找着"道"的真谛。他思考着，也烦恼着。弘治十六年，王守仁给好友陈文鸣信中说："仆碌碌度日，身心之功，愈觉荒耗，所谓未学而仕，徒自贼耳。进退无据，为之奈何？"³⁵ 可见他当时的思想和感受。

这时期所作的《山中立秋日偶书》，也颇能反映王守仁的心态："风吹禅声乱，林卧惊新秋。山池静澄碧，暑气亦已收。青峰出白云，突兀成琼楼。袒裼坐溪石，对之心悠悠。倏忽无定态，变化不可求。浩然发长啸，忽起双白鸥。""倏忽无定态，变化不可求"这不仅是说天上的白云，也是此时王守仁自己的实况吧。

各种想法，各种不同的学说，各种可能的追求，什么才是自己真正向往的呢？王守仁在思考和探索。

在精神世界中，王守仁渐渐感到佛、道的缺陷，决心回到现实的世界中。[36]

四、重返京师官场

十五年底或十六年初，或许绍兴的新居尚未落成，而余姚的老家也有所不便，因此王守仁转到了杭州西湖畔的寺庙中养病。[37]这一时期，《年谱》记载的资料比较少，仅说王守仁"往来南屏、虎跑诸刹"，他在醉心的山水中颐养性情，寄托思绪。

笔者推测，这一年间，王守仁或在浙江等地漫游。[38]

十六年冬，王守仁从会稽前往天目山，入震泽，在那里遇见都穆。他们登天目山，遇到大雪，再到虎丘。两人交流，或许还回忆起当年"科场案"的往事，相互有了更深一步的理解。[39]

到了十七年正月，王守仁在杭州，说是养病。写有《西湖醉中漫书》，又有《西湖》（画舫西湖载酒行）、《夜归》（夜深归来月正中）、《无题》（江上月明看不彻）等诗。[40]

弘治十七年春夏，王守仁显现出重新入世的动向。闰四月，内兄诸用冕到余姚，大概是有应试之举，出江西赴南京，顺便探望自己的妹妹一家。临别之际，王守仁送别于若耶溪，赠诗，有曰："玉宫桂树秋正馥，宸上高枝堪手折。携向彤墀献天子，金匮琅函贮芳烈。"

这是对诸用冕的期待，也显示了王守仁内心的向往，表明自己不日要回京，回到垣南草堂。[41]

要建功立业的理念，又促使他回到现实的世界，回到现实的官场。

总而言之，在弘治十二年中进士以后，王守仁周旋于官场、文坛、寺庙、道观，处理了工程、文书、兵马、刑法等事，遍历了中原和东南大半个中国。有了实际的经验和阅历，身体的状况也起着变化，在现实与理想、神仙和佛教的世界中，追寻着生活的目标和思想的理念。生命和人生到底是怎么一回事？他在思考和探索，有着各种尝试、变化、彷徨和迷茫。但是，理想的光从未熄灭。这一切，在弘治十七年，走到了一个转折点。所谓"三十而立"，三十多岁的王守仁，在探索中逐步确立自己的人生道路和前进方向。

五、徐州的夜涛

弘治十七年的六七月间，王守仁踏上了北上返京的旅途。七月，在途中路经徐州。那里有相识的朱朝章在。[42]朱朝章非常热心，尽地主之谊，带他登上了在黄河边上的黄楼会饮。[43]当时，朱朝贵想要修复黄楼，和王守仁谈论了相关历史，众多的历史场面曾在这中原大地的舞台展现。当夜，王守仁在徐州百步洪的养浩轩写了《黄楼夜涛赋》。[44]

在这篇赋作中，首先，王守仁穿越历史，设想自己作为

"客"和宋代的苏东坡相会，宴会于黄楼之上。

在黄楼中听到滚滚而来的黄河波涛声，联想历史上在这里展现的壮阔场景：那楚汉相争时帐下悲歌的霸王项羽，那"威加海内，思归故乡，千乘万骑，雾奔云从，车辙轰霆，旌旗蔽空"的汉高祖刘邦。

历史大潮，不断翻卷。黄河之水，不断奔流。水退之后，"河流就道，脱鱼腹而出涂泥，乃与二三子徘徊兹楼之上而听之也。然后见其汪洋涵浴，潏潏汨汨，彭湃掀簸，震荡泽渤"。

王守仁"慨然长噫，欠伸起立，使童子启户冯栏而望之"，从黄楼所见的中原旷野，"烟光已散，河影垂虹，帆樯泊于洲渚，夜气起于郊坰，而明月固已出于芒砀之峰矣"。

历史与黄河之水浑然一体，写得有声有色。

王守仁又设想了身为"客"的自己和苏东坡的对话。针对苏东坡的感慨："其殆造物者将以写千古之不平，而用以荡吾胸中之壹郁者乎？而吾亦胡为而不乐也？"

王守仁认为，苏东坡说的并不完全正确，因为那"奔腾漂荡而以厄子之孤城"者，"安流顺道，风水相激"者，都不是"水之能为之"。"水亦何心之有哉"，所以不必"据其所有者以为欢"，"追其既往者以为戚"，而应如达人上士，大观妙识。[45]

整部作品，表达了一种豁达的人生观，充溢着不以"有""无"为念的思想。[46]

弘治十七年经徐州后，王守仁回到京都，升为兵部武选清吏司主事，进入兵部。[47]

这时的兵部尚书为刘大夏。[48]王守仁为什么会转到兵部呢？笔者推测，当和刘大夏有关系。刘大夏曾处理田州事务，弘治三年十月，广西田州泗城土官岑猛反叛，刘大夏前往平息。弘治十五年（1502）为兵部尚书。他和王恕、屠滽、李东阳等都关系良好，和王华、王守仁曾有诗文酬唱。王守仁当时在刑部工作，对边疆的云南事务有所涉及，而屠滽、李东阳这二位和王守仁又都有交往。刘大夏对王守仁应该比较赏识，因此，把他调到兵部。

到了兵部，进入政权的核心部分，而这恐怕也就同时埋下了后来受处罚的祸根。

六、山东乡试

进了兵部，还没来得及熟悉情况，王守仁就接到了主持山东乡试的差事。

这一年（弘治十七年）的八月，王守仁受聘主持当地乡试，前往山东。[49]

当时，礼部鉴于地方官考试多生弊端，就建议让京官到各省主持考试。于是，浙江聘了南京的光禄少卿杨廉，[50]而山东则聘请了原为刑部主事，刚转到兵部武选清吏司当主事的王守仁。可见二人当时都已经是有名的学者了。

山东聘请王守仁的官员名叫陆偁。[51]

在主持考试的过程中，自然要对儒学的宗旨，再加思考。

王守仁到了山东以后，先礼拜孔子，九月九日谒周公庙，然后主持考试。前后过了十多天，考完以后，对各种考卷做了评价，又写了《文衡堂试事毕书壁》一诗，[52]从中可以看到当时的一些情况。诗中有曰："棘闱秋锁动经旬，事了惊看白发新。"

王守仁在这时，发现自己又多了白发，一种生命消逝的感慨。

"造作曾无酣蚁句，支离莫作画蛇人。寸丝拟得长才补，五色兼愁过眼频。"这是他评价考卷的标准，也是对考场现状的感触。

正如他所说："袖手虚堂听明发，此中豪杰定谁真。"他要公正地做出判断，决心为朝廷、为社会选拔英才。

到了山东，自然离不开泰山。王守仁在完事后，登了泰山，感觉泰山真如画图中一般。[53]宋代苏辙有诗咏泰山雪岩，王守仁次其韵，作《雪岩次苏颍滨韵》。有曰："道引入云雾，峻陟历堂陛。"感到那仿佛是神仙的世界。"尘土填胸臆，到此乃一洗。"令人心旷神怡。

登山游览是一回事，游览完了还是要再回到现实的世界。

现实的世界，就没有那么潇洒清散了。

回到京城，在弘治的最后时期，王守仁进一步思考儒学的问题。

这时和王守仁讨论儒学的，主要有湛若水。[54]

在这一时期，王守仁开始招收学生，讲授圣贤之学。[55]在给朋友或是门人后学写的文字中，可以看到王守仁这一时期的想法。

他的《无题文》曰："孟氏没而圣人之道不明。天下学者泛滥于辞章，浸淫于老佛，历千载有余年，而二程先生始出。其学以仁为宗，以敬为主，合内外本末，动静显微，而浑融于一心，盖由茂叔（周敦颐）之传，以上溯孟氏之统，而下开来学于无穷者也。""二先生往矣……于是胡光大（胡广）诸公衷为《性理大全》，后学之士始忻然若接其仪刑而聆其讲论，闻风而兴，得门而入，其所嘉惠亦良多矣。"[56]

在《评陈白沙之学语》中，说道："白沙先生学有本原，恁地真实，使其见用，作为当自迥别。今考其行事，事亲信友、辞受取予、进退语默之间，无一不概于道；而一时名公硕彦，如罗一峰、章枫山、彭惠安、庄定山、张东所、贺医闾辈，皆倾心推服之，其流风足征也。"[57]

又如《书明道延平语跋》，王守仁录程颢、李侗强调自我内心的语录，跋曰："程、李二先生之言，予尝书之座右。"并寄

都穆。⁵⁸

　　这些文字都是对宋代以来理学的阐述，反映了这时的王守仁，尽管被视为"名士"，但在各种儒学问题上，依然恪守宋代理学的门户，以周敦颐、二程的学说为儒学正传。但是，他已经脱出了"科举"的窠臼，已经从理性判断上开始和佛、道分道扬镳，并且有着重视人之"内心"的倾向。

　　他在探索人生的价值，寻求人生的道路。他在逐渐成熟。

　　这一时期的经历和构筑起来的社会关系，对各种思想的涉猎和思考，为他以后的展开，奠定了重要的社会基础和身心准备。

　　弘治十七年十二月，因主持山东考试，王守仁受到了御史官员的弹劾。⁵⁹此乃是王守仁进入仕途以来第一次被言官指名弹劾，有点冤枉。这说明，经过了数年的官场磨炼，王守仁已经渐渐引人注目。尸位素餐、无所作为、无声无息的官员，大概是无人有兴趣去弹劾的。

　　虽没有什么大的处分，但他进一步感到了官场的混沌，反映出弘治晚年政坛上的暗流涌动。这样的体验，也许促使了他内心中要敢于仗义执言因素的发展。

　　总之，王守仁在这五六年的时间内，作为中央政府的下层官员，在三部呆过，当过考官、法官，管过工事、工程，关心过军事、人事、刑法、边防等各个方面，结交了从内阁首辅到各部尚书、侍郎（副部长）、郎中（厅局长）、员外郎、主事等各级人员，还和一些与军方有关的人员（张懋、屠滽、刘大夏）有了接触联系。他游历了长城、河北、河南、安徽、山东、江苏、浙江等地的名山大川，对军事边防、选举考试、诗词歌赋、神仙佛道都有所涉猎，并逐步把注意力集中到了儒家的"圣学"。

　　也就在这时，弘治皇帝驾崩，新的皇帝登基。王守仁的生命旅途，将揭开新的一页。

注释

1 见王守仁《奉石谷吴先生书》，载《辑考编年》99页。

2 "审录"起源久远。古代皇帝和司法官员定期或不定期地巡视、审查和清点监狱中的囚犯，称之为录囚，最早见于汉代，唐宋时期沿袭，明代审录是录囚制度的发展和延续，有朝审、大审、热审等。在夏天举行的，称"热审"，是一种复审，也是一种司法救济制度。"热审"产生于明永乐二年，后来多少有些变化，主持机关是三法司和锦衣卫，参加"热审"的官员则不限于此。见《明史·刑法二》，2307-2309页。

3 见王守仁《乞养病疏》："弘治十四年八月奉命前往直隶、淮安等府，会同各该巡按、御史审决重囚。"上古版《全集》，291页。又，《年谱》弘治十四年："奉命审录江北。"都穆《都公谭纂》卷下云"决囚南畿"，引自束景南《辑考编年》944页。

4 《年谱》弘治十四年："录囚多所平反。"

5 指挥，系明代高级军官。《明史·职官志五》：明军队有"京卫指挥使司""南京卫指挥使司"，还有"王府护卫指挥使司"，设有"指挥"（正三品）、"指挥同知"（从三品）和"指挥佥事"（正四品）。"指挥"当属高级军官。此事见束景南《辑考编年》944页，录自都穆《都公谭纂》卷下。

6 此函见永富青地《关于上海图书馆藏〈新刊阳明先生文录续编〉》，载日本《东洋的思想与宗教》，2006年第46号。束景南《辑考编年》99页收录，推断写于弘治十四年，其说是。

7 见《登谯楼》。一说谯楼在亳州。束景南《辑考编年》录自《光绪凤阳府志》卷十五，认为："《亳州揽胜诗选》以此诗为登亳州谯楼所作，乃误。"其说是。见《辑考编年》102页。

8 无为现存有王守仁的手迹刻石，为王守仁此时所书。束景南《辑考编年》104页收有此刻石文字，题《与王侍御书》。王侍御，为王璟，当时为南京鸿胪寺卿。弘治十四年四月，被任命为右佥都御史，负责清理两淮盐务。见《国榷》卷四十四。王守仁在正德九年四月被任命为南京鸿胪寺卿，王璟为其前辈。

9 正月元旦，王守仁登九华山。浙江古籍出版社《王阳明全集（新编本）》1760页，收有《九华山赋小序》："壬戌正旦，予观九华，尽得其胜，已而有所感遇,遂援笔而赋之。"如是,则元旦曾游九华山。《游九华山赋》当为"壬戌正旦"后所赋。

《年谱》将登山列于"弘治十四年辛酉",误。《九华山赋》,上古版《全集》卷十九收有此赋,无《序》,标"壬戌"。

10 《年谱》弘治十四年:"先生录囚多所平反。事竣,遂游九华,作《游九华赋》,宿无相、化城诸寺。是时道者蔡蓬头善谈仙,待以客礼。请问。蔡曰:'尚未。'有顷,屏左右,引至后亭,再拜请问。蔡曰:'尚未。'问至再三,蔡曰:'汝后堂后亭礼虽隆,终不忘官相。'一笑而别。闻地藏洞有异人,坐卧松毛,不火食,历岩险访之。正熟睡,先生坐傍抚其足。有顷醒,惊曰:'路险何得至此!'因论最上乘曰:'周濂溪、程明道是儒家两个好秀才。'后再至,其人已他移,故后有'会心人远'之叹。"

蔡蓬头当为当时出世之人,束景南曾考有"尹蓬头"道人,见《辑考编年》33－38页。蔡蓬头,殆亦类似,因蓬头散发而有"蓬头"之名。

11 《九华山赋》:"彼苍黎之缉缉,固吾生之同胞。苟颠连之能济,吾岂靳于一毛! 矧狂胡之越獗,王师局而奔劳。吾宁不欲请长缨于阙下,快平生之郁陶?"

12 《九华山赋》"顾力微而任重,惧覆败于或遭。又出位以图远,将无诮于鹡鸰。"

13 《九华山赋》"嗟有生之迫隘,等灭没于风泡。亦富贵其奚为? 犹荣蕣之一朝。旷百世而兴感,蔽雄杰于蓬蒿。吾诚不能同草木而腐朽,又何避乎群喙之呶呶!"

14 此赋见浙江古籍出版社《王阳明全集(新编本)》1785页。原载乾隆《池州府志》和光绪《贵池县志》,现据尹文汉《王阳明游九华山综考》。钱明曰:"弘治十四年,王阳明从长江登岸入池州境内,又经齐山至五溪上九华山。正德十五年王阳明再游齐山时,有参政徐琏、知府何绍正、主事林豫、周昺和评事孙甫同行。"束景南《辑考编年》云,见光绪《贵池县志》卷二、乾隆《池州府志》卷六,认为作于弘治十五年。"往直隶、淮安审囚到池州。"王守仁应在弘治十五年,先游九华山,再到齐山。见前注。

王守仁《游齐山赋序》:"齐山在池郡之南五里许。唐齐映尝刺池,亟游其间,后人因以映姓名也。继又以杜牧之诗,遂显名于海内。弘治壬戌正旦,守仁以公事到池,登兹山以吊二贤之遗迹,则既荒于草莽矣。感慨之余,因拂崖石而纪岁月云。"

齐映,瀛州高阳人。事见《旧唐书》卷一三六、《新唐书》卷一五〇《马燧传》。

15　《游齐山赋》:"苟长生之可期,吾视弃富贵如砾瓦。吾将旷八极以遨游,登九天而视下。餐朝露而饮沆瀣,攀子明之逸驾。"

16　《游齐山赋》:"岂尘网之误羁,叹仙质之未化。……吾不能局促以自污兮,复虑其谬以妄兮。已矣乎,君亲不可忘兮,吾安能长驾而独往兮。"

17　李贡,《千顷堂书目》卷二十:"字维正,芜湖人。兵部右侍郎。"一作江西吉水人。成化二十年(1484)进士,授户部主事,迁员外郎,改刑部郎中,出任山东按察副使、福建按察使、陕西右布政使、山西左布政使。正德四年(1509)五月以有副都御史巡抚辽东,十月忤刘瑾致仕且罚米。刘瑾伏诛,于正德五年九月起复原官,巡抚顺天,兼抚蓟州等处兵备,修通州城,筑古北口边。正德八年七月迁兵部右侍郎,十二月初五日致仕。正德十一年五月二十三日卒,年六十一。赠南京工部尚书。有《舫斋集》。他和王守仁熟识的储巏、邵宝、乔宇都是成化二十年的进士,为王守仁前辈。

18　此数首诗,为近年辑得的佚诗,出自张莱《京口三山志》等地方志。所作时间,钱明《阳明学的形成与发展》将《赠京口三山僧(四首)》列于正德十四年。束景南《辑考编年》根据所出张莱《京口三山志》,成于"正德七年",认为《赠京口三山僧(四首)》不可能写于正德七年后,列于弘治十五年。王守仁数次到过京口,从诗歌的内容,难以判定写于何时,姑列于此。

19　《姑苏吴氏海天楼次邝尹韵》,上古版《全集》卷十九收录。该诗有"晴雪吹寒春事浓,江楼三月尚残冬"句,当记初春之事。守仁弘治十五年归越,乃在秋季,其诗或记弘治十五年春三月到苏州时事。其实,自弘治十五年正月后的几个月,行迹并无确切记载,多为推测,仅供参考。

邝尹,或指邝璠(1465—1505),字廷瑞,今河北任丘人。明弘治六年进士,为吴县县令,后曾为知府、河南右参政。编有《便民图纂》,首刻于明弘治十四年。

20　见陆深《海日先生行状》,又《明孝宗实录》"弘治十五年辛酉"。

21 《乞养病疏》。弘治十五年,王守仁多在京外。《年谱》:"十有五年壬戌,先生三十一岁,在京师。"不甚准确。

22 汤礼敬,弘治九年进士。此时,汤礼敬为行人。行人,官名。

23 《全集》878页。

24 《年谱》弘治十五年:"是年先生渐悟仙、释二氏之非。先是五月复命,京中旧游俱以才名相驰骋,学古诗文。先生叹曰:'吾焉能以有限精神为无用之虚文也!'"有的著述根据《年谱》,认为自此以后,王守仁就不再热心诗文创作。确实,自"审囚江北"后,"养生"一度成了王守仁的关注点,对诗歌的热情减退。但是否在此时就完全实现了思想的转变,对诗文创作完全丧失热情?未必如此。实际情况是,王守仁到弘治十七年,还是多有诗文之作,回到余姚后更是如此。思想观念的转变、诗文热情的减退,都有一个阶段性的渐变过程。

25 见《年谱》,又见《给由疏》:"弘治十五年八月内,告回原籍养病。"

26 直到十七年七月,在王守仁的正式履历中,他都是在养病。见《年谱》,又见《全集》所载《给由疏》:"弘治十五年八月内,告回原籍养病。"上古版《全集》299页。

27 这期间王守仁家中的关系,或可做一点推测。

王华因刚升了官,无法回故乡处置,家中析产,按照明代习惯,自然长子继承,三弟已经去世,自己在外为官,所以,王华想把家移到祖居所在的绍兴。《年谱》:"龙山公常思山阴山水佳丽,又为先世故居,复自姚徙越城之光相坊居之。先生尝筑室阳明洞,洞距越城东南二十里,学者咸称阳明先生云。"王华具体何时由余姚迁绍兴,未见明确时间记载。

而这一年,《年谱》载王守仁"筑室阳明洞中",当是在寻访或迁居过程中的一时之举。参见本章附录《关于"绍兴阳明洞"》。

28 岑氏在弘治十五年正月回余姚。十月甲子埋葬叔父,王守仁写了《易直先生墓志》,称他:"先生之道,谅易平直。内笃于孝友,外孚于忠实。不戚戚于穷,不欣欣于得。蔫彻厓幅,于物无抵。于于施施,率意任真,而亦不干于礼。"反映了王守仁在这一时期评价他人的标准。据《全集》,此文作于壬戌,即弘治十五年。

29 笔者认为，阳明洞当是王守仁搭建的一个临时住所。参见本章附录《关于"绍兴阳明洞"》。

30 《年谱》："告病归越，筑室阳明洞中，行导引术，久之，遂先知。"由此记载推测，他的夫人或许没有随他一起回到故乡，否则，总不见得让太太一起住到阳明洞中去。王守仁刚回余姚，正值夏天，或居洞中较舒适，而或许也可以说明，王守仁觉得余姚故居不便居住。

31 王司舆，见《明儒学案》卷十《姚江学案》。名文辕，字司舆，山阴人。季本《说理会编》："阳明之学由王司舆发端。""励志力行，隐居独善。乡人重其德者，皆乐亲之。""成化、弘治间，学者守成说，不敢有非议朱子者，故不见信于时。惟阳明先师与之为友，独破旧说，盖有本云。"又见季本《季彭山先生文集》卷三《王司舆传》。

许璋，见《明儒学案》卷十《姚江学案》。字半圭，上虞人。"谆质苦行，潜心性命之学。"张萱《西园闻见录》卷二十二"高尚"条："王阳明先生养疴阳明洞时，与一布衣许璋相朝夕，取其资益云。"

冈田武彦《王阳明大传》认为："王阳明对经典的解释方法深受王文辕的影响。"又认为："王阳明应该从许璋处了解到许多有关陈献章的事迹。"乃是推测，录此聊供参考。

笔者认为，实际上，王守仁和此二人的学术渊源，并不清晰。作为乡人，有所交往，互相切磋有之，此二人对于道教有所研究，当时王守仁从他们那里得到了一些道教的影响，或是事实。

32 束景南《辑考编年》143页，录自游日升《臆见汇考》卷三。束景南认为是弘治十五年八月后，王守仁告病归越养病时之作。

相火：中医用语。与君火相对。《素问·天元纪大论》："终地纪者，五岁为一周。君火以明（名），相火以位。"一般认为肝、胆、肾三焦内寄相火，其根源在命门，能调节人的生理，过亢或过弱都有害。相火平，指生理正常平和。

此外还有现存的《无题道诗》，曰："一卷《黄庭》真秘诀，不教红液走旁寸。"所涉及的，都是道教中阴阳导引的养生之法。

33 关于到佛寺的各种诗歌，在王阳明的《文集》中收录不多，颇为散落。近年的辑佚成果，见浙古版《王阳明全集（新编本）》卷四十三，又束景南《辑考编年》144－152页。《辑考编年》将有关的诗作俱定为"弘治十六年"所作。

日本学者久须本文雄著《王阳明的禅思想研究》可供参考。根据他的研究，从王守仁少年时代起，到五十六岁临终前，四十多年间造访、游历过的寺院共有四十个：

浙江十六个，江西九个，安徽六个，湖南四个，江苏、河北各两个，广东一个，历经七省，涉及临济宗、曹洞宗、云门宗、法眼宗等禅宗宗派。

一般说来，在明代中期，呈现出"三教合一"的倾向，一般的佛教信徒、居士，多数并非专门研究具体的佛典，只是作为风俗信仰，接受佛教的教义和社会流传的佛教思维。从王守仁一直和寺庙有着关系的情况来看，他的生活和思想方式，受到当时佛教的影响（比如顿悟渐悟的思想，静坐养身的方式等等），非常明显。至于王守仁具体受佛教哪些教典、教派、教团、僧人、宗教仪式的影响，可以再进一步研究，不应夸大其词。

34　见《年谱》"十有五年壬戌"条下。此当为王守仁在游历中所遇。关于王守仁的游侠精神，见徐祯卿所写《游侠篇》。《徐祯卿全集编年校注》卷二，209页。

35　此信见束景南、查明昊《王阳明全集补编》99页。这期间生病比较厉害，见王守仁《答子台秋元书》："病躯复为人事所困，今早遂不能兴。"载束景南、查明昊《王阳明全集补编》96页。

36　《年谱》弘治十五年："是年先生渐悟仙、释二氏之非。先是五月复命，京中旧游俱以才名相驰骋，学古诗文。先生叹曰：'吾焉能以有限精神为无用之虚文也！'遂告病归越，筑室阳明洞中，行导引术。……久之，悟曰：'此簸弄精神，非道也。'又屏去。"

37　《年谱》十五年："明年复移疾钱塘西湖，复思用世。"十六年间的记载尤其疏缺，这应该和王守仁生病有关，或许也和他故意不记载自己的动向有关。后来流传的所谓"泛海诗"可能是王守仁在十六年初游历基础上编造出来的，说见下文。

38　具体情况不详。十六年间的记载尤其疏缺，这或许和王守仁故意不记载自己的动向有关。

39　《豫轩都先生八十受封序》："弘治癸亥冬，守仁自会稽上天目，东观于震泽。遇南濠子都玄敬于吴门。遂偕之入玄墓，登天平。还，值大雪，次虎丘。凡相从旬有五日。予与南濠子为同年，盖至是而始知其学之无所不窥也。"上古版《全集》1043页。都玄敬：都穆，字玄敬，人称"南濠先生"。吴县（今江苏苏州）人。弘治十二年进士，故王守仁称其"同年"。历官工部主事、礼部郎中、加太仆少卿。著有《金薤琳琅》《南濠诗略》《南濠诗话》等。豫轩先生，乃都穆的父亲。

40 《西湖醉中漫书》见上古版《全集》卷二十九。有"春水新添没渚蒲"句，可知是春天之作。疑当在弘治十七年春。《西湖》《夜归》等或也在此时。见《辑考编年》156页。《无题》等诗，上书157－159页，年代难定。此外，《辑考编年》所收《满庭芳》《望江南》，笔者认为，皆非王守仁之作。

41 《若耶溪送友诗》，有"弘治甲子又四月望"王守仁写的跋语："内兄诸用冕惟奇，负艺，不平于公道者久矣。今年将赴南都试，予别之耶溪之上，固知其高捷北辕，不久当会于都下，然而缱绻之情自有不容已也。""俟其对榻垣南草堂，尚当为君和《鹿鸣》之歌也。"见束景南《辑考编年》175页。

42 朱朝章，据束景南考证，名衮，字朝章，号三峰。上虞人。《谢海门集》卷十六有《三峰先生行状》。他和王守仁一家是浙江同乡，是王华主考顺天乡试时的举人，比王守仁晚一榜的进士，又是王守仁工部的后辈，关系当然不错。据《千顷堂书目》，有朱朝章《衡水集》。

43 关于王守仁登黄楼，撰写《黄楼夜涛赋》的情况，根据《后序》，在弘治甲子（十七年）。见上古版《全集》1063页。

44 《黄楼夜涛赋》跋："朱君朝章将复黄楼，为予言其故。夜泊彭城之下，子瞻呼予曰：'吾将与子听黄楼之夜涛乎？'觉则梦也。感子瞻之事，作《黄楼夜涛赋》。""弘治甲子七月，书于百步洪之养浩轩。"

黄楼：在徐州东部。北宋熙宁十年（1077）四月，苏轼由密州（今山东诸城）调任徐州。因抗洪救灾，建此楼。

百步洪：在今徐州市东南，为泗水所经，有激流险滩，凡百余步，故名。

45 《黄楼夜涛赋》："客曰：'子瞻之言过矣。方其奔腾漂荡而以厄子之孤城也，固有莫之为而为者，而岂水之能为之乎？及其安流顺道，风水相激，而为是天籁也，亦有莫之为而为者，而岂水之能为之乎？夫水亦何心之有哉？

而子乃欲据其所有者以为欢，而追其既往者以为戚，是岂达人之大观？将不得为上士之妙识矣。'子瞻然而笑曰：'客之言是也。'"

46 《老子》第二章："有无相生，难易相成，长短相较，高下相倾，音声相和，前后相随。"《庄子·大宗师》："伟哉，夫造物者将以予为此拘拘也。"

47 《给由疏》："病愈赴部，改除兵部武选清吏司主事。"《年谱》弘治十七年："九月改兵部武选清吏司主事。"

48 刘大夏：字时雍，号东山，华容人，天顺八年（1464）进士。《明史》卷一八二有传。刘大夏在弘治十四年十月接替马文升为兵部尚书。后被刘瑾等迫害。刘大夏是一位有能力而清廉的官员，和王守仁早有交往。

49 何乔远《名山藏》卷二《儒林记下》"王守仁"："当大比，朝旨，用国初故事，从御史礼聘考试官。守仁应山东聘，因北上。改授兵部武选司。"此说稍有误。应是先应聘，北上，到京，任武选司，再前往山东。当以王守仁自撰《给由疏》为准。

50 杨廉，见前第五章注。

51 陆偁，明孝宗弘治六年癸丑科进士。《弘治六年进士登科录》："陆偁，贯浙江宁波府鄞县，军籍，府学生。治《易经》。字君美。行五，年三十七。十二月初二日生。"

52 文衡堂：殆当地科举考试之堂。衡文，品评文章，指主持科举考试。此当在山东主持乡试时之作。《年谱》："十有七年甲子，先生三十三岁，在京师。秋，主考山东乡试。巡按山东监察御史陆偁聘主乡试，试录皆出先生手笔。其策问议国朝礼乐之制：老佛害道，由于圣学不明；纲纪不振，由于名器太滥；用人太急，求效太速；及分封、清戎、御夷、息讼，皆有成法。录出，人占先生经世之学。"上古版《全集》，1226页。

53 《游泰山》诗："昨向山中见，真如画里看。"上古版《全集》，1067页。

54 湛若水，《明史·湛若水传》："湛若水，字元明，增城人。弘治五年举于乡，从陈献章游，不乐仕进，母命之出，乃入南京国子监。十八年会试，学士张元祯、杨廷和为考官，抚其卷曰：'非白沙之徒不能为此。'置第二，赐进士，选庶吉士，授翰林院编修。""已，迁南京国子监祭酒，作《心性图说》以教士。拜礼部侍郎。仿《大学衍义补》，作《格物通》，上于朝。历南京吏、礼、兵三部尚书。""老，请致仕。年九十五卒。"他和陆深、张邦奇、方献夫同年。见《千顷堂书目》集部。

湛若水说，他和王守仁是在金台认识的。《泉翁先生大全集》卷五十七《祭黄门毛古庵先生文》："吾于金台得阳明王子焉，吾于金陵得古庵毛子焉。"可知他与王守仁相识在金台，即北京国子监。而《年谱》弘治十八年："甘泉湛先生若水为翰林庶吉士，一见定交，共以倡明圣学为事。"对于"吾于金台得阳明王子焉"可以有各种理解的角度，如果说是指在北京国子监时期的话，那或在中进士前就和王守仁相识了。这时，王守仁和湛若水有所切磋讨论。

55 见《年谱》弘治十八年三十四岁："是年先生门人始进。"

56 此文录自詹淮《性理标题综要·谭籔》，时间系辑录者推测。见束景南《辑考编年》203 页。

57 见束景南、查明昊《王阳明全集补编》100 页。有的学者说王守仁从未提及陈白沙，又有的学者云，王守仁受陈白沙的影响，源于许璋。见冈田武彦《王阳明大传》。

58 见束景南《辑考编年》205 页。

59 见《万历野获编》卷十四："浙江聘南京光禄少卿杨廉，山东聘刑部主事王守仁……然杨实依亲在浙，王以病痊北上，俱非现在官也。"

附录：

关于"绍兴阳明洞"

据王守仁《年谱》弘治十五年："告病归越，筑室阳明洞中，行导引术，久之，遂先知。"

似乎他回到故乡，就找个山洞住下了。从这样的记载推测，他的夫人或许没有随他一起回到故乡，否则，总不见得让太太一起住到阳明洞中去。王守仁刚回余姚，正值夏天，或居所谓的"洞"中较舒适。而笔者认为，或许这也可以说明，王守仁觉得余姚故居不便居住。

当时，王氏家中因王守仁祖父去世，三叔又去世，实际面临分家析产的局面。按照明代习惯，主要由长子继承。王守仁之父王华排行第二，又在外为官，所以，想把家移到祖居所在的绍兴。《年谱》："龙山公常思山阴山水佳丽，又为先世故居，复自姚徙越城之光相坊居之。先生尝筑室阳明洞，洞距越城东南二十里，学者咸称阳明先生云。"分家要移居，当为其中一个原因。王华具体何时由余姚迁绍兴，未见明确时间记载。

按常理推测，分家析产，当是在王守仁祖父王伦去世的弘治三年以后。此时，三叔又去世，祖母回故乡处理丧事，当为析产的适当时机。

而这一年，《年谱》载王守仁"筑室阳明洞中"，故笔者推测，当是在寻访或迁居过程中的一时之举。

关于越地的"阳明洞"，后来被神秘化。明代的小说《皇明大儒王阳明靖难录》称："洞在四明山之阳，故曰阳明。山高一万八千丈周二百一十里。"康熙《会稽县志》："龙瑞宫在宛委山下，其旁有阳明洞天。"

近年学者通过探访，认为："阳明洞天它不是山洞，而是一块岩石。就是一块倾斜的岩石，跟地面形成的天然空地。"日本学者大西晴隆认为："可能就是王阳明在会稽山山脚下搭了一个草堂。"（转引自冈田武彦《王阳明大传》141页）笔者认为，此说有理，那当是王守仁搭建的一处临时居所。

黄绾《阳明先生行状》："养病归越，辟阳明书院，究极仙经秘旨，静坐，为长生久视之道，久能预知。"这就有点神化的意味了。

第七章 仗义进谏：锦衣卫监狱的日子

弘治十八年—正德二年二月

第七章 仗义进谏：锦衣卫监狱的日子

一、弘治、正德之际的社会状况和政坛

弘治十八年（1505）的五月，中国历史上堪称奇葩的正德皇帝，十五岁的时候，被推上了皇帝的宝座。

他面临的是一个怎样的状况呢？

弘治晚年明朝内部的社会现实，绝非如有些史书所说的那样令人乐观。实际上，可谓危机四伏。

四周边境上，北方小王子为首的鞑靼势力，进取河套。西部土番入侵，占领哈密。西南部的两广、云贵地区土著势力和民众叛乱，田州的岑氏，不断生事。西南少数民族动荡，四川等地民众造反。南部与交趾对峙。凡此等等，烽烟不断。

到弘治十七年（1504），经济和财政已经非常紧迫。政坛上各方都有反映，并提出了不少建议。如：

弘治十七年二月，兵部尚书刘大夏上言救灾事宜，提出十六件事，得到弘治批准实行。[1]

弘治十七年五月二十五日，内阁大学士李东阳自山东阙里祀孔毕返回京师。他记述了沿途目见耳闻的情况。

"经过里河、天津一带，适遇天时亢旱，风霾屡作。夏麦枯死，秋田未种。运舟不至，客船稀少。"纤夫身无完衣，百姓面

有菜色。山东一带"盗贼纵横",南方淮扬诸府"或掘食死人,或贱卖生口,流移抢掠,各自逃生"。"国用无经,差役频繁,科派重叠","势家巨室,田连州县,征科过度,请乞无厌","贪官酷吏,肆虐为奸,民力困穷,嗟怨交作"。2

此外,刘大夏还上书议论兵政弊端,要求改革,并表示自己无法为朝廷分忧,请求引咎退职。3

面对这些社会问题,弘治皇帝在晚年,曾非常不解地问臣子:我没有奢侈,完全按祖宗以来的法制,收租税有常规,为什么国家却总是民穷财尽、入不敷出呢?那位大臣的回答也挺有意思:"正因为'不尽'有常规啊!"这个"不尽"乃指统治阶层欲望之无穷尽也。他举了个例子:单是每年取粤东、西的香药木材,固定的就要万计,其他可想而知了。弘治皇帝听罢,也只好长叹一声。4

在政治方面,明成化以来,由科举之途走进政权中心的新兴知识阶层,对于皇室、内戚胡作非为的行径展开了一定的抵制和斗争。如弘治十八年三月,李梦阳上疏,弹劾张皇后兄弟张鹤龄、张延龄,被捕。弘治皇帝晚年临终前,放李梦阳出狱,对张鹤龄等人的行为,有所抑制。皇帝晚年听从刘大夏的建议,撤除了江南织造中官,免除各种赋税,任用比较清廉的官员,开放言路。这些想要努力改善的行为,反映了弘治开明的一面。然而,就是在这样的情势下,这位皇帝在弘治十八年五月,撒手归天,享年还不到四十。5

总之,弘治皇帝驾崩,留给十五岁独生儿子以及大臣们的,就是这样一个号称"中兴"而实际问题丛生的状况。

正德,这位十五岁的年轻人,按照皇宫例行的礼仪登基。举行丧礼、拜天祭祀,在形式上完成接班仪式,正式成为紫禁城的主人——皇帝。

正德即位之初,发布了登极诏书,鼓励建言,对以后应当改革的诸多方面，做出了承诺。"中外欢呼，想望太平。"[6]

正德君临天下，面临最直接的问题，就是如何真正掌握权力。实际权力的交接，是先从宫内开始，然后扩延到内阁、六部，再推向全国，逐步展开。

即位之后，正德皇帝马上感到，当皇帝没有当太子好玩了。各方面的报告、奏折，都要处理。虽说有内阁和六部，但形式上还是要经过皇上批准。令他印象最深的，就是各方总是报告没有钱。财政困乏，杂事缠身，不得快活。这样的心态，很快就被在东宫时期陪伴他的那些太监们察觉到了。正德在东宫时期，身边亲近的太监大约有十人左右，其中在后来影响较大的有刘瑾等"八虎"。刘瑾是个有心计而且有野心的人。[7]

当时，宫内依然由弘治时的那些太监在管事。比如司礼监等重要岗位上，都还是"老人马"。

于是，以刘瑾为首的太监们，就向正德进言：弘治时，权力都归到了内阁和宫内的司礼监，皇帝的朝廷，只不过是个虚名。[8]意思就是，要把权力夺回来。他们说：派到各地镇守的太监，都是由司礼监派任的。[9]他们在外面大饱私囊，用钱贿赂司礼监。现在把他们全替换掉，让新派的人，每人向皇帝进贡银子，那不比让司礼监拿去好吗？[10]

宫内的事情，无须经过内阁六部，刘瑾等人很快就把这件事情搞定了，由他们的人控制了司礼监，并且要求新派出更替旧人的太监，每人进贡万金，交了银子，方得以外派。

有了钱，刘瑾等人就在皇宫外，以皇帝的名义，造了七座皇庄。他们带着小皇帝，成天在外面"鹰犬游猎"：踢球、摔跤、逛市场。

这样的日子，对于十五六岁的小皇帝来说，当然要比在紫禁城坐冷板凳上看奏疏、批文件来得快活。声色犬马，没有了限制，正值青春期的小皇帝，当然非常高兴。国家大事，有时就被搁在了一边。[11]

虽说许多事情被搁置，但有一件事，正德的主意很大，没有放松，那就是派自己身边的宦官去控制军权。

正德元年六月，派刘瑾"提督十二团营"，掌管禁军，并派身边的太监到各地监军。[12]

团营，也就是中央的禁卫军兼中央直属的部队。[13]

在权力交接过程中，随着新旧皇权的交替，接踵而来的，是各种利益集团之间的权力斗争。正德皇帝身边的人和原来弘治时期掌权的朝臣之间的矛盾开始凸显。朝中出现了对原来弘治近臣的指责。

弘治十八年七月，弘治刚去世，受弘治重视的王华和张元祯就被弹劾，当时朝中执政的内阁成员为刘健、李东阳、谢迁。[14]

王华当然感到了一定的压力，于是，在九月提出辞职。

新上台的正德皇帝，对于弹劾王华等人的奏章，采取把问题推给下面的办法。到了正德元年九月，御史李熙等旧事重提，再次弹劾王华等人。[15]

到了年末，正德派王华前往南方祭神。"是岁冬，命祭江淮诸神。"[16]这应该是正德皇帝对自己的老师王华的优遇，也是想抚平无谓的纠葛。

但登基一年，新皇帝对于旧朝老臣的那套做派感到不满了。当初在弘治皇帝遗诏中规定的事，被搁置一边，不做了。[17]

另一方面，边防、赈灾、各地皇族的开销，政府的运作支出，日见增大。加上正德皇帝登基的开销，登基后又要结婚，皇宫的开销越来越大。[18]继续按祖宗成法，难以维持。要改变，就会触动各方面的既得利益。于是，正德皇帝就和主政的大臣——阁臣刘健和谢迁，还有吏部的马文升、户部的韩文，兵部的刘大夏，搞得不愉快了。[19]

正德元年六月癸未，户部尚书韩文上了奏章，报告了财政状况,要求控制支出。大臣议论时,和宦官们关系很好的焦芳,知道皇帝会派人来探听情况,故意大声说:"皇家用点钱算什么?没有钱,翻翻旧账,哪些地方有欠税的,催一下,不就有钱了吗?"[20]

这话报告给正德皇帝,正德当然很高兴。原来的吏部尚书马文升年纪大了,见自己的意见不被采用,提出致仕。致仕以后,焦芳就被提升为吏部尚书。[21]正德乘势,又提升许进为兵部尚书,任命顾佐为户部尚书。

这样,正德及其身边人员,一步步地排除了原来掌权的前朝重臣,扩展着自己的势力范围。经过一年多的纠缠,以刘健、谢迁为首的阁臣和刘瑾等"八虎"的矛盾终于激化了。

二、正德元年十月的"丁巳之变"

皇帝要立皇后,要结婚。宫内的太监们到各地督办物品。有的便趁机搜刮。当时督办江南织造的中官崔杲,想要动用"盐引"的余额,遭到以户部尚书韩文为代表的官员坚决反对,因为按照"祖宗"的规矩,盐引,只能供给边防军用。[22]

正德元年八月,正德皇帝同意了中官的要求,打算动用"盐引"。但经过内阁首辅刘健等的苦心劝说,又改变了主张,决定不动用了。可见当时的正德皇帝尚未十分成熟老练。刘健等反复上书,要皇上"敬天勤民,节财省役,进贤去佞,赏功罚罪"。正德皇帝也表示接受:"卿等所言,皆为朕忧国忧民之事,朕当从而行之。"[23]

看着皇帝挺和顺,刘健等大臣以为皇帝会听自己的话,就决心采取行动,除去刘瑾等在正德皇帝身边的"八虎"。

正德元年十月，内阁联合六部以及其他的科道官员，上疏请正德皇帝诛马永成、谷大用、刘瑾等"八虎"。

这奏疏，是户部尚书韩文受了当时有点名气，又和王守仁关系很好的李梦阳的鼓动，并让李梦阳起草的。[24]

当时，宫内的司礼太监王岳等人，是弘治皇帝时在东宫的旧臣，[25]也看不惯刘瑾等的作为，和内阁一致，劝说正德皇帝除掉他们。

从表面上看，这一要求，朝臣大多支持，又有内宫主掌大权的宦官内应，以刘健为首的阁臣们可以有胜算。

刚即位一年多，只有十六岁的正德皇帝，接到这样的奏折，非常不安，不知如何处置，惊慌地哭泣着吃不下饭。[26]

正德皇帝面对这批一直跟着自己的奴才，不忍心动刀子，心中盘算，或让他们归乡，或把他们安置到南京。

正德皇帝就派在宫内掌管司礼监的王岳、李荣等八人前往内阁，一天内来回数次，希望能够稍微减轻点刘瑾等的罪责和对他们的处罚。

刘健、谢迁等坚持不答应。[27]但是，刘健等大臣疏忽了两个情况。

第一、作为吏部尚书的焦芳暗中报信。焦芳把阁臣们商讨的内部情况，通报给了刘瑾等人，使"八虎"集团有了应对的准备。[28]

第二、在要求处死刘瑾等八人的问题上，内阁大臣以及各部人员之间，其实有着差别，内阁中刘健、谢迁比较坚决，李东阳则不甚坚决。六部大臣，除韩文以外，有的只是一般的表态，并没有一定要马上动手的迫切感。[29]奏疏呈上以后，消息不胫而走。

刘瑾等听到这个消息，惊慌失措地连夜跑到正德皇帝面前，乞求救命。"若非皇上开恩，我们都要被剁碎喂狗了。"同时，又进一步挑拨，向正德皇帝告状："阁臣们之所以这么张扬，主要就是因为我们在司礼监没有人啊。"明显地把王岳等排除在自己人之外。又说："王岳是东厂的，想害我们。"

正德问："为什么？"

刘瑾曰："他勾结阁臣，想要制止皇上出入，所以要先除去所忌者。"³⁰

在韩文等的疏文中，有"击球走马，放鹰逐犬，俳优杂剧，杂错陈于前""蛊惑君上，自便其私"等语，刘瑾就针锋相对地说："鹰犬何损万机？"更进一步挑拨："再说，马驹鹰犬，王岳买了没有？为什么独怪我们呢？"³¹

这样，刘瑾等人就把事情说成了宫内争斗，弘治时掌司礼监的王岳等宦官，勾结朝廷诸臣，故意陷害东宫方面的宦官。同时抓住了正德皇帝不愿意自己权力和行动受到制约这个关键，把问题摆在年轻的皇帝面前。

一面是父皇留下的顾命大臣的压力，要求按他们的意志办事，动刀杀人，结果必然会限制自己的行动；另一面是和自己日夜相处多年，作为自己心腹、又为自己提供声色犬马之乐的宦官，只求活命。

是采取严厉手段杀人，还是先缓和下来再看？自己是跟朝廷的大臣们一起，行动和权力受到限制，还是跟这些和自己亲近的人在一起，自己可以自由快乐呢？

正德当然不愿意权力受到制约，把自己困在宫内。他甚至还会觉得，应该由自己的人去掌管司礼监。父皇留下来的王岳、范亨、徐智等人，怎么会和朝廷的大臣一样，也劝我杀刘瑾等人呢？是否有什么隐情呢？在这样的两种选择面前，当时只有十六岁的正德会选择哪一种，结果就不难判断了。

反正这是宫内的事务，无须和外面朝廷大臣商量，于是，正德下令，连夜把王岳等抓起来关到监狱中。³²此时，外面的大臣们还不知道宫内的变化。

第二天（丁巳），太监李荣带着韩文等呈上的奏折，召集韩文等人。[33]

大臣都惴惴不安，内心紧张。问韩文："怎么办？"

韩文派人到内阁处打听消息。刘健对他说："事情就要了结了，你坚持住，不要轻易退却。"

韩文等一行到了左顺门，李荣传达了皇上的圣旨："你们说的都有道理，都是为了皇上和家国。但那批奴才侍奉皇上久了，我不忍心马上置之于法，就等候让我自己来处理吧。"

李荣接着还问韩文："奏疏是您老先生上的，您还有什么要说的吗？"令人颇有诚恳地接受臣子谏言的感觉，话也非常客气。

韩文面对这样的回答，或许是出乎意外，反倒气势减弱了，就平和地把奏疏上的意见又重复了一遍。

吏部侍郎王鏊说："八人不去，乱本不除，天下何由而治？"[34]李荣笑着说："您这些意见奏疏上都有了，皇上只不过想稍微缓一缓而已。"

王鏊插问了一句："如果不处理怎么办？"

李荣说："包在我身上。我的脖子裹铁了吗？怎么敢误国呢？"

原本以为会剑拔弩张的事，就这么平和地处置完了。众臣便一下子散了。

以此为节点，时局逆转。

正德皇帝见群臣并不怎么坚决，局面可以掌控，于是第二天——也就是"戊午"——下诏，同意刘健、谢迁致仕。因为之前，两人已经提出这样的要求了。这两位阁老要走人了。

这么大的事情，似乎可以就此了结了——正德皇帝松了一口气。当时他毕竟只有十六岁。那是在正德元年十月。[35]

致仕，对于刘健、谢迁他们个人而言，倒不算什么。按照他们处世的儒家理念，所谓"达则兼济天下，退则独善其身"——

毕竟年纪大了，朝廷不见用，回到家乡，总还过得下去。然而，这样的软弱，也就造成了后来刘瑾等人在数年间，把握朝政的恣意非为。

己未，另一位内阁大臣李东阳也提出辞职。李东阳未必满意刘瑾、马永成、谷大用等人的做法，但是在上书请诛"八虎"这件事上，相对没有那么激烈。看着和自己共事多年的刘健、谢迁要离开，心中多少有着难言之苦衷，在为他们送别的宴会上，不禁流下了眼泪。而刘健则冷冷地说："哭什么呢？当初如果你多说一句话，就和我们一起走了。"包含着对李东阳最初不太卖力的一点遗憾和不满。

接着，正德又陆续对内阁进行了整顿，引焦芳、王鏊入阁。焦芳仍主持吏部。但是焦芳或是感到舆论的压力，没几天就辞去吏部尚书，后暂由李东阳主持。[36]

在这次皇权和内阁的较量中，以内阁大臣方面的失败而告终。经过这次较量，新上台的正德皇帝以及他周边的宦官集团，完全掌握了政权的主导权。

朝廷宛如发生了大地震，权力结构完全改变了。

三、仗义上疏

巨大的变动，震动了整个官场。旧的权力构造倒塌，新的势力崛起。面对这样突如其来的变化，一些年轻的官员听到这突然的消息，或是出于对社稷天下的关心，或是夹杂着某些个人的动机和冲动，反正就是不断上书，表示刘健、谢迁不能走。这实际反映出由科举进入仕途的官员对于宫内宦官集团的抵制。

上疏的官员不少，但正德皇帝已经过了最困惑的关口，对此一概听之而已。

在这一政局急剧变化时期，王守仁在干什么呢？

十八年上半年，他已经回到了北京，还受到弹劾。李梦阳为韩文等起草请求处罚刘瑾的奏章之前，似和王守仁讨论过是否要上疏的问题。

有这样的记载：李梦阳写好了奏章，在和边贡探讨，见王守仁过来，就把奏章藏到袖中。王守仁见面便笑问："所藏的是奏章草稿吧。"于是李梦阳便以实情相告。[37]或许是因为刚从故乡回京，遇到弘治去世的大丧，父亲和自己遭受弹劾，政坛形势混沌，这时的王守仁，应该说还比较谨慎。

刘瑾等辈站稳脚跟后，"得志便猖狂"，逐步窥视权柄，开始对朝臣反扑。

他们把听自己话的、至少是不妨害他们的官员，调入内阁和六部。[38]对于不听他们的官员，就逮捕、处罚、罢官。

该年十一月，实际执掌权力的刘瑾集团，借口各地输送到内库的银子有伪造的，罢免了户部尚书韩文的官。韩文早就料到会有这一天，骑头小毛驴，坦然出京。他也不住你朝廷家的驿站，晚间就住宿民间的野店，悄然归去。[39]

刘瑾记恨李梦阳为韩文等起草奏疏，不久把李梦阳也一并罢了官，几个月后，下令赶回老家。[40]

朝廷中央的政局变动，逐步波及各方。

在官场中，反应强烈，以南京的官员为甚。这一方面可能因为他们还没有完全了解政局变化的实际情况，另一方面或也是出于一种传统儒家的社会道德责任感，户科的给事中刘茝、刑科给事中吕翀等北京和南京的二十一位官员（吕翀是北京的官员，南京的有戴铣、薄彦徽等），对正德皇帝突然罢免顾命大臣、任用刘瑾等的做法不满，上疏要求留住刘健、谢迁。[41]

刘瑾等人认为这是私结朋党、对抗朝廷，于是利用掌握的权力，策动正德，严加处罚，命令东厂抓人。[42]

被抓的人中间，有两位是要从南京抓到北京。其中一个叫戴铣，另一个叫薄彦徽。此二人或和王守仁有交往，而且志趣似也相投。不仅如此，在上疏进谏的这二十一人中，还有一位是王守仁的亲戚，名叫牧相。[43]

在追究被逮的官员时，多拷问事前知不知情，[44]也就是追究这些官员是否事前串通。

面对这样的情况，有些大臣觉得皇上如此，做得过分了，规劝刘瑾等[45]，但刘瑾等依然如故。

王守仁早在李梦阳等上疏前，就曾和李梦阳讨论该不该上书，他们甚至还进行了卜筮。当时他和王华或许都想置身事外。[46]但是，听到戴铣等二十一人被处罚，如他自己所说，是抱着一颗仗义执言的忠诚之心，反复斟酌，在正德元年的十一月到十二月间，上了一道措辞平和的奏章，[47]为南京的六科给事中戴铣、御史薄彦徽等求情，劝皇上"纳谏"。这时，戴铣等还没有被带到北京。

这封《乞宥言官去权奸以章圣德疏》奏疏，原文仍存。大意是：戴铣等人是言官，他们为官的责任就是提出意见。现在因为发表了看法，就被处罚，皇上当然不过是想稍加惩戒，但如果大家因此心怀恐惧，怕受到处罚，不再敢建言，那不利于国事，白白显得皇上有点过分了吧。长此以往，就会影响到皇上的视听，每念及此，颇为寒心。还有，现在正是寒冬，派去抓捕戴铣等人的校尉，如果在途中管束过严，略有疏忽，有个万一，那不就使得皇上有了个杀谏臣之名了吗？故请求皇上收回前旨。[48]

这封奏疏，给王守仁招来了横祸。

从字面上看，上述文字，实在不能说有什么过于出格，但是，正德皇帝却因此颇为震怒，严厉处分了王守仁。要知道正德皇帝为何会严厉惩罚王守仁，应该从当时王守仁所处的位置去思考。

王守仁当时虽然只不过是一个六品的兵部主事，然而，处于一种比较敏感的地位。如前所述，他的这种态度，和当时兵部尚书许进的态度颇为相似，也就是不希望局势搞得过于对立。

但是，王守仁在当时已经是颇有声名的人物，和政坛上的年轻进士交往密切，不仅如此，他和当时掌握一定实权的朝廷内阁、六部九卿官员也多有交往，还有，他身处兵部要职，和军方有联系。[49]

总之，王守仁实际上处于几种政治势力的交集点上。

从王守仁的角度而言，为了正德皇帝的名声，为了缓和对立的政局，也为了朋友，出于公心，上疏劝正德皇帝"纳谏"，乃理所当然。在当时，处于他的位置，也未必预测到后来政局会发生那么翻天覆地的变化。

但是，他的这封上疏，在当时的历史环境中，站在正德皇帝的立场上来看，却完全产生出不同的色彩。

正德皇帝会感到一肚子不满——又不是我叫刘健、谢迁等"走人"，他们自己想走，我同意了，那有什么过错？下面臣子纷纷起哄，已经够乱的了，而王守仁你也来胡乱说道，想张罗什么呢？

正德登基后，当然希望巩固自己的政权。

王守仁之父王华，是正德的老师，应该属于正德"东宫"系的人物，所以刘瑾等曾想推举他入阁当首辅。[50]

正德皇帝正在进行权力的交替布局，王华作为老师，不明确站在自己一边，不肯入阁。这种退避的态度，正德皇帝即使可以理解，也未必十分高兴。这且不说，如果反而和旧臣们连成一气，站在对立面，那就更会令正德不满了。[51]

王守仁上过关于边疆的《八策》，又是王华之子，加上他在官场的位置，正德皇帝当然知道其人。这样一个深受皇恩、而且当时已经有点名气的官员，不但不帮忙，还要来为反对自己的人讲话，帮着权臣势力唱反调，那岂不是存心捣蛋吗？

如果再深思一步，或许正德皇帝会想：在他背后，有没有什么朋党瓜葛呢？

这样，王守仁在正德元年的十一月到十二月间，被抓了起来。[52]

要之，王守仁的被抓，不应简单地视为正德皇帝不纳谏，或者如后世所说是由于反对刘瑾，受到"打击"，而应放到当时整个政局变动的框架中去认识。

四、狱中日夜

正德元年年底，王守仁被抓以后，送到锦衣卫镇抚司审问。[53]

镇抚司是什么官衙呢？用现在的话说，有点像"中央调查局""保密局"或"国家安全局"那样的机构。[54]

寒冷的北国冬天，王守仁被抛进了镇抚司的牢笼。

在监狱中，他自我省思，写了一篇赋[55]和一些诗作，反映了当时的情景和他自己的感受、情怀。他在诗歌里，这样描写当时狱中的情景：

那是一个高高的狭窄的房屋，可以窥见窗外之月，一种孤冷之感。[56]

他联想到《楚辞·九章·悲回风》"终长夜之曼曼兮""藐蔓蔓之不可量兮，缥绵绵之不可纡"的情景。在月光下，北风吹动树木，飞鸟惊呼。严霜下、寒冽中，他感到不知其所自、不知其何往的孤独。[57]

夜幕中的冷月，发出暗淡的光。晚上，月光从狭窄的牢房窗口射入。一片凄冷。夜晚,冰雪寒风,无法入睡。[58]在牢房中,望着屋檐外月色的变迁,偶尔还听到外面传来的弦歌之声,他怀念着家人:"佳人宴清夜,繁丝激哀管。朱阁出浮云,高歌正凄婉。""良人事游侠,经岁去不返。来归在何时?年华忽将晚。萧条念宗祀,泪下长如霰。"

他当然伤感,有时不禁落泪唏嘘:"客子夜中起,旁皇涕沾裳。"[59]辗转无法入眠,流下的泪水沾湿衣襟。他想到了过往先哲的耿耿光辉,并不因为被关押而感到悲戚、恐惧,自己也应该坚强。但他也有着哀伤,茫茫大地,无人解我的哀伤。他不后悔自己的作为,自认没有什么私心:怎么可以为了保身而不勇敢直言呢?只要对于圣明的皇上有益,自己就是九死也在所不恤。[60]

他认为,自己已入中年,要飘然凌风,周行八极,并非为了追求好名声,而是顺从天命,无所忧患。[61]他扪心自省,觉得这一切都有天运所主,随着日月流逝、时间推移,事态会有变化。王守仁表现出身处艰难之时、心存鸿鹄之远的情怀。

他对于未来,还抱着希望:"焉知非日月,胡为乱予衷?"[62]

以上,是王守仁诗文中表现出的情感和思想。

在孤独伤感之外,在牢中,他从传统的经典中寻找着精神的寄托。有一个狱中之友,叫林富。他们在狱中,切磋《周易》。[63]

如果说中国文人士子,在《四书》中学习的是儒家道德原则和家国等级准则,是现实的处事方法等内容,那么对于人生、对于抽象世界的思考,则更多的是在《周易》中,在那带有隐喻性的话语中去寻求共鸣。王守仁也是如此。在困顿时,他想起了《周易》中各种古已有之的智慧和箴戒:"包蒙戒为寇,童牿事宜早。蹇蹇匪为节,虩虩未违道。《遁》四获我心,《蛊》上庸自保。"[64]

认为自己应当吸取教训,"包蒙戒为寇"。[65]他抱着一片"蹇蹇"之心,心怀惶恐,謇直进谏,非为干誉,故不违大道。[66]所以,俯仰天地,问心无愧,期待着可以回到故乡。[67]

这是他当时的思想。

后来,王守仁这样回忆狱中情况:"正德初,某以武选郎抵逆瑾,逮锦衣狱;而省吾亦以大理评触时讳在系,相与讲《易》于桎梏之间者弥月,盖昼夜不息,忘其身之为拘囚也。"[68]

监狱,是人生的炼狱。没有经历过监狱生活的人,不会接触到那些社会深层的污浊,不会感受到那种剜心剔骨的痛烈,因而也就没有心性的升腾和成熟。狱中的经历,锻铸着王守仁的思想人格,促使他成熟。

锦衣卫审讯,调查清楚,王守仁并非有什么暗中隐秘的勾结,只是不合时宜地触了逆鳞。于是定案,上报给正德皇帝。

对于这个有点自负的年轻官员,正德要给他点教训。到了十二月二十日,对王守仁做出了正式处分,挨了三十板子,贬往贵州龙场,去当驿丞。[69]

在牢中关了近一个月,走出监狱后,王守仁写了一首《别友狱中》的诗,回忆着在狱中的生活:"累累囹圄间,讲诵未能辍。"[70]

王守仁觉得在困顿之中感受到了"至道",虽然以后"行藏未可期",[71]但还是期待着"努力从前哲",要跟随着先哲的步武向前。

过了年,到了正德二年的一月底或二月初,王守仁正式离京。[72]

经历了这样一场风波,又要被贬谪到远方,这时的王守仁,内心波澜起伏,可想而知。

这样处分王守仁,对于王华这个"帝师",大家面子上就不太好看了。正德似乎还念王华旧情,就满足他的要求,升了一级,由北京的礼部侍郎,升到南京当吏部尚书,也算是一种安慰,同时或也有将他调离权力中心、省得麻烦的算计。王华安然受之。这是他的一贯态度。[73]这样，王华就前往南京。王守仁的弟弟王守俭，也从北京的国子监转到南京。

王守仁的妹婿徐爱，还有同为举人的蔡宗兖、朱节，在和王守仁离别之际，一起拜他为师。王守仁写了《别三子序》赠之。[74]

王守仁家族在北京的生活，大致告一段落。

注释

1 刘大夏的建言具体参见《明通鉴》卷四十，1515页。

2 参见《明通鉴》卷四十，1517—1518页。李东阳上书，又见《明史·李东阳传》等，各处文字有异同。

3 弘治十七年（1504）六月初三日，兵部尚书刘大夏上言说：京师官军在卫者苦于钱，在营者困于私役，以致多有逃亡者。江南军士多因漕运破家，江北军士多以京操失业。竭军民之力以运粮储，而滥食者不知；尽生民之财以买战马，而私用者罔顾。

刘大夏表示自己不能为朝廷分忧，不能为军民除害，引咎致仕。孝宗不准，令其明白开具以闻。刘大夏乃复言请革除京操及漕运弊端，严格升赏之法，禁止私役马匹。孝宗准奏。以上见《明通鉴》卷四十，1521页。

4 《明通鉴》卷四十，1521页："祖宗以来，税敛有常，何期望今日致此？"

5 李梦阳事，见《明史》卷二八六《李梦阳传》，《明通鉴》卷四十。

关于弘治皇帝，中国传统史家一般的评价是说他比较开明、正派，虽在登基十年以后有点倦政，又恢复了一些神仙佛道的东西，但基本上还是比较正面的。据说弘治一辈子只爱一个老婆，只生了一个儿子——正德皇帝。见《明史·孝宗本纪》《明通鉴》。

6 见《明通鉴》卷四十，1533页。诏书当然是顾命大臣们起草好的。当时主要是刘健、谢迁、李东阳；刘健起到了主要作用。其中的内容，包括了当时大臣们觉得国家应该办理的重要事情，只不过挂上个皇帝的招牌，以确保其正统性。

7 见《鸿猷录》卷十二《刘瑾之变》。本章所引《鸿猷录》未标明出处者，同此。按：《鸿猷录》《明史纪事本末》《明史》等，都提到"八虎"或

"八党"，但人名稍有出入。其实，八虎乃统称，其中个人情况也多有不同，参与政事较多的是马永成、刘瑾、张永、谷大用，此外有丘聚、罗祥、魏彬、高凤、张兴等。《献征录》中所载《刘瑾传》有"张兴"，"丘聚"误作"兵聚"，无"高凤"。

关于刘瑾，《明史》卷一九二《宦官一》："瑾尤狡狠。"《明史纪事本末》卷四十三《刘瑾用事》谷应泰按：他渐渐权欲膨胀，"遂骎骎焉不能安于人臣之位矣"。

8 司礼监是宫廷内部的一个重要部门。明朝内廷一般由"十二监""四司""八局"——即"二十四衙门"——组成，其中司礼监是最重要的部门。见《明史·职官志三》，1818-1820页。明朝自明初废除丞相，朝廷的行政过程，是由内阁和六部等大臣拟出方案，交由皇帝审定，"朱批"后下发执行。而皇帝的批复，一般要由司礼监的秉笔太监草拟，重要的要由掌印太监加印。也就是说，行政运作，最后要经过他们之手。这样，在皇帝和内阁之间，司礼监的太监就有很大的操纵空间，实际上有着对行政的影响力。

9 明朝的制度，各地的督军总兵率领军队之处，多派太监为监军。参见《明史·职官志三》"宦官"。

10 见《鸿猷录》卷十二：刘瑾"每为上言：'弘治间事，权皆归内阁、司礼监，朝廷徒拥虚名。'又言：'天下镇守内臣，皆司礼监举用，多受贿。如悉更置，令代者各入金为贡，不犹愈于赂司礼监乎？'上信之。"关于明代司礼监和内阁的关系，是一个值得研究的课题。宦官在明代政治结构中的地位和作用，见李洵《明代内阁与司礼监的结构关系》，载《下学集》136-146页。

11 弘治自己比较严谨，对于儿子的教育，交给王华负责，王华也比较正统。但这时，正德脱出了严谨的礼制束缚，又掌握了绝对权力，在旁人的诱惑下，各种本能欲求肆扬起来。《鸿猷录》卷十二《刘瑾之变》："往往辍朝不视事。"

12 《国榷》正德元年六月己酉朔"中旨"：御用太监刘云守备南京，内官太监刘璟镇守浙江，麦秀管理南京织染局，御马太监宁章镇守辽东，梁裕镇守福建，御用太监张永镇守山东兼辖临清。神机营中军二司司设太监张英调神机左掖并耀武营。"五千营内官太监刘瑾提督十二营，操练神机营、中军二司并练武营。司设太监马永成代瑾,内官太监赖义代永成。"又见《明通鉴》卷四十一正德元年:"六月辛亥,以内官监太监刘瑾提督十二团营。"时间相差二天,殆因由发布到就任,有时间差之故。

13 团营是明朝的军事编制。景泰时,兵部尚书于谦对京营编制进行改革,于三大营中选精锐十万。分十营团练,以备紧急调用。十团营由总兵官一人统领,监以内臣、兵部尚书或都御史一人为提督。各营分设都督,号头官、都指挥、把总、领队、营队等官。京营规制至此一变。天顺初,罢十团营。宪宗立。复十团营旧制。二年(1466)又罢,三年复置,且增为十二团营,其名为奋、耀、练、显四武营,敢、果、效、鼓四勇营,立、伸、扬、振四威营。十二团营由十二侯分掌,佐以都指挥,监以内臣。各团营又分五军、三千、神机三营。时人称为"选锋"。正德初,十二团营仅选出六万零五百锐卒。于是调边军数万人入卫京师,名之"外四家"。又立东西两官厅,东官厅操练正德初所选官军,西官厅选团营及勇士、四卫军操练。从此,两官厅称"选锋",而十二团营被称为"老家"。见《明史·兵志一》。

14 见《国榷》弘治十八年七月乙酉:"科道再劾王华、张元祯等。皆公论之不与,不宜曲赐优容,自损治体。"皇帝下所司。

王华当时是为弘治皇帝选择墓葬山林的官员,见《国榷》卷四十五"弘治十八年五月"条下。李东阳、谢迁和王华的关系不错,这样的弹劾从何而出,未能考得。作为推测,当是和刘健势力比较接近的人员。这反映了"科道"即主要由科举出身的士人组成的集团中,对于皇权的某种反感,同时也显现了不同文人集团间的纠葛。

15 见《国榷》卷四十六"五月辛巳"条:王华由礼部右侍郎升为左侍郎。《武宗实录》卷十七"正德元年九月辛卯":李熙劾"礼部左侍郎王华讳名首贿","有旨:'华其事已白,其勿辩可,尽心所职。'"

16 见陆深《海日先生行状》,上古版《全集》1391页。

17 其实遗诏中规定之事就是当时以刘健为首的大臣们认为应该做的事情。

18 按《明通鉴》卷四十一,正德元年八月戊午,"立夏氏为皇后"。

19 吏部尚书马文升根据"遗诏",淘汰了七百多名传奉官,但是受到中官也就是宦官们的抵抗。马文升提出辞职。见《明通鉴》卷四十一,

1547页。

兵部尚书刘大夏要求根据遗诏，罢免派到各地的中官，直接触及宦官集团的利益，得罪了太监们。他的上书，皇帝不理不睬地放着不回答。刘大夏是耿直的人，见此状况，提出辞职。

首辅刘健、阁臣谢迁也时常劝皇帝最好减少一些排场的开销，好好学习经学，认真上朝理政。皇帝听了当然觉得刺耳。见《明武宗实录》。《明通鉴》弘治十八年至正德元年所载各家上疏，文长不录。

20 焦芳时为吏部侍郎。见《明通鉴》卷四十一，1548页。又，关于焦芳，《罪惟录》言其"字守静，泌阳人"，"以进士遽猎侍讲学士"，宦海沉浮，"正德元年，进少师，华盖殿大学士。先是，内阁谢迁尝举王鏊、吴宽，不及芳，恨入骨。又同官刘健与韩文等，谋除逆瑾，芳遂潜通于瑾"。他和刘瑾，关系很好。又见焦竑《献征录》、《明史·佞幸传》等。

21 《明通鉴》卷四十一正德元年四月：兵部尚书，先由阎仲宇代刘大夏，后由许进代阎仲宇，再由刘宇替代许进。

22 盐引：中国古代国家盐业专卖的一种凭证。明代的盐引制度，是指商人花钱或支付其他实物（比如运军粮到边关），从国家取得盐引，然后到指定盐场取盐，再按规定零售。这是明代国家收入的一个重要组成部分。这里的盐引，指国家卖盐所得的收入。

23 以上见《明通鉴》卷四十一，1558页。

24 关于这一点，《鸿猷录》卷十二《刘瑾之变》："（韩文）十月，以郎中李梦阳言，率台省诸大臣上疏请诛瑾等。"《明史纪事本末》卷四十三《刘瑾用事》："（韩文）每退朝对属官，辄泣下。郎中李梦阳曰：'公为国大臣，义同休戚，徒泣何益？'"认为是李梦阳鼓动韩文上疏的。但韩文嘱咐他："不要写得太文（文绉绉），太文了，皇上恐怕看不懂；也不要太长，太长了，怕他读不完。"

而《明通鉴》云："十月丁巳，大学士刘健、谢迁等，户部尚书韩文等，请诛太监刘瑾等，不果。""戊午，大学士刘健、谢迁致仕。""是日，韩文等方再请诛瑾等。"见《明通鉴》1560 - 1561页。时间和事实略有出入。

要之，对于此事的经过，多为各方事后所述。考《献征录》卷一百十七《刘瑾传》：户部尚书韩文"率九卿诸大臣上言请诛瑾等，大学士刘健复上疏持之。"或较为确切,当是韩文先上书的,并非刘健、谢迁先请诛刘瑾等、韩文等九卿再上疏请诛。当时,九卿内部也不完全一致,兵部尚书许进认为"此属得疏斥足矣,若峻其事,恐有甘露之变",也就是希望不要采取过分激烈的举动。有关记载,见《明史纪事本末》632页,引兵部尚书许进语。

许进:字季升,号东崖。成化二年进士。《明史》卷一八六有传。弘治元年升都察院右佥都御史,巡抚山西大同,十一年巡抚甘肃,收复哈密,加右副都御史,巡抚陕西。升户部右侍郎,转左侍郎。正德元年六十九岁时起为兵部尚书,复转吏部尚书。因刘瑾专权,被免职。刘瑾被诛,赠太子太保。嘉靖五年去世,谥号襄毅。

25 见《明史·佞幸传》。

26 见《明通鉴》卷四十一:"疏入,上惊泣不食。"1561页。关于此事件,又见《鸿猷录》卷十二,《明史纪事本末》有关章节。

27 关于这次变动的情况,见《武宗实录》"正德元年十月",《明通鉴》卷四十一。《献征录》:"上遣掌司礼者八人诣阁下,议将薄瑾等责,一日而往返三。健等复持不可。"《鸿猷录》:"上谕辅臣令曲宥之。刘健等持不下,再疏请如台省议,上不允。"太监八人,有王岳。见《明史纪事本末》631页。

28 此据《明通鉴》,又《纪事本末》卷四十三《刘瑾用事》:"吏部尚书焦芳者,故与瑾善,遂以所谋泄之瑾。"

29 见《明通鉴》卷四十一,尚书许进认为:"过急,恐生变。"而李东阳也并不激进。

30 《明通鉴》卷四十一1561页,又,《明史纪事本末》631页。

31 《明史纪事本末》:"夫狗马鹰犬,岳买献否?而独咎瑾等。"631页。

32 据《鸿猷录》卷十二《刘瑾之变》,不久又把他们派到留都(南京)。途中,刘瑾等派人将其杀害。见《鸿猷录》卷十二《刘瑾之变》:"上遂收岳等下掖庭狱,立命瑾入掌司礼监事兼提督京营。"这里的说法太笼统。刘瑾掌京营,据《武宗实录》《国榷》记载,在正德元年六月。此乃命刘瑾入掌司礼监。

《国榷》卷四十六,正德元年"十月己未"及《明通鉴》卷四十一载:正德元年冬十月,正德将原来主掌司礼监的太监王岳废黜,让刘瑾掌司礼监,马永成、谷大用分掌东、西厂。

33　关于此次政变的具体时间，《武宗实录》《明通鉴》将韩文上疏列于"丁巳"，然而，一日之间，正德接疏，立即处置，又有各种往复，再连夜处置，又劝退群臣，命刘健等致仕，颇显仓促。《明通鉴考异》云："诸书所记，次序不明。"此说得之。疑韩文等上书，当在十月丁巳之前，丁巳前一夜，正德在宫内处置。丁巳，劝退上疏群臣，次日即命刘、谢致仕。《实录》的编修者，殆概言之。

34　王守仁《太傅王文恪公传》，见上古版《全集》，944页。王鏊，《明史》卷一八一有传。

35　关于正德十年之事变，除《武宗实录》《鸿猷录》《国榷》《明史》《明通鉴》《明吏纪事本末》等记载外，明郑晓《今言》卷四记载较详细，可参见。

36　《国榷》卷四十六，正德元年"十月己未"，2872页。又《明通鉴》卷四十一，正德元年十月，1562页。

37　李梦阳《空同集》卷三十九《秘录附》：李梦阳欲上疏，"草具，袖而过边博士（边贡），会王主事守仁来。王遽目予袖而曰：'有物乎？有，必谏草耳。'予为此即妻子未之知，不知王何从而疑之也。乃出其草视二子。王曰：'疏入，必重祸。'又曰：'为若筮可乎？然晦翁行之矣。'于是出而上马并行，诣王氏，筮得'田获三狐，得黄矢，贞吉'，王曰'行哉，此忠直之繇也'"。见浙古版《王阳明全集》，1624页。此处标点与浙古版稍异。这里所说"田获三狐，得黄矢，贞吉"是《易经》"解卦"第二爻之爻辞。《象》曰："九二贞吉，得中道也。"也就是认为所行合乎"中道"，所以"贞吉"。

此记载的真实性可再探讨。但传说，总有产生的背景和土壤。之所以把王守仁和李梦阳扯在一起，说明当时人的心目中，他们关系应该不错，也说明当时舆论看来，王守仁和李梦阳的政治态度，至少是相近的。这也可从另一个角度反映，为什么正德会对王守仁在一个月以后的上疏进谏，采取那么强烈的处罚行动。

实际上，从弘治十八年到正德元年，有关王守仁的记载非常有限。

38　如上所述，作为最初的步骤，是让焦芳入阁兼掌吏部。关于丁巳、戊午之际，何人为吏部尚书，史书有不同记载，李梦龙《崆峒秘录》有"吏部尚书许进"言"过激恐生变"之语。《宪章录》许进言："此辈得疏斥足矣，若峻其事，恐有甘露之变。"此当为后来《明史纪事本末》等所据之史源。然明代王世贞《史乘考误》："时为吏部尚书者，焦芳也。"《明通鉴考异》已言之。又考《罪惟录·焦芳传》，焦芳确曾为"吏部尚书"。而《明通鉴》据《实录》："己巳，大学士焦芳辞吏部印，许之。"则开始，是让焦芳入阁，并替代许进兼任吏部尚书的。没几日，焦芳便辞去吏部尚书。

39　《明史》卷一八六《韩文传》，《明通鉴》卷四十一。

40　关于李梦阳何时被罢，《明通鉴》卷四十一，系于正德元年十一月。《鸿猷录》："（正德）二年正月，下郎中李梦阳狱。"此说有误，见下文。

41　按：《明通鉴》列二十一人上书、廷杖在正德二年正月。王守仁上疏在元年十二月。此不合理。各种史料，比如黄绾《阳明先生行状》，说王守仁是为救戴铣、薄彦徽等方上疏的，故王守仁上书不应在二十一人上书之前。

《纪事本末》则列二十一人上疏在韩文被罢免后。其说是。又考《武宗实录》，正德元年十二月乙丑，处罚王守仁。故二十一人上疏应在韩文被罢免之后、王守仁上疏之前。见下文注。

42　见《明通鉴》卷四十二，1572页，刘瑾责王良臣、王时中，"同护朋党，杖之三十"。

43　戴铣，《明史》卷一八八："戴铣，字宝之，婺源人。弘治九年进士，改庶吉士，授兵科给事中，数有建白。久之，以便养调南京户科。"既乃与给事中李光翰、徐蕃、牧相、任惠、徐遇及御史薄彦徽等连章奏留刘健、谢迁，且劾中官高凤。帝怒，逮系诏狱，廷杖除名。铣创甚，遂卒。"薄彦徽，《明史》卷一八八："薄彦徽，阳曲人。弘治九年进士。授四川道御史。尝劾崔志端以羽士玷春卿，有直声。至是，被杖归，未及起官卒。"他们应当和王守仁都在弘治九年参加会试，后或在兵部，或在四川道，和王守仁有着接触的可能。牧相，《明史》卷一百八十八有传："余姚人，弘治十二年进士。"据束景南考证云："牧相当又字舜功，为阳明姑父。"见《辑考编年》275页。

44　《明通鉴》1574页，任诺二人强调"不预知"。

45　见《太傅王文恪公传》王鏊曾言于瑾："士大夫可杀不可辱，今既辱之，又杀之，吾尚何颜于此。"此言当在刘瑾尚未全面掌控大权、王鏊致仕之前。见王鏊《震泽长语》。

46　陆深《海日先生行状》弘治十八年："还朝，以岑太夫人年迈，屡疏乞休，以便色养。"上古版《全集》，1395页。《年谱》：弘治十八年，"至是专志授徒讲学"。殆并无心卷入政事。从他们的政治光谱来说，实际处于原东宫集团和"顾命"朝臣之间。

47 现在通行的讲法，说是王守仁上疏是为了反对刘瑾，所以受到刘的迫害。其实，并非如此。

48 此疏见《王阳明全集》292－293页。此外，《明武宗实录》、谈迁《国榷》正德元年十二月、《明史纪事本末》634页等收录，文字稍有出入。但是王守仁自己说是"十一月"上疏入狱。考前后事实，似在十一月到十二月间。《实录》等所云"十二月"，乃王守仁受罚之时。

49 王守仁在政坛上人脉颇广。和长辈高官，如李东阳、王鏊、闵珪、刘大夏、林俊等；同辈年轻官员中，如前所述，有"西翰林"之称；和李梦阳等文人集团也交往密切；在军方，他被提拔为兵部官员，当和原来的兵部尚书刘大夏有关系。

总之，王守仁是官员中的"知名人士"。

关于自己当时在北京官场的形象，王守仁后来这样反省，称自己当时，"每有傲视行辈，轻忽世故之心"，见《与王纯甫》，上古版《全集》154页。殆是风顺气盛，颇为肆扬，引人瞩目。

50 见《海日先生行状》，上古版《全集》1396页。此事当发生在他奉命到南方祭神之际。关于此事的时间，杨一清的《墓志铭》和陆深的《行状》所述时间，俱不明晰。考究事实，和二者所记略有出入。杨一清《墓志铭》、陆深《行状》都列于"正德改元"以后，如不细考，或以为在王守仁上书之后。

笔者认为，王华的南行，似当在刘、谢提出要致仕之后、王守仁上书之前。

王华和谢迁为同乡、出于同门。所以，他和弘治朝的掌权派即刘健、谢迁等关系不错。一个证据，就是《明通鉴》载《史乘考误》言科场案时，"大学士谢迁、谕德王华俱撼敏政"。

51 对于刘瑾等怀着政治野心、想要取得权力者来说，这样一个身份比自己高的人退出，自然也没有什么不高兴——少了一个权力争夺的对手，少了道德上的掣肘。所以，说刘瑾特别恨王守仁，颇显牵强。但从正德皇帝的角度考虑，不悦则是当然的。

52 参见本章附录《王守仁正德元年入狱时间考》。

53 见《送别省吾林都宪序》，《全集》卷二十二，884页。

54 明初，朱元璋加强中央集权，特令锦衣卫掌管刑狱，不经刑部，有巡察缉捕之权。下设"南北镇抚司"。其中"南镇抚司"负责本卫的法纪、军纪。"北镇抚司"传理皇帝钦定的案件。南北镇抚司下设五个卫所，在执行缉拿任务时，被称为"缇骑"。

55 见上古版《全集》卷十九，661页。

56 《见月》："屋罅见明月，还见地上霜。"上古版《全集》卷十九，675页。

57 《咎言》："何玄夜之漫漫兮，悄予怀之独结。严霜下而增寒兮，瞰明月之在隙。风咇咇以憎木兮，鸟惊呼而未息。魂营营以惝恍兮，目盲盲其焉极！懔寒飚之中人兮，杳不知其所自。"见上古版《全集》卷十九，661页。

58 《不寐》："天寒岁云暮，冰雪关河迥。"上古版《全集》卷十九，674页。

59 《见月》："客子夜中起，旁皇涕沾裳。"《咎言》："夜展转而九起兮，沾予襟之如泗。"

60 《咎言》："怀前哲之耿光兮……予匪戚于累囚兮，牿匪予之为恫。""何天高之冥冥兮，孰察予之衷？""辞婉娈期巷遇兮，岂予言之未力？皇天之无私兮，鉴予情之靡他！宁保身之弗知兮，膺斧锧之谓何。""苟圣明之有神兮，虽九死其焉恤！"九死，见《楚辞·离骚》："亦余心之所善兮，虽九死其犹未悔。"

61 《咎言》："予年将中，岁月遒兮！深谷崆峒，逝息游兮。飘然凌风，八极周兮。孰乐之同，不均忧兮。匪修名崇仁之求兮，出处时从天命何忧兮！"年将中：当时王守仁三十五岁。飘然：飘忽状。《楚辞·九章·涉江》："怀信失意，我飘然远行兮！"出处：指"出"而担当或"处"而不为，此指在当时环境中的选择。

62 《不寐》。又《见月》："逝者不可及，来者犹可望。盈虚有天运，叹息何能忘。"

63　林富：字守仁，号省吾，莆田县人。弘治十五年（1502）进士。嘉靖间，继王守仁为两广巡抚。他是明代"三一教"教主林兆恩的祖父。

64　见《读易》，《全集》卷十九，675页。

65　包蒙：包容愚昧。《易·蒙》"九二"："包蒙，吉。"唐孔颖达《正义》："包，谓包含。九二以刚居中，童蒙悉来归己，九二能含容而不距。"戒为寇：《蒙》卦"上九"："击蒙，不利为寇，利御寇。"魏王弼《注》："处蒙之终，以刚居上，击去童蒙以发其昧者也。""童蒙愿发而己能击去之，合上下之愿，故莫不顺也。为之扦御，则物咸附之。若欲取之，则物咸叛矣。故不利为寇，利御寇也。"这也就是说，要如"九二"所说的那样"包蒙"，而戒"上九"所说的"击蒙"之行。按，此隐指"上书进谏"事。

66　《读易》"謇謇匪为节，虩虩未违道"：謇，通"謇"。忠直谏诤貌。《易·謇》"六二"："王臣謇謇，匪躬之故。"节，气节。

虩虩：恐惧貌。《易·震》："震来虩虩，笑言哑哑。"魏王弼《注》："震之为义，威至而后乃惧也，故曰'震来虩虩'，恐惧之貌也。"违道：违背正义。《尚书·大禹谟》："罔违道以干百姓之誉。"此二句意为：心怀惶恐，謇直进谏，非为干誉，故不违大道。

67　《读易》："俯仰天地间，触目俱浩浩。箪瓢有余乐，此意良匪矫。幽哉阳明麓，可以忘吾老。"

68　见《送别省吾林都宪序》，《全集》卷二十二，884页。王阳明平思、田之乱，再逢当年狱中友林省吾时如此回忆。

69　见《武宗实录》正德元年十二月乙丑。关于究竟挨了多少板子，各种史料记载不一。黄绾《行状》："五十。"《年谱》《明史本传》："四十。"《实录》："三十。"《鸿猷录》未明言数字。当以《实录》为准。

70　见《别友狱中》。此节中所引王守仁诗句，皆出于此。累累：重叠。图圄：监牢。

71　行藏：指出处、行止。《论语·述而》："用之则行，舍之则藏。"

72　关于王守仁离开京城的时间，有各种不同说法。

73　见陆深《海日先生行状》。

74　见《年谱》正德"二年丁卯夏"条下。《年谱》有误，已见前。《别三子序》，见《全集》226页。

附录：
王守仁正德元年入狱时间考

正德元年，王守仁上疏言事，被逮入狱。关于王守仁何时入狱，史料记载多有出入：

1. 王守仁自己的《咎言》注："正德丙寅冬十一月，守仁以罪下锦衣狱。省愆内讼，时有所述。既出而录之。"

2.《全集》卷十九《狱中诗十四首》下注："正德丙寅年十二月以上疏忤逆瑾，下锦衣狱作"，时间为"十二月"。此注，乃后来编《全集》者所加。

3. 高岱《鸿猷录》卷十二《刘瑾之变》，原作"正德二年正月……杖守仁，谪丞远驿"，上海古籍出版社标点本据家刻本等改为"闰正月"，又引《实录》系杖守仁于元年十二月乙丑。

4.《年谱》载："武宗正德元年丙寅，先生三十五岁，在京师。""二月，上封事，下诏狱，谪龙场驿驿丞。""既绝复苏。寻谪贵州龙场驿驿丞。"

前后相差数月。

考谈迁《国榷》卷四十六"正德元年"十二月乙丑："兵部主事王守仁谪贵州龙场驿丞。疏救戴铣等，下狱，杖三十。"

《明通鉴》卷四十一"武宗正德元年"十二月乙丑，条下曰："谪兵部主事王守仁为龙场驿驿丞。"

此条下列《考异》曰："文成谪龙场驿丞，诸书多系之明年正月，证之《实录》，乃是年十二月乙丑也。刘健、谢迁之罢在十月，刘瑾等论救即在其时。文成之得罪又因救刘瑾等。而《年谱》乃作元年二月,恐传写者误脱'十'字耳。今据《实录》。"

综合上述资料,可知,正德元年十一月罢韩文,因此才有二十一人上疏。此后,这二十一人中,有的被捕,后受廷杖,都应在该年十一月以后。

王守仁应当是在十一月至十二月间,得知上述情况,仗义进谏。结果被逮,入镇抚司监狱。所以,他的入狱,当在这期间。

而考王守仁"狱中诗",他在狱中被关了些日子,也可证,他的被捕,不会在正德十二月乙丑这一天。

《武宗实录》卷二十,正德元年十二月乙丑:"降兵部主事王守仁为贵州龙场驿驿丞。时南京科道戴铣等以谏忤旨,方命锦衣卫官校挐解未至,守仁具奏救之。下镇抚司考讯狱具。命于午门前杖三十,仍降远方杂职。"《明实录》的记载,当是最后处理的时间。因为从各方面的资料分析,王守仁上书以后,被关进了牢房一段时间,而且还经过审讯,所以不可能这些都发生在十二月乙丑一天之内。

因此,谪龙场驿丞,当以正德元年十二月较可靠,而其时间是在该月"乙丑"。

考正德二年"春正月乙亥朔"和"乙丑"相差十天。也就是说,乙丑当在十二月二十日前后。

那么,王守仁是什么时候离京的呢?

李梦阳《空同集》中有诗,说是二月和王守仁一起出京。李梦阳和王守仁是否真的同时出京,可再考。王守仁被贬以后,要做些离京的准备,他离京,似当在正德二年一月底到二月初。

由此可见,正德皇帝处置王守仁,并非简单的上疏触正德之怒。从正德的角度考虑,或许怀疑王守仁的行动,有着其他政治背景,需要审查;也或许对于他上疏造成的影响有着顾忌,必须从严处理。但总之,并非只是因为反对刘瑾,刘瑾当时还没有到完全掌控大权的程度。

　　王世贞《弇山堂别集》曰："《双溪杂记》言，王伯安奏刘瑾，被挞几死，谪龙场驿丞，名闻天下。杨文襄公作王海日公华墓志铭，其说亦同而加详。考之《国史》与《王文成年谱》《行状》《文集》，止是救戴铣等下狱被谪，本无所谓劾瑾也。以杨文襄在吏部，用文成为属，王恭襄在兵部，与文成若一人，而鲁莽乃尔，安在其为野史家乘耶。"此说有理。

第八章 漫长的南行之路：从北京到贵州

正德二年二月—正德二年五月前后

一、都门悲歌

王守仁在镇抚司的监狱里关了一个多月。

经过调查，镇抚司没有发现他有"内外串通"、结党营私的情况，只不过是和哥们儿凑在一起，几个文人，议论一番。

十六岁的正德皇帝，和他周围的几个宦官（他们都是正德最信得过的人）商量了以后，觉得一直关着王守仁也不是个事，总要有个结局。想到王华这位东宫时代的老人，是自己的老师，他和这东宫宦官圈子里的人都认识，人品也好，把他的儿子王守仁弄得太难堪，也不甚妥当。但又考虑到，对这位过于自负的"王公子"，也应该教训教训，于是打一顿板子，让这个家伙到边远地区去"体验"一下生活，于是就派给他个贵州龙场驿的驿丞干干。

王守仁原先大小也是个"六品"的主事，那么，这龙场驿的驿丞，算是几品呢？或者说是什么级别的官呢？答案：没有品。在大明朝的官员等级序列里，根本就没这等级。[1]

于是，进士出身，干了五六年，一直顺风顺水（大概可算"厅局级"或"处级"干部）的王守仁，就被革职下放到边远地区去，挂"驿丞"的名，算是"招待所长"兼"邮政主任"，实际要干的事,是管好养在那里的马匹和接待好往来的人员。可谓落到了人生的低谷。

王守仁出狱、受命,必须准备动身。

按照当时刚刚修订的《大明会典》的规定(原典系李东阳等奉命修撰,其间王华也参与其事),受命的官员,如无特殊理由得到恩准,那么动身上任是有日期限定的。[2]

另一个才华横溢,在政坛上活跃的文人团体首领李梦阳,也一并处理,逐出京城。[3]

临行之前,不少朋友为王守仁饯行,主要有湛若水、汪俊、汪伟兄弟、乔宇、崔铣、储罐、陆深、杭淮等。[4]

朋友之间,酬唱诉情,饮酒话别。湛若水写了《九章》,[5]陆深撰《空同子阳明子同日去国作南征赋》,[6]杭淮撰《送王阳明谪官龙场驿》。[7]

王守仁出京以后,按照当时一般的南北交通的方法,应该是坐船从大运河南下,这是他往来多次的路线了。途中时间空闲,他回想起此前的人生和这近十年在京城官场的诸多交游,陆续写了不少诗歌,酬答诸位友人。

在《答汪抑之三首》第二首中,可以看到,那是个北风凛冽的早春时节:"北风春尚号,浮云正南驰。"在诗歌中,表现了分别时的悲哀心情:"去国心已恫,别子意弥恻。伊迩怨昕夕,况兹万里隔!"[8]

王守仁在诗中表示:羡慕汪俊有兄弟在一起,而自己则要远离亲人:"子有昆弟居,而我远亲侧。回思菽水欢,羡子何由得!"[9]同时,也表示自己即便在"蛮貊"之地,也不会悲切恐惧。

王守仁也想象了此后的状况:"闻子赋茆屋,来归在何年?""赋茆屋",指汪氏盖了"茆屋",造了房子,想象他不知道什么时候会回到峰峦郁葱的楚越之地。"寄子春鸿书,待我秋江船",是说现在春天给你发出这书信,望你等待我归来的"秋船"——

期待着再一次的相聚。

汪俊这位江西的朋友，因王守仁前往贵州，要经过江西，临别时，特地介绍了江西风情。王守仁对朋友的关照，念在心间。

如果说给汪氏兄弟的诗歌中，充溢的是个人情感，是离别惆怅，那么在给湛若水、崔铣的八首酬答诗歌中，除离别情之外，还议论了对于儒学和人生的看法。在《阳明子之南也，其友湛元明歌九章以赠，崔子钟和之以五诗，于是阳明子作八咏以答之》中说到：你的《九章》，触及了我的内心深处，使我感到一种别离的悲伤。当今谐俗之声流行，黄钟大吕之音又有谁来倾听和理解呢？

  君莫歌九章，歌以伤我心。微言破寥寂，重以离别吟。
  别离悲尚浅，言微感逾深。瓦缶易谐俗，谁辩黄钟音？[10]

在这八首诗歌中，谈到了对儒学、理、道的认识。

《其三》："洙泗流浸微，伊洛仅如线。后来三四公，瑕瑜未相掩。嗟予不量力，跛鳖期致远。"表示要继承孔孟、二程的儒学传统。

《其五》："器道不可离，二之即非性。孔圣欲无言，下学从泛应。"这是说道、器不可分为二。

《其六》："静虚非虚寂，中有未发中。中有亦何有？无之即成空。"议论"虚静""中""未发"等理学概念。可见当时王守仁在去龙场之前，多承周敦颐、二程之说。

从这八首诗歌可看出，此时王守仁的诗风已经呈现某种变化，不再仅仅限于感物抒情，而有着朝表现思想方面的展开。此时，他和湛若水、崔铣多有共鸣之处。

在北京的这些日子里，结识了这些志同道合的朋友，有别于热心浮华辞藻的士人，有着沉潜思考的气质。这时王守仁在追求思考的，是对于"道""理""气""性"这些基本问题的正确理解,他决心继续探讨下去。

王守仁还想到了那位颇有肝胆之气的山西汉子乔宇和江南泰州的才子储巏,特地给他们写了《忆昔答乔白岩因寄储柴墟》三首。

先看给乔宇的:[11]

> 忆昔与君约,玩《易》探玄微。君行赴西岳,经年始来归。方将事穷索,忽复当远辞。

以前和乔宇相约探究《周易》的精微,而他到"西岳"祭祀诸神,方才回来。[12]刚想探讨,突然自己就要远行。

> 盈亏消息间,至哉天地机。圣狂天渊隔,失得分毫厘。

世间的变化,"盈亏消息",得失毫厘,天机难测。

再看给储巏的。他也是王守仁思念着的朋友。[13]

> 柴墟吾所爱,春阳溢鬓眉。白岩吾所爱,慎默长如愚。二君廊庙器,予亦山泉姿。
>
> 迢迢万里别,心事两不疑。北风送南雁,慰我长相思。

王守仁认为,储巏的性格如春天的阳光,洋溢在眉宇间;乔宇则慎重寡言,大智若愚。这两位都是庙堂之器,而自己则如山泉之状,比较清澈开放。现在我们虽然地位高下不同,相距迢迢万里,但是心心相印,没有猜疑。在这北风送南雁的时节,想到这一切,使我悠悠思念之情得以宽慰。自己将远离京城,以后何时方能再见呢?

> 相去万里余,后会安可期?

这是问朋友,也是问自己,更是问茫茫苍天。是对命运叵测的感慨。

或是因为日有所思,朋友的形影时常来梦中。在行程中,王守仁又写了《梦与抑之昆季语，湛、崔皆在焉。觉而有感，因纪以诗三首》，描述了在途中走了旬日，零落无伴，梦中涌现出汪俊兄弟、湛若水、崔铣诸位和自己相聚时的场景：

> 才为旬日别，宛若三秋期。令弟坐我侧，屈指如有为。须臾湛君至，崔子行相随。肴醑旋罗列，语笑如平时。纵言及微奥，会意忘其辞。觉来复何有？起坐空嗟咨！

又回想起和他们议论《周易》的事：

> 初谈自有形，继论入无极。无极生往来，往来万化出。万化无停机，往来何时息！来者胡为信？往者胡为屈？

在这时，《周易》是王守仁的精神支撑。在这变化不停的世界上，他觉得领会了大道之"精微"，便都可以等闲视之。

最后又想起和这些朋友曾经有过的前往衡山一游的约定："去事多翻覆，来踪岂前知？"伤感不知何时能够如约而行。

在这漫漫的南行途中，对这些朋友的思念，乃是王守仁精神的寄托。这时，他的夫人诸氏，没有跟他同往。[14]漫长的旅途，往往是旅人思绪舒展、遐想飞扬的时光，也是众多诗作涌现的时期，王守仁用诗歌记录自己的行程和思绪。

二、流传的故事

当时由北京前往贵州的路线，先由运河南下。到了南京以后，可以溯长江前往九江一带，入洞庭湖，再经沅江前往云贵。

王守仁走的，是经过杭州，由衢州经江西，湖南长沙，再转入沅江的路线。

官员赴任，只要按期到达，自然没有大问题。但经由杭州，就涉及王守仁一生中流传得最广的，前面《序章》中所引述的那个传奇故事了。

传说中的那个"被刘瑾派人追杀，投入水中，然后漂流到武夷山"的神奇故事和情节曲折的描述，当然很有趣，但是，明显的问题也不少。

王守仁正德元年冬天所上《疏》的原文还存，并没有涉及要反对刘瑾的文字，只是一般地从正德的立场考虑，劝其纳谏而已，这在明朝的政治话语系统中，乃属平常之论。这一点，早在明代王世贞就已经指出过了。[15]

他的被贬，可能刘瑾等人在其中起了作用，但是，如前所述，据现有的资料，主要因为正德皇帝的恼火，或认为他有串联朋党之嫌。在当时他是个引人瞩目的人物，所以在"党人名单"里，排位靠前。所以，这个传说只能是"传说"而已。[16]

三、跋涉浙湘路

还是回到现实中来看看王守仁实际是怎样在这漫长的前往南方的道路上跋涉的吧。

他乘船，顺着大运河，到了钱塘。[17]

在北新关口，王守仁和诸位弟弟相见，依依话别。（这"诸弟"，当有守俭，或许还有守文、守章和其他堂弟。）他有着可能一去不复回的隐忧："已分天涯成死别，宁知意外得生还？"抱着返回后"茅屋傍云山""耕樵"度日的期待，淡然相别。

于是就沿着由浙入赣的线路，跋涉前行。虽说是贬谪，毕竟大小还是官员，父子在宦海沉浮多年，友朋交游、门生弟子还是有一些，所以一路有驿站可宿。即便如此，也是备尝艰辛的旅程。

先到了草坪驿，[18]因为他要到云贵去，想到了那位曾在云贵任职，直言满天下，敢作敢为，心中敬仰的老上级和邻居林俊。写了一首和林见素的诗歌《草萍驿次林见素韵奉寄》。对于饱经世态变迁的前辈，无须多诉苦衷，而一路的旅程，也使得他这时的心情也有所平和，故写得比较萧散："山行风雪瘦能当，会喜江花照野航。本与宦途成懒散，颇因诗景受闲忙。"[19]

接着，就进入岳父和自己曾经生活过的南昌了。在南昌，未能久留，但心情相对比较舒缓，想起了在京城的朋友和自己在南昌的经历，写了《夜泊石亭寺用韵呈陈、娄诸公因寄储柴墟都宪及乔白岩太常诸友》："廿年不到石亭寺，惟有西山只旧青。""怅望沙头成久坐，江洲春树何青青。"

望着青青春树、烟霞风雨，当初在南昌时的往事，返上心头。僧人已去，青山依旧，流露出一丝时光流逝、人生如梦的惆怅。

沿着浙赣路走下去。走到分宜，遇见了"严星士"，据说那是当时在乡间守丧的严嵩。[20]

一路走来。在进入湖南沅水之前，王守仁还有一桩事情，时在念中。那就是怀着对这里儒家先哲的敬仰，参拜有关庙宇和古迹。

在袁州，他特地去参访了当地的名胜。明代宜春，有宜春侯祠、仰山行祠、韩文公祠、三先生祠等。[21]

在萍乡，又去拜谒了宋代著名学者周敦颐（濂溪）的祠，[22]写了《萍乡道中谒濂溪祠》，诗中说："木偶相沿恐未真，清辉亦复凛衣巾。""碧水苍山俱过化，光风霁月自传神。"[23]

这些诗歌，反映了当时王守仁的思想倾向。

四、逗留长沙

离开南昌，进入湖南界。这对于王守仁，虽说是初次进入，但绝不完全陌生。因为他父亲曾在湖南教书，又有同僚在此做官，所以有着一定的基础。

到了湖南长沙，船未靠岸，已经有人来迎接。并排两船，朝着他们所在的方向迎来。"方舟为予来，飞盖遥肃肃。"迎接他的，是当时的长沙太守赵维藩和推官王教。[24]

对于长沙，王守仁有着一种发自内心的向往。听说近来这里的官员修复房屋，重兴儒学，感到很高兴。[25]因为他是省里"提学"的朋友，又是有名气的文人，所以当地的官员，对他挺热情的。车船相迎，设宴招待，还给他送来春天的服装。因他冬天出发上路，到此月余，春日转暖，需要春衣。考虑得非常周到，[26]他内心感到非常温暖。或许是长途跋涉的疲劳，加上春季气候多变，王守仁的牙病发了，牙齿疼痛，住到江边的道观中。[27]

在此期间，有学生前来求教。其中就有"周生"。周生名金，是个有志气的青年人，有学习范仲淹之志，也曾为汉代的贾生恸哭。[28]周金前来，说是奉了提学金事陈凤梧的指示前来接待，并约他一起游览岳麓山。王守仁身体稍恢复，也就忘了旅途的劳累，一天，雨停天晴，在周生的邀请下，颇有兴致地一起前往游岳麓山。王守仁怕打扰官府公务，所以特地叮嘱周生不要告诉赵太守等。

在湘江西岸的岳麓山，"隔水溟蒙隐云雾"。[29]他们乘船渡过湘江，橘子洲的僧寺仿佛浮动在江流中。上了岸，柳溪梅堤，赤土沙田，"赫曦"高台，远望如鼓。

原来有名的地区，很多都成了道观寺院。他们先拜谒了岳麓山上宋代朱熹、张栻曾经住过、游览过的地方，[30]然后又看到不少近来赵太守调停修复的儒家屋舍。

山间的"野人"（山野之人），备好酒席，陈列蔬蕨，热情地邀请他们小酌休憩。正要举杯，管船的津夫跑来告知，赵太守找来了。

原来赵太守派人去王守仁处，得知他上山了，赶了过来。于是主人仓促再做菜肴、整顿酒席。王守仁整顿衣冠出迎，见到王推官也在。于是，重新入席，丝竹肴馔，尽兴至夜。他们乘船返回，暮色微茫。回到城里，已经是灯火人稀的晚上了。

在长沙，王守仁学习景仰的，仍是宋代濂溪、二程的学问。

王守仁怀念着在朝中的友朋。在长沙，王守仁休息了八天，牙病和孱弱的身体得以调养。于是，再出发。由洞庭湖入沅江，这就进入了他从来未经历过的陌生路程。

五、从洞庭湖入沅江

由洞庭湖转入沅江，水道路途的情况发生了变化。进入沅江县内，原来那种广阔的水面不见了，渐渐变成为夹在高山峻岭间的湘西特有的景色。在常德，水面突然开阔，到了天心湖的水面。当时水流湍急，船要停泊也停不住，撞上了石头。好不容易修好，又狂风大作，黑云压顶，暴雨骤降，行动不得。王守仁遇到了行程中难忘的一个场面。

事后，他专门写了一首诗歌《天心湖阻泊既济书事》来记叙此事：[31]"挂席下长沙，瞬息百余里。舟人共扬眉，予独忧其駃。日暮入沅江，抵石舟果圮。补敝诘朝发，冲风遂龃龉。"[32] "月黑波涛惊，蛟鼍互睥睨。翼午风益厉，狼狈收断汜。天心数里间，三日但遥指。甚雨迅雷电，作势殊未已。溟溟云雾中，四望渺涯涘。"[33]

在这样的情况下，他们感到"粮绝亦均死"，于是"凭陵向高浪"，迎着风浪前行，不幸船搁浅了。经过努力，凭借着风势和激流回湍，总算使得船只"倏忽逝如矢"地又向前出发了。

夜间，到了武阳江的渔村，才吃上饭，安下心来。[34]可见路途非常艰难。

过洞庭，入沅江，都是船行。漫长的旅途，水路两岸，时而群山延绵，时而山崖峻峭，景色万千。旅途之中，王守仁得以静静品味人生的各种滋味，早年的文辞才能，此时有了发挥的空间。

在这一段路途中，他想到了千八百年以前的楚国屈原，想到自己的遭遇，写了《吊屈原赋》。[35]

途中多暇，是吟诗的好时光，除了深刻的思考以外，日常多变的生活场景，也尽入笔端。王守仁这时写了《杂诗三首》。[36]

"青山清我目，流水静我耳。"（《其二》）这是坦途上的风光。

"危栈断我前，猛虎尾我后，倒崖落我左，绝壑临我右。我足复荆榛，雨雪更纷骤。"（《其一》）这是险径的景色。

写了坦途、险径以后，还有这样一首："羊肠亦坦道，太虚何阴晴？""寒根固生意，息灰抱阳精。"（《其三》）表现了他在困顿之中坚韧地生存下去的意志和决心。

六、经沅水入贵州

顺着沅水，经沅水驿，接近云贵南国疆域，天气渐渐暖和，路边山岭上的刺桐花，令人感到了春意。

在罗旧驿，[37]他写了这样的诗："客行日日万峰头，山水南来亦胜游。布谷鸟啼村雨暗，刺桐花暝石溪幽。"那是南国春天的景色。[38]

他感叹："身在夜郎家万里，五云天北是神州。"他的心，依然牵念那北方的世界。[39]

过了罗旧、辰阳，王守仁朝沅水驿方向走去。《沅水驿》一诗，描写了当时的情态："辰阳南望接沅州，碧树林中古驿楼。"[40] "耶溪有信从谁问？楚水无情只自流。却幸此身如野鹤，人间随地可淹留。"[41]

随着道路向远方延伸，他心中泛起思乡的波纹。

过了沅陵不久，就进贵州了。这些边远地区，明王朝设置了多处卫所，驻兵把守。

在平溪馆，有过去相识的王文济来迎。[42]在寥落山城的黄昏时分，王文济一片诚心，摆了酒席，为他洗尘。王守仁有点感慨："清世独便吾职易，穷途还赖此心存。"[43]

虽然自己的职位变了，在这边缘的山城，还有相识之人，念叨旧情，令他分外感动。人生之舟，顺风顺水时多有搭乘者，此乃世之常态。而在受难时的一点真情关怀，往往会使英雄落泪，感怀终身。

过了平溪馆，再往南，到了在今天镇远一带的"七盘"。[44]

那是个"鸟道萦纡"的山区。山道盘旋，古藤苍木，峡谷回声悠远，显得险峻苍凉。当时的战场，"近闻苗俗化衣冠"。也就是说，当地的苗族已经归化了。王守仁感到，时代沧桑，在这边远的地方，也显现出来。

王守仁到兴隆卫时，春意已经很浓了。[45]

兴隆卫的营盘在一个高台上，戒备森严。通向贵州的路，从山顶经过。城上短墙，在暮色中显得森严。

"莺花夹道惊春老，雉堞连云向晚开。"[46]他一路上写了不少怀念亲友的书信，随写又随路丢弃，为什么呢？这里离家那么远,又怎么会有北方的大雁,特地带着家信,飞到这衡阳南边来呢?透露出一种远离家国的伤感。[47]

再往南走,就到了清平卫。[48]

连绵春雨,一时放晴,使旅途上的人,心情为之一振。"积雨山途喜乍晴,暖云浮动水花明",山水也显得明快了。可以听到隐约的"戍角"声,那远远山峰上隐现的孤城,就是"清平卫"吧。[49]

大约在四五月间,初夏时节,经过两个多月的长途跋涉,王守仁终于到达贵州,抵达了他的任所——龙场。(见彩插"王守仁入龙场路线图")

七、列入朋党

两个多月,长途跋涉,几乎与外界的消息隔绝。而到达贵州以后,听到的是什么信息呢?

就在王守仁前往贵州的途中,朝廷中的政局在发生变化。

刘瑾等原来的东宫宦官集团,控制了军队、锦衣卫,年轻毫无经验的小皇帝,把处置日常朝政事物的权力交由这些人处理,他们实际上就成为了明王朝的实际执政者。于是,大力肃清异己。

正德二年三月,也就是王守仁还在途中的时候,朝廷公布了计有五十三人的朋党名单,宣布他们为"朋党"。[50]

被贬的王守仁名列其中。这是新当权的宦官集团,为了清除异己势力的一个重要举措。

也就是说,正德皇帝,或者说,刘瑾等宦官集团,是把这些人当成一个朋党来处置的。这中间无疑有许多是无辜的牵连者。但也正因为此,以后王守仁才有"被刘瑾迫害"的说法。这是朝廷送给王守仁到达贵州的见面礼，也是促使他进一步思考的原动力之一。

注释

1　《明史·职官志》里把"驿丞"列在知县所属的"巡检司"的巡检等"从九品"的芝麻绿豆官之后，大概是算不上什么"官"的，顶多算个"基层公务员"吧。

2　李东阳等奉敕撰，申时行等奉敕重修《大明会典》卷一百六十二"刑部四""律例三""职制"条的"官员赴任过限"款中曰："凡已除官员在京者以除日为始，在外者以领照会日为始，各依已定程限赴任。若无故过限者，一日笞十，每十日加一等。罪止杖八十，并附过还职。""其中途阻风被盗，病丧事不能前进者，听于所在官司给凭以备照勘。"下有具体案例。

李东阳编撰《大明会典》，在弘治年间。颁行，在正德年间。但其中条文，在弘治、正德间，当已经执行。

3　李梦阳在弘治时期，和王守仁关系不错，或许到后来因想法不同，追求的目标不同——李梦阳追求的是诗文领域的独领风骚，而王守仁已经转向探求儒学之"道"——便分道扬镳，渐行渐远了。此后到正德年间，李梦阳在江西，因各种原因，卷入到和宁王宸濠交往的漩涡，引起议论，王守仁和他就更疏远了。要之，现存文献中，王守仁提到李梦阳的少。李梦阳言及王守仁的多。疏离的过程中，或王守仁主动离开的因素为多。

4　湛若水，已见前第六章注。

汪氏兄弟：汪俊、汪伟。汪俊给王守仁写了送别的诗歌。汪俊，《明史》卷一九一《汪俊传》：汪俊，字抑之，弋阳人。父凤，进士，贵州参政。俊举弘治六年会试第一，授庶吉士，进编修。正德中，与修《孝宗实录》，以不附刘瑾、焦芳，调南京工部员外郎。瑾、芳败，召复原官。累迁侍读学士，擢礼部右侍郎。嘉靖元年转吏部左侍郎。因"大礼仪"事，遂抗疏乞休。再请益力，帝怒，责以肆慢，允其去。召席书未至，令吴一鹏署事。《明伦大典》成，落俊职，卒于家。隆庆初，赠少保，谥文庄。俊行谊修洁，立朝光明端介。学宗洛、闽。与王守仁交好，而不同其说。学者称"石潭先生"。

弟伟，字器之。由庶吉士授检讨。与俊皆忤刘瑾，调南京礼部主事。瑾

第八章　漫长的南行之路：从北京到贵州

诛，复故官。屡迁南京国子祭酒。武宗以巡幸至，率诸生请幸学，不从。江彬矫旨取玉砚，伟曰："有秀才时故砚，可持去。"俊罢官之岁，伟亦至吏部右侍郎，偕廷臣数争"大礼"，又伏阙力争。及席书、张璁等议行，犹持前说不变。转官左侍郎，为陈洸劾罢，卒于家。

崔铣，《明史》卷二八二《崔铣传》："字子钟，又字仲凫，初号后渠，改号少石，安阳（今河南安阳市）人。弘治十八年进士，选庶吉士，授编修。"又见陈田《明诗纪事》，3421页。

陆深：字子渊。号俨山。上海人。《明史》卷二八六，载其事。又见《千顷堂书目》卷二十一，540页。《献征录》卷十八，有许瓒《陆公深墓表》。弘治十八年进士，为翰林庶吉士。正德丁卯（二年），为国史编修。后为詹事府詹士。有《俨山文集》等。

杭淮：字东卿，宜兴人，弘治十二年进士，和王守仁同年。《明史》卷一七四有传，又见《千顷堂书目》卷二十一，537页。

束景南认为，据李梦阳的记载，他和王守仁同日出京。此说尚需探讨。当理解为"同时"，未必同日。

5 见《泉翁先生大全集》卷四十《九章赠别》，有《序》："《九章》者，赠阳明山人王伯安也。山人为天德王道之学，不偶于时，以言见谴。"《九章》篇名：《窈窕》《迟迟》《黄鸟》《北风》《行行》《我有》《皇天》《穷索》《天地》。文长不录。

6 见《陆文裕公行远集》卷十四。此"同日去国"当理解为文学语言，并非一定指同一天离京。

7 见杭淮《双溪集》卷一。

8 《答汪抑之》其二的诗句，有关注解如下：

恫心：痛苦。恻：哀伤，不忍。伊迩：近处。《诗经·谷风》："不远伊迩，薄送我畿。"昕夕：早晚，朝暮。意为，即使居在近处，尚有朝暮难以想见之怨。

9 昆弟居：汪俊有弟汪伟。菽水欢：指普通饮食，侍奉父母。《礼记·檀弓下》："子路曰：'伤哉！贫也！生无以为养，死无以为礼也。'孔子曰：'啜菽饮水尽其欢，斯之谓孝。'"

10 瓦缶：小口大腹的瓦器。《易·坎》"六四"："樽酒簋贰用缶。"三国魏王弼《注》："处坎以斯，虽复一樽之酒，二簋之食，瓦缶之器，纳此至约，自进于牖，乃可羞之于王公，荐之于宗庙，故终无咎也。"黄钟：古代打击乐器，音深稳低沉，多为庙堂所用。又为古代乐律"十二律"之首。

11 乔白岩：乔宇，号白岩。王守仁还有《送宗伯乔白岩序》，可参见。关于乔宇以后在政坛上的活动和与王守仁的关联，见下文。

12 见《献征录》卷二十五，又见《国榷》卷四十六。

13 储巏，见前第四章注。

14 此时夫人诸氏的行迹，没有具体的记载。但是，设想一下，到了贵州，如果夫人家属都跟随而去的话，不可能如下文所述，可以住到山洞之中。

15 见附录《王守仁贬谪贵州时间考》引王世贞《史乘考误》语。

16 见《纪事本末》卷四十三。但所列名单和《今言》所载名单有若干出入，和《明史》卷三百四《刘瑾传》所列也有细微不同。

17 北新关：在杭州北，设钞关受税处也。为明代运河的七大税关之一。许梦闳辑《北新关志》："明设北关三十取一，岁额相仍，收有常则。"

《赴谪次北新关喜见诸弟》："扁舟风雨泊江关，兄弟相看梦寐间。已分天涯成死别，宁知意外得生还！投荒自识君恩远，多病心便吏事闲。携汝耕樵应有日，好移茅屋傍云山。"

18 草萍驿：宋代衢州在常山设有草萍驿，在球川县。《读史方舆纪要》卷九十三："草萍驿，县西四十里。江浙于此分界。又西四十里即江西玉山县也。隆庆初，并入广济驿，置公馆于此。今详见玉山县。广济驿，在县城东。旧在城内，嘉靖四十二年，迁今所。本曰广济水驿，后并入草萍马驿，曰广济渡水马驿。"

林见素，林俊，已见前。他早就和王守仁相识，见前文注释。

19 《草萍驿次林见素韵奉寄》，见《全集》卷十九，684页。

野航：小船。元王祯《农书》卷十七："野航，田家小渡舟也。"此句指自己本来就懒散于官宦的生活。受闲忙：意或为，因有闲情，方得以忙于观赏。

20 有学者认为，在那里见过的"严星士"，就是严嵩。严嵩为弘治十八年进士，和湛若水、崔铣、陆深等同年，会见是有可能的。

21 见王守仁《袁州府宜春台四绝》："持修江藻拜祠前，正是春风欲暮天。"明代宜春台有宜春侯祠、仰山行祠、韩文公祠、三先生祠等。

22 萍乡：《读史方舆纪要》卷八十六"袁州府"条下："萍乡县，府西百四十里。"濂溪祠：濂溪，宋周敦颐的号。周敦颐（1017—1073），字茂叔，道州营道县人（今湖南道县）。北宋理学代表人物。主要著作有《通书》《太极图说》《爱莲说》等。曾在萍乡建书院讲学。明代时有濂溪祠。守仁诗中多言及濂溪。

23 木偶：当指祠中供奉的偶像。

过化：《孟子·尽心上》："夫君子所过者化，所存者神，上下与天地同流。"

24 《次韵答赵太守王推官》："方舟为予来，飞盖遥肃肃。"方舟：两船相并。《庄子·山木》："方舟而济于河，有虚船来触舟，虽有惼心之人，不怒。"唐成玄英《疏》："两舟相并曰方舟。"飞盖：驰车，驱车。肃肃：或指车马疾速貌。

束景南云，据《乾隆长沙县志》卷十八《职官》，赵太守，名维藩，字介夫。弘治五年进士。王推官，名教，宜宾人，进士。

此诗，《全集》卷十九次于有关长沙的诗最后，考诗意，当为王守仁刚到长沙时的境况。之所以如此，除了王守仁父亲原来在湖南有影响外，还由于有朋友陈凤梧当时任湖广按察司提学佥事。远在京城，他们就相识，陈凤梧出京的时候，王守仁还写诗送过他。王守仁和陈凤梧的诗见永富青地《关于上海图书馆藏〈新刊阳明先生文录续编〉》，见所著《王守仁著作的文献学研究》187页，195－196页。

25 见《次韵答赵太守王推官》："皇皇絃诵区，斯文昔炳郁；兴废尚屯疑，使我怀悱懊。近闻牧守贤，经营亟乘屋。"

26 《次韵答赵太守王推官》："及兹授春服。"春服：春天的服装。

27 见《长沙答周生》："旅倦憩江观，病齿废谈诵。"病齿：可知此时王守仁患牙疾。

28 周生名金，见永富青地《王守仁著作的文献学研究》第二章第三节所录《答文鸣提学》："病齿兼虚下，留长沙八日。大风雨绝往来，间稍霁，则独与周生金者渡橘洲，登岳麓。"《长沙答周生》："之子特相求，礼殚意弥重。""自言绝学余"，而他想"近希小范踪，远为贾生恸"。小范：范仲淹。

宋陆游《醉中歌》："元祐大苏逝不返，庆历小范有谁知。"贾生：贾谊。事见《汉书·贾谊传》。

29 《游岳麓书事》："人言岳麓最形胜，隔水溟蒙隐云雾。"

30 王守仁《游岳麓书事》："下拜朱张息游地。"比较具体地记录了登山之行。见上古版《全集》卷十九。

31 据今人梁颂成说：此诗《全集》题为《天心湖阻泊既济书事》，《湖南通志》题为《天心湖阻风》。天心湖分属汉寿与沅江两县，沅江县明代亦属常德府（今属益阳）。《湖南通志》于龙阳（今汉寿）县下载："天心湖在县东南六十里，接沅江县界，东连洞庭湖。"又在沅江县下载："天心湖在西北四十里，龙阳沅江二县受资水会于此，入洞庭湖。"下录王守仁此诗。见所撰《王守仁在常德的诗歌创作》。

32 駃：迅疾。圮：倒塌，破裂。

33 翼午：翼，指二十八宿中的翼宿，对应楚之分野。《史记·天官书》："翼为羽翮，主远客。"唐张守节《正义》："翼二十二星，轸四星，长沙一星，辖二星，合轸七星皆为鹑尾，于辰在巳，楚之分野。"此处意为，到了巳时，风更大了。断汜：无法通行的江边。

34 《天心湖阻泊既济书事》："夜入武阳江，渔村稳堪舣。籴市谋晚炊，且为众人喜。"

武阳江：在汉寿县。舣：停泊。

35 关于此赋何时所作，从最初的《阳明文录》到现在的《王阳明全集》，多将此赋收载在《赋》的部分，注明"丙寅"，然最早刊有此赋的《居夷集》无此"丙寅"二字，当为后来编者所加。其序言"正德丙寅某以罪谪贵阳，取道沅、湘。感屈原之事，为文而吊之"，明言得罪在丙寅，"取道沅、湘，有感而作"。据《武宗实录》等载，王守仁赴谪乃是次年之事。殆编《集》者，仅根据《序》中有"丙寅"字便在题下注之，未细考也。又，日本内阁文库存明刊《王阳明诗选》残卷，将此赋列于入沅水诗中。当以此赋为入沅水以后所作为妥。

36 《全集》列于在浙赣途中，似误。考所写景物，当是赴黔途中的感受。

37 罗旧驿：当在今怀化市一带。按：沅水驿州城南二里。又州东北八十里有盈口驿，东南八十里有卢黔水驿。又罗旧马驿，置于罗旧堡。罗旧在公平南二十里，本有驿舍，因去怀化过远，离府城又太近，故移驿马于公平，而仍其罗旧之名。驿有王阳明碑。

38 市谷鸟：按《居夷集》，"市"作"布"。布谷为是。刺桐花，四川贵州一带有此花，或称"龙牙花"。暝、幽：均指天气阴雨黯然。

39 夜郎：古地名。今贵州西北及云南一带。此夜郎当指湖南沅陵的夜郎县。五云：色彩变幻的云天。此言在旅途中观景的欢悦和思乡的哀愁。

40 此诗当在赴黔途中作。辰阳：在今湖南省怀化市辰溪县。顾祖禹《读史方舆纪要》卷八十"湖广六"："长沙府，东至江西袁州府四百三里，南至衡州府四百五十里，西南至宝庆府四百五十里，西至辰州府七百里，西北至常德府四百里。"沅州：芷江，今湖南芷江侗族自治县一带。

41 耶溪：即若耶溪，在浙江。

42《读史方舆纪要》卷八十一"湖广七"："平溪卫，沅州西百五十里。洪武二十二年建。西南至贵州思州府三十里。城周九里有奇。今亦置平溪卫。详见贵州。"卷一百二十二"贵州三"："平溪驿，府东北四十里。平溪卫城外有平溪渡。又东北三十里有晃州驿，又七十里为便溪驿，有便溪浮桥。又东五十里即沅州也。"平溪馆，在今玉屏县。玉屏古名平溪。宋置平溪峒。明洪武二十三年（1390）设平溪卫。王文济，不详。但是从诗的内容推测，似和王守仁以前就相识。后王守仁有《即席次王文济少参韵二首》。

43 见《平溪馆次王文济韵》："山城寥落闭黄昏，灯火人家隔水村。清世独便吾职易，穷途还赖此心存。"

44 七盘：今镇远到黄平一带。景泰元年（1450）四月，明军在安南卫、紫塘、弥勒、南窝、阿蒙等寨以及七盘坡、羊肠河、杨老堡、清平等地镇压当地造反民众，打通了兴隆（今贵州黄平）至镇远的道路。"七盘坡"当即此"七盘"。关于当时战事，《明史·景帝本纪》景泰元年，夏四月："丁亥，保定伯梁珤代王骥讨贵州叛苗。"又见《明史》卷一百五十四《梁珤传》："景泰元年拜平蛮将军，代王骥讨贵州苗。其冬，分四道进攻，大败之，斩首七千有奇，破寨五百。"

45 兴隆卫：《读史方舆纪要》卷一百二十一："阳府东至龙里卫六十里，西至威清卫六十里，南至广西泗城州界三百五十里，北至四川遵义府界三百里。""明洪武二十二年,始置兴隆卫军民指挥使司,隶贵州都司。"治所或云在今黄平县城。又新晃县有兴隆镇,或与旧兴隆卫所有关。

46 见《兴隆卫书壁》。惊春老:指到了暮春时节。

47 《兴隆卫书壁》:"尺素屡题还屡掷,衡南那有雁飞回?"

48 《读史方舆纪要》卷一百二十一:"清平县府北百三十里,北至清平卫一里。自昔为蛮夷地。洪武十四年,开置清平堡。二十二年,升为清平长官司,属平越卫。二十三年,置清平卫于司北,因改属清平卫。"

49 《清平卫即事》:"峰头戍角隐孤城。"同上。

50 郑晓《今言》、《明史》卷三百四《刘瑾传》和《明史纪事本末》所列人名,稍有出入。

附录：
王守仁贬谪贵州时间考——兼论《泛海》诗

（一）

几乎近年出版的所有王守仁传记中都说，他因反对刘瑾，被贬到贵州龙场。在前往贵州的途中，刘瑾派人追杀。

比如流行的一本明代史中，津津有味地描述了这样的场面：

刘瑾是一个办事效率很高、做事很绝的人，他罢了王守仁的官，打了他的屁股，却并不肯就此甘休，为了一解心头之恨，他特地找来了杀手，准备在王守仁离开京城赴任途中干掉他。

王守仁早就料到刘瑾不会放过他，便在经过杭州时玩了一个把戏，把自己的帽子和鞋子丢进了钱塘江，还留了封遗书，大意是我因为被人整得很惨，精神压力太大，所以投江自尽了。

这一招很绝，杀手们听说这人已经自尽，就回去交差了，更搞笑的是连杭州的官员们也信以为真，还专门派人在江边给他招魂。

而与此同时，魂魄完好的王守仁已经流窜到了福建，他乡遇故知，通过占卜，决定到南方去。

王守仁告别了朋友，踏上了新的征途，但他仍然不愿意去贵州，便选定了另一目的地——南京。

此时他的父亲王华正在南京做官，而且还是高级干部——吏部尚书。但王守仁此去并非是投奔父亲，而是秘密前往的。父子交谈之后，王华问出了一个关键的问题：

"你今后打算怎么办？"

王守仁叹了口气："我在这里只会连累父亲，京城也已回不去，只能找个地方隐居。"

这看来已经是唯一的方法，但王华却摇了摇头。

"你还是去上任吧。毕竟你还是朝廷的人，既然委任于你，你就有责任在身，还是去吧。"

此后，王守仁在杭州养病一年，第二年才去贵州。也就是说，王守仁正德三年从杭州往贵州。

（二）

这个故事基本是根据《皇明大儒王阳明靖难录》等书的内容转写的。

在这个故事基础上，又说王守仁写了不少诗，汇编成"泛海"诗。

此乃有关王守仁生平的一个重要关节点，不管故事怎么有趣，还是应当搞搞清楚。也就是说，笔者想探讨一下王守仁贬谪贵州时间问题，并兼及所谓王守仁的"泛海诗"。

笔者认为，上述王守仁"泛海"（或投江）的传说不是史实，理由如下：

王守仁正德元年上疏，在什么时间？

1. 王守仁上疏的时间，《王阳明全集》所载钱德洪等编《王阳明年谱》列在"正德元年"，说是为"南京科道官戴铣、薄彦徽等上疏"事。这大致不误。但具体在何时？

《年谱》说是在正德元年"二月"。《靖乱录》不详。如果《靖乱录》所据为《年谱》，则也当为"二月"。

谈迁《国榷》：南京科道官戴铣、薄彦徽等上疏，正德皇帝发怒，逮下诏狱，时在正德元年十二月。因而，王守仁的"上疏"只能在此以后。

高岱《鸿猷录》作"正德二年""闰正月"。殆因和当时其他人受罚之事一起言之的缘故。总之，肯定是在正德元年十二月以后。

戴铣、薄彦徽等上疏的主要诉求，是挽留要求"致仕"的内阁大臣刘健和谢迁。同时，弹劾中官高凤。而刘健、谢迁致仕，在正德元年十月。戴铣、薄彦徽等上疏，自应是在此之后。

所以，《年谱》说的"正德元年二月"王守仁"首抗疏"救戴铣，显然有误。这一点，《明通鉴考异》已经指出过了。《明通鉴》卷四十一"武宗正德元年"十二月乙丑条下："谪兵部主事王守仁为龙场驿驿丞。"《明通鉴考异》曰："文成谪龙场驿丞，诸书多系之明年正月，证之《实录》，乃是年十二月乙丑也。刘健、谢迁之罢在十月，刘瑾等论救即在其时，文成之得罪又因救刘瑾等。而《年谱》乃作元年二月，恐传写者误脱'十'字耳。今据《实录》。"

又考，正德二年"春正月乙亥朔"，如是，则元年十二月乙丑，当在十二月二十日前后。王守仁的上疏受罚，应在此前后。

也就是说，有关资料中，有关时间的记载矛盾，实际上，《年谱》有关王守仁上疏救戴铣等人的时间，是错误的。他上疏应该在正德元年十二月。

2. 王守仁正德十二月上疏受罚，那么他什么时候前往贵州？有没有可能一直到正德三年才去呢？显然不可能，因为这和当时的制度不合。

据李东阳等奉敕撰，申时行等奉敕重修《大明会典》卷一百六十二"刑部四""律例三""职制"条的"官员赴任过限"款中曰："凡已除官员在京者以除日为始，在外者以领照会日为始，各依已定程限赴任。若无故过限者，一日笞十，每十日加一等。罪止杖八十，并附过还职。"其中途阻风被盗，病丧事不能前进者，听于所在官司给凭以备照勘。"下有具体的案例："有违至一月以上问罪。三月以上，送部别用。半年以上，罢职。"又有："若无故迁延过半月以上不辞朝出城者，参提问罪。"

卷一百七十一"刑部十三""律例十三""捕亡"条的"徒流人逃"款："凡徒流迁徙囚人，役限内而逃者，一日笞五十，每三日加一等。"都有严厉的规定。断不容私自逃脱延误。

可知，按当时法律，王守仁为被贬赴任之人，断无擅自到福建、延宕到正德三年才去贵州之可能。

3."传说"的故事，在情理上不合理。

刘瑾等在当时，尚未完全控制朝政。就连正面提出要处死刘瑾等人的韩文等，也没有被刘瑾暗杀，王守仁相对于这些人，算不上主要人物，自然更无须杀死他。

如果王守仁真是被刘瑾恨之入骨，就无法说明，为什么其父亲还被任命为南京礼部尚书。

4.有关王守仁被暗算的各种记载，地点上明显矛盾。

《年谱》的有关记载是："至钱塘，瑾遣人随侦，先生度不免，乃托言投江以脱之。因附商船游舟山。偶遇飓风大作，一日夜至闽界。"

而黄绾写的《王阳明行状》："公行至钱塘，度或不免，乃托为投江，潜入武夷山中，决意远遁。"

《靖乱录》说王守仁被贬，先回到杭州，住在圣果寺。被逼投水，"藏身于岸坎之下。次日乘个小船，七日之后，以达江西广信府。行至船山县。其后夜复搭一船。一日夜，到一个去处"，乃是福建地界。

一个是从江西到福建，一个是从舟山到福建，一个说是"托为投江，潜入武夷山中"，记述明显不同。那么，从逻辑上说，这其中只有一处可能正确，或三者都是错误的。

笔者认为，《行状》《年谱》乃至《靖乱录》所载，明显矛盾。这三者所说，皆非事实。寒冷的冬天，投江自然难活，说附商船、遇飓风，作为常识，飓风多在夏秋季，冬季，江浙海面又怎么会有飓风？

5. 材料出处不可靠。"被刘瑾追杀投江"故事究竟出于何处？

《靖乱录》所据资料，出处不详。有的学者考证，《靖乱录》的作者是冯梦龙。关于王阳明的诸事，又见冯梦龙《智囊》，而《智囊》所据，乃当时流传风闻。

冯梦龙在所著《智囊补自叙》曰：

"忆丙寅岁，余坐蒋氏三径斋小楼近两月，辑成《智囊》二十七卷。以请教于海内之明哲，往往滥蒙嘉许，而嗜痴者遂冀余有续刻。余菰芦中老儒尔，目未睹西山之秘籍，耳未闻海外之僻事，安所得匹此者而续之？顾数年以来，闻见所触，苟邻于智，未尝不存诸胸臆，以此补前辑所未备，庶几其可。"

或云，《靖乱录》多据高岱的《鸿猷录》。然《鸿猷录》对王守仁谪龙场事，并未详论，更无"被刘瑾追杀投江"等记载。

《年谱》资料出于何处，目前无法考证。束景南认为这些出自陆相的《阳明先生浮海传》。

关于王阳明被追杀投江的传说，比较早的正式记载，笔者寡见，有赵时春的《兵部尚书胡端敏公世宁传》，见焦竑《献征录》卷三十九。

王守仁"始为刑部郎，劾刘瑾，其言切至。瑾畏恶之甚，矫武皇帝旨，廷杖四十，贬龙场驿丞，即日督发，意其必死。无何，闻文成得活，更令卫校追擒。校有哀守仁忠者，先驰至无锡告之，使善自为计。守仁脱衣于江干，更着道服遁去。群校以守仁投江白瑾，乃已。"

而王守仁又"行乞灵隐寺"，寺主僧藏之，后往贵州云云。

可见当时文人对此事的接受情况。

赵时春，字景仁，号浚谷，平凉人。生于明武宗正德四年，卒年不详。嘉靖五年（1526）擢进士第一，选庶吉士。

胡世宁，字永清，仁和人。明弘治六年（1493）进士。

由此推见，在王守仁去世前，便有风闻。到明嘉靖七年（1531），也就是王守仁去世后不久，世间已形成传闻。

又明代杨仪《高坡异纂》也载有此事，但《高坡异纂》多载荒诞之事，显为小说家流，并非史实。

明朝的其他史料如王世贞《史乘考误》卷八，录《客坐新闻》，记有王守仁"寓杭州胜果寺"等事，与《靖乱录》所言，大致相同。

但是，王世贞指出："《客坐新闻》所纪，正德洪所谓'托言投江'之说也。当时王公止是救给事中戴铣等，初与瑾无深仇，何必作此狡狯，毋乃权狡诘纵横之余习乎？"

又云："《客坐新闻》为沈周作，周以正德己巳寿终。而王公至正德甲戌始拜南鸿胪卿。今云云，恐后有好事者增益之，亦非沈笔也。"

可见"追杀、投江"说不可靠。这样说的人，所据都是传闻，并非史实资料。

6. 早在王守仁生前就有人指出，"投海"云云，乃是虚言。湛若水《阳明先生墓志铭》："人或告曰，阳明公至浙沈于江矣，至福建始起矣。登鼓山之诗曰'海上曾为沧水使，山中又拜武夷君'有征矣。甘泉子闻之笑曰，此佯狂避世也。故为之作诗有云：'佯狂欲浮海，说梦痴人前。'后数年，会于滁，乃吐实。彼夸虚执有以为神奇者，乌足以知公者哉。"就是说，王守仁的好友湛若水已经明确地指出，所谓"泛海"乃是"佯狂避世"，并非事实。

7. 有关王阳明后来经历的史料，可以证明，正德二年夏秋之际，他不可能到福建去。

王守仁在贵州龙场，假如说是三年任满，调任庐陵知县，时在"正德五年"。《明史·选举志三》弘治十四年："南京吏部尚书林瀚言，在外司府以下官，俱三年一次考察，两京及在外武职官，亦五年一考选，惟两京五品以下官，十年始一考察，法大阔略。旨下，吏部复请如瀚言，而京官六年一察之例定矣。"可见，外官三年一察。按照《年谱》："三月至庐陵。"其实，王守仁在正德四年末，已经在前往庐陵的路上了。

王守仁在贵州三年，如果正德三年才到贵州，至正德四年，那无论如何也说不上"三年"的。

还要强调一下，刘瑾的倒台，按照《明史》《明通鉴》等记载，是在"正德五年八月"。

所以，王守仁的转任和刘瑾的覆灭没有关系，他是在刘瑾仍如日中天时升任的。说他是在刘瑾覆灭以后才复出的说法，不确。这就从另一个角度，证明当初刘瑾并没有去"暗杀"王守仁。

8. 至于说到了福建又回南京见父亲，也说不通，当时他们父子都在北京，即便在他被贬离京之前，王华已经前往南京，那么由北京南下，经过南京时便可见之，何必还要转一个大圈子再到南京去？

9. 关于作为王守仁"正德三年"赴贵州最主要证据的"泛海"诗，无论是《全集》卷十九所载，还是后来辑佚所得，都是有问题的。见下文。

10. 最后，还有一条实证资料。

作为近年的辑佚成果，王守仁《寄京友》诗的墨迹尚存。题跋明确写道："正德二年立秋前二日，邸龙场署中，作句复都门友人，时有索字，因笔以应。"可证正德二年秋，王守仁已经到达了贵州。

如果不能证明此为伪作，那么可为正德二年秋天王守仁已在贵州的确切证据。

根据以上理由，可知，王守仁在正德三年才赴贵州之说，显然是错误的。

（三）

为了进一步说明问题，我们还要再探讨一下王守仁的"泛海"诗。

现把《全集》所载《泛海》诗列之于下：

> 险夷原不滞胸中，何异浮云过太空！夜静海涛三万里，月明飞锡下天风。（《泛海》）

> 肩舆飞度万峰云，回首沧波月下闻。海上真为沧水使，山中又遇武夷君。溪流九曲初谙路，精舍千年始及门。归去高堂慰垂白，细探更拟在春分。（《武夷次壁间韵》）

泛海诗，早在明代嘉靖年间，季本整理王守仁诗歌时，就曾提及，见季本《泛海诗序》。季本乃王守仁到赣州以后才入门的弟子。他所说的，是十多年后对前事的追述。

《序》未明言作于何时，但是，说《泛海诗》作于正德二年，显然站不住脚。

如前所述，王守仁根本没有黄绾在《阳明先生行状》中所说的"托为投江，潜入武夷山中"之事，那自然就无所谓"泛海诗"可言。

但是，自从《泛海》《武夷次壁间韵》等诗流传以后，近年又有各种说法。

钱明从《皇明大儒王阳明出身靖难录》中录出《绝命诗》，以为是真作。

束景南编《辑考编年》，重提此事。考辨《年谱》，认为邹守益《王阳明先生图谱》等所载，当为受"伪托说"之误。他认为：王守仁并无投江、泛海等事。这一点，与笔者不谋而合。但他认为《泛海诗》是王守仁为了"伪托""泛海""遇仙"的传说而写的。

有关王守仁被刘瑾派人追杀，"投海"或"投江"，是编造出来的神话，笔者在前文已经证明了。

钱明收集王守仁佚诗，录出《靖乱录》中两首所谓王守仁在"投海"时写的《绝命诗》：

> 学道无成岁月虚，天乎至此欲何如。生曾许国渐无补，死不忘亲恨不余。自信孤忠悬日月，岂论遗骨葬江鱼。百年臣子悲何极，日夜潮声泣子胥。

> 敢将世道一身担，显被生刑万死甘。满腹文章宁有用，百年臣子独无惭。涓流裨海今真见，片雪填沟旧齿谈。昔代衣冠谁上品，状元门第好奇男。

他认为此乃王守仁亡佚的作品。根据是，这两首诗《靖乱录》中收录。谷应泰的《明史纪事本末》有第一首诗的后两句，由此推断是真的。

考此《绝命诗》，《客坐新闻》亦载。仅第一首，后两句基本同《靖乱录》。且不说《客坐新闻》此书的真伪，从文献来源的角度而言，现存王守仁生前刊行的最早的诗集《居夷诗》中，这些诗却都未收录，如何解释？

此外，《绝命诗》风格颇俗，如"昔代衣冠谁上品，状元门第好奇男"，以王守仁当时的认知水平和心态，会自吹"状元门第"？

所以，分析王守仁当时所处的历史环境，考究这一传说的来龙去脉，再看王守仁日后的实际情况，只能说，上述《泛海》

诗，没有事实根据（或许照束景南说法，是王守仁故意传布的）；而《绝命诗》，绝非王守仁所撰。这是在明嘉靖后期，王守仁之学兴盛后，后学神化王守仁的结果。

（四）

那么，王守仁是否有可能曾到武夷山等处走过呢？

《全集》中收录的《武夷次壁间韵》诗和作为王守仁"泛海"证据的《泛海》诗，王守仁在世时编刊的《居夷集》中都未收。另外还有《移居圣果寺二首》之二、《忆别》这两首也没有收录，其他的《赴谪诗五十五首》，《全集》和《居夷集》所收诗的顺序文字，基本一致。有的学者认为《全集》这部分就是根据《居夷集》而成，增加了四首诗。

因而，这四首诗，尤其和"泛海""武夷山"之行有关的这两首，是否为王守仁所作？不无怀疑的余地。否则，如何解释《居夷集》中唯独不收这些从王守仁的人生来看是非常关键时刻的诗呢？

而根据上文研究，王守仁根本没有可能在正德二年前往武夷山，所以，笔者认为，所谓的《泛海诗》，至少《靖乱录》中两首所谓王守仁在"投海"时写的《绝命诗》，当是伪作。

退一步说，如果说王守仁曾有"武夷山之行"，笔者认为，其时间也必不会在正德二年。

作为一种可能性，以王守仁的生平行迹来看，弘治十六年，除《年谱》云"移疾钱塘西湖"外，缺乏记载。他"移疾"后，或许存在到武夷山一游的可能。因为，从时间上看，王守仁在弘治十五年以后，其他年代的行迹，都可确定。如有此行，只能在这段时间。而且，这一年也是从年初就在杭州，季节上与正德二年到杭州相吻合。此外，王守仁在这一年秋冬之际，曾经到过会稽，然后又有前往吴中之行。如果不是有南向之行，王守仁本来已经在钱塘，欲往吴中，又何必特地返回会稽？所以，作为一种推论，在此提出，供研究者共同探讨。

此外，束景南《辑考编年》定为"弘治十六年"的《本觉寺》《圣水寺二首》《无题道诗》《曹林庵》《惠济寺》《觉苑寺》《春日宿宝界禅房赋》《无题》诸诗，是否俱为"弘治十六年"所撰，也有再考的余地。姑且就此打住。

第九章 贵州生涯

正德二年五月—正德四年十二月

第九章 贵州生涯

一、初到龙场

经过漫长的跋涉，王守仁在正德二年的春夏之交，到达贵州龙场，在路途中辗转了三个月左右。[1]

初到之际，虽然王守仁不能说没有一定的思想准备，还有个别的童仆跟随，但到达以后，那里的情况，还是远远超出了王守仁的想象：他的住所，只是个高不及肩的草棚，要自己砍了荆棘作篱笆，地上的泥土，高低不平。透风漏雨，风吹过来，一片萧疏。下雨屋漏，因为简陋，修补倒也容易。几乎就是和野鹿、野猪同游一般。没有各种必要的生活用具。他感觉仿佛回到了远古的时代。[2]

在这样的草庵，王守仁住了下来。过了些日子，毕竟不是久居之计。好在天气越来越热，到夏天了，王守仁就在附近小山上找了个山洞。山洞边上有山泉潺潺，早上晨雾缭绕，苍翠满目，童仆们觉得倒也不错，于是，就打扫一下，在洞穴中居住下来。[3]

王守仁觉得，这个古洞在荒僻的山中，仿佛就是特地为他们而设。在那里，靠着岩洞烧饭，依着石垒就榻。书卷可以散乱堆列，樽壶交错，光影闪动。在这样的地方，虽然依然有着思乡之念，但心情恬淡，没有什么可后悔的。[4]

211

童仆们对此环境，也觉得满意：天然奇巧，省却了人工的雕琢。清泉在边上，潺潺流过，青山翠绿间，雾霭缭绕。童仆们终日可嬉戏休息，主人王守仁自己也舒坦愉快。虽没有官衙中荣耀，但远离了尘世的喧嚣。唯一有点担心的是，如果到了霜雪时节，这林远云深的山间，衣服会不会太单薄啊？[5]

王守仁听了童仆的议论，不觉莞尔一笑，对他们说，你们想得真周到啊，上古时代就有居住在洞穴之中的，洞穴中冬天比较暖和。那些轻裘棉衣，我也不觉得有什么暖和，我现在和古代传说中的"箪瓢子"，心心相通。[6]

王守仁觉得，在上古时代，就有穴居的记载，现在自己也体验到这样的生活了。这或许有着自我安慰的因素，而即便在此时，他心中依然怀着很高的自我期许："邈矣箪瓢子，此心期与论。"反映了他的心态。[7]

他在公务之余——说实在的，当时那边缘地区的"驿丞"，每天必须要干的"公务"，原本就不多，以王守仁从弘治十二年考上进士，在中央朝廷官厅中翻腾了这六七年的经验，应付小小龙场驿站的那点事情，自然是随手拈来，小菜一碟。没几天，对附近的大体框架已基本了然。余下的时间，完全自由。

他充分利用这样的空闲，当然还是要读书。因长途跋涉，没带什么书，一本《易经》是带着的，于是悠然而读之。"古之君子，居则观其象而玩其辞，动则观其变而玩其占。"在《易经》卦爻符号、《象》、《彖》、《系辞》所构建的思维框架中，他"仰而思焉，俯而疑焉"，回顾自己至今的生活经历，思考着天地间的各种事物。"优然其休焉，充然其喜焉，油然其春生焉"，思想孕育着、升华着。[8]在困境中，不屈服于外部的艰辛，坚持自己的信念，保持乐观的精神，是生活下去的重要支柱。

生活是现实的。衣食住行的问题很快不断地摆到王守仁的面前。初到不久，他遇到了非常实际的问题：要绝粮了。[9]

食粮不足，跟随的童仆都有些不满了。为了解决粮食等问题，王守仁不耻下问，向当地的农夫学习种田。好在当地都还处在"火耕"的阶段，于是，趁着春天尚未过去，带着童仆，置办了农具，在南面的荒山上，开了几亩地，种上了庄稼。[10]

不仅读书种地，王守仁时而还去观看当地人在农田中干活，也算是享受着这边缘地区暂时的宁静。他看到，在这山区，高下不同的地块，种着不同的作物。有稻米，也有粟黍。认识到，种植蔬菜的土地要疏松，而栽培芋头之类的土地要有水分。如果气温低，作物就不结实，天气太热，就会有虫。日常要不厌其烦地锄草，在水田中耘稻，不要怕长得太密。王守仁细心观测，对农作物等的生长特性等，都有了一定的了解。[11]

跌到了社会的底层，可以与民众直接接触，因此，对于当地的民情有所察知。王守仁对于底层的尤其是少数民族的民众，抱有同情之心。他写了《去妇叹》五首。[12]诗《序》这样说："楚人有间于新娶而去其妇者。其妇无所归，去之山间独居，怀绻不忘，终无他适。予闻其事而悲之，为作《去妇叹》。"其中之一："委身奉箕帚，中道成弃捐。苍蝇间白璧，君心亦何愆！独嗟贫家女，素质难为妍。命薄良自喟，敢忘君子贤？春华不再艳，颓魄无重圆。新欢莫终恃，令仪慎周还。"

说一个妇女，"委身"之后，被丈夫遗弃。她觉得，丈夫虽说有不到之处，但并无大过错。自己不忘原来丈夫的贤明，劝导丈夫：新欢不可"终恃"，自己要保持好原来的身心状态。

时光如梭。夏天过去了，到了夏秋之间，当地的百姓，看到这位"驿站主任"连个住宿的房子都没有，长久居住在洞中，颇为阴湿，就商量着，大家一起在龙冈的小山上，为他搭建一间新居，让他从山洞搬到新居中。[13]

王守仁感到了民众的关切，非常高兴，专门写了诗歌记载此事：在山间种些小树，围成一方天地。打开窗户，远峰入眼。俯视山下,村墟山寨,连绵山林间。自己的门前,有可种蔬菜的田地,间杂着花卉和药草。这屋子说是给我住的,其实,来的人都可憩息。虽说还不是十分完美,但也要时时修理,勿使之倾倒。[14]

为了日后的生活,王守仁还自己学着干些农活。《龙冈新构》其二这样写道:"素缺农圃学,因兹得深论。毋为轻鄙事,吾道固斯存。"

当时,他还不到四十岁,即便长期为官,体力活还是没问题的。在这样的居室中,闲暇时到旁边的园子里种菜;夏秋之间,天气适宜,到田地里去劳动一番;劳动累了,在树荫下休息,翻看几本旧书;睡意袭来,便枕着竹下的石块憩息。一幅悠然自得的景象。[15]

这样,王守仁初到龙场的生活就算安顿下来,逐步走上了轨道。

到了秋天,王守仁笔下,当地的景色是这样的:白天的喧嚣静寂下来,流萤飞动,秋夜的月色下,一种泠然的孤独感油然而生。看着满目秋色,怀念远方家人:"萧瑟中林秋,云凝松桂冷。山泉岂无适?离人怀故境。"[16]

这样的生活中,王守仁时而也感叹生命的逝去。《溪水》诗这样表述:"溪石何落落,溪水何泠泠。坐石弄溪水,欣然濯我缨。溪水清见底,照我白发生。年华若流水,一去无回停。悠悠百年内,吾道终何成!"

感叹白发已生,年华流逝,一去不返。自己将要做些什么呢?

在这满目荒凉、没有亲友的荒莽之地,自己能做什么呢?正是在这种荒凉悲怆的情感中,王守仁蕴生着自我,感悟到可以不依靠经书、功名,脱离那在自己习惯的都市中的一切而存在。这些正是后来王守仁思想升华,提出"知行合一"等理念的坚实基础。

二、友朋交往

最基本的生活安定之后，一定的社会活动开始展开。王守仁在当时，已有一定的名望。到达龙场安顿下来以后，远近就有一些慕名而至的学生。[17]

秋天农忙之后，百里外的学生特来拜访。"谪居淡虚寂，眇然怀同游"之际，有骑着马远道而来的朋友，住了三个晚上，使身处边缘地区、远离京师繁华的王守仁感到了交流和论学的喜悦："讲习有真乐，谈笑无俗流。"（《诸生夜坐》）但同时又感到："人生多离别，佳会难再遇。如何百里来，三宿便辞去？"有着尚未尽兴的依恋。[18]

人生需要理解。在当地的友朋中，王守仁也有知音。贵州有个姓胡的参议[19]，前来拜访，一起喝酒聊天，吟诗唱和。王守仁和他谈得比较投契，以产于西域的鹦鹉为例，参照三国时祢衡的《鹦鹉赋》，假借鹦鹉，对自己的身世遭遇发出感慨：

"鹦鹉生陇西，群飞恣鸣游。"这鹦鹉后来被作为贡品，送到中原地带，关进了金丝编成的华丽的屋中。因为"能言"，招来了灾祸。[20]它看到主人有隐存的危险，发声提醒，以报答惠养的恩德。但可怕的是，主人不能察知，反而给自己招来"杀身"之祸。[21]王守仁在诗中反问：如"吞声"不言，又能怎么样呢？也就是表示了自己只应选择"发声"。

此外，他还以"凤雏"为例，说"凤雏"这样的鸟，生活在高远的山岩上，被风雨摧残了羽翼，在深林中养伤，百鸟都惊慌地躲避它，抓鸟的人，认为它是妖孽，争相网捕弹打，这样本应当作为"王者瑞"之物，遭到妒忌，不被理解。他发出了"惜哉谁能识"的感慨：又有谁能认识它呢？[22]

在这两首诗中，我们不难体会到这时王守仁心态的一个侧面。[23]尽管面临各种困难，但王守仁并没有丧失抗争的意志，在所撰《艾草次胡少参韵》诗中，表现出要保护芳草，同时要和邪恶势力斗争的决心。[24]

在这些诗中，我们也不难感受到王守仁内心中被压抑着的委屈和翻腾变化的情感。

三、拒辱抗争

龙场毕竟不是世外桃源，也有官府催租要粮，也有官府官员的来往。大约是在正德二年秋冬之际，有个思州属下的官员，因催公务到了龙场。边疆的官，不太领京城官场的"行情"，想给王守仁这新来的驿丞一个下马威，所以到了龙场，趾高气扬，甚不客气。[25]为什么思州守会派人到数百里之外的贵州龙场来呢？因为思州守，为中央派遣的官员，"流官"。[26]上级的官员，派到地方上公干，如果是只认官阶高低的得志小人，见了下属，当然眼球朝上。

此官到了驿站，自认身份比王守仁高，要求王守仁行跪拜之礼，叩头迎接。在京都政坛上翻滚多年的王守仁，对于这种仗势欺人的小官，自然从心底看不起，当场拒绝，回答说："官员下跪，是有礼节的。"意思是，跪拜要按照朝廷规定来。这话说得合乎规矩。那个官员没有想到，在这边区的驿站里，碰了这么个钉子，勃然大怒，于是争执起来。到了龙场数月的王守仁，已经和当地的差役们关系搞得很好了，差役们见到外来的官员傲慢无理，欺侮王守仁，颇为不平，群起而与之争论。越争论越激烈，差役们羞辱那官员，让他饱尝一顿老拳。

此公受辱挨打，自然愤愤。回到府里，添油加醋，向太守报告,说新来的那个驿站"主任",自大妄为,目无上司,指使差役辱骂殴打朝廷命官。思州太守因为职务所辖范围有限,不能直接管到龙场驿站的王守仁,于是,就告到贵州管理司法的按察司。按察司的副使"毛宪副"叫毛科,接到报告,就写了一封信或者说发了一个文给王守仁,晓以利害,要他向太守赔礼道歉。[27]对于上级"监察机关"的来函,王守仁并不畏惧,理直气壮地写了一封回信。他首先对毛科晓以利害的来信表示感谢,接着这样说:"差人至龙场陵侮,此自差人挟势擅威,非太守使之也。龙场诸夷与之争斗,此自诸夷愤惋不平,亦非某使之也。然则太守固未尝辱某,某亦未尝傲太守,何所得罪而遽请谢乎?"

对于他可能受到的利害祸福的分析,他回答道:"凡祸福利害之说,某亦尝讲之。君子以忠信为利,礼义为福。……太守苟欲加害,而在我诚有以取之,则不可谓无憾。使吾无有以取之而横罹焉,则也瘴疠而已尔,蛊毒而已尔,魑魅魍魉而已尔,吾岂以是而动吾心哉!"[28]表现出不卑不亢,不计利害,恪守忠信,讲理自立,不向权势低头的态度。[29]

毛科也是个读书的人,接到信后,非常佩服这位"驿站主任"的气节和学识,于是就想把王守仁请到贵阳,让他指导学生。那应该是王守仁到龙场第二年即正德三年的事。

四、思乡之情

很快,正德二年的大半年就过去了,这年深秋,烧火的柴用完了。为了准备冬天的柴草,王守仁甚至还割草自给。为了砍柴,要在悬崖和山谷中行走。不过,王守仁似乎兴致很高,还吟诗记其事:"晚归阴壑底,抱瓮还自汲。薪水良独劳,不愧吾食力!"(《采薪》其一)寒霜晨露沾湿了自己的衣服,口渴了,喝一口自己带的瓮中的水,看到很高的松树,不忍心砍伐,只是砍一些在山谷涧边的荆棘。同行的人和他开玩笑:你的斧子不砍树,砍些灌木荆棘,那不用磨了,随便弄弄就可以了。[30]王守仁还是感到很高兴,觉得自己可以自食其力。当然,也没有忘了在诗中流露一丝感慨:"材物各有所适用处,可以辅佐天子之材,你们这些小孩子怎么会认识呢?"[31]

将近年末,思乡情切。意想不到的是,故友黄澍特地来看望他。黄澍被派为姚江太守,赴任途中,特来造访。[32]边远之地,年末时分,友朋来访,因久未谋面,初见一时还难以相信。孤独之中,这样的情感波动,在给黄澍的诗中,充分流露出来。《赠黄太守澍》:"岁宴乡思切,客久亲旧疏。卧疴闭空院,忽来故人车。入门辩眉宇,喜定还惊吁。"称赞黄澍:"君才素通敏,窶剧宜有纡。"谈到自己:"蛮乡虽瘴毒,逐客犹安居。经济非复事,时还理残书。山泉足游憩,鹿麋能友予。澹然穷壤内,容膝皆吾庐。惟萦垂白念,且夕怀归图。"最后是互相勉励:"君行勉三事,吾计终五湖。"[33]表达了自己"容膝皆吾庐""且夕怀归图"的心态和"终五湖"的打算。

正德二年,就这样过去了。转眼到了正德三年。年初,元宵节。

王守仁在贵州过的元宵节,有自己的特色:"赖有遗经堪作伴,喜无车马过相邀。"[34]他在静谧的边远区域,回想起当年的京城繁华,[35]想到了去年在京城的情况:"去年今日卧燕台,铜鼓中宵隐地雷。月傍苑楼灯彩淡,风传阁道马蹄回。"[36]在这样的时刻,更怀念远方的家人,想象着家乡过节的情景、亲人的健康:"故园今夕是元宵,独向蛮村坐寂寥。""堂上花灯诸弟集,重闱应念一身遥。"

因为过元宵节,家僮们都非常有兴致地做起了花灯。[37]"花枝绰约含轻雾,月色玲珑映绮霞。"[38]"何如京国王侯第,一盏中人产十家!""取办不徒酬令节,赏心兼是惜年华。"在这边远的荒野之地,想象着京城的灯光,思念着家人的音容。这些,是他内心中的光亮,是支撑着他在生活的道路上走下去的信心。

五、参与地方政教活动

正德三年开春后,因王守仁给省里的按察副使毛科写了回信,回复去年官员告状的事。毛科接到回信,觉得信中所言,有情有理,非但没有责怪王守仁,还特地修理了书院,请他到书院讲课。

王守仁感谢毛科,给他写了《答毛拙庵见招书院》一诗,表示自己的谢意:"野夫病卧成疏懒,书卷长抛旧学荒。岂有威仪堪法象,实惭文檄过称扬。移居正拟投医肆,虚席仍烦避讲堂。范我定应无所获,空令多士笑王良。"按这诗歌的意思,实际是婉拒了。后来或许是由于其他的因素,王守仁还是接受了邀请,到贵州走动。

这年正月,王守仁的旧友王济到了贵州。[39]王济和王守仁早就相识,在北京就有交往。现在此地,故人相见,别有风味。王济负责巡察各地的官员情况,对于王守仁在贵州的所作所为,当然是肯定的。这或许也是此后王守仁愿意到贵州讲学的一个契机,甚至是他后来得以调升的因素之一。

总之,从正德三年初开始,王守仁走出龙场,不时到贵州讲学。

讲学总要有讲义,在此期间,王守仁凭着自己以往对于经书的记忆和理解,结合自己在现实中的感受,对经书的意义进行了思考，撰写了《五经亿说》。[40]

王守仁在远离京华的山林环境中，对经书、对自己的人生，进行了回顾和反思，对于宋代以来的说法，进行了思考。他感受到个人意识的重要性。[41]

这样，王守仁在贵州的交往和视野得以开拓，社会活动多了起来。当地官员逐步知道了这位"驿站主任"的身份，王守仁在正德三、四年间，越来越受到当地官员的重视，他也根据自己的能力，为当地的治理和文化教育，贡献自己的力量。

在当时的贵州，风俗原始，盛行对"巫"的迷信。生老病死、衣食住行各方面，受"巫"的影响很大。王守仁为破除"巫"的迷信做了不少工作。"卧病空山无药石，相传土俗事神巫。"王守仁是读儒家经书的人，不相信"巫"那一套，遭到嘲笑。但是，王守仁坚持向民众解释，他相信，经过一段时间，这样的嘲笑和舆情就会平息。[42]

当地有佛教的影响，可以看到佛教的书。于是，他找了本佛教的药书《药王菩萨化珠保命真经》，让人印刷出来，供社会各方使用。[43]

因为和当地民众熟悉了，大家知道王守仁是个有学问的人，有的人就前来询问："是否有神灵？"对此，王守仁都采取不予回答的态度。来了好几次，人们就问：你一直不回答，这是什么意思呢？

为此，他写了一篇《答人问神仙》，[44]谈了自己对于神灵的看法。他先列举历史上的说法，有说应当有的，也有说应当无的。对此，他采取了传统的儒家方法，回避正面明确回答，他说，想要谈论这个问题，须先面壁遁世三十年，如不能如此，则不必说。可见他没有明确否定，而是在保留"未知"的前提下，采取了"敬而远之"的态度。

因为和当地官员有了交往，受到他们的信任，王守仁还参与了对当地少数民族纷争的调解。

当时,地方上,有姓安的大族首领,被封为宣慰使。[45]他闻王守仁之名,便叫人给王守仁送米、送肉、送帛、送仆人、送马匹、送金鞍,王守仁都推辞不受。

当初朝廷在安西设立卫所,开工建城,后来又中止了。但是,驿站仍旧保留。这旧城址、驿站恰好就在宣慰使安氏[46]所辖地区的中心。安宣慰使很不舒服,就写信给王守仁,让他想办法将其撤除。

王守仁写信给安宣慰使,劝他不要这样做,并进一步申明了朝廷的威信。

不久,水东一个姓宋的酋长[47],统治无方,部族中有两个叫阿贾、阿札的头领,率众反叛宋氏。[48]他们率领的队伍,打到了贵州的附近。

由于水东和水西两方的统治者一直不和,互相对立。这时,王守仁就利用自己和水西安宣慰使的关系,写信劝他出面平定叛乱。安贵荣率众平定了叛乱,使得这一带得以安宁。[49]这样,王守仁在贵州,和地方贵族上层的交往就更密切了。他就有了更多的机会,到贵州各地看看。

他曾参拜南霁云的祠,写了《南霁云祠》[50]:"死矣中丞莫漫疑,孤城援绝久知危。贺兰未灭空遗恨,南八如生定有为。[51]风雨长廊嘶铁马,松杉阴雾卷灵旗。[52]英魂千载知何处?岁岁边人赛旅祠。"

在这古代的先贤身上,在历史的云天中,王守仁或许感到了某种献身精神的共鸣。

在这时期,远近一些人士,多有闻其名而请他撰写文章以光门楣的。比如:水西的宣慰使安氏,应当地苗族之请,重新修理了传说中古代"象"的祠。安氏就请王守仁撰写《象祠记》。[53]王守仁认为,之所以象祠在此地沿袭不断,是因为"人之不善,虽若象焉，犹可以改；而君子之修德，及其至也，虽若象之不仁，而犹可以化之也"。

为宪副朱文瑞撰《重修月潭寺建公馆记》。朱文瑞，"从士民之请"，重修岩下之寺。因王守仁正巧路过，就请他撰文。[54]

为都宪怀来王氏撰《卧马冢记》，[55]还为巡按王济重刊宋代谢枋得编撰的《文章规范》写了《序》，[56]还有对学生们的各种批示教诲文字等等。这说明当时王守仁在各方面都有了相当的交往和开展。[57]

正德三年末，王守仁往来贵州的木阁道中。他写了一首诗《木阁道中雪》：[58]"瘦马支离缘绝壁，连峰窅窕入层云。山村树暝惊鸦阵，涧道雪深逢鹿群。冻合衡茅炊火断，望迷孤戍暮笳闻。正思讲习诸贤在，绛蜡清醅坐夜分。"[59]这当是前往贵州的往复途中所见、所想。

又写了《元夕木阁山火》（这当指正德三年元夕），说明王守仁当时常常奔波在此山路上。在这样的情况下，进入了正德四年。

六、告别贵州

这时，外面的世界也在不断地变化。

朝廷中，刘瑾集团基本掌控了政权（详见下章）。正德四年二月，"黜前大学士刘健、谢迁为民"。四月，对刘瑾等还有点制约的王鏊，离开内阁。十二月，进一步"追夺"刘健、谢迁、马文升、刘大夏、韩文、许进等六百七十五人的"诰命"。[60]到第二年，依附刘瑾的曹元入阁。当时，六部尚书中，吏部由张彩把持，兵部由曹元主掌，由刘瑾等提拔的杨廷和主掌户部，可见，这一时期，实际行政运营权完全掌握在刘瑾一派手中，软弱的李东阳无力抗衡。[61]

也就在这中央政局变动不断的正德四年初，席书作为贵州的提学副使（也就是管教育的负责人），调到了贵州。[62]

他对于王守仁，应该说，早闻其名。[63]

到了贵州以后，得知了王守仁的情况，席书请他出山主持贵阳书院，继续给学生讲课。此时，王守仁比较细致地读了朱熹的著作。[64]

王守仁和学生们相处得很愉快。[65]

这样，原本被贬，只是个"驿丞"的王守仁，在不到两年的时间内，在贵州政界和官场又风生水起地活跃起来。初来时的沮丧渐渐消散，重新显现了生命的活力。

五月，巡按王济要调走了，王守仁给他写了送行的文字。感谢知遇之谊。[66]

王守仁在贵州，时光倏忽而过。

关于贵州生活，王守仁写了好几首《龙冈漫兴》，记述了当年在贵州的实际生活状况和思想情感，反映了他的情怀。在诗中，主要写有如下一些方面的内容：

（一）描写了在偏僻山村日常的生活状况。

> 春山卉服时相问，雪寨蓝舆每独游。
> 芳春已共烟花尽，孟夏俄惊草木长。
> 绝壁千寻凌杳霭，深崖六月宿冰霜。

这些诗句中，可见一年间春夏秋冬的大致风光。

（二）抒发自己孤独和思乡的情怀、感受：

> 旅况萧条寄草堂，虚檐落日自生凉。
> 用世谩怀伊尹耻，思家独切老莱斑。

（三）表明了自己的人生态度和志向：身在天涯，心怀阙下。

> 心在夷居何有陋？身虽吏隐未忘忧。
> 地无医药凭书卷，身处蛮夷亦故山。

（四）展示自己对于未来的希望。

> 寄语峰头双白鹤，野夫终不久龙场。

后来他把这些诗歌书写了，赠送友人，所以流传颇广。[67]

由于地方官员的好评和推荐，朝廷官员的赏识和提拔，在贵州经过了三个年头的王守仁，终于迎来了转机。

在正德四年的冬天（当在十月或十一月），王守仁得到了要调动他到江西庐陵的消息。[68]这自然让他感到高兴，同时，尽快地通知了家人。[69]

于是，一方面在贵州龙场交接，一方面给家人报信，同时，在贵州的友朋学生，纷纷给他送别。[70]

正德四年十一月，贵州的友朋和学生，在城南的蔡氏楼给他送别，他写诗《将归与诸生别于城南蔡氏楼》记其事：[71]

> 天际层楼树杪开，夕阳下见鸟飞回。城隅碧水光连座，槛外青山翠作堆。

波光水影反映到座席上，水波山色都显得那么明快。这时，王守仁的心情也是明快的。

> 颇恨眼前离别近，惟余他日梦魂来。新诗好记同游处，长扫溪南旧钓台。

即将离别的依依之情，南国的山水风光，使他梦魂缭绕。

离开的那一天，学生们依依不舍地把他送到了城外，那是一个还有飞雪的时节，王守仁"归心别意两茫然"，对这些学子，发出了"及门真愧从陈日，微服还思过宋年"的感慨。[72]

对于贵州的诸多弟子，王守仁有感情，并不断关注。给贵州弟子的不少信札，多是对后学的引导和勉励。[73]其间，给陈宗鲁的一首诗，比较有代表性地反映了王守仁这时对弟子们的期待：

> 学文须学古，脱俗去陈言。譬若千丈木，勿为藤蔓缠。又如昆仑派，一泻成大川。人言古今异，此语皆虚传。吾苟得其意，今古何异焉？子才良可进，望汝师圣贤。学文乃余事，聊云子所偏。[74]

带着喜悦，也带着对两年多生活过的地方的依恋，带着朋友和弟子们的情谊和期待，在正德四年十二月前后，王守仁离开了贵州。在船上，他陆续地给贵州的学生们写了信。

王守仁也写诗。除夕在船上，写了《元夕雪用苏韵二首》[75]其中曰："林间暮雪定归鸦，山外铃声报使车。""阴极阳回知不远，兰芽行见发春尖。"他或许得到了某些信息。[76]

从武陵到庐陵这一段路，学生冀元亨和他同行，[77]这位江西的学生后来和王守仁有密切的关系。

正德三四年间的这个时期，正是京城中政局被刘瑾掌握的时期。

王守仁脱身在外，得以比较冷静地思考。《五经亿说》等著述，可以说是对以前自己学问、思想的一次反思，感到了当时流行的所谓正统"理学"（主要是朱子之学）和原本儒学的某些差异。原来思维的固定框架被打破，成为后来思考的出发点。

但是，在这时和以后一段时期的著述中，可以看到王守仁的思想，是一个不断发展的过程。说"龙场大悟"，那是后来的说法。

当一种思想模式被打破以后，会渐渐看到完全不同的世界。王守仁抱着希望，北上而去。

注释

1　龙场，今贵阳市修文县。明洪武十七年（1384）开九驿，置龙场为首驿，因而得名。关于王守仁在正德二年春夏之交到达龙场，见第八章有关论述。现存王守仁手书《寄京友》的亲笔文字，说：正德二年即乙卯年的秋天，已经在龙场了。见第八章附录《王守仁贬谪贵州时间考——兼论〈泛海〉诗》。

2　诗《始得东洞遂改为阳明小洞天三首》之二，有"童仆自相语"句，可知，当时有童仆相随。诗见上古版《全集》。下文注释中仅列诗歌题名者，概出自上古版《全集》。

3　《始得东洞遂改为阳明小洞天》三首记载此事。东洞：东面的山洞，即今"阳明小洞天"，位于今修文县城东不远处。后有《夏日游阳明小洞天喜诸生偕集偶用唐韵》诗，可参见。又，此诗嘉靖本王阳明《居夷集》题为"移居阳明小洞天"，另有题为"始得东洞遂改为阳明小洞天"之诗，《全集》未收。见永富青地《王守仁著作的文献学研究》114页。

4　《始得东洞遂改为阳明小洞天》三首《其一》："营炊就岩窦，放榻依石垒。穹室旋薰塞，夷坎仍洒扫。卷帙漫堆列，樽壶动光彩。夷居信何陋，恬淡意方在。岂不桑梓怀？素位聊无悔。"

5　同上《其二》："童仆自相语，洞居颇不恶。人力免结构，天巧谢雕凿。清泉傍厨落，翠雾还成幕。我辈日嬉偃，主人自愉乐。虽无荣蓺荣，且远尘嚣聒。但恐霜雪凝，云深衣絮薄。"

6　箪瓢子：指颜回。语出《论语·雍也》："一箪食，一瓢饮，在陋巷。人不堪其忧，回也不改其乐。"

7　《其三》："我闻莞尔笑，周虑愧尔言。上古处巢窟，抔饮皆污樽。洰极阳内伏，石穴多冬暄。""邈矣箪瓢子，此心期与论。"

8　《玩易窝记》，见上古版《全集》，897页。

9　谪居绝粮，见所撰《谪居绝粮请学于农将田南山永言寄怀》。食粮不足，殆为正德二年初到龙场时事。

10　《谪居绝粮请学于农将田南山永言寄怀》："山荒聊可田，钱镈还易办。夷俗多火耕，仿习亦颇便。及兹春未深，数亩犹足佃。岂徒实口腹？且以理荒宴。遗穗及鸟雀，贫寡发余羡。出耒在明晨，山寒易霜霰。"

11 《观稼》:"下田既宜稌,高田亦宜稷。种蔬须土疏,种蓺须土湿。寒多不实秀,暑多有螟螣。去草不厌频,耘禾不厌密。"

12 这一组诗,《全集》列于"居夷诗"之首,但从诗的内容看,当为到达贵州之后所作为妥。

13 《何陋轩记》曰:"始予至,无室以止,居于丛棘之间则郁也。迁于东峰,就石穴而居之,又阴以湿。龙场之民,老稚日来视予,喜不予陋,益予比。"又,束景南《辑考编年》:"《何陋轩记》文真迹见《书迹名品汇刊》二十二册(明)。"认为《全集》卷二十三,该文标明为"戊辰",乃正德三年之事。笔者认为,当为王守仁到达龙场之年事。《何陋轩记》中所云"处之旬月",建屋当在正德二年夏秋间,守仁由此而离开小阳明洞移居"龙冈书院"。此二处俱在龙冈山,即文中所言"东峰"。

14 见《龙冈新构》其一。

15 《西园》:"方园不盈亩,蔬卉颇成列。分溪免瓮灌,补篱防豕蹢。芜草稍焚薙,清雨夜来歇。濯濯新叶敷,荧荧夜花发。放锄息重阴,旧书漫披阅。倦枕竹下石,醒望松间月。起来步闲谣,晚酌檐下设。尽醉即草铺,忘与邻翁别。"

16 《秋夜》:"树瞑栖翼喧,萤飞夜堂静。遥穹出晴月,低檐入峰影。窅然坐幽独,怵尔抱深警。"《秋夜》诗,见上古版《全集》702。此诗未必写于正德二年秋季,但当为守仁在贵州时所撰无疑,为见其一年的生活概况,特列于此。

17 《何陋轩记》:"予尝圃于丛棘之右,民谓予之乐也。相与伐木阁之材,就其地为轩以居予。予因而翳之以桧竹,蒔之以卉药,列堂阶,辨室奥,琴编图史,讲诵游适之道略具。学士之来游者,亦稍稍而集,于是人之及吾轩者,若观于通都焉,而予亦忘予之居夷也。"见《王阳明全集》卷二十三,上古版《全集》891页。

18 见《诸生》。以上二诗,见《全集》卷十九,699-700页。

19 胡少参,名洪。据束景南考,鄂尔泰《贵州通志》卷十七"职官":"左参议,胡洪,江南人。"又,《掖垣人鉴》卷十一:"胡洪,字渊之,号某某,浙江余姚人,弘治九年进士。"如是,则和王守仁为同乡,且同参加过弘治九年会考。

20　能言，祢衡《鹦鹉赋》："性辩慧而能言兮，才聪明以识机。"阶祸，祢衡《鹦鹉赋》："岂言语以阶乱，将不密以致危。"

21　"主人有隐匿，窃发闻其谋。感君惠养德，一语思所酬。惧君不见察，杀身反为尤。"以上引诗见《鹦鹉和胡韵》。

22　《凤雏次韵答胡少参》："凤雏生高岩，风雨摧其翼。养疴深林中，百鸟惊辟易。虞人视为妖，举网争弹弋。此本王者瑞，惜哉谁能识！"

23　以上与胡氏唱和诸诗，次于与"诸生"有关的两首诗之间。按其时间，当为初到贵州之年所作。

24　《艾草次胡少参韵》"艾草莫艾兰，兰有芬芳姿。况生幽谷底，不碍君稻畦。艾之亦何益？徒令香气衰。荆棘生满道，出刺伤人肌。持刀忌触手，睨视不敢挥。艾草须艾棘，勿为棘所欺。"艾通"刈"，艾草，即刈草。

25　《年谱》正德三年："思州守遣人至驿，侮先生，诸夷不平，共殴辱之。守大怒，言诸当道。毛宪副科令先生请谢，且谕以祸福。先生致书复之，守惭服。"《年谱》的资料，殆源于黄绾《阳明先生行状》，稍有出入。"侮先生，诸夷不平"，《行状》作："稍侮慢公，诸役夫咸愤惋，辄相与殴辱之。"

关于《年谱》的记载，在有关正德二年、三年间事，多有舛误。因为钱德洪等编《年谱》时，要强调刘瑾追杀、"海上漂流"的神话，所以时间上多有无法自圆其说处。将此事列于"正德三年"，也是其中之一。从现存各种王守仁在贵州活动的资料看，他和毛科因此事而交往，故此事发生当在正德二年他到达龙场那年的秋冬之际。

26　明代思州经营，为一重要事件。永乐十一年二月初二日，废思州宣慰司、思南宣慰司，以思州之地置思州、黎平、新化、石阡四府，以思南之地置思南、镇远、铜仁、乌罗四府，设贵州布政使总辖，设流官，贵州行省由此始。到正德时，当是流官，即中央派遣的官员掌控。而所谓的"思州守"，具体何人，不详。或泛指永乐时期思州范围内的官员。如指永乐十一年后的思州，则在平溪卫附近，离开龙场有数百里（见《中国历史地图集》第七册，80－81页）。有的研究者推测，这是因为地方官员嫉妒王守仁的名声，故意挑衅，特地前往侮辱王守仁。此说可再考。疑当为催促钱粮等公务、路过驿站的官员，并不知王守仁为何许人，自以为官大位高，便趾高气扬。此乃世俗小吏常态也。

27 关于"宪副"是何人？日本学者东正堂的考证，认为"毛宪副"是毛宪，号古庵，为江苏武进人，正德六年进士。其说不妥。冈田武彦认为，应该是毛应奎。据毛启周等纂修《余姚丰山毛氏族谱》：毛科，拙庵，名科，字应魁，拙庵其号，乃毛吉长子。毛科生于明景泰四年（1453），配埋马（在余姚县梅川乡，今属慈溪市）胡氏，金宪胡恭之女，生子二，女一。其父毛吉（1424—1465）字宗吉，号思庵，景泰五年（1454）进士，历官广东金事，进副使，平叛阵亡，赠按察使，谥"忠襄"。配熊氏，生子二，女二。毛科承父荫入国子监，举成化十三年（1477）乡试，明年成进士。授南京工部主事，历山东兵备副使、贵州提学副使、云南左参政，卒祀乡贤祠。在贵州提学副使任上，毛科曾与王守仁共同修葺书院，率贵阳诸生讲授儒学。

书院，当指龙冈书院。又《王阳明全集》卷二十三，892－893页，有《远俗亭记》，是王守仁为毛科所写，可见毛科乃是以"远俗"自况者。文中称毛科"宪副"，当为按察副使。《族谱》称其为"提学副使"，或身兼此职？

28 见上古《王阳明全集》卷二十一，801页。

29 关于此事件发生的时间，《年谱》次于"正德三年"显然有误。考王守仁到达龙场的时间在正德二年，此事当发生在王守仁到达龙场不久，且与贵州官场的关系尚未充分展开之际。如果到王守仁在贵州做得风生水起之时，谅那些势利小官，也不敢如此。再看王守仁和毛科的交往，从《答毛宪副》的用词"执事之喻，虽有所不敢承，然因是而益知所以自励"等语来看，当属客套，关系一般，当是尚未熟悉时的口吻。而到为毛科撰《远俗亭记》，则颇见知心投契感，当是和毛科同修书院，也就是毛科请王守仁讲课以后的事。也有可能，他早就闻王守仁之名。当时朝廷将其列名"朋党"，见第八章。故列于毛科请王守仁讲课之前的正德二年秋冬之际为妥。

30 《采薪》其二："持斧起环顾，长松百余尺。徘徊不忍挥，俯略涧边棘。同行笑吾馁，尔斧安用历？"

31 《采薪》其二："快意岂不能？物材各有适。可以相天子，众稚讵足识！"

32 黄澍：当时被任命为"姚安太守"，故称"太守"。鄂尔泰《云南通志》卷十九："黄澍，福建侯官人，正德间任知府。"其事，《明史》卷二七七有记载。

33 此诗中云"客久",当非初到之时所作。下句又言"卧疴",考《答毛拙庵见招书院》也云"病卧",故毛科招王守仁,当在正德二年末。下诗中有"符竹膺新除",可证。又,关于此诗,陈训明有《浅谈王阳明的书艺及其在贵州的遗墨》,载《贵阳志资料研究》一九八四年第四期,可参见。

34 见《元夕二首》之一。"遗经堪作伴",王守仁在贵州,初到时并没有多少书可看,或许随身带有一些。还在当地找了些,其中有一本《药王菩萨化珠保命真经》。见束景南、查明昊《王阳明全集补编》,120页。

35 京都繁华,弘治年间,每到元宵,都有灯节,弘治十七年或许因为弘治病重,政府财政困难,所以特地发圣旨,明年元宵不放灯火。见《国榷》弘治十七年。弘治年间,王守仁有相当时期在北京,所以回忆起当时的场景。又明代元宵放灯,见《万历野获编》759页"元夕放灯"。可知是从明初永乐年间正式颁诏施行,宣德年间又再次加以规定,乃是近二百年间的传统。

36 燕台:冀北一带。此指北京。王守仁往贵州,在正德二年。说见前。作此诗当在三年初的元夕。《全集》所收《赴谪诗》中有《广信元夕蒋太守舟中夜话》,如该诗所言为"赴谪"途中事的话,显然与本诗所言"去年今日卧燕台"不合。《广信元夕蒋太守舟中夜话》,或本非"赴谪"途中事,或"去年今日卧燕台"乃泛指"元夕"前后时期。

37 《家僮作纸灯》:"蛮奴试巧剪春纱。"蛮奴:指龙场当地的奴仆。春纱:生丝织成的薄纱。

38 这两句是指制作的灯花,绰约含雾,玲珑绮霞。

39 见《骢马归朝诗序》:"正德戊辰正月,古润王公汝楫以监察御史奉命来按贵阳。"此文载束景南《辑考编年》287页。王济,据光绪《丹徒县志》卷二十六:"王济,字汝楫,弘治壬子举人,任余干训导,入为国子助教。擢监察御史。"后因有功,"升湖广佥事,分巡郴、桂;会苗乱,擒斩千计"。其中,未言及到贵州。或"郴、桂"为概言,包括贵州。王济和王守仁的交往,束景南有考,引《王阳明全集》卷二十二《恩寿双庆诗后序》,认为王守仁在正德初和王济就相交。其说是。

40 《五经亿说》,上古版《王阳明全集》,编者将"亿"改为"臆"。殆未知"亿"字源出《论语·先进》:"赐不受命,而货殖焉,亿则屡中。"

此字的用法，在明代其他著作中也可见，如王道《老子亿》。关于此书，《王阳明全集》仅余十三条，乃钱德洪在王守仁死后发现录出。云，写此著作，前后十有九月。考王守仁约正德四年末离开贵州，前推十九月，当写于正德三年春夏之际，正是应邀前往贵州讲学时也。故推测，或当为讲学所准备也。

41 尤其对"遁""明夷"等卦的解说，并非偶然。

42 所作《却巫》诗云："吾行久矣将焉祷？众议纷然反见迁。积习片言容未解，舆情三月或应孚。"积习：长久累积而成的习惯。汉董仲舒《春秋繁露·天道施》："积习渐靡，物之微者也。其入人不知，习忘乃为常，常然若性，不可不察也。""孚"指《易经》"中孚"卦。该卦《象》："泽上有风，中孚。君子以议狱缓死。"

43 束景南、查明昊《王阳明全集补编》，120页。

44 上古版《全集》，803-804页。

45 宣慰使，明代土官名，是土司中级别最高的。《明史·职官志五》："土官，宣慰使司，宣慰使一人，从三品。"明代对于边境地区，采取土官、流官相间的政策，以稳定边疆。

46 安氏名"贵荣"，见周春元等编著《贵州古代史》265页。安氏为"水西"的统治者。关于安氏和宋氏分管"水西""水东"情况，参见《明史》卷三一六"贵州土司"，8170-8171页。

47 宋氏名"然"，为"水东"的统治者。见前引《贵州古代史》，262页。

48 上古版《全集》的《阳明先生行状》作"侗酋"，而《贵州古代史》作"苗族"。

49 《年谱》："水西安宣慰闻先生名，使人馈米肉，给使令，既又重以金帛鞍马，俱辞不受。始朝廷议设卫于水西，既置城，已而中止，驿传尚存。安恶据其腹心，欲去之。以问先生。先生遗书析其不可，且申朝廷威信令甲，议遂寝。已而宋氏酋长有阿贾、阿札者叛宋氏，为地方患，先生复以书诋讽之。安悚然，率所部平其难，民赖以宁。"《年谱》殆源于黄绾《阳明先生行状》，稍有出入。《行状》云：阿贾、阿札乃"侗酋"，是侗族的首领。

50 南霁云：唐代将领。事见《新唐书》本传。南霁云祠：安史之乱时，南霁云保卫睢阳战死，后立祠庙。明景泰帝辛未年（1451），贵州按察使王宪请于朝，朝廷赐额曰"忠烈"，列入秩祀。

51　谩疑：诋毁、怀疑。此指后人对张巡有所批评、怀疑。见《新唐书·张巡传》："时议者或谓：巡始守睢阳，众六万，既粮尽，不持满按队出再生之路，与夫食人，宁若全人？"

贺兰：贺兰进明。唐韩愈《张中丞传后叙》："南霁云之乞救于贺兰也，贺兰嫉巡、远之声威功绩出己上，不肯出师救。"

52　铁马：挂在宫殿、庙宇等屋檐下的铜片或铁片，风吹动时互相撞击发出声音。灵旗：灵幡。此两句是说祠中肃穆萧杀的景色。

53　上古版《全集》，893－894页。象，是古代传说中"舜"的异母弟弟，傲而不驯。

54　上古版《全集》，896－897页。

55　上古版《全集》，894页。王都宪，束景南认为是王质。

56　见上古版《全集》卷二十二。王济之所以重刊，乃是因为"世之学者传习已久，贵阳之士独未之多见"。

57　按：以上诸文字，具体出于何时，须再考。要之，多为正德三四年间之事。

58　《读史方舆纪要》卷一百二十一"贵州二""贵州府"条："木阁箐山，府西北五十里。延袤百余里。林木蓊蔚，中有道通水西、毕节。上有龙潭，深不可测。"或云，即修文县木阁箐山，在县城东南。此诗当是记应招前往贵阳讲学途中，经木阁箐山道中事。而讲学当在正德三年，此当为三年冬之事。

59　窅窕：遥远幽深状。孤戍：孤立的边城。绛蜡：红烛。清醑：清冽的酒。唐白居易《问刘十九》："绿蚁新醅酒，红泥小火炉。"最后两句指：想到那些讲习的诸位贤才，正在红烛清酒旁，坐到深夜吧。

60　也就是"开除公职"，取消他们的"退休待遇"，把原来朝廷赏给他们的奖品等全部收回。

61　见《明通鉴》卷四十三，1603页。

62　据钱德洪《年谱》正德四年："提学副使席书聘主贵阳书院。"上古版《全集》，1229页。席书，字文同，号元山。四川省蓬溪县吉祥乡人。明弘治三年进士，授任山东郯县知县。

《明史·席书传》:"武宗时,历河南金事、贵州提学副使。时王守仁谪龙场驿丞,书择州县子弟,延守仁教之,士始知学。屡迁福建左布政使。宁王宸濠反,急募兵二万讨之。至则贼已平,乃返。寻以右副都御史巡抚湖广。"

后来嘉靖初,席书以论"大礼",成为重要人物。"初,书在湖广,见中朝议'大礼'未定,揣帝向张璁、霍韬,献议。"

"书以'大礼'告成,宜有以答天下望,乃条新政十二事以献,帝优旨报焉。"时执政者费宏、石珤、贾咏,书心弗善也,乃力荐杨一清、王守仁入阁,且曰:'今诸大臣皆中材,无足与计天下事。定乱济时,非守仁不可。'帝曰:'书为大臣,当抒猷略,共济时艰,何以中材自诿。'守仁迄不获柄用。"

后为吏部尚书。嘉靖六年,进武英殿大学士。致仕,赐第京师。三月十一日卒,年六十七。赠太傅,谥文襄。

63 席书曾在山东任知县,因而,对曾任职山东的诸让,对曾到过山东主掌考试的王守仁,应该都是知道的。

更重要的是,他是受到林俊推荐的,而林俊和王守仁的关系,在前面已经论述过,非同一般。还有,王守仁名列"朋党"名单之中,这也是在朝中公开之事。所以他对于王守仁当早有所闻。

李贽《续焚书》:"即此一事,公之才识已足盖当世矣。当是时,人之尊信朱夫子,犹夫子也,而能识知朱子之非夫子,唯阳明之学乃真夫子,则其识见为何如者!然有识而才不充,胆不足,则亦不敢遽排众好,夺时论,而遂皈依龙场,以驿丞为师也。官为提学,而率诸生以师驿丞,奇亦甚矣。见何超绝,志何峻卓,况不虞贼瑾之虐其后乎!"席书是否在龙场拜王守仁为师,可再考。疑此为后人据《年谱》所言。说见下注。

64 《年谱》:"是年先生始论知行合一。始席元山书提督学政,问朱陆同异之辨。先生不语朱陆之学,而告之以其所悟。书怀疑而去。明日复来,举知行本体证之《五经》诸子,渐有省。往复数四,豁然大悟,谓圣人之学复睹于今日,朱陆异同,各有得失,无事辩诘,求之吾性本自明也。""遂与毛宪副修葺书院,身率贵阳诸生,以所事师礼事之。"最后一句,似为后来《年谱》编修者所言。

据王守仁《祭元山席尚书文》："又忆往年与公论学于贵州，受公之知实深……闻公之讣，不能奔哭；千里设位，一恸割心。自今以往，进吾不能有益于君国，退将益修吾学，期终不负知己之报而已矣。"则可知，席书在儒学理论上，即使受到王守仁的影响，在当时的情况下，也并非"以所事师礼事之"。

或认为王守仁发现"朱子晚年自悔"，始于贵阳时。黄绾《阳明先生行状》："一夕，忽大悟，踊跃若狂者。以所记忆《五经》之言证之，一一相契，独与晦庵注疏若相抵牾，恒往来于心，因著《五经臆说》。时元山席公官贵阳，闻其言论，谓为圣学复睹。公因取《朱子大全》阅之，见其晚年论议，自知其所学之非，至有诳己诳人之说，曰：'晦翁亦已自悔矣。'"此乃后来黄绾所言，似可再考。

65　王守仁在贵州讲学两年，学生为数不少。现在可考者有二十多人。见上古本《全集》卷三十二《镇远旅邸书札》。《全集》编者云：此札原载《贵阳志资料研究》1984年第4期。考，此札在潘正炜《听飒楼书画记续》卷下已收录，又见诸焕灿《新发现的王守仁"镇远旅邸与友人书"》，刊于《文献》杂志1990年第1期，但各本行款文字有出入。

66　见上引王守仁《骢马归朝诗序》，最后写明："正德己巳五月既望，阳明居士王守仁书。"

67　参见拙著《王阳明诗集编年校注》中《龙冈漫兴五首》部分，该书将由上海古籍出版社出版。

68　关于王守仁调升庐陵的时间，《年谱》次于"正德五年"。不确。实际在正德四年末，他已经在返回的路上了，见下文。所以得到此消息的时间应更在前。明劳堪《宪章类编》卷二十九："正德四年闰九月，升庐陵知县，五年三月至庐陵。"所以，在该年的十月或十一月，当已经得知此讯。

69　见给父亲的信："媳妇辈能遂不来极好。""此间决不能久住，只如去岁江西，徒费跋涉而已。"《寓都下上大人书》，浙江古籍《王阳明全集（新编本）》1781－82页。此函当作于正德六年。上古版《全集》标明作于"七年"，似误。可见在正德五年，接到王守仁赴庐陵的消息后，家中人都非常高兴。其夫人决心跋涉前往。这也证明，王守仁在贵州近三年时间，诸夫人不在贵州。

70　他的学生不少,据《贵州古代史》,后来比较有名的有孙应鳌、李渭等。又据民国《修文县志》载,有汤伯元、陈文学等。

71　将归:殆指将赴庐陵,回归北方。城南蔡氏楼:疑此"城"指贵阳。今贵阳市有"蔡家关",地名起源或和当地蔡姓有关。

72　见《诸门人送至龙里道中》二首。上古版《全集》1072 页。龙里,在贵阳市东南。及门,语出《论语·先进》:"子曰:'从我于陈蔡者,皆不及门也。'"本谓现时不在门下,后以"及门"指受业弟子。从陈曰:孔子在陈,乃困危之时。过宋:指孔子微服过宋的典故。见《孟子·万章上》:"孔子不悦于鲁卫,遭宋桓司马,将要而杀之,微服而过宋。"

73　现存有不少王守仁给贵州弟子的信札可证。见《与贵阳书院诸生书》,束景南《辑考编年》,291-292 页。

74　《赠陈宗鲁》,见上古版《全集》,1072 页。陈宗鲁,本名文学,字宗鲁,号五栗,明朝贵州宣慰司(今贵州贵阳)人。年十余即能诗文。在贵州以诸生事阳明。明武宗正德十一年(1516)举人。曾任耀州(今四川雅安)知州。辞官归里后,杜门治学。著有《耀归存稿》《余生续稿》,门人统编为《陈耀州诗集》,又称《五栗山人集》。

75　这当是正德四年的除夕。苏韵:指苏轼诗之韵。考苏轼有《雪后书北台壁二首》,用纤、尖韵。王守仁诗中有"久客"句,似非初到龙场之年事,前一首《元夕》,说到"独向蛮村坐寂寥",与此非同一景象,殆是又过一年事。又,诗中有"阴极阳回知不远"句,下一首《次韵陆金宪》有"积素还多达曙明"句,似感知变化之兆,与前各诗无望哀愁不同。故推此诗之作当在正德四年。

76　《元夕雪用苏韵二首》其二。阴极阳回:本于阴阳思想。《周易·说卦》:"立天之道曰阴与阳。"就时令而言,冬天为阴,冬至为阴极,夏天为阳,夏至为阳极。此指冬去春将不远,或也有着对于自己境遇变化的预感。

77　见《与某人书》,束景南、查明昊编《王阳明全集补编》119 页。

第十章 从贵州到庐陵

正德五年一月—正德五年十月

第十章 从贵州到庐陵

一、刘瑾擅权和王守仁升迁

正德四年十月、十一月间，在贵州干了近三年的王守仁，接到了庐陵县令的任命。王守仁在贵州的这段时期，北京的政坛，发生了哪些重要变化？这时，为什么会调他到庐陵呢？

正德初的政坛，最重要的变化，就是刘瑾集团执掌了权柄。

自从正德元年，刘瑾逃脱过刘健、谢迁等要求处死他的难关之后，就开始纵横捭阖，排除了刘健、谢迁、韩文等弘治时期的官员，经过一年多的经营，日益骄横。当时的情况，王鏊《震泽长语》这样记载：

> 刘瑾虽擅权，然不甚识文义，徒利口耳。中外奏疏处分，亦未尝不送内阁，但秉笔者自为观望。本至，先问："此事当云何？""彼事当云何？"皆逆探瑾意为之。有事体大者，令堂后官至河下问之，然后下笔。故瑾益肆。使人人据理执正，牢不可夺，则彼亦不敢大肆其恶也。[1]

王鏊当时在朝廷中，所言当可信赖。

要之，刘瑾本来并不是个什么有权势的大官，但朝中的臣子多世故，趋炎附势、观颜逢迎，刘瑾善于在权力场中乘势操纵，渐渐控制了朝政运转的枢纽，显得越来越有权势。[2]

在此期间，他为了控权敛财，确实改变过一些政策；同时，对朝中的人事做了相当的变动，自然就触动了各种既得利益集团的"奶酪"。

关于刘瑾掌控政权的方策和对朝政的改动，据考主要有如下一些方面：

1. 掌控军队（十二营）以及北京、宫闱的禁卫。[3]

2. 主掌司礼监，掌握圣旨发布，有批复奏折的权力，掌控皇帝周围。[4]

3. 掌控吏部（由亲信张彩为吏部尚书），把握决定人事权力。[5]

4. 掌控东厂、西厂，又另设内厂，控制了监察侦探权。[6]

5. 排除异己，安排亲信。把自己的亲信人员置于内阁[7]，把持决定行政运转的权力。

6. 派遣内官前往各地，收取各地的银两，也就是把地方上的财政支配权收归中央。要求各省直接要求富豪人家，缴纳贡银。[8]

7. 核查边区的屯田，要求各地重新丈量田亩，重新检查核实屯田数，以增加中央赋税收入。[9]

8. 废除派往各省的监察御史，自己派亲信宦官到各省督察。[10]

9. 改变考核制度。比如提出，过去的考试多取南方人，现在要有所平衡，选取北方人士。[11]

10. 笼络各方有能力的人士，如杨廷和。此外，在刘瑾当政时提拔的官员，也不能说都是无能者，如席书等。[12]

刘瑾集团利用最高权力，采取的这些政治、军事、人事、经济措施，是当时统治阶层的权力和经济利益的再分配。他站在皇权的立场，打破了原来的分配格局，敛取财富。通过上述的措施，或许使由皇帝自行掌握和支配的财富暂时得到宽舒。[13]

同时，刘瑾利用所得的财富，收买各方势力，维持镇压各地反对力量的军费。在这样表面上"改革"的同时，刘瑾本人以及其他的宦官集团中人，乘机狂刮暴敛，收取贿赂，大饱私囊。这损害了当时权贵的利益，损害了各个地方官绅的利益，也加重了民众的负担。[14]

这样不仅激起民众的反抗，也加剧了统治阶层内部各种政治势力的反对。

王守仁就是在这样的背景下被升迁到庐陵的。

现在有关王守仁的传记中都说是因为刘瑾倒台，王守仁是反对刘瑾的，所以才有此调动。但是，事实却并不完全是这么回事。

在正德五年，刘瑾还如日中天，得到正德的信赖。如果刘瑾当初还没有完全掌权时，就想要杀掉王守仁的话，那么，不到三年，在他执掌权柄、炙手可热之际，怎么可能反倒将王守仁从一个驿丞（地位在从九品以下），一下子连升数级地破格提拔，提升为庐陵县令（正七品）呢？更何况，这时正是刘瑾对刘健、谢迁等提拔的浙江余姚人恨之入骨之际，"矫旨谓'天下至大岂无应诏者，何余姚处士之多也'"，"榜禁余姚人不得选京官"。[15]为何王守仁这个当初被贬的余姚人反倒被提升呢？

王守仁的调动，应该是朝廷中各方面力量纵横变化的结果。

当时反对刘瑾等权势者的政治力量，主要有这样一些方面：

1. 皇族的既得利益者，比如下文要提到的郡王、外戚等。

2. 宦官集团"八虎"内部，如张永、马永成、谷大用等。他们有的和刘瑾对立，有的虽然表面不那么对立，但其实各自怀揣戒心、暗藏敌意。

3. 各地的官员，包括中央朝廷中被他整肃的官员。如刘健、谢迁、韩文、刘大夏等，还有其他坚持儒家道德理念的官员、文人学者。[16]

具体是什么力量推动了王守仁的升迁？作为推断，有如下一些情况值得注意：

第一种可能，刘瑾为了巩固自己的势力，分解浙江士人的不满，觉得应该笼络原来在东宫任教的王华。他对于王华有着一定的尊敬，所以，故意做出一种姿态。[17]

第二种可能，反对刘瑾的势力，包括王华，在朝中还有相当的力量，是他们努力运作的结果。内阁中，李东阳器重王守仁，都御史杨一清是他老上级，而杨一清和当时政坛上有权势的宦官集团中张永等人的关系都不错。[18]

第三种可能，明代的文官制度，每三年要考选一次。而正德初年，对朝中官员多加贬斥，手中真正有用的人才并不多。

正德四年，刘瑾和当时的吏部尚书张彩为了清洗异己，提拔党羽，提出"不时考察之议"，让地方的官员有更大的选择提拔官员的自主性。[19]这种新的考核方法，在被刘瑾之党徒利用的同时，也可被其他方面的地方势力，加以利用。

凡此，都是王守仁得以提升的可能理由，或是上述各种原因的综合。

但有一点可以肯定，王守仁对于刘瑾来说，并非是什么必欲置之死地的政敌。如果刘瑾真要置王守仁于死地，他在势力所及的范围内，不可能让王守仁调到庐陵。[20]

另外，王守仁在贵州的表现，乃是他得以提升的内在原因。[21]王守仁从正德二年初到四年底也快三年了，也到了可以调动的时候。

中央朝廷，对于一个边区小官的升迁，鞭长莫及，不可能具体参与。再说，正德皇帝斥责王守仁，也并非对他有什么特别的憎恶。那时的正德，只不过是个不到二十岁的青年，时过境迁，情绪激动过后,容易平复,或许皇帝本人也有提拔他的意思。

于是,一个没有什么"品级"的驿丞,一下子就被提升为主掌一方生死的县太爷了。

二、"安化之乱"和刘瑾的覆灭

就在王守仁离开贵阳,沿着三年前来贵州的道路,反向返回,朝庐陵进发的时候,朝廷中,各种力量在涌动,矛盾在积累,冲突在酝酿。

矛盾冲突的爆发点之一,是正德五年二月发生的"安化之乱",震惊朝野。[22]

安化之乱,是宁夏安化郡王的叛乱。宁夏的安化王,出于西部边远地区的庆府宗室。明初,朱元璋的立国方策,是把自己的子孙封到各地为王。[23]安化郡王朱寘鐇,性格"狂诞颇自负"[24],信奉巫占神仙,自称"法主"。有的巫女称他"天子",就益发使他野心膨胀。部下一批指挥、千户等军人以及有野心的文人学士,也在暗中推波助澜,鼓动他谋反。

正德四年,控制了朝廷实际行政权力的刘瑾,要求全国各地重新丈量田亩,以增加中央赋税收入。[25]对于宁夏而言,因系西北边境,中央要求重新核实屯田的田亩,根据亩数征收税赋,在此基础上再提供军饷。

派到安化核实的官员,采取严格的态度,征收粮米,不加通融。不仅如此,按照他们的要求缴纳以后,还要再追加,作为进奉给刘瑾的贿赂。凡是完不成的官员,就要罚米,关押。因此激起了众怒。

安化王周边的那些人物,本来就有谋反的意图,此时便在民众中火上浇油，加以煽动。

正德五年二月初五，安化王把那些朝廷派来核实田亩的官员和地方上的总兵等军官召到府上，胁迫他们服从。此后，又把监牢中的囚犯放出，任他们烧杀抢掠，在动乱中，把朝廷派到地方的官员杀害。这时，安化王发出告示，说是发生了暴乱，通知附近的州县，要他们听命，前来"平乱"，趁势控制了镇守的军队。

正德五年二月八日，安化王犒赏众人，以"讨伐奸党刘瑾"为名起兵。

正德皇帝闻讯，派张永和都御史杨一清前往镇压。之所以派张永前往，和当时张永在京中的地位以及他与刘瑾的交恶有关。

刘瑾和张永都是在弘治年间陪伴东宫太子也就是后来的正德皇帝的亲近太监，是正德最为信赖之人。

如果说，正德初年，刘瑾在政权运作以及财政方面起主要作用的话，张永更多的作用是在训练和掌握军队方面。[26]

但是，到了正德二年以后，刘瑾执掌大权，专横跋扈。他和张永的关系发生变化，到了几乎水火不相容的地步。原因是刘瑾看到张永"不甚下己"，也就是不肯对自己低头，甚为不满。正德五年春，刘瑾伺机对正德皇帝进言：让张永离开正德身边，命他前往"留都"为好。这实际上是想把张永调离权力中心。[27]年轻的正德皇帝，一时没有细想，就同意了。

《韩非子》曾经说过："君执柄以处势，故令行禁止。柄者，杀生之制也；势者，胜众之资也。""飞龙乘云，腾蛇游雾，云罢雾霁，而龙蛇与螾蚁同矣，则失其所乘也。贤人而诎于不肖者，则权轻位卑也；不肖而能服于贤者，则权重位尊也。尧为匹夫不能治三人，而桀为天子能乱天下，吾以此知势位之足恃，而贤智之不足慕也。"[28]久居皇帝身边的刘瑾、张永当然都感知这中间的奥妙。

刘瑾见皇帝同意了自己的进言，怕有变动，就立即"传旨"。

当然，这"圣旨"中夹杂进了他的私货，命令张永上路，也就是要张永马上离开。不仅如此，还在正德的禁门前贴出告示：不许张永再进入。这样安排停当，刘瑾以为除去了一个劲敌，就回去安心休息了。

张永听到这样的消息，深感其中的利害，想了解事起的原因，立即直奔正德住所，说是皇帝召见他。门口的禁卫当然知道张永一直是在皇帝身边的得宠之人，不敢强行阻拦。张永径直赶到正德皇帝面前，诉说：自己无罪，受到刘瑾构陷，还不许自己再入禁门见皇上。

正德皇帝原本只不过是因为当时各地动乱，此起彼伏，想让张永到南京坐镇，以免不测，本来就没有要加罪的意思。听到竟然有不许他再入禁门见皇帝的告示，觉得并非己意，于是第二天，召刘瑾和其他的随从太监对质。

正德问刘瑾："这是怎么回事？"

刘瑾被问，应答不上。

张永见状，知道刘瑾谎传圣旨，大怒，当着正德皇帝的面，冲上前去，揪住刘瑾，便是一顿老拳。

在旁边的谷大用（也是"八虎"之一）见状，觉得这样在御前开打，不成体统，连忙上前劝住。[29]正德见他们已到了如此水火不容的地步，一时也不知该如何处置，感到为难，只好暂时搁置。

就在这样的情势下，传来了安化王造反的消息。

于是，正德就派张永和杨一清率军前往镇压。这一来表示对张永的信任，二来或许也算是满足了刘瑾要让张永离开的要求。[30]

因为安化王那边提出了要求撤回由中央派出核实田亩官员的要求，正德为了息事宁人，在出兵昭告天下的文书中，有一款就是"宥充军罚米官员，停征粮草"，也就是对安化郡王的要求做出一点回应。

刘瑾坚决反对撤除和停征。他认为：这样做是累朝的旧例，如果改变，那就要革除当时的"行事衙门"（也就是办事机构），涉及一大批人员，怎么可以革除呢？

但是，当时的首辅李东阳则认为："依旧例，行事官校，只在京城。如今差到全国四方，声势显赫，惊疑天下。不法奸诈之徒，因而假托冒充，真假莫辨。近来已经发现多处，烦扰朝廷处分。现在取消收回，正可以辨别，使伪冒者无法遁形。"[31] 由此可见，在朝廷中，确实有着反对刘瑾的势力。而这样的争论，为以后正德处置刘瑾作了某种铺垫。

话分两头，在朝廷中争论的同时，宁夏的安化王那边，也发生了变化。

安化王那里有一个将军仇钺，是在正德二年受到杨一清的推荐当上游击将军的。[32]他对于安化王的叛乱，毫无防备。在形势动乱，详情不明下，被解除了兵权。于是他就装病在床，闭门不出。

他虽然把自己掌握的军队交出，并被分散到各处。但暗中派人乘机脱出，向朝廷报告。安化王等见他生病，又把军队指挥权交出，也就没有注意他。他观察形势，捕杀了叛乱的头领，进而抓捕了安化王。叛乱仅仅十八天就平定了。[33]这是正德四年二月的事。

朝廷方面，到四月才得到宁夏方面的报告，当时已经派出了讨伐的军队。[34]张永和杨一清率领的军队，经过一个多月行军，五月到达宁夏。局面早已得到控制。处置完后事，张永和杨一清当然就要回朝复命。

这时，对于朝中情况胸中了然的杨一清对张永说："藩王之乱容易解决，国家内乱不可测。"张永不解地看着杨一清，不明他话中的意思。

问道："怎么说？"

杨一清和他分析了朝中的局势，劝他向正德进谏，除去刘瑾。

同时，告诫张永，此事关键在于要直接和正德皇帝说，迅速办，不可犹豫。结果，张永回到京城，下定决心，采取行动，除去了刘瑾。[35]

三、前往庐陵途中

就在这朝廷动荡变化的时候，远在西南边陲的王守仁离开了贵州龙场，从贵州往回走。一路上，心情不错。写了不少诗歌，显现出一种解脱的心情，看山看水，明快舒坦。如《过江门崖》：

> 三年谪宦泪蛮氛，天放扁舟下楚云。归信应先春雁到，闲心期与白鸥群。晴溪欲转新年色，苍壁多遗古篆文。此地从来山水胜，它时回首忆江门。[36]

"江门崖"，指溆水入沅水处的两岸悬崖。两岸苍翠的崖壁上，残留着古代的篆文。王守仁由贵州往庐陵，乘舟顺沅水而下，经溆浦、辰溪到沅陵。他感到返归的信件，比春雁来得还要快。自己悠闲的性情，随着白鸥群自在潇洒。

返回途中，由于心情不一样，又有了闲暇，特地游览了沿途的名胜。如辰溪的钟鼓洞。钟鼓洞在湖南大酉山。[37] 还写了《钟鼓洞》：

> 见说水南多异迹，岩头时有鼓钟声。……远地星辰瞻北极，春山明月坐更深。年来夷险还忘却，始信羊肠路亦平。[38]

在沿途所到之处，思念起与该地有关系的故交旧友，写诗抒怀。

在辰州，写了《辰州虎溪龙兴寺闻杨名父将到留韵壁间》："烟花日暖犹含雨，鸥鹭春闲欲满洲。好景同来不同赏，诗篇还为故人留。"[39]

经过沅陵，有《与沅陵郭掌教》。[40]这是他三年前前往贵州时经过之处。

接着到了辰州。王守仁曾为这里的学者弟子讲学。关于其中情况，王守仁后来写道："谪居两年，无可与语者。归途乃得诸友，何幸何幸。"认为当时"求道者少"，要大家"静坐"，收起"放心"，"刊落声华，务于切己处着实用力"。并引用《中庸》语："君子之道，暗然而日章。"[41]

当时受王守仁之教的学生，有的后来从湛若水学。湛若水《泉翁大全集》中，记载了那时王守仁和学生讲学的一些内容。王守仁讲学中谈到有关人之本性的"好色"问题。王守仁并不简单地否定"好色"，而是深知"好色"诱惑的强烈。他说："若一向这里过来，忽然悔悟，亦自决烈。若不曾经过，不能谨守，一旦陷入里面，往往多不能出头。"

他举了一个例子。有一位本不饮酒、不好色的前辈，偶入妓门，不能自拔，倾家中财产给与妓女，说明"于此须是大段能决裂、谨守，乃可免此耳"。[42]也就是说，王守仁并不回避这个问题，他主张不能沉湎，要自己有所控制，"谨守"分际，而一旦陷入，也要敢于"决裂"，勇于"自拔"。

一个学生见到美色，便生爱恋之情，问王守仁如何"去此念"。王阳明说：你有这样想法时，只要想，此人现在美貌，但会老的，容貌会变化；还会死去，化为灰土，那你还会爱恋吗？经常这样想，就可以解脱。[43]这当然是站在"去欲"的立场说的，但也不是简单地否定、隔绝，而是主张从一种人生变化的角度去处理。

这些记载，是否完全准确？可以再探讨。但可见，在这时，王守仁的讲学，尽管还抱着对宋儒的尊崇，但已经脱出了当时的《四书》文本教条，具体地涉及了人的本性、欲望等问题。[44]

在友朋中，他特别怀念湛若水，从辰州到常德一带，先后写了好几首诗。如《武陵潮音阁怀元明》：

> 江天云鸟自来去，楚泽风烟无古今。山色渐疑衡岳近，花源欲问武陵深。新春尚沮东归楫，落日谁堪话此心。

《夜泊江思湖忆元明》："扁舟泊近渔家晚，茅屋深环柳港清。""梦回客枕人千里，月上春堤夜四更。"[45] 可见他夜深人静，思念好友之情。诗中飘逸着空阔超脱的氛围。

在途中，或许听到了安化王之乱或出兵的消息，他走得相当缓慢。

住在沿途的寺庙中，和出家人交流。这方面的诗作显现出另一种风貌。如《观音山》：

> 烟鬟雾鬓动清波，野老传闻似普陀。那识其中真色相，一轮明月照青螺。[46]

《霁夜》：

> 雨霁僧堂钟磬清，春溪月色特分明。……静后始知群动妄，闲来还觉道心惊。问津久已惭沮溺，归向东皋学耦耕。[47]

又《阁中坐雨》：

> 台下春云及寺门，懒夫睡起正开轩。烟芜涨野平堤绿，江雨随风入夜喧。道意萧疏惭岁月，归心迢递忆乡园。年来身迹如漂梗，自笑迂痴欲手援。[48]

寺院楼阁，雨色蒙蒙，在恬淡闲适中，也令人感到一丝生命萧散的无奈。

到了常德，这一带的熟人比较多，又正逢下雨，所以停留了数日。自然又写了些诗。⁴⁹比较有代表性的是《德山寺次壁间韵》：

> 乘兴看山薄暮来，山僧迎客寺门开。雨昏碧草春申墓，云卷青峰善卷台。性爱烟霞终是僻，诗留名姓不须猜。岩根老衲成灰色，枯坐何年解结胎？⁵⁰

还有《睡起写怀》：

> 江日熙熙春睡醒，江云飞尽楚山青。闲观物态皆生意，静悟天机入窅冥。道在险夷随地乐，心忘鱼鸟自流形。未须更觅羲唐事，一曲沧浪击壤听。

在这些带有禅风的诗作之中，有着关于人生的思考，荡漾着情感孤寂的淡淡苦涩，和以前的诗作，意境略显不同。这时王守仁的诗歌已经脱出了以前那种直接描写客体景色、自我情感明快显豁的风格，表现出一种萧散、飘逸。

当然，除了游赏风景、怀念友人之外，王守仁在途中也目睹了民间凄苦的一面，诗作并非都那么潇洒：

> 去时烟雨沅江暮，此日沅江暮雨归。水漫远沙村市改，泊依旧店主人非。草深廨宇无官住，花落僧房有鸟啼。处处春光萧索甚，正思荆棘掩岩扉。⁵¹

在这时的王守仁心中，也翻卷着经历变迁的沧桑感。

尽管在旅途中，有着各种情感的波纹，对于传统的程朱学说，也已经有了反思的倾向，但王守仁内心中仍涌动着对于前贤的尊崇。这在《再过濂溪祠用前韵》中可见一斑：

> 曾向图书识面真，半生长自愧儒巾。斯文久已无先觉，圣世今应有逸民。一自支离乖学术，竟将雕刻费精神。瞻依多少高山意，水漫莲池长绿苹。⁵²

说明他虽然经过了"龙场"生涯，对于正统的程朱理学思想有所反思，但是究竟"悟"到怎样的程度，对于儒学的看法究竟有怎样的变化呢？这值得进一步探讨。

他仍然是宋代大儒周敦颐等人的崇奉者，这些前代先贤依然在闪耀着光辉。他或许感受到前人学说和当朝的正统教义有差别，但是他这时还没有另外开辟一套学术新局的构想。他的思想，还在不断发展形成过程中。

正德五年三月，王守仁到达了吉安府的庐陵县。

四、庐陵县令

三月十八日，三十九岁的王守仁，当上了县令。[53]到达庐陵，他有一种重新被任用的喜悦，脑海中浮现着干一番事业的理想。

近三年沉寂的边陲生活，使他思想成熟，也使他感受到脱离现实社会的孤寂。诸夫人这时从江南来到了这里。[54]他得以专心从政。

关于王守仁在庐陵的生活状况，在所作《公馆午饭偶书》诗中，略可见之："行台依独寺，僧屋自成邻。殿古凝残雪，墙低入早春。巷泥晴淖马，檐日暖堪人。"

到了任上，总要有所作为。他先修理了衙门，在县衙门前立碑，[55]大概是要表示"开张大吉"吧。

他采取了一些举措，治理这个古老的县城。具体有如下数端：

1. 不事威刑，以开导人心为本。[56]有意思的是，他知道当时庐陵县民"健讼"，就是喜欢打官司，他颁发布告：以后，非重要事情，不得兴讼。打官司只得一件一件事办，不得牵连他事。讼词只得写两行，每行不得超过三十字。[57]

2. 进行调查，[58]询问各个基层官员，了解各乡村的经济状况以及乡人财产多少、品德何如，把握基本情况。

3. 按照明代初年的旧例，抓好基层的政权建设，要求在基层慎重选好"三老"。[59]

"三老"，就是当地有声望的长者或者大族中有地位的族长或者地方上有能力的人士。

4. 注重教育，劝导子弟，使之向学。[60]

5. 根绝镇守暴征。[61]

6. 建立保甲制度。[62]

7. 杜绝神会等宗教组织贷款等。[63]

8. 清理驿站扩展旅馆。[64]

9. 为民请求减轻负担。[65]

10. 参与当地的救灾。[66]

还留下了十六份告示，大多是劝解民众要好好教育子弟，不要使他们走上邪道。[67]

在庐陵六个月，就使得当地争讼成风的情况得到了改变，庐陵县的面貌焕然一新。[68]这是王守仁第一次具体主政一个县城，在庐陵的实践，使得这位书生接触到社会和行政的底层。这里实际担当一面的行政经验，为他后来管理南赣和整个江西打下了基础。

注释

1 见王鏊《震泽长语》16-17页。

2 这种依附皇权、狐假虎威、乘机擅权的情况，在中国乃至世界历史上的专制政权中多可见到。这是值得注意的课题。

3 见前第八章注。又见《明武宗实录》。

4 《献征录·刘瑾传》刘瑾对正德曰："左班官敢哗而无忌者，以司礼监无人耳。有，则惟上所欲，人不敢言矣。"关于司礼监的权责，见《明史·职官志》。

5 《明史》卷三零六《张彩传》。《明通鉴》卷四十三，1604页。

6 《明通鉴》正德三年八月："吏部尚书许进罢。""立内厂。""时东、西二厂横甚，道路以目。瑾犹未慊，复立内厂，自领之，尤为酷烈，中人以法，无得全者。"

7 刘瑾先是把焦芳，而后把曹元、杨廷和安排进内阁。对于曾上书劝正德"审察"刘瑾等人的张敷华、杨守随等，在正德元年的除夕，突然传旨命他们"致仕"。见《明史》卷一百八十六《张敷华传》《杨守随传》。六部的主要官员中，有张彩那样的阿谀奉承之徒，但也有不乏才干之人。

8 《献征录》卷一一七《刘瑾传》："瑾索布政使人银二万两。知无豫囊也，乃令贷于京师富人。归则括诸民以偿。"《鸿猷录》卷十二《刘瑾之变》："三年正月天下诸司官入觐，瑾每省索金二万金，皆从富民贷之。"

9 《献征录·刘瑾传》：当时，各地财政困乏尤甚，"瑾忧之，问计于客。客曰：'国初屯田修备，故诸边足自给。今否者，以屯田为豪右所侵也。'瑾由是遣御史诣各边括屯田"。

10 《献征录·刘瑾传》："成化间，尝遣阉镇守诸省，或置或辍。至是业已复，诸阉请预刑政，其体统一视巡抚，瑾从之。"

11 见《明史·选举志》，1698页、1706页。

12 关于席书的生平，见前第八章注释。

13 弘治末年，财政已经到达了无法维持的境地，弘治皇帝甚至有"国家财政有定制，我又没有加赋，为何民间困苦至此，国家财政至此？"之叹。见《明通鉴》"弘治十八年"。

14 据资料，刘瑾一人家中就抄出了：

黄金二十四万锭又五万七千八百两，元宝五百万锭，银八百万锭又一百五十八万三千六百两，宝石两斗。金甲二，金钩三千，玉带四千一百六十二束，狮蛮带二束，金银汤器五百，蟒衣四百七十袭。牙牌两匮。穿宫牌五百。金牌三。衮袍四。八爪金龙盔甲三千。玉琴一。玉玺印一颗。以上金共一千二百五万七千八百两，银共二万五千九百五十八万三千六百两。（见王鏊《震泽长语》，43页）

可见，他仗着与皇帝的关系，打着要为皇家服务的招牌，抱着中饱私囊的贪欲和野心，干着榨取民脂民膏的勾当。

15　《明通鉴》卷四十三，1601页。

16　如《明通鉴》记载，当时因为群臣多议论，经常被罚跪在左顺门外。被罚的人员达二百多人，都是在朝廷中央的官员。

17　有史料记载，刘瑾倒台后，有人弹劾王华贿赂刘瑾。《国榷》卷四十八"正德六年四月"："前户部尚书顾佐，刑部尚书屠勋、韩邦问，南京吏部尚书王华，刑部右侍郎沈锐，皆赂瑾，见狱词，各下巡按御史论赎。"事实如何？不详。但至少可以说明，刘瑾和王华的关系应该不那么紧张。否则，别人不会这么弹劾。而如果真是贿赂，那么已经做到南京吏部尚书的王华，还有什么个人的事情会请托刘瑾呢？是否和王守仁有关系呢？

18　王守仁得到杨一清的提拔，见《与杨邃庵》："自先君之始托交于门下，至于今，且四十余年。父子之间，受惠于不知、蒙施于无迹者，何可得而胜举。"（上古版《全集》，1013页）此函具体年月不详，但从内容考之，当是在王守仁之父去世以后不久所写，守仁之父去世在嘉靖元年，"四十余年"，当在成化十八年前即王华中状元时，便和杨一清订交。由此，王守仁在明代政坛上的背景，可见一斑。也就是说，和他相关的朝中势力还是相当多的，都有想办法提携他的可能。

19　见《明通鉴》卷四十三，1607页。

20　据高岱《鸿猷录·刘瑾之变》记载，在当时，"上悉以诸司章奏付瑾处断"。

21　如前所述，王守仁在贵州，参与平定当地的一些动乱，维护了朝廷的尊严。当地的官员，包括提学、宣慰使、朝廷派往贵州考察的王济等，对他的评价自然很好。

22　具体过程，见高岱《鸿猷录》卷十二"安化之变"，《明史纪事本末》卷四十四"置鐇之叛"。

23　安化郡王朱置鐇，是朱元璋第十六子朱楩的曾孙。弘治五年，置鐇嗣位，封为郡王。

24　《鸿猷录》，261页。

25　在明朝，丈量土地一直是事关全国财政的大问题，在弘治年间就有关于户籍土地的记载文书。见栾成显著《明代黄册研究》173页。又，明代的土地丈量，参见该书第四、第五章。该书以实存文献为据，研究了主要是万历以后的情况。其实在此之前，正德、嘉靖年间有些地方当也实行了丈量。

26　见《明史纪事本末》正德六年，命张永"选团营骁卒听征"。可见张永早就在涉及团营的事务。

27　事见《鸿猷录》卷十二《刘瑾之变》："五年春，瑾忌太监张永不甚下己，伺间潜谤于上，调永留都。"《明史纪事本末》："调张永于南京。"以下有关此事的史料，主要见于此两书，另外参见《明通鉴》卷四十三，1620－1627页。

28　《韩非子·八经篇》。

29　由此可见，在与正德最近的宦官集团中，也有着不同的派系。刘瑾、张永对立，而谷大用则持中。

30　关于平定安化王，见明郑晓《今言》95页、163页。

31　参见李贽《续藏书》卷十一"太师李文正公"，211页。

32　见《明史》卷一七三《仇钺传》。《明史·职官志五》："总兵官、副总兵官、参将、游击将军、守备、把总，无品级，无定员。"又，在冀州、陕西等的总兵官下，设有"游击将军"，大约相当于现在部队的师、团级的军官吧。

33　见《鸿猷录》与《明史》本传。

34　见《明史·武宗本纪》："夏四月庚寅，安化王置鐇反。""丙午，起右都御史杨一清总制宁夏、延绥、甘、凉军务，泾阳伯神英充总兵官，讨置鐇。辛亥，诏赦天下，太监张永总督宁夏军务。"这在时间上和《鸿猷录》所记有出入，殆当时实际发生之事和朝廷接到消息、做出决定出兵之间，有时间差之故。

35　详见《明史纪事本末》卷四十三《刘瑾用事》，652－655页。

36　这里所说的"三年"，当指正德二年初到正德四年底，前后逾越三个年头。"欲转新年色"，指的是正德四年到五年之间。

37　《文渊阁钦定四库全书》本《湖广通志》卷十二："钟鼓洞在县南，龟山石壁峭立，入数十步，二石悬焉，扣之作钟鼓声。"今洞内有王守仁的石刻题咏："见说水南多异迹，岸头时有钟鼓声。"此诗或云写于王守仁赴贵州龙场的途中。考同治《沅陵县志》："瑾诛,量移庐陵知县,归途过辰溪,游大酉山钟鼓洞,题诗于石。"又,诗中有"年来夷险还忘却,始信羊肠路亦平"句,将此诗系于由贵州返庐陵时作较妥。

38 此诗和其他文献所载,文字略有出入。上古版《全集》将此诗列于"居夷诗"中,以为在贵州时所撰,似误。当为返回时所撰。

39 虎溪山在沅陵县城西北沅、酉二水交汇之处,山上有龙兴寺院,据说始建于唐贞观二年(628)。杨名父:即杨子器,他和王守仁在京城就相识。见前注。正德九年,守仁还有诗回忆当时的情景:"记得春眠寺阁云,松林水鹤日为群。诸生问业冲星入,稚子拈香静夜焚。"

40 郭掌教,据束景南考证,名辚。《乾隆辰州府志》卷三十六:"郭辚,闽县人。正德三年,教谕沅陵。勤于课诲,士之有才者,多方振拔。改学宫,建书院,皆力为之倡,学者敬爱之。去之日,绘其象,留祀名宦祠。"

41 《全集》卷四《与辰中诸生》。辰州之学发展情况,见邹守益《辰州虎溪精舍记》,载《邹守益集》卷七。

42 见《泉翁大全集》卷七十六《金陵答问》。

43 见《泉翁大全集》卷七十七《金台答问录》。

44 《沅陵县志》卷十三载:"阳明喜郡人朴茂,留虎溪讲学,久之乃去。"又云:"王阳明自龙场谪归,道过辰州,喜人士朴茂,寓龙兴讲寺弥月,与武陵蒋信字道林者往来讲论,题咏山水。进士唐愈贤从游,得闻致良知之学,士人兴起。"然而守仁往庐陵就任,似无"久""留"讲学之可能。

45 江思湖:不详。考其位置,当在自沅陵顺沅江入洞庭湖之间。柳港:有岸柳之港。湖南常德沅江一带,多有槐柳,今仍有柳叶湖、柳林村等湖名、地名。清光绪《湖南通志》卷三十五:"寓贤阁在县西门外。明王守仁谪居龙场驿时过此,与邑人蒋信、冀元亨讲学。"此处所说"讲学",似系后人传说。

46 此诗见梁颂成《王守仁在常德的诗歌创作》。浙江古籍《全集》收录。束景南《辑考编年》:"观音山,在(辰溪)县南。""此诗当亦是正德五年春阳明赴庐陵知县任途经辰溪作,盖即兴所咏,与《钟鼓洞》作在同时。"

47 道心:语出《古文尚书·大禹谟》,宋明理学常用语。王守仁此指,悟道之心。此两句可见王守仁对道心,对动静等,均有所省思、感悟。沮溺:

长沮、桀溺，传说中的古代隐者。《论语·微子》："长沮、桀溺耦而耕，孔子过之，使子路问津焉。"东皋：水边向阳高地。《文选·秋兴赋》："耕东皋之沃壤兮。"陶潜《归去来兮辞》："登东皋以舒啸，临清流而赋诗。"耦耕：原指两人并耕，后泛指务农事。

48 当在武陵所作。阁：前诗所云"潮音阁"，当时居于此处。漂梗：随水漂流的桃梗，见《战国策·齐策三》，后以"漂梗"指漂泊者。

49 到常德一带，他写了《武陵潮音阁怀元明》《阁中坐雨》《霁夜》《僧斋》《观音山》《墨池遗迹》《德山寺次壁间韵》《沅江晚泊二首》《睡起写怀》《立春日道中短述》。立春一般在正月或二月，故此当为尚未到达庐陵的道中所撰。

还有《游瑞华二首》《古道》《再经武云观书林玉玑道士壁》《三山晚眺》《鹅羊山》《泗州寺》《次韵自叹》等，不一一引述。

50 德山寺：指今常德市善德山上的乾明寺。常德现存的最早方志《嘉靖常德府志》卷二记载善德山（德山）时，明确提到"山有乾明寺"；卷二十记载："乾明寺，善德山上，唐咸通间建。"

51 《沅江晚泊二首》（其一）。当为正德五年春从贵州返回时之事。

52 濂溪，周敦颐。图书：指《太极图说》《通书》，乃周敦颐所著。《宋史·道学传》："至宋中叶，周敦颐出于舂陵，乃得圣贤不传之学，作《太极图说》《通书》，推明阴阳五行之理，命于天而性于人者，了若指掌。"莲池：周敦颐晚年辞官，在庐山西北麓讲学，遗迹有莲池。又，周敦颐有《爱莲说》。这些诗歌，包含着对于当时被奉为"先觉"者一定程度的否定。经过了被贬龙场挫折的王守仁，学术思想有变化，从诗句中可见对当时学术倾向的批判。

53 《给由疏》，上古版《全集》299页。又《庐陵县公移》，上古版《全集》，1031页。

54 见束景南《辑考编年》314页。《寓都下上大人书》谈到，自己不会在京城久留，让妻子不要上京，免得"只如去岁江西，徒费跋涉而已"。该信是正德六年所写。由此推测，正德五年诸夫人曾跋涉前往江西。

55 见浙江古籍本《王阳明全集（新编本）》卷四十六《补录八》。《重修庐陵县志》，1887页。

56 《年谱》:"为政不事威刑,惟以开导人心为本。"

57 见《告谕庐陵父老子弟》,上古版《全集》1027页。

58 《告谕庐陵父老子弟》:"首询里役,察各乡贫富奸良之实而低昂之。"

59 《告谕庐陵父老子弟》:"稽国初旧制,慎选里正三老,坐申明亭,使之委曲劝谕。"

60 《年谱》:"大抵谆谆慰父老,使教子弟,毋令荡僻。"

61 《告谕庐陵父老子弟》:"定水次兑运,绝镇守横征。"

62 《告谕庐陵父老子弟》:"立保甲以弭盗。"

63 《告谕庐陵父老子弟》:"杜神会之借办。"

64 《告谕庐陵父老子弟》:"清驿递以延宾旅。"

65 见《庐陵县公移》:"民产已穷,征求未息……幸而生者,又为征求所迫。弱者逃窜流离,强者群聚为盗,攻劫乡村,日无虚夕。今来若不呈乞宽免,切恐群情忿怨,一旦激成大变。为此连名具呈,乞为转申祈免等情。"(上古版《全集》,1031页)

66 《告谕庐陵父老子弟》:"城中失火,身祷返风,以血禳火,而火即灭。"这多少有点夸大,但参与救灾活动,当无误。

67 以上参诸条,又可见《年谱》:"先生三月至庐陵。为政不事威刑,惟以开导人心为本。莅任初,首询里役,察各乡贫富奸良之实而低昂之。狱牒盈庭,不即断射。稽国初旧制,慎选里正三老,坐申明亭,使之委曲劝谕。民胥悔胜气嚣讼,至有涕泣而归者。由是图圄日清。在县七阅月,遗告示十有六,大抵谆谆慰父老,使教子弟,毋令荡僻。城中失火,身祷返风,以血禳火,而火即灭。因使城中辟火巷,定水次兑运,绝镇守横征,杜神会之借办,立保甲以弭盗,清驿递以延宾旅。至今数十年犹踵行之。"

68 湛若水撰《墓志铭》称王守仁:"稽国初旧制,慎选里正三老,委以词讼。公坐视其成,图圄清虚。"

第十一章 北京风尘

正德五年十月—正德八年九月

第十一章 北京风尘

一、刘瑾覆灭与升迁京城

就在王守仁一心一意地搞好庐陵县建设之际，中央的政局发生了巨大的变动。

正德五年八月，杨一清和张永一起，率军平定"安化之乱"，然后杨一清留在边境，总制三边，张永则把捕获的叛贼押送回京，到了京城，就按照和杨一清商定的方案，除去刘瑾。他先和跟自己一向关系很好的太监张雄、张忠等商量定计，决心择机向正德皇帝报告，采取行动。

正德皇帝得知叛乱已平，张永回京，非常高兴，果然召见张永。张永取出事先准备好的奏疏，列举刘瑾的罪状，请求除去他。正德略有犹豫，结果还是同意了。正德五年八月，权倾一时的刘瑾被逮下狱，处死。[1]

刘瑾在内阁的党羽焦芳，早在五月已经致仕。十月，跟随刘瑾的吏部尚书张彩被处死。权倾一时的刘瑾集团，倏忽间烟消云灭。接着，正德皇帝宣布，正德二年以来，因刘瑾更改的各种政令，一律复旧。[2]

主导这场政局变动的张永、杨一清等，成为实际执掌朝政大权的人物。同时，他们又受到原来已经在内阁中，被正德信任的杨廷和等人的牵制。这样，形成了新的政治格局。

　　解决了刘瑾，成为朝廷重要人物的张永、杨一清等人，在该年十月，马上把王守仁升为南京刑部四川清吏司主事（或许是因为王华当时在南京之故），算是恢复他被贬斥前的原职级别。[3]

　　实际上王守仁并没有到南京去。由于黄绾等人向吏部尚书杨一清请求把王守仁留在北京，于是，杨一清又把他直接召到了北京。[4]

　　正德五年十一月，王守仁到了北京，在湛若水住所的右边安顿下来。[5]

　　正德六年（辛未）正月，王守仁又调升为吏部验封清吏司主事，这是个管人事的官。

　　这么看来，被贬谪后，经过三年多，王守仁回到北京。

　　回京以后，旧朋新友，多来叙旧造访，门庭若市。

　　这时，有几个人物和他订交。

　　一位是黄绾。经储罐介绍，黄绾来拜访他，因而订交。[6]热心的黄绾又把王守仁介绍给其他学子。一天，他对徐祯卿说："近日士夫如王君伯安，趋向正，造诣深，不专文字之学，足下肯出与之游，丽泽之益，未必不多。"

　　徐祯卿就前来造访。来访时，湛若水正好在座，但湛若水对徐祯卿当时热衷的"摄形养生"之说，似乎不感兴趣，谈得不甚投机。[7]

　　还有一位顾应祥，也是由黄绾引荐，见王守仁的。[8]也就在这一时期，在北京的方献夫和王守仁相遇，愿从王守仁学。[9]

　　由此可见王守仁回到北京时，颇为引人瞩目。总之，到了北京，他立即融入了原来友朋的关系网络，又有了新的展开。

　　正德六年五月三日，王守仁安定下来后，给家中写信。在这封信中，可以看到王守仁当时的家庭情况和想法。

　　首先，信中报告了自己的状况，流露了对家人的思念之情。

说到"祖母老大人",又说到"母大人"。祖母当然就是岑氏,此处的"母大人"当指继母赵氏。这是在王守仁所存家书中很少的提到"母大人"之处。说明,经历了数年的挫折艰辛,家庭关系有了变化。

这时,王守仁仅有仆人跟从,夫人并未在身边。谈到这几年,他的身体状况并不好。"男迩来精神气血殊耗弱,背脊骨作疼已四五年,近日益盛。欲归之计,非独时事足忧,兼亦身体可忧也。"从这书信可知,他已经有致仕归隐的想法。家中也已经析产建屋。[10]

此后王守仁的处事态度,从这年春天写的《砚铭》中,可见一斑:"温润而有守,此吾之石友,日就月将于不朽。"[11]

虽仅片言只语,可见当时他的价值判断和内心追求。

二、吏部的公干

在京城为官,自然有日常的具体事务。当了吏部验封清吏司主事,王守仁干的如下两件事,颇有影响。

刚到吏部上任,第二年(正德六年)二月,就当上了会试同考试官。

这年考试,《礼记》的题目是孝道:"是故仁人之事亲也如事天,事天如事亲。"[12]在这场考试中,有几个后来和王守仁有关的人中了进士,如万潮、王道、应良、谷梁等,他们后来,有的和王守仁论学,有的成为有影响的学者。

王守仁对一些考卷的评语,现在仍存。其中对于万潮的评价,认为他"精微该博,时出不穷,而又曲中程度""词气充溢,光焰逼人,而时务一道尤为议论根据,识见练达"。由此可见,王守仁取人的标准是：既要知识精微该博，又要应乎变化；既要有辞章表述的文采，又要有处理实务的练达。[13]

还有一件事，就是写了表彰楚端王的诗《彰孝坊》。

那时，明王朝已经成立了一百多年，分封在各地的"王"多经历了四五代。而王府内自然是气象各异，各种事情都有。不孝父母的情况时有发生。但是，武昌的楚王府中，楚端王在父母在世时，能够尽孝。父王入葬时，虽说下雪下雨，他"自府第至茔域"赤着脚走了"二舍"（约六十里）。王府上下向皇帝报告，称其为"孝子"。正德皇帝赐给他"彰孝之坊"以示表彰。众多的官员都写了诗歌，附庸圣意。王守仁当时在京任职，为吏部验封清吏司主事，也写了诗，对端王加以表彰，其中有曰："他年青史上，无用数东平。"

这是用汉代东平王的典故，是说，端王的孝顺，驾东平王而上之，足以名留青史。[14]

正德六年八月，京都附近地震。十月，王守仁升为吏部文选清吏司员外郎。这是从五品的官员了。[15]

正德七年（壬申）三月，王守仁升吏部考功清吏司郎中。这是正五品官员。可以说，王守仁官途一路顺畅。不到两年，从一个"驿丞"升到了正五品的位置，虽说有"落实政策"即恢复原来职位的因素，但是，如果没有朝中有力者的提携，是做不到的。这提携者，很明显是当时主掌朝政的杨一清、张永等人。

三、圣道的探究

这个时期，社会矛盾爆发。河北一带的刘六、刘七起事，反抗明代朝廷，一时席卷中国北方。正德只好调用边境的部队即所谓

"边军"去围剿。这又造成了后来朝廷政治力量的变化和重组。[16]

王守仁当然不满足于碌碌的日常事务，他面对现实，反思自己的经历，对于儒学基本理念进行了思考和探索。

这时王守仁和朋友论学，他们关心的是儒学中性、情、心等基本问题。比如，在给黄绾的信中，强调"出乎其心之所欲皆自然而然"。[17]在给王道的信中，谈到自己经过贵州三年的磨炼，对《孟子》"生于忧患"之说的体会。[18]在给老友汪俊的信中，强调了子思的思想，对于朱熹的《中庸注》，认为有"过于剖析"处，提出对于古人之说，"宜且循其说而究之""要在求其是而已"。[19]表现出理性的探索精神。

这方面的探索，比较有代表性的是和张邦奇的讨论。探讨的内容，在张邦奇《张文定公文选》卷十六所载《别阳明子序》中有记载。[20]《序》中可以看到王守仁对于张邦奇某种意义上的劝说。当时，王守仁为张邦奇的前辈，他的说法，对张邦奇或有触动。[21]可以看到当时王守仁为学的趋向：一是强调要有所取有所不取，二是强调要重视内心。他们还探讨了儒学中有关"外"（博）和"内"（约）的关系问题。

除了和张邦奇讨论之外，王守仁不满足仅限于当时的孤立思考，还试图从儒学的历史流变中寻找自己思想的渊源。在这一时期和王舆庵、徐成之议论"象山之学"，乃是其表现之一。这是在现存记录中，王守仁比较早谈论"朱陆异同"的文字。

王舆庵肯定陆九渊，又回避陆九渊所主张的为学当"易简觉悟"和佛教的一些相同点，王守仁给他们的信中说："今观《象山文集》所载，未尝不教其徒读书。而自谓理会文字颇与人异者，则其意实欲体之于身。""独其易简觉悟之说，颇为当时所疑。然易简之说出于《系辞》，觉悟之说虽有同于释氏，然释氏之说亦自有同于吾儒，而不害其为异者，惟在于几微毫忽之间而已。亦何必讳于其同而遂不敢以言，狃于其异而遂不以察之乎？"

"是舆庵之是象山,固犹未尽其所以是也。"

另一方面,徐成之比较倾向朱熹之说,"谓其专以道问学为事",王守仁指出:"(朱熹)其为言虽未尽莹,亦何尝不以尊德性为事,而又乌在其为支离乎?"所以,徐成之"之是晦庵,固犹未尽其所以是也"。

他认为:"晦庵之与象山,虽其所以为学者若有不同,而要皆不失为圣人之徒。"但是因为当时朱熹之学,"已入人之深,有不容于论辩者",而陆九渊之学,"则以其尝与晦庵之有言,而遂藩篱之",所以他"尝欲冒天下之讥,以为象山一暴其说",也就是要说明陆九渊之学的价值。[22]

此外,王守仁还谈到关于研究圣学的方法和态度。他为梁谷(仲容)作《默斋说》,认为"气浮则多言,志轻则多言",强调:"故诚知耻,而后知默。""诚敏于行,而后欲默。"默则"必有所识""必有所成",然后才可以逐步达到"默之道成"的境界。[23]

可以看到王守仁对于当时流行的朱熹之说,已经明确感到有不妥之处,想要说明陆九渊所蒙的"无实之诬",但他至此,还没有公开批评或反驳朱熹之说。

这些论说反映了经过贵州的磨炼,王守仁的思想渐趋成熟。然而,他的思想,并非一下子"悟"得,而是在现实的社会中,逐步发展起来的。

四、京城时局与友朋聚散

思想探索是一个方面,而生活是现实的。面对当时的京城时局和社会现实,王守仁这时也在思考自身的生活走向。这一时期，他着手自己家庭的构筑。现存有他给父亲的几封信，可见他当时的真实想法。[24]

在正德七年给父亲王华的信中，王守仁谈了对时局的看法。在信中，比较清晰地分析了当时的全国形势和京城中各种势力。

关于当时的全国形势，他说：河北动荡，各地虽有捷报，但是"粮饷之不济，马匹之乏绝，边军之日疲，流氓之愈困，殆有不可胜言者。而庙堂之上，固已晏然有坐享太平之乐。自是而后，将益轻祸患，愈肆盘游，妖孽并兴，谗谄日甚，有识者复何所望乎"。关于各地的灾难状况，他说："各省来奏山崩地动、星陨灾变者，日日而有。"显现出忧国之情。

关于京都中的权贵，他说："近甸及山东盗贼奔突，往来不常。河南新失大将，贼势愈张。边军久居内地，疲顿懈弛，皆无斗志，且有怨言，边将亦无如之何。兼多疾疫，又乏粮饷。府库内外空竭，朝廷费出，日新月盛。养子、番僧、伶人、优妇居禁中以千数计，皆锦衣玉食。又为养子盖造王府、番僧崇饰塔寺，资费不给，则索之勋臣之家，索之戚里之家，索之中贵之家。"表现出对于贪腐权贵的批判。

关于朝廷中主要的权势者张永，他说："永斋（张永）用事，势渐难测。一门二伯，两都督，都指挥、指挥十数，千百户数十，甲第、坟园、店舍，京城之外，连亘数里，城中卅余处，处处门面，动以百计。谷、马之家[25]，亦皆称是。"

关于当时朝中大臣的态度："大臣趋承奔走，渐复如刘瑾时事。其深奸老滑，甚于贼瑾。""西涯（李东阳）诸老，向为瑾贼立碑，槌磨未了，今又望尘莫及，颂张德功，略无愧耻，虽邃老亦不免。"[26] "邃庵（杨一清）近日亦若求退事，势亦有不得不然。"（因为他是靠张永提拔，他感觉到"张已盛极，决无不败之理"，想早点退身自保。）"各边谋将，又皆顿留内地，不得归守疆场，是皆有非人谋所能及者。"表现出力不从心的无奈。

第十一章　北京风尘

结论是："未知三四十年间，天下事又当何如也。"[27]

他也非常关心家事。当时王华在南京，王守仁在信中说："大人年近古稀，期功之制，礼所不逮，自宜安闲愉怿，放意林泉。木斋（谢迁）、雪湖（冯兰）诸老，时往一访；稽山、鉴湖诸处，将出一游。"[28]

他和父亲商量着，处置余姚老家的各种事物。谈到了余姚的老家，兄弟们都在建着新的房屋。[29]这时，他兄弟的孩子夭折了，他安慰家人"须自宽释"，[30]又叮嘱要注意弟妹和后辈的教育[31]。有一点值得注意：信中他要家人对于造册的田地，"亲戚之寄托者""拒绝之为佳"，因为"时事如此，为子孙计者，但当遗之以安，田业鲜少，为累终寡耳"。可见在当时的情况下，他为家族的考虑和安排。[32]

他对自己的去留，处在犹豫之中。他说自己"为杨公所留（指杨一清），养病致仕皆未能遂，殆亦命之所遭也。人臣以身许国，见难而退，甚所不可，但于时位出处中，较量轻重，则亦尚有可退之义，是以未能忘情；不然，则亦竭忠尽道，极吾心力之可为者，死之而已，又何依违观望于此，以求必去之路哉"。[33]可见，在对待做官、退隐的问题上，王守仁处于一种纠结的状态：一方面，认为京城不是久居之所，并不恋栈想继续当官；而另一方面，从责任和道德的角度思考，又对这样的选择感到不安。

王阳明在信中反省了自己的人生。说到他被人讽刺，"既不能直言切谏，又不能去"，不知你当官，"为贫乎？为道乎？"他反省，"皆由平日不务积德，而徒务虚名，遂致今日"。[34]这可视为他想离开北京官场的萌芽。

王阳明自弘治十二年中进士以来，沉浮变迁，已有十多年。前辈渐渐老去，当初风华正茂、指点江山的年轻进士，到了担当实务的时候。不少和他亲密的朋友因各种原因，有的被贬斥，有的被外派，渐渐离开了北京。

正德六年冬，湛若水有安南之行。王守仁撰《别湛甘泉二首》。[35]诗中写道："远别情已惨，况此艰难秋！分手诀河梁，涕下不可收。"

望着远行车后的尘土："迟回歧路侧，孰知我心忧！"（《其一》）不仅仅是离别，更感触和令人悲哀的，是人生的倏忽变幻："我心忧以伤，君去阻且长。""世艰变倏忽，人命非可常。"（《其二》）

冬天，方献夫要归故乡广东西樵，王守仁撰《别方叔贤四首》："西樵山色远依依，东指江门石路微。料得楚云台上客，久悬秋月待君归。"[36]由此可见，王守仁对于方献夫的学术传承非常清楚，反映了王守仁对陈白沙一系学术的态度。

王守仁在诗中，还主张"不妄由来即性情""道本无为只在人"，嘲笑当时的儒生"翻从知见觅虚灵"。[37]强调对自我内心的认识，认为自身的性情是道的根源，反对只通过对外"格物"来寻求"道"。这或可认为是后来良知说的萌芽。在这些诗歌中，可见王守仁诗风的变化：山水风情渐少而论及事物性理者渐多。

当时，林俊在四川平定蓝氏叛乱。因为和洪钟意见相左，正德七年十一月致仕。林俊到了北京，王守仁前往造访。八年春，撰《香山次韵》，记载了和林俊相会时的氛围："寻山到山寺，得意却忘山。岩树坐来静，壁萝春自闲。楼台星斗上，钟磬翠微间。顿息尘寰念，清溪踏月还。"又有《夜宿香山林宗师房次韵二首》："久落泥途惹世情，紫崖丹壑是平生。养真无力常怀静，窃禄未归羞问名。树隐洞泉穿石细，云回溪路入花平。道人只住层萝上，明月峰头有磬声。"（《之二》）反映出在喧嚣忙乱的京城中追求静谧平静的心态，也可见到王守仁和林俊的交情。

冬十一月，当时极有权势的"永斋"，即张永，被调离到御用监闲住。同月，首辅李东阳辞职致仕。[38]这都是和王守仁关系密切的当权人士。李东阳的致仕，也标志着弘治以来文辞诗赋的热潮，落下了帷幕。

和这么多前辈、朋友的离别，不断的感情冲击，使王守仁感受到官场春秋变迁、友朋聚散离别的悲凉。这一切，都促使着他下决心告别京师。

正德七年十二月初八日，他又被提升为南京太仆寺少卿（正四品）。既然被任命为南京的官，他就向朝廷请假，从北京南回时，先到故乡看看。

五、告别京师——故乡山水行

王守仁升入"九卿"之列，成为明代正德年间的一位高级官僚。经过几年在官场的升腾奔波，王守仁体验到官场并非如前所想，是年轻人伸展抱负、忠君济民的一片净土，而有着种种的波澜、漩涡、暗流和逆浪。他感到一种无奈和疲惫。恰好这时家乡又有事，于是，向朝廷提出，在南行任新职时，先到故乡省亲。

就在此时，妹婿徐爱以祁州知州考满进京，升南京工部员外郎。于是，在正德八年的正月，王守仁就和他同舟归越。他们从北京经运河，向杭州进发。漫漫归途，他和徐爱有时间细细地探讨学术。[39]这时，他们已经不只在议论对通行儒学典籍的解释，通过这些年的思考，王守仁对当时被视为"金科玉律"的朱子学说，提出了疑问，加以批判。或许是和自家人的谈论，可以更明确直接，所以，他这样的态度和论说的内容，令徐爱感到触动。王守仁思想的尖锐、深刻，徐爱觉得有说服力。因此，他把王守仁的论述，记录了下来。虽说是王守仁和徐爱个人间的交谈，但由此可以看到王守仁思想的巨大转变。后来，这些记录被整理刊布，成为最早有关王守仁思想的专门著述。[40]

在归途中,他们经过了苏州附近的白湾。[41]

正德八年(癸酉)二月,王守仁回到故乡余姚。正德二年初在杭州和弟弟们一别之后,他已整整六年没回过故乡了。[42]

王守仁回到家乡,很快就投身到家乡山水的怀抱。梦魂萦绕的故乡山水,慰藉着这位在官场奔波多年的归来游子。他周游了家乡附近的地区。原来是想等候黄绾一起游四明山的,但等了若干时日,黄绾没来,于是,王守仁就和徐爱等人一起,在初夏之际,由上虞登了四明山。[43]

他们先往白水,那里多有峭壁,瀑布很有名。[44]到了白水,只见瀑布由上飞湍直下,珠花四溅。王守仁写了《四明观白水二首》,《其一》曰:"邑南富岩壑,白水尤奇观。兴来每思往,十年就兹观。"颇有山水依旧在,时光不复返的感触。[45]

附近有不少寺院、道观。他们到了宝林寺、杖锡寺,王守仁写了《杖锡道中用张宪使韵》《又用曰仁韵》《书杖锡寺》等诗。[46]

在这次游览过程中,发生了一件在后世引起众多议论的事情,就是和日本僧人了庵桂悟之晤。五月既望(阴历十六夜),王守仁在会稽的杖锡寺,遇见了日本的僧侣了庵桂悟。

王守仁为了庵和尚书写了《赠了庵归国序》。这份资料,被了庵带回日本。在这封信和有关的诗歌中,可以看到王守仁对于佛教的态度。

接着王守仁一行,又到雪窦千丈岩,从奉化取道赤城返回。[47]

随着夏日的消逝,王守仁的休假也到了结束的时期。

离开故乡后,回顾故乡的山水和生活,王守仁写有《寄浮峰诗社》:"千里故人谁命驾?百年多病有孤舟。""饮水曲肱吾自乐,茆堂今在越溪头。"这是对自己身体状况和境遇的感叹,也表现了对于故乡山水、故乡诗社朋友的依恋。

既和僧侣等人交往,又漫游群山,忙乱中匆匆而过的数年官宦生活，他内心深处感到的疲惫，在空旷的群山之中，得到了休息，时而胸间飘逸出一丝悠闲。

他正式告别了北京的官场。

北京，这曾使他向往、使他追求、使他激情飞扬、也使他跌倒受伤的地方，又使他经历了再次返回、友朋重聚、不断高升的喜悦。面对动荡的社会、变幻的时局、翻腾的宦海、离散的友朋，他的心潮趋向平静。步入中年的王守仁，已消去了早年的青涩，品尝到现实的艰苦，更看到了高层在金光掩饰下的污秽的一面。他抱着对人生和社会更深层问题的思考，抱着尚未完全清晰的理念，离开了北京。

他要到江北的滁州去上任。正德八年秋天，王守仁到了滁州。

注释

1 关于正德接见张永的情况，《今言》这样记载："太监张永初见上，乘间出怀中疏，奏逆瑾十七事，且言其将为不轨。上怒，夜缚瑾。坐谋反凌迟。三日，诸被害者争拾其肉嚼之，须臾而尽。九月，吏部尚书张彩，锦衣指挥杨玉、石文义，坐瑾党伏诛，内阁曹元削籍。尽革瑾所行乱政害人事。焚与瑾往返书札文字。"《鸿猷录》卷十二、《明史纪事本末》卷四十三记载较详细，不赘录。

2 《明通鉴》卷四十三"正德五年八月"："是时廷臣奏瑾所变法请更正者，吏部二十四事，户部三十余事，兵部十八事，工部十三事，诏皆如旧制。"

3 见《给由疏》："本年十月内升南京刑部四川清吏司主事。"《年谱》："十二月为南京刑部四川清吏司主事。"也就是管四川人事的官员，这是个正六品的官员。《年谱》和《给由疏》不同，当以《给由疏》为是。因为在十一月，王守仁已经到了北京。

4 在明代，四品以下的官员，每三年要进行考核，决定黜陟。《明通鉴》："凡升必考满。若员缺当补，不待考满，曰推升。"见该书1735页。正德四年刘瑾当权时,此制度略有变化,见前。

王守仁刚从一个九品以下的驿丞,跳到了七品的县令,不到一个月,再升到了正六品的主事。当然有提拔他的政治力量在。提拔王守仁的主要力量,应该就是当时主掌朝中大权的张永、杨一清等人。

王守仁后来写的《致杨邃庵书》"先君素辱知与,不肖孤又尝在属吏之末,受教受恩,怀知己之感,有道谊骨肉之爱",说明他一直受到杨一清的关照提携。

又,湛若水《阳明先生墓志铭》:"复起尹庐陵,卧治六月而百务具理,有声,取入南京刑部主事,留为吏部验封主事。"

又见黄绾《阳明先生行状》:"先是先生升南都,甘泉与黄绾言于冢宰杨一清,改留吏部。职事之暇,始遂讲聚。"

可见,十月份把王守仁调进北京,主要的推动力量是杨一清等人,这是在正德时期提携王守仁的主要政治力量。

5 湛若水《阳明先生墓志铭》。

6 《年谱》:"先生入京,馆于大兴隆寺,时黄宗贤绾为后军都督府都事,因储柴墟㼆请见……明日引见甘泉,订与终日共学。"这说明,和储㼆的交情,远在到龙场之前,见前第八章。

7 见王阳明《徐昌国墓志》:"庚午冬,阳明王守仁至京师。"徐祯卿当时还热心于摄形养生之说,本想和王守仁谈论这方面的事。这时,王守仁对于摄形养生,已经不信了,关注重点也已经不是诗赋,而是儒家的性理之学了。见上古版《全集》931页。

8 顾应祥,字惟贤,长洲人。见徐中行《顾应祥行状》,载焦竑《献征录》卷四十八。又孙奇逢《理学宗传》卷二十:"正德初,官锦衣卫,与黄绾同官,日夕讲论,绾因导之见文成公。"

9 方献夫,《明史》卷一九六有传。曰:"字叔贤,南海人。生而孤。弱冠举弘治十八年进士,改庶吉士。乞归养母,遂丁母忧。正德中,授礼部主事,调吏部,进员外郎。与主事王守仁论学,悦之,遂请为弟子。"方献夫与湛若水同年进士,时在北京。所以,这时和守仁当可相会论学。《年谱》正德六年:"二月,为会试同考试官。是年僚友方献夫受学。献夫时为吏部郎中,位在先生上,比闻论学,深自感悔,遂执贽事以师礼。是冬告病归西樵,先生为叙别之。"这是后来钱德洪等所言。方献夫乃陈白沙的弟子,受陈的思想影响,所以和王守仁此时的想法比较一致。

《王阳明文集》卷十有《答方叔贤》(辛巳,正德十六年)曰:"承示《大学原》,知用心于此深密矣。道一而已,论其大本大原,则《六经》《四书》无不可推之而同者,又不特《洪范》之于《大学》而已。"

10　见《寓都下上大人书》。信中说到:"媳妇辈能遂不来极好。""此间决不能久住,只如去岁江西,徒费跋涉而已。""江西",殆指他在江西庐陵任县令的事。可见其妻曾到江西,又返回老家。而信中名"王寿""来隆"者,似为仆人。所谓"来隆去后,此间却无人。如媳妇辈肯不来,须遣一人带冬夏衣服,作急随便船来"乃是要家中送衣物到京。

关于家中析产,见《寓都下上大人书》,信中曰:"余姚分析事,不审如何?毕竟分析为保全之谋耳。"计文渊《王阳明书法集》收录,又束景南《辑考编年》,314页。

11　见束景南《辑考编年》,322页。

12　见束景南《辑考编年》,323页。

13　万潮,字汝信,江西进贤人,正德辛未进士。《明史》卷一八九有传。

14　见《彰孝坊》,原载《嘉靖湖广图经志书》卷一,录自束景南《辑考编年》328页。

15　吏部文选清吏司员外郎,从五品,见《明史·职官志》,1734页。《年谱》:"先是先生升南都,甘泉与黄绾言于冢宰杨一清,改留吏部。"

16　参见高岱《鸿猷录》卷十二《平河北寇》,《明通鉴》卷四十四"正德六年"等。

17　《全集》卷四《与黄宗贤》一。

18　《全集》卷四《与王纯甫》一。

19　《全集》卷四《答汪石潭内翰》。

20　《张文定公文选》嘉靖庚戌邹守益序,嘉靖己酉许氏序本,日本东京国会公文馆,即原内阁文库藏本。

此文束景南《辑考编年》933－934页收录,云出自《张文定公纡玉楼集》卷四。和笔者所见,文字稍有不同。束本有若干字脱落。此《序》文中张邦奇之语，又见于《明儒学案》卷五十二《诸儒学案》《文定张甬川先生邦奇》条下，作《答阳明》，文字与《张文定公文选》同。

因该文首有曰"四明张邦奇将归省，验封阳明王子赠之"，可见是王守仁在任"验封主事"时之事。考王守仁为验封主事，在正德六年正月至十月之间，故此当为该时之事。

21 张邦奇，弘治十八年进士。黃宗羲认为："先生当日固泛滥于辞章之学者也。后来知为己之功，以涵养为事，其受阳明之益多矣。"《明儒学案》，1222页。

22 《年谱》："论晦庵、象山之学。王舆庵读象山书有契，徐成之与辩不决。先生曰：'是朱非陆，天下论定久矣，久则难变也。虽微成之之争，舆庵亦岂能遽行其说乎？'成之谓先生漫为含糊两解，若有以阴助舆庵而为之地者。先生以书解之。"有关文书，《年谱》录之颇详，不赘引录。

23 上古版《全集》，258页。

24 《上大人书》等三封信，见《辑考编年》314页、341页、346页。

25 按：当指原"八虎"中的谷大用、马永成。浙江古籍《王阳明全集（新编本）》作"穀马"，殆未解原文"谷"乃指"谷大用"，又以为"谷"乃简体字，改为繁体"穀"字。而束景南以为"谷马"为"御马太监谷大用"之意，似亦误。此段引文标点，笔者和《新编》等不同。

26 "颂张德功"的"颂"字据浙江古籍本补，《辑考编年》本"及"后不断句。

27 束景南《辑考编年》343页。

28 《辑考编年》346页，可见他对于父亲的态度，也可见王华和谢迁的关系。两人晚年退居以后，当有交往。

29 "闻余姚居址亦已分析，个人管理，不致荒废。此亦了当一事。"《辑考编年》347页。

30 《辑考编年》350页。

31 "守文、守章，亦宜为择道德之师，文字且不必作，只涵咏讲明为要。"《辑考编年》347页。

32 《上大人书》，《辑考编年》346页。因信中讲到"曰仁"考核，出处未定，信后署明时间为"闰五月十一日"，故可推定，写于正德七年。此信浙江古籍《王阳明全集（新编本）》载卷三十九，1582 页，后有阮元等题跋。

33 见束景南《辑考编年》341 页，题作《上海日翁大人札》，云录自卞永誉《式古堂书画汇考》卷二十五。浙江古籍《王阳明全集（新编本）》卷四十四，题作《上父亲大人二札》，是为第二札。云，由张如安氏提供，出自清倪涛《六艺之一录》卷三九八。二者个别文字有出入。

34 《辑考编年》341 页。

35 湛甘泉此时有安南之行。见《年谱》"正德六年十月"："至是甘泉出使安南封国，将行，先生惧圣学难明而易惑，人生别易而会难也，乃为文以赠。撰《别湛甘泉二首》。"

36 西樵，指广东南海西樵山。江门，江门市，此指方献夫师从陈白沙。陈白沙，名献章，字公甫，号石斋，又号碧玉老人，新会白沙乡人，世称白沙先生，创立了"岭南学派"，亦称"江门学派"。见《明儒学案》卷五"白沙学案"。楚云台，王夫之《南窗漫记》："楚云台，白沙筑于岭南以馆大崖者。"大崖，李大崖，即李承箕。字世卿，号西峤居士，又号大崖居士。

37 不妄：即无妄。《周易·无妄·彖》："无妄，刚自外来，而为主于内。"性情：人自身的性理情感。道本无为：《老子》三十七章："道常无为而无不为。"知见：认知、识见，指对外在万物的感知。

38 《明通鉴》卷四十四，1673 页。

39 《年谱》：王守仁归越在正德七年十二月，而正德八年二月方到达。考北京到余姚，行程无需两个月。而按照常理，十二月初八发布为南京太仆寺少卿，离职赴任当有一定的交接、准备时间，除特殊情况，一般不会正好在元日前后上路，故王守仁和徐爱，当在正德八年正月春节过后赴南方。此时王守仁和徐爱论学答问，开始明确批判朱子。

40 徐爱的原书现在已经无法见到，但五年后，薛侃将其中的十四条和王守仁的《古本大学》《朱子晚年定论》等收录在一起，出版了最初的王守仁的学术专论——《传习录》。这最初本的《传习录》已不传。徐爱所录十四条，后又收入现行三卷本《传习录》的卷上。一般认为，这一时期，是王守仁独立思想体系逐步形成的阶段，表现为对朱子的猛烈攻击，并开始招收弟子。参见吉田公平《传习录》，20 页。

41 疑《白湾六章》作于归越途中。见上古版《全集》，723页。当时或造访了文徵明的叔父文森。文森，见下第十三章。

42 《年谱》：正德八年（癸酉）二月，先生四十二岁，"在越"。

43 《年谱》正德八年："先生初计，至家即与徐爱同游台、荡，宗族亲友绊，弗能行。五月终，与爱数友期候黄绾不至，乃从上虞入四明，观白水，寻龙溪之源。"

44 乾隆《绍兴府志》卷五："白水山在县西南六十里。是西，四明山壁峭立其上，有泉四十二道，投空而下，其色如练，冬夏不绝，是曰白水，亦名瀑布泉。"

45 《全集》中《四明观白水二首》《其二》："千丈飞流舞白鸾，碧潭倒影镜中看。藤萝半壁云烟湿。殿角长年风雨寒。野性从来山水癖，直躬更觉世途难。卜居断拟如周叔，高卧无劳比谢安。"一作明沈明臣作，名《潺涛洞》。沈明臣，字嘉则，号句章山人，鄞县（今浙江宁波）人，与王叔承、王稚登同称为万历年间三大"布衣诗人"。著有《丰对楼诗选》四十三卷、《越草》一卷。另著有《荆溪唱和诗》《吴越游稿》《通州志》等。光绪《鄞县志》卷三十六有传。

46 杖锡：此为地名或山名。杖锡山距宁波七十多公里，属鄞州（今鄞县）。清徐兆昺《四明谈助》云"唐僧纪飞锡至此"，故名杖锡。宋元以降，多有吟咏该山诗作。又作寺名，即杖锡寺，指"杖锡延胜禅寺"。张宪使，或指张琦。琦字君玉，鄞县人。弘治十二年（1499）进士。累官兴化府知府，加布政使参政，致仕归。工于诗，有《白斋竹里集》七卷。

47 《年谱》正德八年："登杖锡，至雪窦，上千丈岩，以望天姥、华顶；欲遂从奉化取道赤城。适久旱，山田尽龟坼，惨然不乐，遂自宁波还余姚。""先生兹游虽为山水，实注念爱、绾二子，盖先生点化同志，多得之登游山水间也。"

第十二章 滁州和南京时期

正德八年十月—正德十一年九月

第十二章 滁州和南京时期

一、烽烟遍地的正德王朝

正德八年十月，王守仁从故乡到达滁州就任。

先简单地环顾一下当时国内外的总体形势。

处置了刘瑾，正德皇帝根据臣子的建议，宣布废除刘瑾这几年改变的一切政策，恢复了成化、弘治时代的旧制。[1]正德想用复旧的办法来处理被激化了的矛盾。但是，未见成效。

正德十年前后，王朝内外处于不安宁的动荡之中。

王朝周边的形势，日见严峻。仅以正德四年以后的有关记载，就可见北方小王子等部落连续不断的入侵。[2]

内部动荡。继四川蓝廷瑞、刘烈，河北刘六、刘七的造反以外，在赣、闽、湘、粤交界的深山险谷地区，陆续爆发了大规模的民众叛乱。江西谢志珊占领横水、左溪、桶冈等地。池仲容称"金龙霸王"，占据浰头三寨。这些地区多为山区丘陵，交通不便，反朝廷的势力渐渐扩大。[3]此外，正德八九年间，各地灾情不断。正德八年，北方大旱，黄河大水决堤，江西火灾烧毁民屋上万，官员上疏："今自去秋来，地震天鸣，雹降星陨，龙虎出见，地裂山崩，凡四十有二，而水旱不与焉。灾未有若是甚者。"[4]

政坛波澜不断。朝廷中依然是各种不同的政治势力林立。

首先是占据朝廷权力中心地位的宦官集团内部的矛盾。虽说除去了刘瑾，但内部仍有派系：以张永、张忠、张雄等为首的集团，和谷大用、马永成等的集团，互相对立。[5]

军队方面，在镇压北方的刘六、刘七等造反势力时，谷大用、陆完以及边境将领如游击将军许泰、江彬、杨虎等崛起，渐渐形成京师中新的军事集团。在镇压中崛起的"边兵"，和以前由张永主管的十二团营，并立而存，[6]而"外军"也并非铁板一块。

内阁方面，杨廷和是在刘瑾当道时进入的，李东阳致仕以后，他在内阁中起到了越来越大的作用。[7]前后有刘忠（正德六年四月致仕）、梁储、靳贵、毛纪、费宏（正德六年十二月入阁）等人出入内阁，很不稳定。

杨廷和原来与刘瑾等关系不即不离，和宁王也有着关联。[8]

在政坛上，还应提到的是杨一清和王琼。

杨一清和张永关系密切，在政界比较圆通。[9]他由西北边防调入朝中，在朝中多方周旋，和宦官系统其他的人员、后来受宠当权的钱宁等边将、杨廷和等内阁中的主事者，关系都颇微妙。张永被调"闲居"以后，他处于吏部尚书的关键位置，受到各方掣肘。稍后，他看到朝廷中的危机，退身自保，在正德十一年八月致仕，[10]但正德皇帝还是很信任他。

王琼，后来和王守仁有重要关系。在正德八年六月，由户部侍郎被提拔为户部尚书，统筹全国的钱粮经济。他对宁王系的权贵，明显抱有戒心，和杨廷和也处于对立的状况。[11]

其他处在高位的朝臣，勇于任事者较少。钱宁、许泰、江彬等边将，则乘机在正德面前献媚取宠，专权用事。

当时明朝中央，在李东阳致仕、张永去职后，军权实际落到了以谷大用、马永成为首的宦官与进入京城的边将钱宁、江彬、许泰为代表的军人集团手中，行政权力则归到了以杨廷和为首的内阁。

这时，皇族的势力，在各地纷纷涌动。皇族中最年长的宁王，是个有野心的人，看到正德即位，年轻，趁机在政界笼络人心。[12]

这种纵横交错的构造，制约着当时的政治走向。

政坛在变动，正孕育着新的危机。

正德八年五月，内阁中对宁王有一定戒备之心的费宏，因不同意宁王"恢复护卫"的要求，被排除出内阁。他的族弟费寀也被清出翰林。[13]

宁王积极谋划，有了相当的社会和政治基础之后，正德九年二月，他直接向皇帝提要求，要恢复原来的"护卫"。

这是怎么一回事呢？

在永乐帝时，宁王的祖上被封到江西。[14]在天顺年间，因为犯了点事，被革去了"护卫"。正德九年，宁王觉得形势已经成熟，所以又一次提出，要求皇上同意他恢复"护卫"。这成为以后政争的导火线。

王守仁固然没有参与权势角斗，但是对于朝廷中的事态，不会没有了解。

王守仁透过各种表面现象，看到了深层的实质所在。他看到，不少人表面上道貌岸然，强调儒学的"礼义道德"，实际上所做完全两样。他认为，这种表里不一的根源，就在于每个人的内心。这是促使他此后思想发展的重要因素。

二、滁州六个月

正德八年十月二十二日，王守仁到滁州就任，在那里生活了六个月。这或是王守仁有意的选择。[15]

从京城到了外地一个比较冷僻的城市，滁州，使这位本来和权力中心有着关系、满怀济世之志的王守仁，感觉到真实的变化。山水佳胜，地僻官闲。政事之余，与门人遨游琅琊、瀼泉等佳境。在享受山水美景的同时，也在进一步思考有关儒学和人生的各种问题，这是他的思想酝酿大变化的时期。[16]

在滁州，他的前任是文森。[17]交接完毕，文森还在滁州住了一段时间。该年滁州冬旱，年末恰值大雪。雪晴了，正德九年正月初三、初五，王守仁和文森一起，游龙潭、琅琊山等地。蔡宗兖、朱节等在滁州的二十多个学生也一同前往，写诗纪实，颇为尽兴。后来，刻石记游。[18]

官大了，名声也大了，求学者越来越多。王守仁也认为"自古有志之士，未有不求助于师友"，[19]于是，广为交结，接纳学生。在滁州时期，比较空闲，因此多和朋友学生交往、论学。

王守仁到达滁州，已是深秋时节，在萧瑟的秋色之中，思绪翩翩。"千年绝学蒙尘土，何处澄江无月明？坐看远山凝暮色，忽惊废叶起秋声。"[20]这是王守仁初到时的感觉。"绝学"蒙上了尘土，是对当时儒学的基本评价，也是促使他思考的重要原因。

在这个时期，有关王守仁"泛海"的神话，从他的故乡开始，在世间流传。[21]他的老友湛若水，去年奉命前往越南，回国途中，听到了这样的传闻，有点诧异，所以特地到滁州见他，并问他这件事的始末原委，王守仁也就坦然以实情相告。湛若水知道实情，后来在为王守仁写的《墓志铭》中，特地澄清了此事。[22]

到滁州不久，学生朱节前来造访，[23]相聚六日，风雪之中，送别于龙盘山。离别之际，王守仁写了《送守中至龙盘山中》："未尽师生六日情，天教风雪阻西行。茅堂岂有春风坐，江郭虚留一月程。客邸琴书灯火静，故园风竹梦魂清。何年稳闭阳明洞，榾柮山炉煮石羹。"[24]

湖南辰州的刘易仲，跟随着王守仁到了滁州，在其间不断向王守仁请教。他一日问王守仁："道可言乎？"王守仁曰："哑子吃苦瓜，与你说不得。尔要知我苦，还须你自吃。"强调重要的是个人自身的体验。易仲省然有悟。过了一段日子，他辞别归乡，王守仁做诗送别。[25]

这半年间，王守仁还给学生们写了不少书信、文字。在滁州时期的学生，还有徐文成、刘韶等。在和他们的交往中，王守仁对他们谆谆教导。

滁州的学生刘韶，感到现实生活中事多琐杂而不得其要，于是想要求"简易可久之道而固守之"，自号"约斋"，并向王守仁求"所以为约"之说。王守仁写了《约斋说》。[26]认为"理一而已，人欲则有万其殊"，而且"理亦万殊"，但是"理虽万殊而皆具于吾心，心固一也"。只要"求诸心而出乎天理"，各种事也就简约了。虽说基本上是阐述朱子的"理一分殊"之说，但已经明确有了"求诸心"的理念。

正德八年末，他的学生蔡宗兖来了，王守仁和他很投契，给他的诗中，颇多抒发了人生的感触。[27]"风雪蔽旷野，百鸟冻不翻。""之子眇万钟，就我滁水滨。野寺同游请，春山共攀援。"[28]"清夜湛玄思，晴窗玩奇文。寂景赏新悟，微言欣有闻。"他们"避喧宁遁世，感觉到"匡时已无术，希圣徒有慕"。[29]

正德九年春，蔡宗兖要走了，他又撰《别希颜二首》。《之一》曰："中岁幽期亦几人？是谁长负故山春？""童心如故容颜改，惭愧年年草木新。"表现出二人共同"玄思""微言"，探讨哲理的境况。

学生、友人来的不少。不断地迎来送往，成为王守仁这一时期生活的组成部分。送别友人的真诚情感，在《龙蟠山中用韵》[30]中表现得颇为明显：

无奈青山处处情，村沽日日办山行。真惭廪食虚官守，只把山游作课程。谷口乱云随骑远，林间飞雪点衣轻。长思淡泊还真性，世味年来久絮羹。

"只把山游作课程"的王守仁，站立在山峦上，遥望着山谷间翻卷的云雾，伴随友朋和商旅的马匹渐渐远去，不知不觉之间，林间的飞雪沾上了他的衣服。友情的眷恋，离别的凄清，如飞舞的雪花，飘在空中，沁入心间。

在这一时期的诗歌和文字中，值得注意的是给冀元亨的诗。[31]他也是跟随王守仁到滁州的。

《送惟乾二首》（其一）曰："独见长年思避地，相从千里欲移家。惭予岂有万间庇，借尔刚余一席沙。古洞幽期攀桂树，春溪归路问桃花。故人劳念还相慰，回雁新秋寄彩霞。"

"相从千里欲移家"，是说他一直跟随着自己，"惭予岂有万间庇，借尔刚余一席沙"，自己却没有能力关照、庇护他。可见和冀元亨的个人交情，早在王守仁由贵阳返回庐陵时就已经有了。后来，王守仁推荐他到宁王处，乃是相知长久以后的决定，非偶然为之。

到了正德九年的春天，随着天气转暖，王守仁心情比较好，在诗歌中，显露出一些悠然自得。

路绝春山久废寻，野人扶病强登临。
鸣鸟游丝俱自得，闲云流水亦何心？[32]

在这样的时刻，王守仁没有忘记自己的职责，内心在省思。在《琅琊山中三首》[33]中这样写道："冰雪能回草木死，春风不化山石顽。《六经》散地莫收拾，丛棘被道谁刊删？"[34]

可见王守仁对于"六经"的关注，认为自己可以更加明晰地探得其精微。

王守仁在滁州的时间并不长。正德九年春天，王守仁被调任南京鸿胪寺卿。[35]在他离开滁州往南京时，前来送别的弟子甚多，一直送到乌衣江，在江边上依依不舍，等王守仁渡江。王守仁赋

诗一首,与众人告别:

> 滁之水,入江流,江潮日复来滁州。相思若潮水,来往何时休?空相思,亦何益?欲慰相思情,不如崇令德。掘地见泉水,随处无弗得。何必驱驰为?千里远相即。君不见尧羹与舜墙?又不见孔与跖对面不相识?逆旅主人多殷勤,出门转盼成路人。[36]

秋云冬雪,青山碧水,王守仁在和往来不绝的友朋交往中,在思考探索中,在滁州过了六个月,任职到正德九年春天四月二十一日止。

三、南京时期的生活与交游

正德九年五月,王守仁到了南京。

南京,是明朝的留都。通衢大都,车水马龙。父亲在此,许多朋友也在此。王守仁在这个职位上,一共做了近两年半的时间。[37]

南京的鸿胪寺卿,其实也没有多少具体的政务,基本上就是个闲官。北方和江西等地,风烟遍地,而南都的官员,一片升平。关于王守仁当时的生活状况,见所作《山中懒睡四首》:

> 竹里藤床识懒人,脱巾山麓任吾真。病夫已久逃方外,不受人间礼数嗔。[38]
>
> 扫石焚香任意眠,醒来时有客谈玄。松风不用蒲葵扇,坐对青崖百丈泉。
>
> 古洞幽深绝世人,石床风细不生尘。日长一觉羲皇睡,又见峰头上月轮。

  人间白日醒犹睡，老子山中睡却醒。醒睡两非还两是，溪云漠漠水泠泠。[39]

日子闲适，自然是悠悠地过。在悠悠之中，又有唯我独醒的味道。

  当然，作为官员，政府也还要考核。

  正德十年（乙亥，1515）十月逢两京"考察"，按当时的规定，四品以上的官员，要上疏"自陈"，也就是自己给自己的工作写个总结评定。[40]这是官员的基本考核。王守仁按例办事。

  在政务中，王守仁时而还是有济世的冲动。这一时期，由于正德皇帝又有佞佛的倾向，下旨要迎佛。[41]听到消息后，王守仁在正德十年八月草拟了一篇《谏迎佛疏》，想要呈上。但考虑之后，最后没有交出。[42]

  在这一时期，朝廷中还是有人想到他。

  这一年，御史杨典推荐他担任南京国子监的"祭酒"（相当于最高国立学府的校长），但是，送上的推荐书，如泥牛入海，没有回音。内阁或皇帝将此搁置，"不报"，不予回答。也就是说，皇帝或者内阁不赞成，否定了。[43]

  在政务之余，王守仁主要的生活，基本是两个方面：其一，安排好亲属生活，和朋友交往，诗酒应酬。其二，对儒学进一步探究研讨。

  南京是个大都市，各方面友朋交往，诗文酬答，自然频繁。人来客往，除了老友湛若水、石瑶、李瀚、汪俊、乔宇、吴一鹏等人之外，值得一提的新交有季本、陆澄、张璁等。[44]

  在南京两年间，王守仁优游秦淮河畔的山水和古迹，先后游览了牛首山、焦山、听潮轩、岁寒亭、凭虚阁、灌山小隐、阅江楼、狮子山、清凉寺等等。凭览山川，回顾历史，撰文写景，纪事抒情。如正德九年春游牛首山，那是和朋友一起去的，在山上谈了有关养生和佛教的问题（见下文），"会晤得良朋，可以寄心腑"，⁴⁵这是他的感触。

十年秋，和李瀚同游了狮子山，登阅江楼。王守仁有诗《登阅江楼》："绝顶楼荒旧有名，高皇曾此驻龙旌。""登临授简谁能赋？千古新亭一怆情。"回顾了明初朱元璋在此虎踞龙盘之地的豪壮，感受到岁月变迁的沧桑，发出感叹。⁴⁶

和汪尚和游岁寒亭，有《题岁寒亭赠汪尚和》，和石珤游凭虚阁，有《登凭虚阁和石少宰韵》，凡此等等，都有诗作记行。历史积淀，名胜古迹会激起人们缅怀历史的思绪，熏陶人们的情怀。在这些游览的诗歌中，王守仁时常流露出生命消逝、生病无力的感叹："百年未有涓埃报，白发今朝又几茎。"⁴⁷"百事支离力不禁，一官栖息病相侵。"⁴⁸更有对自己所处境遇的无奈："风尘渐觉初心负，丘壑真与野性宜。"⁴⁹

除了上述诗歌之外，这一时期的诗歌还有：正德十年五月，王守仁生病期间，老朋友乔宇写诗来慰问，王守仁作《病中大司马乔公有诗见怀次韵奉答二首》；秋，作《书扇面寄馆宾》《寄冯雪湖二首》；冬，作《用实夫韵》《题王实夫画》《赠潘给事》《与沅陵郭掌教》。

此外，《别余缙子绅》《送刘伯光》《送胡廷尉》《与郭子全》《寄潘南山》《次栾子仁韵送别四首》《寄滁阳诸生二首》《忆滁阳诸生》《夜坐偶怀故山》等，或许也作于此年前后。

在南京这座六朝古都留下的记游诗歌和文字，反映了王守仁当时的生活状况和思想感情的起伏变化。⁵⁰虽说他的诗歌创作繁盛，在这些诗歌中可见到王守仁生活、交游，情感、思想的各个侧面，但在王守仁的思想深层，他越发确认诗赋并非大道，只不过是日常交流的手段而已。王守仁已经并非当初，想要在诗文词赋领域做一番事业，抱着在文坛独领风骚、以此立世之心了。⁵¹

正德十年，王守仁就快满四十五岁了。乡里的亲朋来访，议论思考家中的事情就更多了。他考虑自己晚年之事,因为诸夫人久未生育,遵照父亲的旨意,立堂弟守信之子正宪为后,[52]作《示宪儿》。

故乡已构建了房屋[53],和亲戚们的交往也多了起来。如在南京的弟弟守文[54],前来的族叔[55],还有内弟诸伯生、诸伯用等[56]。正德十年,王守仁的祖母岑太夫人九十六岁了,他很想回去探望,但朝廷不准。[57]

在一个等级森严、各种势力盘根错节又乏变动的官僚社会中,四十多岁的王守仁已经走到了"九卿"的地位,和李东阳、张永、杨一清、林俊、石珤等政界的人物建立了相当密切的联系。同时,还和席书、储巏、方献夫、乔宇、张邦奇、湛若水、汪俊、霍韬、潘府、鲁铎、吴一鹏等一大批当时尚处中层而抱负志向甚高的官员有了联系,形成了广泛的政坛关系网络。同时,十多年的官场生涯,使他感受到了各种尔虞我诈的较量争斗,尝到了宦海沉浮的辛酸苦辣。再往上走,界限也已经渐渐明晰起来——入阁当首辅,那还有很长的路,竞争更为激烈。此外,他的身体也不甚健康。王守仁归乡退隐的意欲,不断滋长。因此,他的心态就显得比较宽松,无须斤斤计较升迁的得失,无须左盼右顾地窥测各方的颜色和动向,可以有更多的时间用于儒学的探索。

四、对儒学的探索

现实的官宦生活,平淡、安逸,每日重复地送走岁月。王守仁在南京,生活虽安逸,但内心未必平静。和其他官僚最大的不同,在于王守仁不沉湎于温馨但平庸的日常应酬,他还有自己精神上的追求，除了个人的感慨，也有对历史、对儒学的思考。

在南京时期，真心的或慕名而来的门生日增，王守仁也乐意招收弟子，这些人来自各地。[58]这时，他和以前专注文学的朋友，已经不太接触了，而对儒学，则表现出更多的关注。王守仁经常和在南京的友人切磋探索，主要对象有湛若水、方献夫、王道、汪俊、黄绾、罗钦顺等。[59]

王守仁和湛若水的交情已有多年。[60]陈九川曾这样记述王守仁和湛若水的论学情况："正德乙亥，九川初见先生于龙江。先生与甘泉先生论格物之说。甘泉持旧说，先生曰：是求之于外了。甘泉曰：若以格物理为外，是自小其心也。"[61]

这一时期，和王道（纯甫）相见也比较多。[62]他和王道谈到："某平日亦每有傲视行辈、轻忽世故之心，后虽稍知惩创，亦惟支持抵塞于外而已。及谪贵州三年，百难备尝，然后能有所见，始信'生于忧患'之言非欺我也。"[63]

对于王道所言的把"明善""诚身"割裂开来，"故未能动静合一，而遇事辄有纷扰之患"，王守仁则强调，这两者实际都是对"心"而言，"心外无物，心外无事，心外无理，心外无义，心外无善"。强调都是要在"吾心"上下功夫，不应割裂而言。[64]这里所说的"心"，不能简单地解释为现代意义上所说的"唯心"的"心"。

和黄绾等的通信，强调了"诚"和"立诚"[65]。

这一时期，王守仁讲学、和友人交流等活动所反映出来的有关见解，归纳起来有这样几点：

1. 治学必须先立志。

王阳明认为："夫学，莫先于立志。志之不立，犹不种其根而徒事培壅灌溉，劳苦无成矣。""夫志，气之帅也，人之命也，木之根也，水之源也。""后世大患，尤在无志。"[66]

2. 为学的目的在于探求"理",而非名利。

"为名与为利,虽清浊不同,然其利心则一。"⁶⁷《寄诸用明》:"书来劝吾仕,吾亦非洁身者,所以汲汲于是,非独以时当敛晦,亦以吾学未成。"又在《与黄诚甫》中进一步指出:"志于道德者,功名不足以累其心;志于功名者,富贵不足以累其心。但近世所谓道德,功名而已;所谓功名,富贵而已。'仁人者,正其谊不谋其利,明其道不计其功。'一有谋计之心,则虽正谊明道亦功利耳。"⁶⁸

这里提出了非常高的要求,对于当时世道人心的剖析,可谓精辟。

3. 为学须与自我相关。重点在于关心性命,要重视仁心。

"学要鞭辟近里著己。"要有独立性,"不求异于人,但求同于理"。⁶⁹

"仁,人心也。心体本自弘毅,不弘者,蔽之也。不毅者,累之也。"⁷⁰

对于其他的文词之学等,王守仁认为都是"小道"。"精于文词而不精于道,其精僻也。"⁷¹

4. 治学当博约相济,贵在专精。

强调"学贵专""学贵精""学贵正"。强调"学道":"道,大路也,外是,荆棘之蹊,鲜克达矣。"⁷²

认为"博"和"约"是一致的,博是为了更好地把握"明善""诚心"。对于王天宇提出的朱子的各种说法,加以解释说明,强调:"博学、审问、慎思、明辨、笃行,皆所谓明善而为诚身之功也,非'明善'之外别有所谓'诚身'之功也。"⁷³

5. 强调治学不求张扬,而当"缄默",同时对缄默又有分析。

他在正德六年,写了《默斋说》,认为"默"有四伪:愚,狡,诬,贼。"默"又有"八诚",关键要做到"八诚"。⁷⁴

6. 强调知行合一。

王守仁关注了心、性、情、已发、未发、动、静等儒学中涉及的问题，讨论了程子、朱子等人的理解，认为朱子的说法，容易引起后世读者"分为两截"，也就是把知与行、动与静、已发与未发分开，其实二者之间，"未始有一息之间"。[75]

认为《四书》《五经》中的提法或有不同，但其实质是同样的。"学问之道无他，求其放心而已。"[76]

强调"修身"和"诚意"当是一回事，主体的"心"在认识、判断中和客体具有同一性。

"修己治人，本无二道。"[77] "夫体用一源也。知体之所以为用，则知用之所以为体者矣。"[78]

7. 对于学生当因材施教。比如，对于王嘉秀、萧惠这样的好仙信佛者，王守仁分别教之。[79]

8. 就学术的渊源而言，在重视朱子、二程的同时，强调当祖述濂溪。

王守仁在思想上，已经呈现出自己的特色。

"知行合一"之说，已根据实践从理论上加以阐述，而不仅限于一种想法、概念和口号了。

王守仁强调了内在自我的"心"的重要性。在给黄绾的信中说："仆近时与朋友论学，惟说'立诚'二字，杀人须就咽喉上着刀，吾人为学当从心髓入微处用力，自然笃实光辉。"[80]

可见他已经关注人的内心，这和朱子"格物致知"的倾向不同。同时，也应看到，他这时仍然处于探索的阶段，这时提出的"立诚"仍然是个别概念上的论述，还没有形成系统的"心学"观。

王守仁在这个时期，对于朱陆之争，有了自己的判断，对于自己学问的历史渊源有了比较明确的认识，开始有针对性地对朱子学说进行批判。

为了会通他心目中的朱子,他编写了《朱子晚年定论》。[81]但是,《朱子晚年定论》中有些并非朱子晚年所说,这一点,后来已经有不少研究者指出。还有,朱熹的治学原则,王守仁未能见其全貌。也就是说,王守仁对于朱熹思想、治学方法的理解是否准确,是可以再进一步探讨的。

但显而易见的是,《朱子晚年定论》反映了王守仁这时的思想状况、思维倾向。这说明:在此时,尽管对朱子之说有批评,然而,他并没有想要创立一个和朱子学相异的学术流派。他仍旧依附于朱子学的辉光,并以此为根据来证明自己的正确。而同时,他又对陆九渊的学说加以关注,某种程度上,是想寻找当时"正统"学说以外的理论根源和祖述对象。

这也说明,王守仁还在思考和探索。后人所谓"龙场大悟"便已经确立了王守仁独立思想的说法,是神话王守仁的结果。

《朱子晚年定论》和各种书信论说,是他滁州、南京时期思想的总结。可以看到,这时他虽还没有形成独立系统的思想,但已经有不少突破了当时僵硬"正统"学说窠臼的理念。

王守仁所主张的这些理念,较为新奇,当时学界中就有不少不同的看法。

五、佛道思想的清理

这一时期,王守仁在思想领域中的探讨和思考,另一个重要的成果,是从思想上对佛、道之说进行了清理,区划了儒学和佛、道的关系。

关于和佛教的关系,如上所述,正德十年八月,王守仁撰写了《谏迎佛疏》。本欲上之,但思考后中止。

中国的佛教，六朝时期注意译经、教典，唐代产生了教团和宗派，宋代注重印刷教典、阐述教义。和这些历史时期佛教的倾向相比，明代的佛教更多地表现为一种在社会上的普及力量，尤其在江南地区，佛教成为了一种民间信仰，深深地渗透到社会各个不同阶层的生活之中。

王守仁对于佛教，自幼就有接触。他所接触的佛教，更多是一种信仰性的、受民间风俗影响的佛教，因此，表现为在思想方式上受到佛教的影响，但不是教典和教义的研究或阐发。[82]

王守仁对佛教的态度，有个变化的过程。这时，他已经脱出了对佛教的迷恋。

在《谏迎佛疏》中，他认为：当时国家灾难多，不应因迎佛而再耗费。佛是外国的圣人，儒学的圣人就是中国的佛。就起源来说，中国的圣人比外国的圣人要早得多，所以，还是应该先尊重中国的圣人。

在谈到佛教的作用时，他认为：佛能"方便说法，开悟群迷"，作用"亦诚可谓大矣"。但是"必耳提而诲而后能"，也就是过于讲求形式，不如中国的尧舜，"其至诚所运""无为而成""神化无方而妙用无体"，故儒胜于佛。[83]

这可以说是王守仁对于佛教地位作用的一次比较明确的表述。

此外，他在此时的诗歌中也多有论及，如《游牛首山》。他是和王嘉秀、萧惠一起去游牛首山的。王嘉秀、萧惠好谈仙佛，王守仁尝警之曰："吾幼时求圣学不得，亦尝笃志二氏。其后居夷三载，始见圣人端绪，悔错用功二十年。二氏之学，其妙与圣人只有毫厘之间，故不易辨，惟笃志圣学者始能究析其隐微，非测亿所及也。"[84]关于儒学（当然包括王守仁的心学）和佛教，明代的吕坤曾这样指出：二者的根本区别，在于面对现实生活，是"离"还是"即"（"不离"）。[85]这和王守仁的论说，颇有相通之处。

除了佛教之外,这一时期,王守仁还对流行的道教思想进行了批判和整理。

年轻时代,王守仁曾把道教的神仙说作为人生的根本理念,后来渐渐转换为视道教为养生的手段,也就是从作为人生信仰的本原论,转换为日常养生的方法论。在南京时期,他对于道教,尤其是当时流传的道教,进行了清理。最明显的,是在《书悟真篇答张太常二首》中。[86]此二诗,以《悟真篇》为例,批判当时流传的道教俗学。[87]他开宗明义,指出:"《悟真篇》是误真篇,三注由来一手笺。""只为世人多恋著",才"且从情欲起因缘"。希望大家要看明白,究竟"何物是青天"。他批判的是道教的"俗学",认为要在真性情中说"玄",是很困难的,希望大家不要被误导。

总之,在南京时期,王守仁官途顺畅,生活安定。他既奠定了自己生活基础和社会地位,也奠定了思想发展的根基。

关于个人的价值判断、人生追求方面,他不再游移于官场升腾和讲学传道之间。他在波涛翻滚的宦海中,呛了一口水后,顺风顺水地复出,做到了"四品"这不算小的官。写诗,论画,讲学,收徒,游山玩水。他更追求的是在精神世界的展开。

在精神世界中,他关注对"圣学""至道"的探讨。他已经不再游移于儒学和佛道之间,而是明确区分了儒学和佛道的不同,他也对年轻时代所学、所接触过的佛道二教的教义进行了反思。

在思想上,王守仁开始明确自己的儒学主张。王守仁对于学问已经有了一定程度的自信。他感觉到,当时标榜为"正统"的朱子之学,和原本的儒学尤其是子思、孟子所提倡的儒学之间,存在着差异,存在着把"心""物"分离的倾向。他抱着疑问,进行了思考和探索。但是,他的思索,还仅限于从不同的儒家著作中，发现问题，觉察矛盾。

因为在论学中，遭到了各方面的质疑，所以他还是想从朱子那里寻求理论根据。他还没有独树一帜，自觉对抗朱子学说。虽说重点提出了"立诚"的观念，重视本体、个性、人心，但还没有形成带有系统性的论述。可见，王守仁在精神领域建立自己的学问，有一个从不自觉到自觉的过程。

对于完全俯伏在经典之下的个人，他提出这些观念，是一种思想的解放。然而，强调"心"之理就是万物之理，这在强调人的主体作用的同时，是否也有着忽略关注探索万物的可能呢？正如《明儒学案》所指出的，容易产生"撒手悬崖"的倾向呢？

就在王守仁在思想领域中想充分展开之际，现实把他推向了另外的世界。

由此，王守仁就不再仅仅是个一般的明代文人，历史决定了他成为一个实践型的政治人物：一个指挥着千军万马攻城拔寨的军事指挥官，一个屠杀反叛民众的"刽子手"，一个主持一方的封疆大员，一个卷入到政治漩涡中，几经险浪、不得安宁的高级官员。

注释

1 《明通鉴》卷四十三，正德五年八月："是时廷臣奏瑾所变法请更正者，吏部二十四事，户部三十余事，兵部十八事，工部十三事，诏皆如旧制。"

2 据《明武宗实录》《国榷》《明通鉴》等记载：
正德四年闰九月，犯延绥。
六年十月，犯陕西山丹。十二月，犯宣府龙门所。
八年正月，侵犯大同。
九年二月，又侵犯边境。七月，犯大同、宣府。九月，入宣府，进犯怀安、蔚州。
十年正月，犯潮河川。九月，犯陇州。

十一年七月，小王子犯蓟州，九月，犯宣府。朝廷派出彭泽和张永等，到北边处置。但张永在正德七年被罢免。

3 有的著作，如白寿彝《中国通史》，将这些民众的叛乱，概称为"农民起义"。

那些占领山头的，当然多数是反叛朝廷的力量。至于是否皆为"农民起义"，似可再考。其中也不乏豪绅地方势力。

4 此乃正德八年六月礼部尚书傅珪上疏中所言，见《明通鉴》卷四十五，1681页。

5 《明通鉴》正德八年二月："封太监谷大用弟大亮、陆訚侄永，皆为伯。"1676页。

6 《明通鉴》卷四十五正德八年正月："以边将江彬、许泰分领京营，皆赐国姓。"又见《明史·兵志》。薛应旂曰："正德间，平中原盗用边兵，平蜀盗用苗兵，平江西盗用狼兵，而两京、十三省之兵举无一可恃。"自此以后，"边兵日益骄悍"。反映了当时的变化。见《明通鉴》1686页。

7 在刘瑾当道时，虽说李东阳为首辅，但是，实际的大事，已经多由杨廷和管理决定。见《明史·杨廷和传》："正德二年由詹事入东阁，专典诰敕。""五月，迁南京户部尚书，又三月召还，迁文渊阁大学士，参预机务。"李贽《续藏书》卷十二《太保杨文忠》正德二年："五月，升南京户部尚书。十月，改户部尚书，兼文渊阁大学士，入内阁办事。"记载稍有不同。虽说和刘瑾有矛盾，要之，杨廷和是在正德二三年间升入内阁的。关于杨廷和，李东阳曾有言："吾于文翰，颇有一日之长，若经济事须归介夫。"见《明史》本传，又见《续藏书》卷十二。

而后来有官员弹劾李东阳："善为身谋。"谈迁曰："瑾横时，茶陵虽随事解救，仅毫剂丝补，于大端溃决而莫之挽也。"（《国榷》卷四十八，正德五年十一月，2989页）

8 关于杨廷和与宁王的关系，参见高岱《鸿猷录》卷十四《讨宁庶人》。又，参见下文引述王守仁《上海日翁札》中对李东阳的看法。

9 张永在正德七年被罢免，后又启用，见《明通鉴》卷四十四，1673页，卷四十五，1700页。又见《明史·张永传》。他是正德皇帝亲近之人，关系非同一般。

10 《明通鉴》卷四十六，1737 页。

11 后来所传王琼撰的《双溪笔记》中，多有指责杨廷和等人之语。见《弇州别集》《明通鉴》等所引，此书现已失传。

12 如他拉拢文人李梦阳、唐寅，招请李士实、刘养正等，谋划干预政事，此外还接收罗凌十三、闵廿一等反叛的流寇，关于宁王的情况，见后第十四、十五章。

13 关于恢复宁王护卫事，明代史料中有不同说法。《宪章录》："复护卫事，要旨实出廷和。故中官持奏过东阁，言：只请杨师傅到阁，诸公不必动劳。"(《明通鉴》) 要之，此事只有当时为阁臣的费宏持正，表示不当恢复，其余阁臣多不明确表态。有关情况，见第十四章。

14 因为参与了"靖难之役"，站在胜利的燕王，也就是后来的永乐皇帝一边。

15 此时，杨一清尚主掌吏部。对王守仁这样的安排，应当和杨一清的提携有关。太仆少卿要管理马政，而当时的马政主要由杨一清提出。弘治十七年正月十三日，督理陕西马政左副都御史杨一清上言修举马政，通过这样的方式，以求解决军马的需求问题和减少军费开支。马政，是明代一项重要的军事边防和财政政策，关于这方面的研究，参见谷光隆《明代的马政研究》(同朋舍，1972 年)。

16 这样的情绪和心态，在他这时期的诗作中，有所反映。从王守仁的主观追求而言，这时，已经从诗歌辞赋转向了儒学之"道"，但作为实际日常的活动，诗歌创作依然频繁。在滁州到南京这一阶段，可以说是他诗歌写作的又一个活跃时期。

17 文森为文徵明叔父，文徵明《莆田集》卷二十六，有《先叔父中宪大夫都察院右佥都御史文公行状》，云：公讳森，字宗严。成化丙午中应天乡试。明年丁未，中礼部试，廷试赐同进士出身，弘治四年辛亥授河间府沧州庆云县知县。后因上疏下诏狱。因疾乞归。庚午更化，再起为河南道监察御史，升南京太仆寺少卿。以都察院右佥都御史致仕。载《献征录》卷五十六。又《文氏族谱续集历世生卒配葬志》：中丞公森，生于天顺八年甲申。壬申，升南京太仆寺少卿，多言当时马政之弊。王守仁也是正德七年升的太仆寺少卿。考二人先后，王守仁是十二月提升，所以应该文森在前。或许因为王守仁要回家归省,文森就一直留任到王守仁正德八年到达以后才交接。文森接着被任命为南赣巡抚。后来王守仁于正德十一年,由王琼推荐,还是去接文森的班。二人的交情应当不错。

18 《琅琊题名》,见束景南《辑考编年》372页。或云刻石仍在,有曰:"正月乙丑雪,丁卯大雪。太仆少卿白湾文宗岩森与阳明子王守仁,同登龙潭之峰以望。再明日霁,又登琅琊之峰以望。"考正德九年正月,乙丑朔。所以,他们登山,当在正月三日和五日。

19 《全集》卷四,《与戴子良》。

20 见《赠熊彰归》,载上古版《全集》卷二十。

21 关于"泛海诗"以及有关的考证,见前第八章附录。

22 见湛若水《阳明先生墓志铭》:"此佯狂避世也。""及后数年,会于滁,乃吐实。彼夸虚执有以为神奇者,乌足以知公者哉?"

23 朱节,字守中。在弘治末年就入王守仁门下为弟子,见前。《明史》卷二百八十三:"朱节,字守中。正德八年进士。为御史,巡按山东。大盗起颜神镇,蔓州县十数。驱驰戎马间,以劳卒。赠光禄少卿。"或云,为正德九年进士。黄宗羲《明儒学案》卷十一"浙中王门学案"有传,曰:"朱节,字守中,号白浦,亦白洋人。举进士,官御史,以天下为己任。""巡按山东,流贼之乱,勤事而卒。"祝允明《怀星堂集》卷一八《朱守中家传》:"余少尝述交友为《金石契》,其时守中且幼,无守中。守中且刻之木。"又,王道《顺渠先生文录》有《答朱守中》,可见其生平和交游。

24 江郭:濒江城郭。榾柮:树根疙瘩。宋陆游《霜夜》诗之二:"榾柮烧残地炉冷,喔咿声断天窗明。"

25 见《别易仲》,上古版《全集》卷二十,727页。

26 见上古版《全集》卷七,261页。

27 蔡宗兖,见《明儒学案》卷十一,也是王守仁在弘治末年的弟子。《年谱》:"正德癸酉(八年)冬,希渊赴南宫试,访予滁阳,遂留阅岁。既而东归,问其故,辞以疾。希渊与予论学琅琊之间,于斯道既释然矣,别之以诗。"南宫:此指南京。

28 之子:指蔡宗兖。眇:《说文》:"眇,一目小也。"此指藐视。万钟:优厚的俸禄。《孟子·告子上》:"万钟则不辩礼义而受之,万钟于我何加焉。"

29　"清夜湛玄思"等,以上见《送蔡希颜三首》。

30　龙蟠山与前龙盘山当为一处。滁州十二景,有"龙蟠叠翠"。古人把龙头山和龙尾山合称龙蟠山,称其"势若蟠龙,蜿蜒围匝"。

31　冀元亨,字惟乾,武陵人。从守仁学。中正德十一年乡试。后从守仁于赣,守仁属以教子。后被王守仁"推荐"到宁王那里。结果这成了王守仁"交通"宁王的罪证。王守仁平定宸濠之乱以后,多次上疏言事,为他昭雪。事见《明史·王守仁传》附传。

32　见《山中示诸生五首》。此为第一首。上古版《全集》卷二十,729页。

33　顾祖禹《读史方舆纪要》卷二十九云:"琅邪山,在〔滁〕州南十里。晋伐吴,命琅邪王伷出滁中,时尝驻此,因名山。"

34　此为第一首中诗句。见上古版《全集》卷二十,728页。

35　见《给由疏》。据《明史·职官志》,鸿胪寺卿为正四品的官员。这个官虽说品位和"太仆寺少卿"相同,但是,一、"少卿"还不是正职,而鸿胪寺卿则完全是担当一方的正职,二、一个是在滁州任职,一个是回到了南京,所以也算是一种升迁。

36　《滁阳别诸友》,上古版《全集》733页。《年谱》:"滁阳诸友送至乌衣,不能别,留居江浦,候先生渡江。先生以诗促之归。"

37　干了二十九个月零十二日。据《给由疏》,到正德十一年九月十四日。

38　方外:世俗礼法之外。《文子·精诚》:"老子曰:'若夫圣人之游也,即动乎至虚,游心乎太无,驰于方外,行于无门,听于无声,视于无形。'"

39　老子:此处乃作者自称。漠漠:寂静无声状。或云唐李白作《菩萨蛮》:"平林漠漠烟如织。"泠泠:冷清状。唐刘长卿《听弹琴》:"泠泠七弦上,静听松风寒。古调虽自爱,今人多不弹。"

40　《年谱》:"正月,《疏》自陈,不允。"《明史·选举志》三:"考察之法,京官六年,以巳、亥之岁,四品以上自陈以取上裁,五品以下分别致仕、降调、闲住为民者有差,具册奏请,谓之京察。自弘治时,定外官三年一朝觐,以辰、戌、丑、未岁,察典随之,谓之外察。州县以月计,上之府,府上下其考，以岁计，上之布政司。至三岁，抚、按通核其属事状，造册具报，丽以八法。而处分察例有四，与京官同。明初行之，相沿不废，谓之大计。计处者，不复叙用，定为永制。"

41　见《国榷》正德十年。

42　关于此疏的内容，在下面文中介绍。考其原委，恐怕和吸取了上一次上疏被贬的经验教训，不想再重蹈覆辙的心态有关。

43　见《年谱》正德十年，上古版《全集》1237页。

44　季本，已见前，陆澄，字伯清，一字原静，归安人。后王守仁《传习录》的编撰，多有力焉。张璁，字秉用，永嘉人。后避嘉靖讳，改名孚敬。后议"大礼"，被起用。《明史》卷一九六有传。关于他和王守仁的关系，见张宪文、张卫中《张璁年谱》。又见束景南《王阳明年谱长编》。王、张二者相识，或云于正德十一年，或云九年，当都在南京时期。

45　牛首山，位于南京市内，以山顶南北双峰似牛角而得名。南朝时便有名，《昭明文选》陆倕的《石阙铭》有"乃假天阙于牛头"的记载。唐朝天宝初，改名为"天阙山"。多有佛教寺院。《游牛首山》，上古版《全集》卷二十，737页。

46　《辑考编年》收《七律二首》二诗，此二诗，与上古版《全集》中《狮子山》《登阅江楼》内容相同，然题目不同，且《全集》中少跋语。跋："守仁顿首上石楼老先生执事。"石楼，李翰号。李翰：字叔渊，沁水人。成化辛丑进士。他和王守仁的父亲王华是同年进士。张璧《李翰墓表》："辛未（六年），进南京户部尚书。"当时他当在南京。

47　《狮子山》，上古版《全集》741页。

48　《冬夜偶书》，上古版《全集》740页。

49　《游清凉寺三首》之二，上古版《全集》741页。

50　以上诸诗见上古版《全集》卷二十《南都诗》。

51　见《送宗伯乔白岩序》："精于文词而不精于道，其精僻也。"上古版《全集》228页。

52　《年谱》正德十年："正宪字仲肃，季叔易直先生兖之孙，西林守信之第五子也。龙山公为先生择，时年八龄。"

53　见王华为女婿徐爱写的《祭文》："我今葺理东边房屋数楹，以居汝妻，以奉养汝父母，庶几汝妻朝夕不离吾侧，汝父母朝夕可以相守以终余年。"引自束景南《辑考编年》327页。由此可见，正德十三年时，王华、王守仁在故乡绍兴已经有屋数楹以上。

54 见《守文弟归省携其手歌以别之》，当是继母赵夫人所生。这时归省，或其远在别处读书、为官。

55 《别族太叔克彰》《送德声叔父归姚》。

56 《送诸伯生归省》《诸用文归用子美韵为别》。

57 "思乞恩归一见为诀，疏凡再上。"见《年谱》正德十年，上古版《全集》1238页。

58 《年谱》："自徐爱来南都，同志日亲，黄宗明、薛侃、马明衡、陆澄、季本、许相卿、王激、诸偁、林达、张寰、唐俞贤、饶文璧、刘观时、郑骝、周积、郭庆、栾惠、刘晓、何鳌、陈杰、杨杓、白说、彭一之、朱篪辈，同聚师门，日夕渍砺不懈。"

关于在南京招收弟子的情况，在清代路本亮修《汶邑路氏族谱》（清乾隆五年刊本）中，有王守仁的三封信。后被集为《阳明公文卷》，附有林达、顾璘的序跋。林达《同心之言诗卷序》："夫子设教金陵，及门下之士，言必曰国英、曰宾阳、曰诚甫、曰子莘、曰清伯。质莫如国英，敏莫如宾阳，才莫如清伯，而笃信莫如诚甫、子莘。若尚谦、希颜、德温、曰仁，则又及门久，而得夫子之深也。""正德丁丑暮春，友人莆田林达志道书。"见浙江古籍《新编王阳明全集》1794页。

书信写于正德丁丑，为正德十二年，当在王守仁前往南赣之前。所言弟子，其中可知者：诚甫：黄宗明，字诚甫，堇县人。子莘：马明衡，莆田人。清伯：陆澄，归安人。尚谦：薛侃，揭阳人。希颜：蔡宗兖，白洋人。德温：薛瑄，山西河津人。（他并非王守仁弟子）曰仁：徐爱，余姚人。林达：字志道，莆田人。

可见，所收学生涉及的地域包括贵州、湖南、江西、安徽、南京、北京。见《年谱》正德十年，上古版《全集》1237页。

59 这时，他和以前关注文学的前七子，如李梦阳等，已经不太接触了。

60 见湛若水《阳明先生墓志铭》。又，参见本书各章有关与湛若水的交往。

61　见《传习录》卷下。上古版《全集》90页。

62　这时,王道为南京祭酒。他说:"或一月一见,或间月不一见,辄有所规切。"见《与黄宗贤》之五,上古版《全集》151页。

63　《与王纯甫》,上古版《全集》154页。

64　《与王纯甫》二,上古版《全集》155－156页。

65　《送宗伯乔白岩序》,228页;《赠林典卿归省序》235页;《赠周以善归省序》,236页;《赠郑德夫归省序》238页,等等。都是正德十年前后之作,可见这是他所强调的情况。

66　《示弟立志说》,上古版《全集》259－261页。又见《答王天宇》:"今之时,能稍有志圣贤之学,已不可多见。"上古版《全集》162－163页。

67　见《与辰中诸生》,上古版《全集》144页。此乃引用先贤之语,希望学生作为座右铭。《寄诸用明》辛未,上古版《全集》148页。

68　上古版《全集》161页。

69　《与辰中诸生》己巳,上古版《全集》144页。

70　《答王虎谷》,上古版《全集》148页。

71　《送宗伯乔白岩序》,上古版《全集》228页。

72　同上。

73　《答王天宇》,上古版《全集》164页。

74　上古版《全集》258页。

75　《答汪石潭内翰》辛未正德六年,上古版《全集》146－147页。

76　《寄希渊》之三,癸酉正德八年,上古版《全集》158页。

77　《答徐成之》,上古版《全集》145页。

78　《答汪石潭内翰》,上古版《全集》146页。

79　又见上古版《全集》261页以降给各位学生之信,皆因人而异。

80　上古版《全集》152页。

81　《朱子晚年定论》,最早的刊本是正德十三年本,是王守仁在南京时期编辑的,收集了一些朱子有关"心学"也就是强调"主体""内在"一面的文字。未见。见袁庆麟《跋》:"《朱子晚年定论》,我阳明先生在留都时所采集者也。揭阳薛君尚谦旧录一本,同志见之,至有不及抄写,袖之而去者。"

82　王守仁并没有专门研究佛教教义的著述。

83　上古版《全集》，293－296页。此《疏》王守仁没有呈上，但留存了下来，这可证明王守仁对此文的重视。另一方面，他写了，却没有呈上，这可证明他在政治上的成熟。

84　见《年谱》正德九年，上古版《全集》1237页。

85　参见荒木见悟《佛教与阳明学》56页所引吕坤《去伪斋集》卷三语。

86　张太常：张芮，时为南京太常寺卿。《国榷》卷四十九有其《传》："芮，安邑人，成化戊戌进士，馆选，授检讨，至学士。忤瑾出守镇江。再谪两浙盐运副使，稍迁处州同知。瑾诛，拜南京尚宝司卿，进太常。"卒于正德十年十二月己卯。王守仁此诗，当作于正德十年十二月之前。太常：官名，明时指朝廷掌宗庙礼仪之官，有太常寺。见《明史·职官志》。

87　《悟真篇》：北宋熙宁八年（1075）张伯端撰，内丹派道教的主要著作之一。由诗词歌曲等组成。其中七言律诗一十六首，绝句六十四首，五言一首，《西江月》词十二首，以及歌曲三十二首。《四库全书提要》："是书专明金丹之要，与伯阳《参同契》，道家并推为正宗。"

附录：
《书悟真篇答张太常二首》笺注

《书悟真篇答张太常二首》见上古版《全集》卷二十，744页。因为涉及道教一些问题，特录全文，稍加笺注如下：

其一

《悟真篇》是误真篇，三注由来一手笺。恨杀妖魔图利益，遂令迷妄竞流传。造端难免张平叔，首祸谁诬薛紫贤。直说与君惟个字，从头去看野狐禅。

笺注：

误真：误解真道。真：道教术语。如《常清静经》："真常得性。"参见下《其二》注释。

三注：指《悟真篇》的宋薛道光、陆子野和元陈致虚的《悟真篇三注》。今有《正统道藏》《道藏辑要》本。薛道光之注的有无，学界有争议，或认为系翁葆光之注。

张平叔：即张伯端，字平叔，号紫阳。浙江天台人。薛道光《悟真篇记》："张平叔先生者，天台人，少业进士，坐累谪岭南兵籍。"

薛紫贤：薛道光，事迹见《薛紫贤事迹》。作于政和乙未岁。《悟真篇本末事迹》："道源姓薛名式，陕府鸡足山人也，尝为僧。""崇宁丙戌岁冬，寓郡县青镇听讲佛事，适遇凤翔府扶风县杏林驿人石泰。""稽首皈依，请因受业，卒学大丹及复受得口诀真要，且戒往通邑大都依有德有力者，可即图之。道源遂来京师，弃僧伽梨，幅巾缝掖，和光同尘，混于常俗，觑了此事。岂患学仙道流，得遇平叔诗曲，随其所见，致有差殊，而意之所疑，又须展转心生迷谬，莫能晓悟，孰从而语之参同哉？""于是慨然首为训释，条达宗旨，通玄究微，开蒙发昧。""道源因以推广其意为注解，明白真要，洞阐玄微，法事悉备，表里焕然，余蕴无所藏矣。"

野狐禅：非正宗的对禅的解释，据说从前有一老人谈因果，因错对一字，就五百生投胎为野狐。后遇百丈禅师点化，始得解脱。见《五灯会元·百丈怀海禅师》。

其二

误真非是《悟真篇》，平叔当时已有言。只为世人多恋着，且从情欲起因缘。痴人前岂堪谈梦？真性中难更说玄。为问道人还具眼，试看何物是青天？

笺注：

平叔：张伯端，见前。张伯端《悟真篇序》："仆幼亲善道，涉猎三教经书，以至刑法、书算、医卜、战陈、天文、地理、吉凶生死之术，靡不留心详究。"

因缘：佛教谓使事物生起、变化和坏灭的主要条件为因，辅助条件为缘。《四十二章经》卷十三："沙门问佛，以何因缘，得知宿命，会其至道？"按，《翻译名义集·释十二支》："前缘相生，因也；现相助成，缘也。"宋苏轼《上蔡省主论放欠书》："寻常无因缘，固不敢造次致书。"

真性：本真之性，天性。《庄子·马蹄》："马，蹄可以践霜雪，毛可以御风寒，龁草饮水，翘足而陆：此马之真性也。"佛教谓人本具有的不妄不变的心体。唐慧能《坛经·般若品》："一切般若智，皆从自性而生，不从外入，莫错用意，名为真性自用。"

《景德传灯录·婆舍斯多》:"我今悟真性,无道亦无理。"

玄:玄奥、玄妙之意。按道教教义,玄乃自然的起源。《抱朴子内篇·畅玄》云,玄乃"自然之始祖""万殊之大宗",所谓"得之乎内,守之者外,用之者神,忘之者器,此思玄道之要言也"。

具眼:谓有识别事物的眼力。宋严羽《沧浪诗话·考证》:"杜诗中'师曰'者,亦'坡曰'之类,但其间半伪半真,尤为淆乱惑人,此深可叹。然具眼者,自默识之耳。"

何物是青天:《悟真篇》:"见了真空空不空,圆明何处不圆通。根尘身法都无物,妙用方知与物同。"此指识得事物的本真。

第十三章　巡抚南赣(上)

正德十一年九月—正德十二年十一月

第十三章 巡抚南赣（上）

一、前往南赣

在南京，王守仁生活安逸，家属团聚，友朋众多，门生云集。他在思想领域也有不少收获，所倡导的学术思想渐成风气。王守仁本来考虑退出官场，回归山水，探索儒学。但是，现实世界的事情，往往不遂人愿，时代潮流把他推上了新的舞台。

正德十一年，一通朝廷来的任命，打破了王守仁的闲逸。他被任命为南赣的巡抚，到那里去做独当一面的大员。

王守仁为何会被派往南赣？那就要具体看看他将要前往的南赣的情况。

南赣，在明代，是个有点特殊的行政区划。本来，明代有江西、福建、两广等巡抚，都可以管辖此地，但是，由于这一带多是山地，三省交界，所以弘治八年特设了南赣巡抚，巡抚南赣、汀、漳等处。[1]

到了正德五年，御史沙鹏上奏："南赣地远，界连湖广、广东、福建三省，不相统属，乞专遣大臣一人总其事。"吏部认为："南赣旧有巡抚，近年裁革，宜如鹏言添设巡视。"于是派大臣王哲巡视。[2]

这些措施，都没有解决问题。南赣、湖广一带反叛日盛。正德六年，朝廷先派周南到广东，后又专派陈金用大军围剿，同时招抚。但效果均不佳。此后，因为陈金和宁王相互关系搞得非常僵，在处理李梦阳的问题上，明显对立，[3]于是朝廷派俞谏代替陈金，同时派巡抚文森处理南赣事务。

但局势依旧焦灼，到了正德十一年间，江西、福建、两广、湖广等的交界处，蔓延数百里，到处是占山为王的反叛烽烟。

正德十一年九月江西巡抚孙燧上奏："上犹盗谢志山，合广东乐昌盗高快马等千七百余人，掠大庾，攻南康、赣州。"[4]

当时的南赣巡抚文森却说自己生病，请求离去。实际是他无法解决那里的问题。

兵部尚书王琼指责文森无能、失职，推荐了王守仁。当时王守仁在南京。为了救急，在正德十一年九月戊辰，朝廷任命王守仁为都察院左佥都御史。[5]

这时的王守仁，并不想去接这个官做，而是想退休回老家。王守仁上疏请求回乡省亲，同时，又请求按原来职务致仕。但是时代的潮流，还是把他卷出了清静的官衙，推上了治理一方军政的政治舞台。[6]

正德十一年十月二十四日，皇帝再下圣旨："尔前去巡抚江西南安、赣州，福建汀州、漳州，广东南雄、韶州、惠州、潮州各府及湖广郴州地方。抚安军民，修理城池，禁革奸弊。一应地方贼情、军马、钱粮事宜，小则径自区划，大则奏请定夺。"[7]

也就是说，正德皇帝一改巡抚一般不问军政之惯例，为了便于讨伐南赣附近各地"流寇"，使王守仁成为在相当大区域内有全面管辖权的军政长官。

十一月十四日，因前巡抚文森"托疾避难"，正德再次下圣旨曰："见今盗贼劫掠，民遭荼毒。万一王守仁因见地方有事，假托辞免，不无愈加误事。"于是兵部转达了圣旨："王守仁着上紧去，不许辞避迟误。"[8]

在朝廷这样催促的情况下，王守仁不敢迟慢，不得不上任了。他还没到达任上，已经开始管事，批复公文。

王守仁十一月二十五日，批复漳南道的《教练兵民呈》："依拟施行。"强调："兵不在多，惟贵精练。事欲可久，尤须简练。"9

二十六日批《批漳南道进剿呈》："相机剿扑。惟在歼取渠魁，勿致横加平善。"

可见他虽然尚未到任，已经在调集实际兵力，计划进剿，并且在具体部署了。

十二月初二日正德皇帝的又一封圣旨到达："王守仁不准休致，南赣地方见今多事，着上紧前去，用心巡抚。"10朝廷如此三令五申，形势紧迫，王守仁无法再拖延，第二天，十二月初三日，他就上路了。

这一任命，对于王守仁来说，多少有点出于意外。用他的话来说是："岂谓尚悬苍水佩，无端又领紫泥书。"11

南京的朋友多来送别。好友乔宇（时为南京兵部尚书，故称"大司马"）、吴一鹏（时为南京太常）、南京祭酒鲁铎、司业汪伟，和他聚会于清凉山，杯酒交错，抒怀畅谈之际，王守仁流露出岁月倏忽、离别难舍的感慨：

"无补涓埃愧圣朝，漫将投笔拟班超。"他自比汉代投笔从戎的班固，带有献身从戎、济世救民的意愿，与此同时，又怀着一缕离别的黯淡和忧伤，吟唱着："漫有烟霞刊肺腑，不堪霜雪妒须眉。莫将分手看容易，知是重逢定几时？""离恨远地书频寄，后会何时鬓渐斑。"期待日后和朋友们的重逢。12

在浙江前往的途中，舟中无事，王守仁写了这些诗歌，并给不少友朋写了书信，反映了他此时的思想和感情。

正德十二年正月三日从南昌出发，初十到达庐陵。这是他往返过数次的道路。

十三日，到达万安县。在万安县，王守仁一行遇到群盗，截江抢劫。"妻奴皆惧"（可见妻子随他一起赴任），当时随从的人都说不要再往前走了，但是王守仁想，如果现在犹豫，就是示弱，于是就大张旗鼓，多张疑兵，连舟速进。盗贼因不知虚实，也不敢过于进逼。

正德十二年正月十六日或云十八日，王守仁到达赣州任所。[13]

路途劳累，他的牙病复发，疼得不能寝食。这时，附近的流贼千余人来攻城。非常紧急。他决定留在赣州，抱病连夜调发各地军队，命令他们于二十日进兵赣州，控制局面。

虽说接到一个烫手的山芋，但首先还是要谢恩。正月二十六日，王守仁上《谢恩疏》，报告自己已经到职。[14]

二月十三日，王守仁给妹夫徐爱写了封信，交代了一些家事。[15]

摆在他面前的紧要任务，是面对正在大肆活动，纵横数省，进逼南康、上犹、赣州一带的陈曰能、高仲仁（即高快马）、温火烧等为首的反叛势力。[16]另外，当时旱灾、火灾，接连不断，民不聊生。

到了赣州，王守仁了解到，这时南赣的政权机制、财政收支、军队情况，远比他预想的严峻，各地官僚机制，几乎瘫痪。府中钱粮，大致用空。军队更是糟糕。用他的话说："南赣素无纪律之兵，见贼不奔，亦已难矣。"[17]为此，自然要加以整顿。但是，即便整顿，也远水救不了近火。

怎么办？作为第一步，他要求各地府县，发现草寇，当即处置。如有军情，必须火速报告，他会率军应对。否则严加处置。接着，调集各方军队备用。这样，算是建立了最初的应对处置机制。[18]

二、出兵汀、漳，平定大帽山

王守仁开府赣州，他首先处置的，是已经开展的南赣一带的战事，即解决在三省交界处活跃的大帽山高快马、詹师富、温火烧部的叛乱。他命令在此以前已经在围剿这伙"盗贼"的福建漳南道（主要将领是胡琏）、江西岭北道（主要将领是杨璋）、广东岭东道（主要将领是顾应祥，和王守仁早就在北京时就相识）这三方军力，加紧合力围攻，同时还要求湖广方面秦金等人的支持。

他必须立即处置这个问题，其实也是无奈之举。

朝廷派他来，就是因为收到江西巡抚孙燧要求紧急处治南赣之事的上疏。

皇上给王守仁的圣旨，意思很清楚，也就是解决那里紧迫的"匪盗"。皇上圣旨，不可违逆。

那么，这里所说的"大帽山"在什么地方呢？此山在广东江西的交界处。[19]

但现实的状况是，赣州既无充裕钱粮，又乏可用之兵。

如何行动？王守仁又为何选取温火烧等人为首先的打击目标？

温火烧等人，据现有资料，是福建方面的"盗贼"，他们流窜到江西、广东交接的地区活动，已离开了原来的地盘，虽有呼应者，但是缺乏根据地。高快马等到这一地区的目的，是想要投靠当地的谢志珊、池仲容等人。他们本身的力量并不大。谢志珊、池仲容等人则是盘踞在当地的主要势力。

从当时的军事态势来说，当时福建方面已经有捷报，漳南道的胡琏率兵五千[20]，正月十八日已经出兵与寇贼战，取得一定战绩。

同时，广东顾应祥部正月二十四日出战，攻破古村等地。

江西方面，已经命杨璋调集各地的军队，虽然动作缓慢，也在朝上犹、南康方面运动。[21]

三方的军力已经朝上犹、大帽山方向汇集。

当时圣旨命他"巡抚江西南安、赣州，福建汀州、漳州，广东南雄、韶州、惠州、潮州各府及湖广郴州地方，但有贼盗生发，即便设法剿捕"，所管的范围甚广。[22]

王守仁所处的赣州，既没有可靠的军队，还是叛乱势力主攻的目标。在这样的情况下，他亲自率领队伍朝上杭、汀州、漳州方向前进，可以和最近的福建方面的军队会合（这支部队是他当时能调动军队的主力），掌握指挥所属军队的全局。另外，也可避开在上犹、南康、赣州一带"盗贼"的气焰，从侧面对其加以攻击。

王守仁指挥的、从正德十二年正月开始的这场征讨战，遇到了叛乱势力顽强的抵抗。福建方面的指挥覃桓、县丞纪镛在战斗中被杀。于是，有人就提出，"贼塞险恶""贼势日盛"，军队受挫，天气渐热，希望等到秋后，调集"狼兵"（湖南土著的军队）再来围剿。

对此说法，王守仁坚决制止，并且进一步申明奖罚制度，激励军心。此时的军事行动，据《捷音疏》载，是王守仁当时亲自领兵征讨的。

三月三日，由赣州到达长汀、上杭。

漳南道的胡琏率兵五千，已经进攻长富村，逼迫余寇逃至象湖山。（按：长富村似在今定南县。现属于龙塘镇。象湖山，当在今信丰县一带，今信丰县有象湖小学。或系沿袭古时之地名所致。）由于叛乱势力居于象湖山一带的现状，官军无法立即攻克，王守仁只能暂时退师，佯言待来年秋天举兵再次围剿。各部做出罢兵回师的假象，迷惑敌方。暗中则"密勒诸军，乘懈奋击"。

同时，又令义官曾崇秀入探敌营虚实。[23]

乘贼怠弛，遣选精兵一千五百名当先，重兵四千二百名继后，于二月十九日夜兵分三路"衔枚直趋"，直捣象湖山，通过激战，夺取其隘口，使得詹师富部大败，逃入广东境内的山中，结果被追捕。

三月二十一日，又进一步剿灭了残余敌军。

与此同时，广东顾应祥部也在三月二十日出战，已经攻破水竹、大重坑等地，直捣洋竹洞、三角湖（当在今连平县东北与定南县之间）。（见彩插"王守仁进军汀州、上杭之战示意图"）

结果到三月底，就把这一部分叛乱势力的主力镇压了下去。

正德十二年五月，在取得首战大捷、基本控制了局势以后，王守仁向朝廷写了报捷的奏疏。王守仁除了上疏以外，还给王琼写了两封信，比较真实地反映了自己所面临的实际状况和心态。[24]

三、整顿和准备

詹师富、温火烧部，并非当时反叛势力的主力，但取得首战胜利，对于王守仁来说，意义重大。他暂时解除了燃眉之急，使军队建立了一定信心；还可以向朝廷报告，有个交代。

平定了大帽山地区的叛乱之后，他进一步准备和筹划以后的进剿计划，开始全面地整顿治理南赣地区。

他做了这样一些工作：

1. 恢复生产，安定社会，保障百姓生活。

王守仁率军到达汀州，时值大旱。他参加了祈雨的活动，率众祈雨。好歹下了一场雨，缓解了旱情，王守仁稍感安心。百姓生产和生活得以安定。这时，他写下："旬初一雨遍汀漳，将谓汀虔是接疆。天意岂知分彼此？人情端合有炎凉。月行今已虚缠毕，斗杓何曾解挹浆！夜起中庭成久立，正思民瘼欲沾裳。""见说虔南惟苦雨，深山毒雾长阴阴。我来偏遇一春旱，谁解挽回三日霖？寇盗郴阳方出掠，干戈塞北还相寻。忧民无计泪空堕，谢病几时归海浔？"[25]

这样的公开求雨活动，使得当地民众对他有一种亲切感，也反映了他祈求恢复生产、安定社会的意愿。

2. 与此同时，督令各官密造方案，准备继续进剿散乱的叛军。

3. 查勘失事缘由，问责失误官员，奖励有功。

三月十五日上《参失事官员疏》。在《疏》中指出：有些战斗失利，有的将官阵亡，象湖山一战损兵折将，明军指挥覃桓等战死，要求找出原因。

整治自己的军队和官员，并且追究失误者责任，以求"杀一儆百"。[26]

4. 由于在实战中，感觉广东、福建两地军事不协调，各处不统一，上疏要求给予他全权，以便处理。并要朝廷明确授予军队的指挥权，以便统一调度。[27]

5. 制定长远的战略，向朝廷提出，对于南赣的"剿匪"，不要规定时间，也就是告诉朝廷，不要企图短时间内解决问题，要依靠当地的力量，以便根据实际，采取最佳方略。

对于王守仁的这一方略，出现不同的意见。有的官员认为，手下官兵无力，"非奏调狼兵，大举夹攻"难以扫荡巢穴。想要撤兵，并要求增调狼兵。

王守仁认为，上述之说未妥，并进一步阐述了自己的见解：现有数万贼寇，在此地经营了近十年。如以二万寇计，"须兵十万，日费千金"。这是一笔巨大的开销。军粮等转运，"重困于民"。还有，大兵一至，"贼"则逃窜，擒获所得，多为老弱胁从。军士邀功，故"有妄杀之举"。班师未几，山林重聚。所以，不必动用别处的军队,由他自己在南赣组建,这样可"省半费而收倍功"。[28]

6. 积极备战,征募士卒,加以训练。

因为王守仁主张依靠当地的力量,所以,必须培育当地军队的战斗力。

实际上,"正德十二年正月",王守仁到任伊始,就开始调集各地军队。[29]

他选用民兵,要求从福建上杭、程乡等地调两千军人,并从南赣所属各地征集了一万余人,选用有能者为将校,加以训练组成军队。又命南安府等调两千多兵归他麾下将领指挥。[30]同时,训练弓箭手等精兵。[31]

到该年六月,重新调配军力,建立营房,集中指挥,想组建一万二千人的军队。

7. 改革兵制,整编军队。

五月,王守仁虽然尚未得到朝廷正式答复,但已着手改革兵制,立兵符节制:以二十五人为一伍,伍有小甲;五十人为一队,队有总甲;二百人为一哨,哨有长,有协哨二人佐之;四百人为一营,营有官,有参谋二人佐之;一千二百人为一阵,阵有偏将;二千四百人为一军,军有副将。各级可"递相罚治"。"务使上下相维,大小相承,如身之使臂,臂之使指,自然举动齐一,治众如寡,庶几有制之兵矣。"[32]

8. 凑集款项,要求用盐税充军费。

为了保证经费,他提出,动用当时户部明文规定不得动用的盐税,来充当军费,希望得到王琼的支持。这些是支撑王守仁军事行动的一个重要财政来源。[33]他在七月上疏,开列了估计半年军事行动所需要的一万二千军队的粮食、军饷等费用。[34]

由此可以看到王守仁并非书生空议论,而是知行合一,非常务实地在办事。他要的这点银子,和前面提到的从刘瑾家中抄得的银两相比（参见前第十一章），实在不算多。

9. 清除奸细，排除敌军安插在己方的探子、卧底。

有的百姓为"山贼"提供情报，官府衙门内的老吏私通贼寇，占卜先生为贼寇密探。王守仁摸清实情，果断处置。

10. 同时，王守仁还和湖广的秦金、广东的陈金等交流协调。[35]

在做好了大量的基础准备工作，进行了一定程度的整顿以后，王守仁开始了扑灭民众反叛烈火的实际军事行动。

四、合剿左溪、横水，袭取桶冈大寨

王守仁要面对的，是蔓延多年，遍及当时南赣和整个福建、江西、广东、湖广四省交界地区的反叛烽烟。

正德十三年五月，他提出方案，报请朝廷核准。[36]五月二十八日上疏，他决心靠自己的力量剿灭"匪盗"。正式上报朝廷的同时，王守仁还把自己的想法，用信函报兵部尚书王琼，提出：赣、闽、湘、粤四省交界处山岭相连，而地分各省，事无统属，各省之间"往复勘议，动经岁月，形迹显暴，事未及举，而贼已奔窜大半"，要求扩大自己的权限。[37]

在给当时阁臣毛纪的信中，也明确提出南赣"地连四省，事权不一，兼之敕旨又有不与民事之说，故虽虚拥巡抚之名，而其实号令所及，止于赣州一城"，也是要求明确授予他全权指挥军队的权力。为统一指挥军权，请求朝廷给旗牌，提督军务，便宜行事。[38]

这要求得到了在中央朝廷的毛纪、王琼等的支持，使得他后来得到了军权。但是，这也在后来招致了大臣们的非议。

这年八月，由于王琼的力争，王守仁被任命为督军，可以便宜行事。³⁹作为具体进剿的前提，王守仁分析了当时的情况。他认为：以前进剿失败的原因，其中重要的一条，是叛乱实力各方互通消息、相互支援。为此，他认为必须要孤立、分割各地的叛乱势力。

当时，叛乱势力主要有三处：浰头（广东、江西交界处，在连平、九连山一带），桶冈，横水和左溪。

在组织"横水、左溪战役"期间，虽然当时朝廷已经决定三省合围，要求主攻桶冈。但王守仁分析具体情况，认为："诸巢为患虽同，而事势各异。以湖广言之，则桶冈诸巢为贼咽喉，而横水左溪诸巢为之腹心。以江西言之，则横水左溪诸巢为贼腹心，而桶冈诸巢为之羽翼。今不先去腹心之患，而欲与湖广夹攻桶冈，进兵两寇之间，腹背受敌，非吾利也。况贼但闻吾檄湖广兵夹攻桶冈，横水左溪，必观望未备，出其不意可以得志。横水左溪既破，移兵桶冈，势如破竹矣。"⁴⁰

也就是说，他认为，就整个南方全局而言，桶冈为咽喉关键，横水、左溪为侧翼，广东三浰贼则在边远。但就江西、南赣的情况看，横水、桶冈在中间，如果先攻桶冈，会有腹背受敌之危险。

为了避免南边在广东、江西、福建交界处的三浰贼寇乘虚骚扰，支援横水、桶冈，王守仁事先对三浰的头领池仲容等采取安抚策略：发布《告谕浰头巢贼》，言辞恳切，动之以情，晓之以理，凌之以威，并赏赐以银两、布匹；同时，面对三浰贼首池仲容假意令其弟池仲安率老弱贼寇的投诚，王阳明"阳许之"，令之共同围剿桶冈，暗中派人监视其行动，以此麻痹三浰贼寇，从而为征讨横水、桶冈争取到有利的形势。

鉴于朝廷调集三省军队围剿桶冈的消息已经传出，王守仁则顺水推舟，表面上发布命令先攻桶冈，暗中秘密调动部队指向横水一带。

当时盘踞在横水、左溪水的主要是谢志山（有的史料"山"作"珊"）、蓝天凤部。

王守仁采取虚虚实实的方法，几次宣布要出军，但是又停止，使对方不知虚实。

谢志山等人原以为官军会先攻桶冈，放松了警戒，呈现懈怠之状。

王守仁在进行了半年的精心准备后，正德十三年九月，开始了大规模的征剿。

他当时调集了十路人马，每路约千人，命令所辖各部，于十月初七，分头进军。大致是两个主攻方向：

三路人马主攻横水：一自南康新溪入，一自上犹石人坑入，一自白面峪入，会合于横水。

四路人马主攻左溪：一自大庾义安入，一自大庾聂都入，一自大庾稳下入，一自上犹金坑入，会合于左溪。

另外两路人马，一路在外围各方接应，一路负责粮草供应，并作为后备。

他自己则率军，在十月九日，到达南雄。十日到至坪，围攻横水之寇。[41]

十一日到达离谢志山巢穴三十里处，扎营立寨。同时派出擅于爬山攀登者四百人，到各个山头，张立旗帜，观察动态。

十月十二日，在王守仁的指挥下，各路官军按照预定的计划，进攻横水大寨，在各路兵马的合力攻击下，谢志山等因不知官军虚实，激战后败退。另一方面，攻击左溪的军队也取得了成功。

这样，各路军马会聚到了横水、左溪一带，乘势合围。由于占有绝对的军事优势，兵力远大于叛乱"盗贼"，经过激战，攻占了横水、左溪的"贼穴"。

谢志山、蓝天凤等在此地盘踞多年，从未遇到过如此阵仗，一时感到非常惊惶，退到险峻高山上的桶冈大寨，想休整之后，再做打算。

十五日，王守仁探得谢志山、蓝天凤余部在山寨上加固准备迎战，于是命各方加紧进攻，十六日至二十七日，"诸营皆分各道破二十余巢"。

当时，朝廷已经决定十一月一日湖广诸省同时出兵合围，约定时间将近。这时，王守仁的军队离桶冈还有上百里路。行军据说要三日。又听说，在桶冈，只有五条隘口可通，都是一夫当关万夫莫开的险峻处所。数十年来，当地豪强占山为王，官军到此，有时数月也无法攻破。

王守仁的军队因经过长途奔袭与战斗，已经非常疲劳。而如果绕过这些残余之众盘踞的山寨前往湖广、江西边界，又有腹背受敌的危险。

面对这样的难题，王守仁使出了权谋。他派出原来和叛乱民众暗中有来往的李正岩、刘福泰，还有被捕获的桶冈的钟景三人，让他们在十月二十八日夜悬壁入大寨，去和谢志山、蓝天凤交涉，劝说他们和王守仁谈判，说是要招降他们。

在山寨中的众头领因相持多日，面对官兵，也想与之接触，也有的想接受条件归顺。虽说从横水、左溪退回的人，坚决反对受降，认为或许有诈。但是主要的人物蓝天凤还是决定于十一月一日，到桶冈南面的钥匙笼交涉投降。

就在桶冈答应十一月初一交涉投降的同时，王守仁则在十月三十日夜，指派各路军马，由邢珣、张戬、伍文定、唐淳等率领，连夜冒雨分赴各紧要处，在初一日发起猛攻。

本想在钥匙笼谈判、开点条件投降的蓝天凤见状大惊，连忙指挥部下，退守内隘，一直坚守到当天夜里。第二天，各路官兵先后汇集，经过激战，蓝天凤部寡不敌众，败退而走。桶冈被攻陷。余部四处散逃。

十一月初，王守仁进驻桶冈一带的茶寮，和湖广兵会合。接着，他们就分别向各地展开，夹击追剿散乱的叛乱民众。

经过十一月的追剿，基本平定了横水、左溪、桶冈的叛乱。[42]（见彩插"王守仁率军剿灭横水、桶冈等地叛乱示意图"）

十二月初九日，王守仁回军。在给朝廷的《捷音疏》中，报告了最终的成果：

捣毁巢穴80余处，擒斩首领蓝天凤、谢志山等86人，斩得首级3 168个，俘获贼属2 336人，夺回被掳民众男女83人，牛马等608匹，贼杖2 131件（殆指使用的兵器等物件），金银113两8钱1分。[43]

在此地盘踞了数十年的民众叛乱，落下了帷幕。[44]

平定了桶冈以后，王守仁在桶冈茶寮树碑铭文纪功。[45]

回军后，王守仁和邢珣有诗歌唱和。[46]《桶冈和邢太守韵二首》："百里妖氛一战清，万峰雷雨洗回兵。未能干羽苗顽格，深愧壶浆父老迎。莫倚谋攻为上策，还须内治是先声。功微不愿封侯赏，但乞蠲输绝横征。"

这反映了王守仁在取胜以后的思想。他虽然动用兵戈征服了反叛势力，但也明确意识到"还须内治是先声"，而重要的是要免除"横征"的税赋，安顿民生。

攻克横水、桶冈，平息了这两地的寇患后，王阳明的兵锋指向了"众贼奸雄之巨擘，三省群盗之根源"的三浰地区。

注释

1 南赣是明代弘治、正德时期的一个行政区。这里的巡抚，时设时撤。上古版《全集》标"南、赣、汀、漳"误。南赣为专有名词。

由于南赣是三省交界之处，天高皇帝远，不少山区，明朝的行政管理还不完善。一些福建、广东沿海地区的民众，就流入此地。比如，下文要讲到的三浰地区的卢氏等，就是所谓的"新民"。而所谓的"漳寇"温火烧等，也是从福建流入的。不少豪强占地割据、自成一统，比如下面要讲到的池仲容兄弟等。

2 《明通鉴》卷四十三正德五年，1613页。

3 陈金为江西总制，见《国榷》卷四十八，七年九月。又有关记载，见《明通鉴》卷四十三、卷四十四，《鸿猷录》卷十二《平江西寇》。

4 见王守仁《申明赏罚以劝人心疏》："卷查三省贼盗，二三年前，总计不过三千有余，今据各府州县兵备守备等官所报，已将数万，盖已不啻十倍于前。"《全集》308页。可见当时情势。又见《武宗实录》正德十一年九月。

5 《明通鉴》1738页。关于王守仁被任命的背景，见本章附录一《王守仁任南赣巡抚考》。

6 见上古版《全集》卷九《辞新任乞以旧职致仕疏》，297页。

7 见上古版《全集》卷九《谢恩疏》，298页。

8 《谢恩疏》，上古版《全集》298页。

9 《批漳南道教练兵民呈》，上古版《全集》1074页。

10 《谢恩疏》，上古版《全集》298页。

11 《和大司马白岩乔公诸人送别》之二，见束景南《辑考编年》，440页。

12 见《和大司马白岩乔公诸人送别》，载束景南《辑考编年》440页。这些朋友，有的是他在南京的好友，有的是和他父亲有交往的前辈，反映了他当时在政坛上的人脉关系。

13 《年谱》，又见《谢恩疏》，上古版《全集》298页。《闽广捷音疏》，同上，306页。《与黄诚甫二》云"正月十八日始抵赣"，上古版《全集》162页。

14 《谢恩疏》，见上古版《全集》298页。

15 王守仁希望徐爱能关照"北海新居"，又问及在南京的朋友境况。这是他给徐爱的最后一封信。三个月后，五月十七日，徐爱去世。

16 《明通鉴》卷四十六，《明史纪事本末》卷四十八《平南赣盗》。

17 见《与王晋溪司马》第三书，束景南《辑考编年》483页。又见《与王晋溪司马》，上古版《全集》卷二十七，1002-1010页。关于王守仁给王琼的书信，上古版《全集》未分篇。

18 《申明赏罚以励人心疏》，上古版《全集》卷九，310页。

19 见本章附录二《大帽山考》。

20 胡琏，字重器，淮安府沭阳县人，弘治十八年进士。时主掌闽广二省兵备道。《明史》卷一九二有传。

21 杨璋：时主掌江西军事。后或因被迫从宁王，受罚。

22 见《类奏擒斩功次疏》，上古版《全集》318页。

23 所谓"义官"，指原来的反叛势力中人，投降明朝政府而被授予官职者。

24 第一书，讲到了自己原本思"退归田野"而后被"拔置重地"的心态变化。第三书，则向王琼报告了赣州的实际情况。见束景南《辑考编年》461、463页。

25 寇盗郴阳：指在郴阳一带尚未平息之乱。高岱《鸿猷录》卷十四《平郴桂寇》："郴、桂在湖广东南隅，介江西南、赣、广东韶州、广西平乐间，地险恶，故多寇，官兵累剿之，不能绝。正德间，土人龚福全等倡乱。"干戈塞北：北边小王子等少数民族的入侵。

26 见五月八日《申明赏罚以励人心疏》，载上古版《全集》307页。

27 见给王琼的《与王晋溪司马》第四书："昨睹老先生所议。谓阃外兵权，贵在专委，征伐事宜，切忌遥制，且复除去总制之名，使各省事有专责，不令掣肘，致相推托。真可谓一洗近年琐屑牵扰之弊。"第五书：南赣"地连四省，事权不一，兼之敕旨又有不与民事之说"，所以觉得无法施展。见束景南《辑考编年》464、466页。此外，还给当时在内阁的毛纪写信，重复了上述看法。束景南《辑考编年》499页。

28 见上古版《全集》310页，315页。

29 《年谱》将调集兵卒列于"正德十二年正月"，但到十三年三月才凑满三千人。见给王琼的第三书。而真正全面调集各地军队，征募士卒，当在平大帽山之后。见给王琼的第四书。

30 见给王琼的第四书，上古版《全集》465页。《批南安府请兵策应呈》，上古版《全集》1076页。

31 如五月十六日，命福建"选取精巧惯习弓兵四名"《教习骑射牌》，上古版《全集》1075页。

32 《兵符节制》，上古版《全集》卷十六。又见《钦奉敕谕提督军务新命通行各属》，上古版《全集》卷十六。《明史》卷一九八《王琼传》。

33 束景南《辑考编年》，463－464页，又参见王守仁《议南赣商税疏》，上古版《全集》336页。

34 王守仁算了一笔账：士卒每人给米三升，折合银子一分五钱，半年约用米三万三千余石，银子二万余两。另外将领的薪俸及奖赏，需要二万余两银子，总约五万两银子。《议夹剿兵粮疏》，上古版《全集》327页。

35 和秦金的关系，见《致秦国声札》："贵省土兵以郴、桂不靖之故，千里远涉。""故薄具牛酒之犒，聊以输此心焉尔。"束景南《辑考编年》，459页。又，王守仁和秦金，早就有交往。

36 《攻治盗贼二策疏》，上古版《全集》311。他在上疏中指出，当地的反叛势力"三年前总计不过三千有余"，今据各方报告，"已将数万"。"诛讨不及，又从而招抚之，然后肆无所忌。"《申明赏罚以励人心疏》，见上古版《全集》308页。

37 见上海图书馆所藏《与王晋溪司马》第四封信，束景南《辑考编年》464页。

38 束景南《辑考编年》，499页。

39 《国榷》，正德十二年八月，《明通鉴》卷四十七，1774页。

40 《横水桶冈捷音疏》，上古版《全集》，343页。

41 《鸿猷录》卷十三《再平江西》："正德十二年十月初七日分道并进，初九日，守仁至南康。"

42 见《鸿猷录》卷十三《再平江西》。

关于王守仁平桶冈等地反叛事，《武宗实录》"正德十二年"，高岱《鸿猷录》卷十三《再平江西》，谷应泰《明史纪事本末》卷四十八《平南赣盗》均有记载，详略不一，可以和王守仁的《奏议》等参见。

43 见《横水桶冈捷音疏》，上古版《全集》，384页。

44 见《武宗实录》。

45 此碑现仍存，在江西崇义县思顺乡。

46 邢珣，《明史》卷二百："邢珣，当涂人，弘治六年进士。正德初，历官南京户部郎中。忤刘瑾，除名。瑾诛，起南京工部，迁赣州知府。"

附录一：
王守仁任南赣巡抚考

首先介绍一下明朝的巡抚。明朝的巡抚制度，始于明初。洪武年间，有"巡抚"之名出现，洪熙、宣德时，设"巡抚"之官，正统以降，制度逐步形成。中央朝廷派官员总揽一方事宜，解决地方问题。

为什么会选王守仁去当南赣巡抚呢？根据现有的资料推测：

第一，他有这样的资格。王守仁这时已经是四品官员。

第二，他曾为江西庐陵县令，又在刑部、吏部、兵部任过职，又任过太仆少卿，管过马政，多少和军事有些关系。就个人经历和经验上看，可以担任。

第三，他和江西的官员陈文鸣、李梦阳、邵宝、孙燧、胡世宁还有李士实，甚至和宁王多少都有联系，和前任巡抚文森有来往。和率兵镇压民众叛乱的陈金以及周边管事的秦金等官员也都认识。

第四，中央在军队系统管事的张永、杨一清，还有因这层关系而结识的兵部尚书王琼，对他有所了解，认为他堪当此任。

所以，从各方面看，他就成为了不二之选。

他到江西独当一面，或是杨一清在正德十一年八月离开内阁前的一个安排。据《明通鉴》卷四十六，杨一清"致仕"在八月"甲子"，而王守仁任命的发布在"戊辰"，仅仅相隔四天。考虑到当时公文的流转程序，当是杨一清离职前的安排。

王守仁的官职是什么？

王守仁当时任的是"左佥都御史"还是"右佥都御史"？不

明。按：正德圣旨曰："王守仁升都察院左佥都御史，巡抚南赣、汀、漳等处地方。"似以"左佥都御史"为是。后升为"右都御史"。（参见冈田武彦《王阳明大传》，484－485页）

王守仁何时到任？

关于王守仁升任此官的时间，《明史》本传、《年谱》和《明史纪事本末》分别记为"八月""九月""十月"，考《武宗实录》，为十一年九月戊辰。

附录二：

大帽山考

关于王守仁平定温火烧部叛乱民众的大帽山，有的著作，据《年谱》正德十二年"二月，平漳寇"的记载，推测大帽山在福建漳州一带。见冈田武彦《王阳明大传》500页，第十四章《南赣戡乱》。又见久须本文雄《王阳明禅的思想研究》63页。有的研究者认为此大帽山是指福建玳瑁山，殆均误。

此大帽山当在上犹县南二百里，在今信丰县以南地区，并非漳州之大帽山。《读史方舆纪要》卷八十八江西上犹县："大帽山县南二百里，与广东程乡、平远、和平、兴宁、龙川等县接壤。山绵亘数百里，中有老虎隘，林木深阻，鸟道三十里，群盗窟其间，多历年所。《志》云：大帽山界江西及闽、广三省之交。正德中，贼徒聚此，攻掠州县。"这里没有写王守仁平定之事，或是因为《读史方舆纪要》撰写时的历史环境所致。而考诸明代王守仁的有关史料，多与此地相合。

谭其骧主编的《中国历史地图集》之七64 - 65页"江西"图中，载有此山名。

附录三：
王守仁平詹师富（象湖山之战）考

关于王守仁指挥的这次战斗，各种文献记载的年代不同。

《年谱》云正德十二年二月，王守仁"平漳寇"。此"漳寇"当泛指漳州之寇，实际即在三省交界处活跃的詹师富、温火烧部。

《明史》本传系于正德十二年正月："督副使杨璋等破贼长富村。"

《宪章录》《纪事本末》列在五月，《明武宗实录》为六月捷报，《明通鉴》为五月，《明通鉴考异》为五月。

据《闽广捷音疏》，当在二月十九日夜发动进攻。又见黄绾《阳明先生行状》。大致经过，已见诸书，不赘。

白寿彝主编《中国通史》记载此役：二月出兵，"詹师富等七千余人被俘。四月回师上杭"。所说有误。二月王守仁似尚未出兵。象湖山之战，主攻者为福建胡琏所率军队，而俘获也无"七千"之多，见下表。王守仁似也无所谓"回师上杭"，他未离开过汀州，从《致徐曰仁书》中所言自己到赣州后生病，"汀漳之役，遂不能前往"等语中，明显可见。

关于这次战事的结果，可见王守仁《闽广捷音疏》，又见《类奏擒斩功次疏》。这些战报中，虽然有不确切处，但可以看到这次战事的大致规模和情况。具体成果见下表：

日期	福建方面斩获人数（地点）	日期	广东方面斩获人数（地点）	日期	江西方面斩获人数（地点）
正月十八日	斩首432人 捕获146人 烧毁房屋400多间 （长富村等地）	正月二十四日	斩首224人 捕获8人加上84人 （从古村到箭灌洞大寨）	二月二十日	斩首4人 加上30人 （赣州）
二月十九日	斩首291人 捕获133人 （象湖山等地）				
二月二十日	斩首163人 捕获106人 （象湖山、流恩山冈等地）				
二十日以后数日	斩首235人 捕获82人 （可塘洞、竹子洞等地） 捕获詹师富等				
三月二十一日	斩首91人加上146人 捕获13人加上90人	三月二十等日	斩首1 048人 捕获5人加上838人 （洋竹洞、三角湖） 捕获温火烧等。		
其余时间不详	斩首66人 捕获8人 （陈吕村）			四月九日	斩首12人 （陈坑水）
				时间不详	斩首2人外加1人 捕获2人 （南安府南流坳）
以上总计	斩首1 424人 捕获578人		斩首1 272人 捕获935人		斩首49人 捕获2人

第十四章　巡撫南贛（下）

正德十二年十二月—正德十四年五月

第十四章 巡抚南赣（下）

一、剿灭三浰叛乱

正德十二年十二月，剿灭了横水、左溪、桶冈的谢志山、蓝天凤部。王守仁向朝廷报捷，同时准备下一步行动。[1]

接到捷报，朝廷自然高兴，下令要他处理湖南郴州、江西、南赣等事。于是，他抓紧时机，着手解决最后的三浰地区的反叛势力。

三浰的池仲容部，是当时江西、福建、广东三省交界地区最大的反叛势力。持续多年，形成事实上的割据。[2]

对于三浰，王守仁认为，在连续作战之后，立即去攻打，有如强弩之末，未必能取胜，所以决定用计智取。

三浰的池仲容为首的集团，对于官方，采取一种应付敷衍、表面归顺、实际独霸一方的策略，所以盘踞二十多年不倒。

如上所述，在攻打横水、桶冈时，王守仁就对他们加以分化。先对三浰采取安抚策略：发布《告谕浰头巢贼》，动之以情，晓之以理，在用军力威吓的同时，又赏赐银两布匹，劝诱其归降，至少是让他们不去帮助、增援谢志山等部，阻扰在横水、左溪、桶冈的军事行动。当时，三浰的池仲容等人，权衡利弊，觉得还是先自保为妥，接受了王守仁的劝降。

他们曾多次玩弄这假装归顺朝廷，实际盘踞称王的手段。自恃居险守隘，势力强大，朝廷奈何不了他们。一般的官兵根本不在他们眼里，即便当初朝廷调集了湖南一带号称凶悍的地方土司的"狼兵"，他们也照样周旋应对，扬言："狼兵易与耳。纵调他来，也须半年，我纵避他，只消一月。"[3]

　　他们盘算，不惹王守仁，让他带兵去干掉横水、桶冈等处的山头，王守仁的官兵一走，那边就全成为自己的势力。所以，他还假意令其弟池仲安率老弱贼寇投诚，去帮王阳明打横水、桶冈。

　　王守仁看穿了他们的算计，"阳许之"，令他们共同围剿桶冈，以此麻痹三浰的池仲容部，从而为征讨横水、桶冈争取到有利的态势，暗中则派人监视其行动。当横水、桶冈等地的势力被剿灭后，王守仁回军，集中力量解决"三浰"问题。

　　王守仁先暗中派数十人回到自己的村落中，并且约定，等官兵前往时，就占据险要处遏制对方。

　　池仲容得知王守仁攻破了桶冈，颇感畏惧，加强了山寨的守备。正德十二年十一月，王守仁故意派人带着牛酒等，说是犒劳他们支持平定桶冈，同时探察实情。派去的人，看到了他们正在加固山寨。池仲容等见无法隐瞒，就说自己之所以加固工事，乃是因为要防备龙川的大户卢珂、郑志高等人的袭击。

　　卢珂、郑志高是广东龙川县的大户新民，他们有部下数千人，是当地的大户人家，也有一定的势力。因为卢氏等不愿顺从池仲容等之故，与池仲容等有冲突。

　　卢氏等投王守仁官军，告池仲容等谋反。王守仁就利用他们，让他们从广东龙川方向攻击池仲容部。然后王守仁公开表示对卢、郑的愤怒，发出檄文，表示要站在池仲容等一边，发兵征讨卢珂。

　　因卢珂等在南边，出兵征讨要经过三浰等地，王守仁就要求池仲容等砍伐树木，开通道路，以便官兵通过。

这样，就给了池仲容等一个难题：相信王守仁是信任自己，要率军讨伐卢珂吧，这当然可以松口气，高兴一下；但是如果不是这样，那么开通了道路，岂不是自找苦吃？

于是，他们就派人前往拜谢王守仁，说是对付卢珂、郑志高等人，无劳大人亲自出马，我们自己就可以解决，同时趁机观测官军的动静。

王守仁在正德十二年十二月十五日，率平定桶冈之师回军南康，在南边多受池仲容部欺压的卢珂等就来报告，说池仲容等正在谋反，并提供了证据，那就是发给他们封他们为官、并盖有"金龙霸王"印信的文书，这当然是不服从朝廷、想自立为王的证据。

王守仁在此以前也已经侦探到池仲容等的动向，但是在此时，却当众发怒：斥责卢珂等是诬告，想公报私仇，说："池仲容日前已经明确归顺，还派了自己的弟弟率二百多兵士帮助剿灭横水等贼，忠心可鉴。"卢珂等人是在诬陷，当斩，当场就把他们绑了起来。

当时池仲安和所率兵士都在王守仁的大营。他们见到卢珂等来告状，开始甚为担忧，现在见他们反被绑，都喜形于色，还反过来告发卢珂等人。同时，把王守仁这边的情况报告给在三浰的池仲容。

这些都在王守仁的预料之中。他一边派人告诉被关押的卢珂：抓他是在演戏，让他安心，同时让他暗中派人回龙川准备，一旦放他回去，就起兵进攻三浰。

同时又派人到池仲容处，告诉他不要疑心，等抓捕了卢珂、郑志高等部下多重要头目后，就会把他们全部斩首。

同时，又买通了和池仲容关系密切的人，暗中劝池仲容："在这样的态势下，你应该亲自去向王守仁表示感谢。"

十二月二十日，王守仁率军回到赣州。

大张鼓乐，犒赏将士。说是横水、桶冈已平，三浰归顺，境内可得安宁，宜休兵为乐，甚至遣散士兵回家务农。

同时，又叫池仲安去告诉他哥哥池仲容，要他继续加强防备，以防卢珂余部从龙川方面突然袭击。王守仁这样做，造成一种自己非常信任他们的假象。

当时正值年末，池仲容也就感到大体安心了。

池仲容部，其实也有两种力量：一种是心想归顺的，一种则主张抗争自保。池仲容持后一种态度。这时，已经暗中归顺王守仁的池仲容的亲信们劝说他："现在卢珂在押，他不断地揭发说您要谋反，并让官府抓您，如果抓不到，就证明您确实谋反。这样说久了，搞不好会起变化，您何不妨当面去对质？那样，卢珂等就必死无疑了。"

池仲容斟酌考虑，觉得也有道理，就对手下说："若要伸，先用屈。赣州伎俩，亦须亲往勘破。"也就是说，我们现在先要屈从一下，赣州王守仁到底是什么心思，我必须自己去观察判断。他当时抱有戒心，也做了周到的准备，带着四十余贴身护卫，出发前往赣州。同时通知赣州城内的弟弟，让他带好那数百人马，万一有事，以便接应。他想，凭着自己的过人本事（据史料载，他们兄弟二人都有过人武功），凡人难敌，可以随时应付脱身。

王守仁得知，就秘密派人到各县城，命令勒兵待命，又派将领（千户，相当于营长、团长级）孟俊先到龙川县，召集卢珂、郑志高等人的人马。孟俊前往龙川，必须经过三浰池仲容等所控制的地区，王守仁就故意给他另发了一张牌照，写明说是前往龙川去拘捕卢珂等的党羽。

经过三浰等地，果然受到哨卡盘查，孟俊把牌照出示，池仲容部下信以为真，以为他们去抓卢珂党羽，于是争相礼待，导送出境。到了龙川，孟俊便纠合卢、郑旧部。池仲容派出的探子得知这一情况，也以为那是为了抓捕卢、郑党羽所采取的行动，不放在心上，完全放松了对南方的警戒。

二十三日，池仲容一行到达赣州，进见王守仁。王守仁早有准备，故意在城内散播毫无战斗准备的气氛。池仲容看到城内毫无戒备，各营官兵，多已经归家过年，城内街市都张灯唱戏为乐，全无战事气氛。他为了万全，还特地秘密贿赂狱卒，到监狱察看，见到卢珂果真戴着枷锁，关押在牢，心中方始释然，觉得"乃今吾事始得万全矣"。这消息传到山寨，池仲容的部下就更放松了警戒。

王守仁监视着池仲容的一举一动。在池仲容探察卢珂以后，在当夜就释放了卢珂等人，让他们急速驰归龙川，和孟俊等会合，发兵讨贼。

同时，在表面上，还是客气地稳住池仲容，让属官依次设酒席款待他，犒劳其部下，迟缓其归期。

正德十三年正月初三，王守仁估计卢珂等已经抵达龙川，各地兵马也已聚集，于是，就在庭中设席，说是犒赏将兵，同时埋伏下甲士。当池仲容等人进入后，发出号令，将池仲容一行全部拿下。

池仲容等人完全没有思想准备，事件突发，束手就擒。池仲容当然不服，大声喊冤申辩。王守仁拿出他发给卢珂等盖有"金龙霸王"印信的文书等证据，指斥他反叛朝廷，自立为王。这当然是杀头的罪。池仲容无言以对。王守仁把他们关押入狱。

紧接着，王守仁发出军令，命龙川、龙南、信丰三县，总共九路人马，期于初七日同时进攻三浰巢穴。他自己率军从龙南县直取下浰。总共十路人马，发起总攻。

由于池仲容等被擒，反叛各部群龙无首，无法互相沟通，陷于混乱，官军不断深入，直接奔袭三浰巢穴。

经过十多天的激战，三浰各个据点都基本被剿灭。

当地叛乱者毕竟在三浰盘踞多年，有不少坚定的追随者。虽说多被歼灭，但还有残余的贼寇八百多人，退到了九连山大山中，[4]占据有利地形，继续抵抗。

王守仁带兵紧追，进入九连山。山峰高耸，极为险峻，叛乱者居高抵抗，官军不得前进。叛乱者背后东面的群山中，还有数百巢穴，一旦逃入，难免死灰复燃。而且当时没有官兵处于可断其退路的位置，如派兵截其奔逃之路，需要半个月的时间才能到达。这是个难题。

王守仁为了全歼这些残敌，避免官军更大伤亡，决定智取。考虑到当时贼寇内部已经混乱，无法互相辨识，王守仁就挑选了七百名精锐官兵，换上缴获的叛乱者的服装，假装溃退逃归之状，趁着夜色直奔贼寇所占的悬崖之下，沿着山涧的小道前进。上面的人以为是各寨溃逃余党，招呼着让他们通过。官军通过险地后，占据后面高处的有利天险，断其归路。次日，反叛者发觉，试图夺回阵地，官军依据地理优势，从上击下，反叛者终不能支，四处溃逃。王守仁已事先令各哨官兵在各路设伏以待，擒斩无数。

王守仁接到报告，从一月二十五日开始，各县的军马分别在九连山各处，根据乡民的引导，对叛乱者进行围剿追捕。到三月三日，基本结束。余下的一些则向官军投降归顺。[5]

整个三浰，池仲容等人经营了数十年的老巢，一朝倾覆。[6]

在回军的路上，王守仁途经龙南阳明别洞，又乘兴写了《回军龙南小憩玉石岩双洞绝奇徘徊不忍去因寓以阳明别洞之号兼留此作三首》。《其一》："寇平渐喜流移复，春暖兼欣农务开。""投簪最好支茅地，恋土犹怀旧钓台。"《其二》："欲将点瑟携童冠，就揽春云结小斋。"《其三》："他日巾车还旧隐，应怀兹土复乡间。"字里行间，流露出归途的轻松，也表现出毫不恋栈、期待归隐的心情。

因为和邢珣一起战斗,[7]相处颇洽,所以到了阳明洞,王守仁又写诗《再至阳明别洞和邢太守韵二首》,彼此唱和。

> 春山随处款归程,古洞幽虚道意生。……林僧住久炊遗火,野老忘机罢席争。习静未缘成久坐,却惭尘土逐虚名。(《其一》)

> 山水平生是课程,一淹尘土遂心生。耦耕亦欲随沮溺,七纵何缘得孔明?吾道羊肠须蠖屈,浮名蜗角任龙争。好山当面驰车过,莫漫寻山说避名。(《其二》)

总之,这时气氛轻松舒展,内心愉悦,而归隐的念头时时萦绕心间。

王守仁对于自己这几年在南赣的业绩的自豪感,在给皇上的上疏中,表现了出来:

他比较了这次与上两次讨伐所用的时间、财力、军力、人员情况,认为这次之所以"驱不练之兵,资缺乏之费,不逾两月而破奸雄不制之虏,除三省数十年之患",是由于"朝廷威德,庙堂成算"。最重要的,他认为:"天下之事,成于责任之专一,而败于职守之分挠。"[8]

在上疏中,王守仁总结了经验,强调这次的成功,是由于自己能被皇上信任,独行指挥权力。这实际也是对当时行政体制互相牵制、无人担责情况的批评。在上疏中,也流露出王守仁颇为自信、自豪的心情。

二、治理南赣

正德十三年四月平定三浰。延续数十年、绵延数百里的南赣、广东、福建的大规模民众反叛烈火，基本被王守仁扑灭。他知道，接下去更重要的是在这一广袤的土地上，重建社会秩序，安定民生，巩固统治。

王阳明认识到，那里是当时明朝统治的薄弱环节，这些地区盗贼猖獗、民患日深，之所以产生那么多"匪盗"，根本原因在于没有健全的社会制度和统治体制。

在当时，广东、福建的流民进入大山之中，开垦土地求生，和原来当地的民众产生矛盾，由于政府的管制力量不足，出现了弱肉强食、豪强占据地盘的情况，渐渐就形成了在明朝体制之外的所谓"匪盗"世界。[9]

面对这样的情况，如果不去围剿，任其出没往来，则必然使百姓不得安生、更加穷困，影响到明朝的统治基础。如果派兵围剿，兵来"贼"散，兵去复兴，耗费钱粮，消耗兵力，没有收成，使百姓更加困苦，群贼更加猖獗。因此，王守仁提出：

"盗贼之患，譬如病人。兴师征剿者，针药攻治之方；建县抚辑者，饮食调养之道。"[10]

他主张：权且抚谕各贼，并赏赐牛酒、银布、耕具、种子之类，使其收众入巢，趁时耕作。同时，吾民可以暂时免防截之役，及时归田农耕；朝廷亦有时间选兵励士，时时操练，秘密分布哨道。待秋收以后，各方面条件均已成熟，探得贼巢虚实，则克期进剿，出其不意，攻其不备，"非独可以稍抒目前之急，亦因得以永除日后之患"。

所以，取得军事上胜利之后，王守仁立刻就关注地方的建设，以求根本解决盗贼问题。

对于地方的建设，王守仁主要采取了如下一些具体措施：

第一，建立新县，也就是设立新的行政管理机构。

正德十二年五月，大帽山奏捷后，王守仁善后工作做的第一件事就是上疏，《添设清平县治疏》。他在给朝廷的《疏》中说：

"南靖县治,辟在一隅,相离芦溪、平和、长乐等处,地理遥远,政教不及,小民罔知法度,不时劫掠乡村,肆无忌惮,酿成大祸。今日动三军之众,合二省之威,虽曰歼厥渠魁,扫除党类,此特一时之计,未为久远之规,乞于河头中营处添设县治,引带汀潮,喉襟清宁,人烟辏集,道路适均,政教既敷,盗贼自息。考之近日,龙岩添设漳平,而寇盗以靖,上杭添设永定,而地方以宁,此皆明验。今若添设县治,可以永保无虞等情。"

县治选在河头的原因是:"河头地方,北与芦溪、流恩山冈接境,西南与平和、象湖山接境,而平和等乡又与广东饶平县大伞、箭灌等乡接境,皆系穷险贼巢。"因其形势险要,位置适中,所以"要于河头地方添设县治以控制贼巢,建立学校以易风俗,改移小溪巡检司以防御缓急"。[11]

正德十二年,剿灭横水、左溪之叛乱后,就上疏要求在横水建立崇义县。[12]

正德十三年四月,完全铲除了三浰的残余势力。五月,上疏,要求设立和平县。[13]

他设置新县的具体做法:大致有如下数端:

(1)勘查地形,宜于民众安居生活。

(2)考虑和已经有的建制之间的关系,要进行明确的行政区划,"某县都图相近可以分割",明确"里""村""所""村"的所属。

(3)明确巡检所的设置。

(4)注意和有关联的省际、府州县之间的行政联系,也就是做好当时体制内纵向部门间的互相协调。

(5)明确修建城市的预算,明确财政来源,不尚空谈。

(6)确定官员和准备移入的民众数。

第二,建设军队和构筑社会安全体制。

王守仁平定詹师富部后,就进一步提出:赣、闽、湘、粤四省交界处山岭相连，而地分各省，事无统属，彼此推托，只设巡抚一员，"责任不专"，"军伍无制"，以致"盗贼""东追则西窜，南捕则北奔"。为加强军权，请求朝廷给旗牌，提督军务，便宜行事。

然后，挑选赣、闽、湘、粤四省精兵，招募乡兵，选"能将"督练，整肃军纪。[14]

第三，构筑民间社会，推行"十家牌法"。

王守仁一到达南赣，就立刻推行"十家牌法"，其基本方法：编十家为一牌，开列各户籍贯、姓名、年貌、行业。日轮一家，沿门按牌审察动静，遇有面目生疏之人，形迹可疑之事，马上报告官府究治明白。如有隐匿不报，十家连坐。[15]

王守仁推行的"十家牌法"，对于巩固明朝的统治，起到了很大的作用。对于此后数百年中国社会的基层构造，有重大影响。

第四，解决田地债务。把过去被王室、豪强掠夺抢走的田地，归还给原主，以期恢复生产。对于没有土地的流民，加以安置。

第五，财政方面，争取中央政府的支持。[16]同时，采取措施，制定地方的财政收入方案，明确支出和管理规则。[17]

第六，修建店铺、学校，注重乡村的基本道德和民俗风尚的培育。[18]

在道德风俗层面，推行乡约。王守仁认为，"民俗之善恶""积习使然"，当时造反的民众，他们之所以造反，"四出为暴"，除了自身的各种原因外，"亦由我有司治之无道，教之无方"。因此，要"协和尔民"，订立了乡约。[19]

同时，以"民风不善，由于教化未明"，在其所到之处兴建社学，延师教子，为统治阶级培养人才。在儿童教育方面，他认为，"大抵童子之情，乐嬉戏而惮拘检，如草木之萌芽，舒畅之则条达，摧挠之则衰痿"，不能使童子"视学舍如囹狱而不肯入，视师长如寇仇而不欲见矣"。[20]

这样，在福建、江西、湖广设县创制，恢复社会秩序，巩固加强了明朝的统治，在一定程度上安顿了民生。[21]

这些，都显现了王守仁作为一个抱有治国理念的儒家学者，把理念具体转化为实际政策的见识，以及他作为一个地方官员的出色行政才干。

如果说上面所述，是王守仁作为一个官员，作为一个督抚大员，完成朝廷交给他的任务和工作，那么，在这些日子里，他个人的实际生活和思想状况又是如何呢？

三、赣州的生活和思想——刊布《传习录》

在赣州，连年战事紧张繁忙，王守仁尽心竭力，耗尽心血，在平定了各地反叛后，他自己病倒了。

正德在十三年三月三日接到各地战报，言三浰地区大致底定。第二天，三月初四，王守仁就上了《乞休致疏》："臣病月深日亟，百疗罔效，潮热咳嗽，疮痍痛肿，手足麻痹，已成废人。"希望能在"旋师之日，放归田里"。[22]

从身体的状况而言，他确实太累了。另一方面，就其思想的深层而言，也有着自己已竭尽全力，身心疲惫，余下的事情，个人无力支撑的现实感。因为早在南京时期，对于官场他已经有着自己的看法了。

他辞职的要求没有被朝廷接纳。

正德十三年（1518）六月初六日，皇上下旨，根据兵部的上报，升王守仁为右副都御史。荫子锦衣卫世袭百户，再进副千户。"[23]这是对他平定三浰等地功劳的褒奖。

王守仁在六月十八日，再次上疏请辞："臣驱逐之余，疾病交作，手足麻痹，渐成废人。"希望能够"以原职致仕，延余喘于田野"。[24]

正德十四年（1519）正月初二，又上《升荫谢恩疏》曰："自恨疾病之已缠。"

正十四日，四上《乞放归田里疏》："臣比年以来，百病交攻，近因驱驰贼垒，瘴毒侵陵，呕吐潮热，肌骨羸削，或时昏眩，偃几仆地，竟日不惺（醒），手足麻痹，已成废人。"[25]

从这些上疏来看，王守仁确实重病缠身，主要症状是咳嗽和身体麻痹。他请求"致仕"，身体是一个重要的因素。但是没有得到批准。

请辞，不允。他也就只能继续在任上，做着上文所列的、那些他该做的事。此时，他对于官宦仕途，基本上已视为身外之物，任其有无了。

在这戎马倥偬之际，家中亲人的变故，使王守仁受到心灵冲击，情感波动。

在王守仁致力于平叛之时，王守仁的妹婿，也是最知心的朋友和学生徐爱，在正德十二年五月十七日去世。当时王守仁正忙于大帽山平叛战事，正德十二年七月十五日，接到讣告，痛心难忍，写了一篇《祭徐曰仁文》，让弟弟守俭、守文前往徐爱灵柩前哭祭。[26]

徐爱是理解王守仁的思想，并有着共鸣的朋友。他为王守仁编了最初的《传习录》，是一个最知心的志同道合者。

在悲痛之余，王守仁发出"纵举世不以予为然者，亦且乐而忘其死，惟百世以俟圣人而不惑耳"的感慨，表现出对于自己学说的自信和坚持的决心。[27]

当大体平定三浰后，十三年三月初四，王守仁上疏，恳请辞职。接着,四月初十,他给父亲写了一封信,告诉家人战事顺利,而自己"疮痬诸疾,今幸稍平",[28]禀报平安。

这时,在王守仁的幼年一直照顾着他的祖母年纪大了,卧病在床,王守仁因公务繁忙,无法在她身边看护,内心颇感愧疚。每念及此,都使王守仁伤感不已。

这一时期王守仁在给兄弟的信中,一方面向父亲、祖母等问候,另一方面对于自己的不足,加以反省:"吾家祖父以来,世笃友爱……至于我等……比之老辈,则友爱之风衰薄已多。"同时对于家中各方长辈亲友,都有馈赠。由此,可见王守仁对于家人的情感。[29]

从这些文字中,还可以看到王守仁家族的状况:家族中的各户人家都有所发展了。虽说祖父尚在,但是各同辈或子孙辈,都已成家独立。"弟辈各添起楼屋,亦已毕工。"说明家境颇佳。

王守仁从父亲王华的来信中,得知祖母健康,伯叔母也安享晚年,然在信中未言及当时已为继母的赵氏和父亲的侧室杨氏,这或许反映了当时家庭关系的一个侧面。

这一时期,除了和家人交流之外,王守仁还和学生们更加密切地交往,思想上也有新的变化。

王守仁到南赣这两年,学生日增。正德十二年,蔡宗兖、许相卿、薛侃、季本、陆澄、舒芬、聂豹等都中了进士。这对于扩大王守仁学说在学界、在社会上的影响,起到了相当的作用。[30]

在赣州时期,王守仁周围的弟子还有邹守益,他是王守仁在正德六年为会考考官时中进士的。[31]

在学生日进的情况下,正德十三年九月,王守仁在赣州修整了濂溪书院,这当然是恢复地方教学的需要,同时,也让各地前来问学的学者得以有立脚之所。

在平息南赣周边地区的叛乱、治理社会的实践中,王守仁的思想在发展变化,出现若干新的因素:

他感觉到，当时"正统的"、也就是科举考试所主张的朱熹学说明显形骸化了。本来应该是有血有肉、具有生气的儒学，变成科举考试中的教条、官场文牍中的套语、人们生活中的表面仪式，缺乏发自内心的感受。因此，就学问而言，王守仁这时强调的已不是经史的"博学"，而更关注"钱谷兵甲，搬柴运水"的"实学"，要学生注意在具体事务上磨炼。[32] 王守仁认为：重要的是，要"无功利之心"。他在给陆澄的信中说："使在我果无功利之心，虽钱谷兵甲，搬柴运水，何往而非实学？何事而非天理？况子、史、诗、文之类乎？使在我尚存功利之心，则虽日谈道德仁义，亦只是功利之事，况子、史、诗、文之类乎？"[33]

在一个皇权社会里，社会评价标准、所谓的"出仕"，就是得到皇朝体制的肯定，得到体制中更高的位置，也就是所谓"功名"。在南宋以后，随着商业的发展，积累钱财，也成为一种追求的目标，也就是所谓"利禄"。而这时的王守仁，已有了比这些更高的追求。

尽管他多用权谋兵法，剿灭了"山中贼"，但是他深深感到，要建立一个可以长治久安的、也就是儒家经书中所描述的"小康社会"，必须让民众能有得以生存的社会环境和生产条件。而要使民众安居乐业、民风纯正，必须让人们遵纪守法、心地向善，也就是要在一定程度上改变人们内心的追求目标和价值趋向，这是更为艰难的事情。

在南京时期，他强调内心的"诚"，认为这是儒学理念的核心。这时，他进一步把"诚"和实现"诚"的方式（"立诚"）具体化了。在赣州，他明确地提出了"破山中贼易，破心中贼难"这一著名的论断。[34] 这样的想法，可视为处于由南京时期的"立诚"说到后来"致良知"说的过渡阶段。

总之，这时，王守仁思想大致的框架已经明确。

这些思想理念上的变化，是他实践的产物，王守仁不是什么神仙，他的思想并非先天生成，也并非在龙场"大悟"便一蹴而就的。

在江西南赣时期，王守仁以著述形式，出版刊布了若干种自己的著作。在赣州出版的著述主要有：

其一，《古本大学》。正德十二、十三年，王守仁忙于"平乱"时，他的弟子们，比如薛侃、欧阳德、梁焯等"皆讲聚不散"，时常讨论《古本大学》。[35] 此《古本大学》，考《年谱》之意，似为王守仁自刻。

其二，《朱子晚年定论》。对于当时被视为"正统"，不可违逆的官方教科书，提出了不同的见解。王守仁写了《朱子晚年定论序》谈了自己对于朱子之学的认识过程：说自己开始读书，只为举业，沉浸于词章之学，后研究儒学，感到佛、道之非，在南京时发现朱子晚年和中年的主张不一样，而他自己所说的和朱熹晚年的说法是一致的。[36]

其三，《传习录》。正德十三年八月，弟子薛侃出版了《传习录》。《传习录》最早有徐爱所录一卷，包括《序》两篇，后来增加了两卷（薛侃和陆澄各录一卷），共三卷，薛侃刻于赣州，是为最早的刻本。

由于王守仁在南赣为实际的军政首脑，又受到皇帝的褒奖，所以学生或朋友在赣州一带的活动，就得以比较顺当地展开。

王守仁当然希望自己的思想和学说为人所知，宣扬自己的儒学主张。他在军事上的成功，他当时所具有的官方正统地位，给了他得以展开的现实基础和表现的舞台。但是，这样的追求，因现实的突发事件，不得不停顿下来。

注释

1 见正德十二年闰十二月二十上的《横水桶冈捷音疏》，上古版《全集》338页。

2 关于这里的割据情况，见上古版《全集》367页《添设和平县治疏》："谢玉璘、邹训等倡乱于弘治之末，而此贼已为之先锋；徐允富、张文昌继乱于正德之初，而此贼复张其羽翼，荼毒三省。二十余年以来，乃为三省通逃之主，遂称群贼桀骜之魁。"

3 王守仁《浰头捷音疏》所引，见上古版《全集》360页。

4 九连山北连龙南、全南、定南，东北接武夷山脉，东连和平，西接翁源，南延伸到新丰，西南延伸到北江清远飞来峡、英德浈阳峡等地，是赣江与东江、东江与滃江的分水岭。据称，九连山因环连赣粤两省九县并有99座山峰相连而得名。

5 这次战役，成果如下：灭巢穴38处。捕获（斩首）大贼首29人，次贼首38人，从贼2 006人。解救被掳民众890人。夺获牛马122匹，器械2 870件。银子70两6钱6分。见正德十三年四月二十日《浰头捷音疏》，《全集》365页。

6 以上见王守仁《浰头捷音疏》，又参见《鸿猷录》卷十三《再平江西》，306－308页。《明史纪事本末》卷四十八《平南赣盗》，716－717页。

7 邢珣：字子用，号三湖，安徽当涂人，弘治六年进士，正德元年授南京户部郎中，转任南京刑部郎中。当时任赣州太守。《明史》卷二百有传。

8 《浰头捷音疏》。上古版《全集》，365－366页。

9 参见《立崇义县治疏》，上古版《全集》350页。历代史书称之为盗贼，近年有的研究者又把这些势力一概称之为"农民起义"。对于这些地方上的势力，笔者认为应当具体分析，故称之为反叛势力，即反叛当时王朝统治的势力。

10 《添设和平县治疏》，上古版《全集》，370页。

11 《添设清平县治疏》，上古版《全集》，318－321页。

12 参见《立崇义县治疏》，上古版《全集》350页。

13 《添设和平县治疏》，上古版《全集》卷十一，366页，王守仁在十三年十月十一日，再次上疏请设崇义县，见上古版《全集》卷十一，377页。

14 着手改革兵制，立兵符节制具体已见上一章。

15 《案行各分巡道督编十家牌》，上古版《全集》卷十六。

16 上疏要朝廷拨款，要求改变盐法，以取得必要的资金，并豁免赋税。

见《再议疏通盐法疏》，上古版《全集》卷十一，383页。

17 见《颁定里甲杂办》，上古版《全集》，604-605页。这在某种程度上，可以说是后来实行"一条鞭法"的先声。

18 见《行雩都县立社学牌》，这虽说是对于一个县的批复，但在各地的原则当都相同，上古版《全集》，1164-1165页。

19 王守仁在文中称之为"新民"，即新归化之民。见《南赣乡约》，上古版《全集》卷十七，599-604页。乡约的内容包括乡村的管理人选、聚会方法、纠纷调解、往来人员管理、借贷债务规则、接待官府差官事务、婚嫁丧葬仪式礼制等多个方面。这样的乡约，可以说体现了十六世纪（甚至在此后相当长历史时期）中国农村（至少是南方农村）基层社会的构造和风俗，值得重视。

20 以上诸项措施，参见王守仁《添设清平县治疏》《横水桶冈捷音疏》，上古版《全集》卷十；《年谱》正德十三年四月条等，上古版《全集》卷三二。

21 关于在这类区域设立行政机构的意义和作用，正如后来清初顾炎武所指出的，未设之际，"官无常居，不实抚恤，乃因立为县，则有司存，而其学校、祀典、乡饮酒礼，民日由之，遂渐从善而归治"。见顾炎武《天下郡国利病书》卷七"福建·闽中分处郡县议"，《四部丛刊》三编影印本第7册，24页。

22 上古版《全集》，354页。

23 《明史·职官志·二》，左、右副都御史，正三品。王守仁原为左佥都御史，为正四品。

24 《辞免升荫乞以原职致仕疏》，上古版《全集》，377页。

25 上古版《全集》，389页。

26 见束景南《辑考编年》，498页。此后，王守仁一直忙于政事，至十三年，又想起了徐爱，四月十七日左右，又先后写了两篇《祭徐曰仁文》。见上古版《全集》955页，又束景南《辑考编年》516页。

27 上古版《全集》，956页。

28 《寓赣州上海日翁手札》，见束景南《辑考编年》518页。

29 见束景南《辑考编年》520页。

30 见《年谱》"正德十二年五月",上古版《全集》1242页。又见《明清进士题名录》,《千顷堂书目》。上述弟子中,有不少是王守仁在南京时就已经追随他的学子。见《年谱》"正德十年",上古版《全集》1237页。

31 见《明史》卷二八三《邹守益传》,《明清进士题名录》,《年谱》"正德六年"。

32 《传习录》卷上载:"学生问:'静时亦觉意思好。才遇事,便不同。如何?'先生曰:'如此临事便要倾倒。人须在事上磨,方立得住,方能静亦定,动亦定。'"上古版《全集》12页。

33 正德十一年所写,见上古版《全集》166页。

34 见上古版《全集》168页,《与杨仕德薛尚谦》。

35 见《年谱》正德十三年七月,上古版《全集》,1253页。七月,王守仁为刊刻的《古本大学》写了《序》。又见罗钦顺《困知记三续》:"王伯安以《大学古本》见惠,其《序》乃戊寅七月所作。"戊寅乃正德十三年,这里说的《序》,并非现今《全集》卷二十三所载者。这里涉及"致知"提出的时间问题,束景南《辑考编年》524-527页,有考证,可参见。

36 《晚年定论》最初编辑时,与其说是要批判朱子,不如说是为了自己辩解。以后这个问题闹得很大,成为批判王学的一个焦点。因为王守仁当初编此著作时,所录朱子的资料,系年确有不够确切之处。

第十五章 平定宸濠之乱（上）

正德十四年六月—正德十四年七月

第十五章 平定宸濠之乱（上）

一、宁王的野心

　　正德十四年，平定了南赣、福建、江西、两广等地的叛乱，正在主持南赣军政的王守仁，面对着更大的麻烦。那就是野心日益膨胀，终于走上"反叛"道路的宁王。他临危决断，平定了"宸濠之乱"。

　　说到平定"宸濠之乱"，先要说一下"宸濠"是怎么回事。"宸濠"就是宁王朱宸濠，在叛乱后，朝廷罢免了他的王位，直称其名"宸濠"。

　　正德皇帝登基以后，主要的关注点是防卫北边来犯之敌。如前所述，鞑靼小王子自弘治末年以来，一直骚扰进犯北方。西面的土番也占据哈密。[1]两处入侵，被认为是王朝最大的威胁。

　　另一方面，王朝的内部，从南到北，到处都是叛乱的烽烟，朝廷忙着应对。中原地区刘六、刘七的叛乱；四川的叛乱，由彭泽主持围剿；湖广、江西有陈金等率兵镇压；浙江、江西、福建一带，又另派俞谏领兵，替代陈金。

　　正德皇帝，即位时仅十五岁，血气方刚，喜欢练武搏击，甚至亲自和老虎搏斗，还受了伤。[2]

　　朝廷中，清除刘瑾之后，正德又重新组织了自己的权力班底。内阁中,继续任用杨廷和;同时重用在清除刘瑾集团中有功的杨一清、张永等。

他还把一些率军镇压民众叛乱的边防将军调到北京,其中有江彬、许泰等人。[3] 他们在镇压刘六、刘七等河北民众起义中有功,和宦官集团中的谷大用、马文成等形成了新的权力集团。[4] 还有,在平定河北等地叛乱民众中立功的陆完,也被调到中央,成了兵部尚书。[5] 同时,在内阁中,正德调遣原来在东宫任教、和弘治时期东宫太子集团关系密切、为人正派的费宏入阁办事。

一位后来和王守仁的命运有相当关联的人物——王琼,也登上了朝廷中枢的舞台,在正德八年六月,被任命为户部尚书。[6]

以上是正德十年前后朝廷中的一些变化。

这时,明朝政治中的一个重要问题是藩王——宁王势力的膨胀。

朱元璋分封子孙在各地,繁衍日盛。宁王是朱元璋的第五世孙。他的曾祖是朱权。从名分上说,他应该是正德皇帝的长辈。他的祖父,是正德皇帝的曾祖——英宗的堂兄弟。

朱宸濠是个有野心的人物,想干一番大的事业。鉴于祖训,当了宁王,就不能参与朝政。但是,他依仗着自己是皇帝的长辈,大肆活动。

一是广泛招纳名士。比较有名的,如李士实。此人曾为刑部侍郎,[7] 宁王把他的儿子招为女婿。另一个是刘养正,此人据说擅长权谋术数。[8] 还有唐寅等文人。唐寅在弘治十二年的科场案中受到牵连,革去功名,于是就回到吴中,吟诗作画,琴酒风流。[9]

二是广泛结交朝廷重臣,对那些有权势的大臣,比如江彬、许泰、钱宁,甚至阁臣杨廷和等,广送钱财礼品,拉拢交情。

此外和朝廷的宦官以及正德身边的宠臣勾结(比如宦官张忠、张雄,还有受正德宠信的戏子臧贤等),他知道,这些人会起到非常重要的作用。

有了相当的基础之后，宁王在正德九年上书，直接向皇帝提出，要恢复原来的护卫。

原来，宁王的祖上，在永乐帝时被封到江西。天顺年间，当时的宁王犯了点事，被革去了"护卫"，改为"左卫"，规格降低了。

到正德即位，刘瑾专权时，宁王就通过太监梁安，花了二万两银子打通刘瑾，恢复了"护卫"。到正德五年，刘瑾伏诛，刘瑾时期的一切变更，都改回原样，于是"护卫"又被改回"左卫"。这老王爷心中就不是滋味，对身为小辈的皇帝也有点不满。

这时，江西境内也不太平。皇帝派了个有能力的官员陆完来当按察使。宁王胸有城府，故意拉拢陆完。熟悉了，便会凑上些让人觉得舒坦的"心里话"，说："陆先生日后必然会成为公卿那样的大官。"陆完当然领会其中的含义。

后来，陆完镇压河北刘六、刘七起义有功，在正德八年六月被提升为兵部尚书。"护卫"之事，本来就归兵部管辖。这样，宁王感到时机来了，说："全卿（陆完字"全卿"）为司马，护卫可复得矣。"就写信给陆完，要求他设法恢复"护卫"。

因此事关系到明朝的礼制规格，陆完不敢擅自决定，复函："须据祖训。"但他和宁王还是私下多有书信往来。

宁王见此路行不通，便又走另外的门路。当时，正德皇帝喜欢一个戏子，叫臧贤，非常得宠，有时甚至和皇帝睡在一张床上。另外，正德皇帝附近的宠臣有钱宁、张锐、张雄等。[10]宁王就在这些宠臣上下功夫，与之交往。

事情也有凑巧，臧贤的女婿司钺，犯了罪，发配到南昌，正在宁王的势力范围之内，于是，就通过他，和臧贤搭上了关系。宁王亲自写信给臧贤，希望能恢复护卫。

对于这些人，宁王不惜重金，大把地花银子，不断用车船运送大量的金银到京城，供给臧贤，同时结交朝廷内的各方大臣。

南昌有的臣下感到不解，问道："为何要花那么多金银给那些人？"宁王笑着说："只不过暂时寄放在他们家而已。"意思是，以后得了帝位，还愁拿不回来吗？

这样，他对朝廷的事情，甚至皇上每天的行动、喜怒哀乐，都把握得一清二楚。

当时的内阁，由杨廷和、梁储、费宏组成。[11]

首辅杨廷和，与宁王有联系，对于宁王，基本是不即不离。因为宁王毕竟是当今皇上的长辈，杨廷和作为首相，对皇亲中的长者，自然应当尊重。梁储为人老成。[12]实际在内阁中有主见的是费宏[13]。他的堂弟费寀当时为翰林，费寀之妻和宁王妃乃是姐妹，因而费宏知道宁王那边的情势，所以对宁王存有戒心。

正德九年二月，正德又起用了靳贵为内阁大臣。但内阁主要管事的是杨廷和和费宏。

一天陆完遇到费宏，问道："宁王要求恢复护卫，可以吗？"

恢复护卫，涉及兵员的编制，本归兵部管辖。但费宏为内阁大臣，作为兵部尚书的陆完想先探探口气。

费宏不直接答复，应付道："不知当日什么缘故革除的？"

陆完也就答非所问说："这次，恐怕不能不给了。"

费宏不冷不热地答道："那你就看着办吧。"

其实，费宏心中是不赞成的，曾对人说过："现在宁王以金宝巨万要恢复护卫，如果任其所为，那么我们江西岂不是就连敢说话的人都没有了。"[14]

陆完见过不了费宏这一关，就和宁王、钱宁等商量，要瞒过费宏，把恢复护卫的文件批下去。

正德八年三月十五日，朝廷廷试进士，陆完就在三月十四日把要求恢复宁王护卫的《疏》呈上。第二日，费宏因要参加廷试，不在内阁，杨廷和就批复下去，费宏全无所知。杨廷和为首的内阁与陆完办完此事，又担心费宏发觉，引起言官的议论，索性就谋划把费宏赶出内阁。他们策动言官,指责费宏营私,把自己的堂弟费寀弄进翰林,又用其他一些不着边际的事(如当年乾清宫失火)弹劾费宏。结果在正德九年五月,费宏致仕,费寀也被清出翰林。费宏乘船回故乡,走到清源县,宁王的党羽就派人到船上放火,把他的行李都烧得一干二净。

恢复了护卫,宁王就乘势自称"国王",把"护卫"改称"侍卫",把自己的命令改称"圣旨"。[15]正德皇帝在佞臣的包围下,对宁王不加追究。朝野的大臣、文人见皇帝如此,自然不敢过于冒失地指责宁王。对于他送来的礼物,也就采取来者不拒的态度——得罪不起。

这样,宁王的关系网络和势力就渐渐遍布了整个朝廷的各个部门。

正德八年五月,费宏被排除出内阁时,杨一清尚未入阁,内阁基本就控制在杨廷和手中。直到正德十年三月,杨廷和因服丧"丁忧",离开内阁回乡,杨一清方得以入阁。

正德十年以后,由于宁王的行为多有逾越规矩之处,当时任江西按察副使的胡世宁上奏,揭发宁王有造反的罪状,多被内阁扣住,不报告皇帝。

宁王知道这一情况后,反过来指责胡世宁挑拨皇族关系。正德皇帝不愿和这位长辈闹翻,就把胡世宁调离江西,调到福建当官,宁王依然不肯放过,甚至想要毒死他。虽说最后没有成功,但胡世宁还是被关到锦衣卫的监狱中。[16]

胡世宁被关,仍在狱中上书揭发宁王叛乱的事实。宁王以及在朝中和宁王有关系的人如掌握军队的钱宁等,想以"诬告亲王"的罪名杀掉他。幸亏有人保护,结果被发配到辽宁的沈阳卫。

宁王在铲除自己的反对派的同时,继续派人笼络收买人心。

刘养正等人鼓动民众,"株连富民,朘剥财产"。[17]并且,收罗在江西省内的叛乱力量，包括吴十三、凌十一等"江西大盗"，招募到自己手下以备用。[18]

此外，从各种角度进行准备。通过朝中的同党，让皇帝把和自己关系密切的宦官毕贞派到浙江来，控制浙江，以为羽翼，[19]并且派人控制南京作为内应。

二、矛盾的激化

宁王的行动遭到周围人的反对。

首先是宁王的王妃娄氏，她是娄谅的女儿（娄谅，见前第二章），发觉宁王的企图，劝他不可造次。

王府内有些内官如阎顺、陈宣还有刘良，得知宁王在鼓动让自己的第二个儿子成为正德的继承人，深感事重大，于是偷偷地跑到北京，举发此事，告发宁王"图谋不轨"[20]。但是，宁王派承奉（宁王府的官员）贿赂钱宁，让他在正德皇帝那里进言相助。

此事报告到正德皇帝那里，皇帝下旨：把揭发举报的人，和胡世宁一样关到锦衣卫的监狱中，下场比胡世宁好一点，被发落到孝宗陵去种菜。

宁王开始还有点担心，怕朝廷怪罪。后来看看自己没事，那些举报他的，反而被关、被发落了，心中稍宽。他怀疑是宁王府中的承奉周仪指使，过了一段时间，就把周仪全家六十余口人都杀了。[21]

虽说正德皇帝关了举报的人，但并不意味着他没有想法。因为在没有确凿证据之前，正德皇帝也不好和长辈宁王撕破脸。但是，这些情况自然引起有关人士的关注。

这时，在正德皇帝周围的权臣和宠信者中，有三类人物：

第一类，是和宁王有着密切关系，受过宁王钱财的。其中有权臣钱宁、太监毕贞还有执掌着锦衣卫的臧贤等，他们和宁王暗中有交接。

第二类，同样是权臣，江彬、太监张忠等，对宁王持反对态度。太监张忠听到皇帝对宁王的不满之语，就告诉了江彬："钱宁、臧贤交通宁王，其意不可测也。"也就是要他提防。

第三类，是持中间态度，两边都不敢得罪的众多大臣。如内阁首相杨廷和，担当朝政，当然在皇帝和宁王两边都要处理好，所以，他想办法满足宁王的要求，恢复了他的"护卫"。然而当他看到有那么多的告发奏疏，心中自然也会斟酌："当如何处置？"

南昌住着个御史，叫熊兰，和杨廷和有联系，暗中多有情况通报，所以杨廷和把握着江西的实际情况。当感觉到正德的态度有些变化时，就想让宁王自己交出"护卫"。这样，他在朝廷和宁王两边都可以有所交代。

另一位太监张锐，原来也接受了宁王钱财，也利用了在南昌的一个叫张仪（一作谢仪）的人，探察江西的动向。后来感觉不对，便转而和江彬等连成一气，那是后话。

朝廷在有这么多派系的情况下，自然无法有效处理宁王问题，于是主要采取"安抚"的方针，以观事态的发展。当然，在安抚的同时，也没有放松警惕。

在此前，为了监督宁王，朝廷派了孙燧为江西巡抚，还把许逵从山东调去，为江西副使。[22]

当时已经为兵部尚书的王琼，特地重申军令，要各地修武库，以防不虞，实际上也就是在对宁王加以戒备。这当是内阁或正德皇帝的决策。[23]

王琼作为兵部尚书，自然对宁王的一些军事上的动作有所察觉。从他的立场来说，当然要防备。于是就向内阁首辅大臣杨廷和提出，加强戒备。杨廷和有着自己的苦衷，他当时持的态度是，最好问题不要公开化，尖锐起来。在表面上，不想公开和宁王对立，但也想撇清和宁王的关联，尤其是他为首相的内阁批准恢复护卫之事，成了心病，所以又希望宁王能主动交出护卫。[24]

就在王守仁在江西平乱、著述、讲学之际，江西的宁王在朝廷中的活动日益加剧。

正德没有儿子，宁王就想让人推举自己的儿子为太子。[25]

正德十四年初，宁王又用重贿收买了南京的留守太监刘琅。[26]同时通过各种途径，赶走了在江西和他不谐的官员。[27]

江西都御史孙燧明确地感觉到宁王的动向，所以自己也在江西各地布置，以追捕盗贼、叛乱余党为名，控制一些地区，以防其变。[28]这样的布置，当然弄得宁王非常不高兴，于是，写信给兵部尚书陆完，要他想办法把孙燧调走，说："急去孙燧。用梁辰、汤沐来，王守仁亦可，切勿用吴廷举。"[29]

正德十四年三月，或许是想要亲自察看一下南方的动态，正德皇帝准备南巡。但是，这么一动，又会影响到整个北方的局面，所以兵部给事中黄巩、修撰舒芬等先后上疏，[30]劝阻正德皇帝南巡。正德命将黄巩等六人下锦衣卫，而让舒芬等一百零七人在午门前罚跪五天。由于群臣的力谏，正德皇帝总算罢了南巡之意。[31]

孙燧知道宁王对自己恨之入骨，在正德十四年四月，再次自劾请求罢归。朝廷还是不允许。

五月，宁王居丧，在了解到朝廷方面的动态后，他装模作样地按照当时的礼制守丧，同时又暗中鼓动南昌的学生们赞颂他的孝行，并让当时江西的地方官员孙燧等联名上疏，颂扬他"孝顺""贤明"。这疏文到了正德皇帝那里，皇帝心中多少有数，不冷不热地说了句："百官贤当升，宁王贤欲何为？且将置我何地耶?"[32]

这时,身边的太监张忠乘机密告:"朱宁(就是钱宁,因为受到正德宠爱,赐他皇帝的姓,改称朱宁)、臧贤交通宁王,谋不轨。陛下不知乎?称王孝,讥陛下不孝也。称王早朝,讥陛下不朝也。"正德听了,点了点头。

或是感觉到皇帝态度的微妙变化,朝廷中就有所动作,杨廷和决定派遣太监顺义、驸马都尉崔元、都御史颜颐寿去谕戒宁王。[33]

正德皇帝对宁王有个渐渐觉察的过程。此时,或还并没有下决心要对宁王动手,只是想根据祖先的方法来解决。内阁也基本是这样的态度。[34]

如前所述,正德宠信伶官臧贤,宁王送了很多钱财珍宝给他,其中有个金丝络的宝壶。一天,正德皇帝到臧贤那里去,臧贤用壶给皇上斟酒。正德见壶甚为精巧,就问道:"这壶从哪儿得来?"臧贤如实以告。正德笑着说道:"宁叔怎么不送给我呢?"

这时,正德皇帝新宠爱着一个姓刘的女子。[35]她因为宁王没送东西给自己,心中不满,趁着这和正德在一起的机会,笑着说:"皇上您还想着宁王的东西啊,宁王不想皇上的东西就算好的了。您不记得那些上疏了吗?"她说的上疏,是指御史萧淮的上疏。其中有曰:"窃见宁王不遵祖训,包藏祸心,多杀无辜,横夺民产,虐害忠良,招纳亡命,私造兵器,潜谋不轨。"[36]萧淮的这封《疏》交上后,江彬、太监张忠、张锐等都赞同他的看法,御史中也多有赞同这样看法的人。这些对于正德皇帝当然是有影响的。

正德皇帝对臧贤等起了疑心,加以监视。发现宁王派来京城的人中有个叫林华的,常在臧贤家走动,似乎在探听消息。于是决定采取行动,要在臧贤家搜捕林华。但是,臧贤家多复壁暗道,在墙边有个木橱,打开就通向外面的长巷。人们无法察觉,林华因此逃脱。这样，朝廷和宁王的对立完全公开化了。

因此京城中风传要"擒治宁王"。

在这样的形势下，南赣的王守仁，实际置于夹缝之中。

王守仁自从贵州调回，一路官运顺通。当时在南京任职，孙燧、胡世宁为他的同年。[37]

他和李士实以前就有交往。李士实在正德八年致仕，回到老家，他本身就有才华，儿子又是宁王的女婿，所以宁王对他自然刮目相看。

正德十年冬，王守仁奉命前往赣州，到了南昌，自然要拜见宁王。宁王设宴招待。李士实在座。

宁王故意说些当今皇上政事上的缺失，表现出愁叹状。李士实说："世上岂无汤、武耶？"

守仁说："汤、武亦须伊、吕。"

宁王说："有汤、武便有伊、吕。"

王守仁又回了一句："有伊、吕何患无夷、齐？"

这是套用商代成汤和周代武王的典故，在话语中可以品味出各自的心态。[38]

王守仁和唐寅同年参加会试，当相识。[39]此外，他和从朝中回乡、住在江西铅山的费宏也有交往，[40]和在江西当官的邵宝、李梦阳，也都熟悉。

王守仁处于和各方都有着一定联系的位置，各方面的态度和动向，应该是可以感知的。此外，他的父亲还是南京礼部尚书，早就预感到宁王可能会出乱子。[41]所以，王守仁在南赣时，对于宁王和朝廷的关系，绝不会漠然无知。他为一方大员，身处江西邻近，刚刚剿灭各地反叛势力，肩负重任。对于身为皇族长者的宁王，从当时的制度来说，即使是表面上，也必须尊重。关于宁王的政治态度，无真凭实据，无置喙余地。即便有所察知，有了证据，还有一个在何时揭发的时机问题，否则难免重蹈胡世宁覆辙。

这就是王守仁当时所处的境地。

王守仁主持南赣的军政事务，虽说表面上不是宁王的坚决反对派，然而他和朝廷中坚持祖宗法度的儒臣，如主管吏部的杨一清、主管兵部的王琼，都有密切联系。在他给王琼的私信中，倾向甚明。[42]然而在宁王和朝廷尚未公开反目时，王守仁当然不想介入纠葛之中。

但是，天下许多事情，不以个人的意志为转移。

三、风云突变

宁王方面，探知了朝廷对自己的态度，原本打算在八月十五日起事，暗中积极准备。

六月十三，宁王生日，为了笼络人心，特汇集江西的主要官员庆贺。

明朝，从朱元璋时代开始，就严禁封在各地的藩王参与地方政务。但是，作为地方的官员，对于藩王的各种祭祀、喜庆活动，按制度规定，自然要参与。

六月十三日，宁王府中张灯结彩，喜气融融。

王府之内，人来人往。各地官员，车水马龙。当时宁王是整个皇族中辈分最高的，又经营多年，党羽遍及朝野。趋炎附势者，乘机献媚取宠，可想而知。

江西的文武百官都前来拜贺。

酒席宴上，有人注意王守仁没有到："听说他从吉安出来了，途中船遇到风浪，受阻，没能赶得上。"

"他的祝寿辞已经送来。"

"啊，那这次就无法和他共饮了。"

就在这前一天，从京城逃脱的林华，回到南昌。宁王接到林华的报告，大吃一惊，急忙和刘吉等商量。刘吉说："事态危急。"于是连夜汇集原来收罗的吴十三、凌二十一等武装团伙，准备兵器，安排停当。[43]次日，江西文武来答谢，谒见完毕，宁王站在露台上宣布："汝等知大义否？"

都御史孙燧曰："不知。"

宁王曰："太后有密旨，令我起兵监国。"

孙燧曰："请宣示密旨。"

宁王曰："不必多言。我今往南京，汝保驾否？"

孙燧曰："天无二日，民无二主。此是大义。不知其他。"

又曰："太祖法制在，谁则敢违？"[44]

宁王大怒，大声叱骂孙燧。

孙燧益怒，急起，欲离开，但不得出去。

宁王下令，缚孙燧。

这时，按察司副使许逵奋身而起，在下大呼："你们怎么能侮辱天子的大臣？"[45]

宁王命令一起拿下。众人惊骇，相顾失色。

宁王捆缚二人，二人奋力抗争，骂不绝口。孙燧被捶折了左臂，由校尉火信拖出，在南昌惠民门前杀害。"城中闻之，无不流涕者。"[46]接着，又把御史王金，主事马思聪、金山，右布政胡濂，参政陈杲、刘斐，参议许效廉、黄宏，佥事顾凤，都指挥许清、白昂，太监王宏等抓起来，关入监狱。[47]

于是，宁王遣使召李士实、刘养正，任命为左右丞相[48]，又起用江西原来的官员如参政王纶为兵部尚书、总督军务大元帅，胁迫季敩、杨璋（这两个人都是跟随王守仁平定江西叛乱的官员、将领）发文各府县，传檄远近。

另外命令他收罗的闵二四、吴十三等，率各自的武装团伙，夺船，顺流攻打南康，知府陈震等逃走。宁王军接着就进攻九江，官员也逃遁，于是声势大振，天下震动。

这时，王守仁在什么地方，做什么呢？

他奉命"巡抚南赣"，正德十三年，平定了叛乱势力，正在赣州做自己分内的事情。如前所述，宁王发动叛乱之前，王守仁和宁王是有交往的。王守仁也接到了宁王欲开寿筵的通知。接到通知，便于六月九日从所在的赣州动身出发。他一方面动身出行，或许也抱着一定的戒心，所以，比较缓慢地朝南昌进发。

四、返回吉安

王守仁于六月九日，离开了赣州，六月十四日，他在丰城，听到了宁王谋反的消息，立即带着幕士萧禹、雷济，急忙返身，拟返回赣州。[49]

这时，宁王知道王守仁在丰城，命令宁王府的内官喻才，率领千人的军队来追他。恰好遇到大风，王守仁等躲到渔舟中方才得以脱身。[50]

就在南回的船上，王守仁想到，如果宁王此时率兵北上，朝廷可能尚无防备，要设法拖延其行动时机。

于是，就和萧禹、雷济商量，假造了朝廷的敕书，大意是在派驸马等前往南昌的同时，又发出火牌（明朝调动军队的信物），要广东方面秘密调集军队、征讨宁王，并让雷济找个乖巧之人，把调兵的火牌，带入南昌城内，让宁王方面捕获，使宁王感到有南方军队前来的压力。[51]

他先退到了临江府（今江西清江县一带，当时为临江府治，为明代江西重要的交通要道），知府戴德孺见王守仁到来，大喜，迎接入内，商量道："临江居大江之滨，与省会近，且当道路之冲，莫若抵吉安为宜。"[52]

他们于六月十八日回到吉安，与知府伍文定等商量对策。[53]王守仁飞报朝廷，并和伍文定决心起兵讨伐。[54]

王守仁的人生，进入了一个关键时期。

注释

1 参见前第十二章。

2 见《明通鉴》"正德九年"，1703页。

3 江彬，直隶宣府人，平定民众叛乱，封平虏伯，赐姓朱。《明史》入《佞幸传》。许泰，江都人，袭父许宁之职，为羽林前指挥，弘治十七年武状元，也在镇压刘六、刘七的叛乱中立功，封安边伯，赐姓朱。《明史》入《佞幸传》。

4 谷大用，生平不详。"瑾掌司礼监时提督西厂，分遣官校远出侦事。"后兄弟家族多被封官。嘉靖十年，被抄家。见《明史》卷三百四《宦官传》。马永成，也是刘瑾时的"八虎"之一。

5 陆完，字全卿，长洲人。《明史》卷一八七有传。成化二十三年进士，授监察御史。正德初出任江西按察使。正德五年升兵部右侍郎，兼右佥都御史。镇压刘六、刘七有功，正德八年为兵部尚书。后以"交通宁王宸濠"得罪下狱。正德十六年出狱，谪福建靖海卫。嘉靖五年（1526）卒，年六十九。

6 王琼，字德华，太原人。《明史》卷一九八有传。成化二十年进士，任职工部，因治理漕河有功，转任户部郎中、河南右布政使，后为户部侍郎、吏部侍郎。正德十年为兵部尚书。居中运筹帷幄，平定"宸濠之乱"，功不可没。事见下文。后被罢免入狱。嘉靖间再起，宦海沉浮，几经波折，嘉靖十一年去世。以上又见《明通鉴》卷四十五，1681页。

7 见前第五章。他在正德八年十一月十三日致仕，正德十四年七月二十五日卒。他和王守仁认识，见前第五章讲到的《坠马诗》。

8 见《年谱》正德十四年，上古版《全集》1259页。又，《鸿猷录》卷十四，317页。

9 唐寅和宁王相交，恐怕也和李士实有关。李士实曾在浙江任职。此外，宁王还拉拢当时在江西任职的李梦阳，请他撰写《赋》，这在某种程度上断送了李梦阳的前程。

10　关于钱宁,下面还要详细提到。他原来只不过是一个边防将军,正德八年,因诣媚正德皇帝,被提升到京城,和江彬一起管理"团营"。张锐、张雄,都是宦官。

11　见《明史·宰辅年表一》,3346－3347页。

12　见《明通鉴》1694页。梁储,字叔厚,顺德人。《明史》卷一九零有传。

13　费宏,字子充,号鹅湖。江西铅山人。晚年自号湖东野老。《明史》卷一九三有传。十六岁中江西乡试解元,成化二十三年状元,为翰林院修撰。八月,成化帝去世,与修《宪宗实录》。官职屡迁,正德五年为礼部尚书。次年入内阁。正德八年五月致仕。

正德十四年(1519),宁王反。费宏组织义兵,会兵进剿。嘉靖二年(1523)再次入阁,为首辅。六年,致仕。十四年,复官如故。六十八岁卒,谥文宪。

14　以上见《明通鉴》卷四十五,1695页。关于恢复宁王"护卫"事,薛应旂《宪章录》认为:"复护卫事,票旨实出廷和。"对此说,明代史料中有不同看法。如王世贞《弇州史乘考误》认为,薛说乃出自王琼《双溪笔记》,未可全信。要之,当时身为首辅的杨廷和难辞其咎。

15　见《明史》本传,又《明史纪事本末》,690页。

16　《明史》卷一九九《胡世宁传》。又《明史纪事本末》,691、692页。

17　《年谱》正德十四年,上古版《全集》1259页。

18　见《鸿猷录》卷十四《讨宁庶人》,315页。

19　毕贞原为宫内太监,为了加强对宁王的监督,正德十二年底派他到江西驻守。但是他却和宁王勾搭上了。宁王在正德十三年九月,举荐他去守浙江。《纪事本末》694页。

20　以上见《国榷》"正德十二年五月",又,《明通鉴》1747页。

21　见《明史纪事本末》卷四十七《宸濠之叛》,693页。

22　正德十二年六月,见《明史》本传,又《国榷》正德十二年。

23　王琼为兵部尚书在正德十年。见《明史·王琼传》,5232页。

24 《年谱》:"少师杨廷和亦欲革护卫免患。"1259页。

25 见前文。关于此事,记载也有不同。有些史料说,宁王是想让自己的儿子为孝宗上香。后来有人解释这一行为,认为宁王是想让自己的孩子继承帝位。

26 《明史·纪事本末》694页。

27 如朝廷罢免了两个和宁王关系不好的江西主要官员陈金、俞谏。

28 《明史·孙燧传》:"时宸濠逆状已大露。""燧念讼言于朝无益,乃托御他寇预为谋。"7427页。

29 见《鸿猷录》卷十四,316页,又,《纪事本末》694页。可见当时在南赣的王守仁和宁王在表面上相处尚可。而这一封信,后来就成为王守仁"交通宁王"的口实。

30 黄巩,福建莆田人,字伯固,号后峰。弘治十八年进士。《明史》卷一八九有传。舒芬,字国裳,号梓溪,南昌进贤人,正德十二年状元,著有《舒文节公全集》。《明史》卷一七九有传,又见《明儒学案》卷五十三《诸儒学案》。

31 见《明通鉴》卷四十八,1788-1789。黄巩、舒芬和王守仁关系甚好,后来的阳明学者,将舒芬列为王守仁的弟子。又,据《明通鉴》,舒芬上疏,和夏良胜、万潮、汪应轸、陈九川等联署,这些都是王守仁弟子。

32 见《国榷》卷五十一"正德十四年"。《年谱》作:"保官好升,保宁王贤孝,欲何为耶?"意思是:保举官员,是因为这样好升官;而保举宁王孝顺,那到底是想干什么呢?

33 《明通鉴》卷四十八,1796页。

34 不能说杨廷和此时就是偏袒宁王。在皇帝和皇族长者之间的矛盾面前,作为臣子的杨廷和只能采取如此态度。

35 史书中,或称小刘,或称刘姬。关于刘姬,《明史·佞幸传》言其原为"晋府乐工杨腾妻",乃正德在太原所纳。"诸近幸皆母事之,称曰刘娘娘。"

36 上古版《全集》1286页。

37 浙江乡试同年,见《年谱》"弘治五年",上古版《全集》1223页。

38 见《纪事本末》,697页,此说或系根据后来的传言。

39 近年在美国刊《唐寅画册》，有王守仁题唐寅《山静日长图册》的跋文，署明时间"正德己卯（十四年）冬日"，或王守仁于宁王府中所得。

40 费宏和王守仁的父亲王华同修《实录》，同为东宫教师，同朝为臣，而且故乡相距比较近。王守仁在正德六年以后，官职提升，多在费宏为内阁阁臣时。晚年的费宏，为王守仁写了不少文字。这都说明他们的交往，并非一朝一夕。

41 见陆深《海日先生行状》："先生素闻宁濠之恶，疑其乱，尝私谓所亲曰：'异日天下之祸，必自兹人始矣。'"并让家中做了准备。见上古版《全集》，1397页。

42 现存的王守仁给王琼的第十五封信中，对王琼非常有感情的话，更说明了两者的关系。见束景南《辑考编年》474页。

43 此据《鸿猷录》卷十四，316页。

44 以上据《鸿猷录》《纪事本末》《明通鉴》。

45 《明通鉴》："汝曹安得辱天子大臣。"《鸿猷录》卷十四作："朝廷所遣大臣，反贼敢擅杀耶？"《明史纪事本末》作："朝廷大臣，汝反贼，敢擅杀耶？"似以《明通鉴》所载为妥。

46 见《鸿猷录》卷十四，317页。

47 以上见《年谱》《纪事本末》。《明通鉴》所载人名与此有出入：陈杲作程杲，刘斐作刘棐，顾凤作赖凤，另多金事王畴，指挥马骥、王玘、郏文等人。

48 《明实录》：李士实为国师，刘养正为军师。

49 《年谱》作"十五日丙子"，误。见下注。

50 《年谱》："先生闻变，返舟。值南风急，舟弗能前，乃焚香拜泣告天曰：'天若哀悯生灵，许我匡扶社稷，愿即反风。若无意斯民，守仁无生望矣。'须臾，风渐止，北帆尽起。濠遣内官喻才领兵追急，是夜乃与幕士萧禹、雷济等潜入渔舟得脱。"

51 见钱德洪《征宸濠反间遗事》，此文是钱德洪嘉靖十四年所写，乃是据当时参与其事的知县龙光所述，并且以反间书、火牌为证，加以记录的。反间书原文，见上古版《全集》1468页。

52 此见《纪事本末》卷四十七，697页。《年谱》《鸿猷录》俱未载。

53 《年谱》:"先生四昼夜至吉安。"如是,则王守仁十四日便已经动身返回。后有史料说王守仁到了吉安,并不想举旗反对宁王,是吉安太守伍文定催促他,他才下的决心云云,恐系后来诬陷王守仁者之词。

54 关于王守仁何时到达吉安、起事,史料记载不一。《年谱》正德十四年六月:"十五日丙子,至丰城,闻宸濠反,遂返吉安。""先生四昼夜至吉安,明日庚辰,上疏告变。"如是,则上疏在十九日。考《国榷》纪年,"六月癸亥朔",则"丙子"当为十四日,"庚辰"当为十八日。《武宗实录》《纪事本末》俱言"庚辰"守仁飞报"宸濠反"。《明通鉴考异》已辨《年谱》"干支错误",见《明通鉴》1801页。

第十六章　平定宸濠之乱（下）

正德十四年六月—正德十四年七月

第十六章 平定宸濠之乱（下）

一、起兵平叛

面对声势正盛的宁王势力，六月十八日王守仁在吉安举起平叛的讨伐大旗。

为了给朝廷创造应对的时间，迷惑宁王，拖延他进军的速度，王守仁采取了如下的一些措施：

第一，扬言要进攻南昌，造成疑兵的阵势。王守仁等不断发出各种朝廷调集军队围剿宁王的消息，以迷惑宁王，使他一时拿不定主意，拖延其发兵。¹伪造朝廷和各地来往密件，比如，说自己已经在准备迎接北方来的军队，等南方广东军队一到，就合兵征讨宁王。两相呼应，虚张声势，造成朝廷方面确实有备的假象。

第二，离间宁王和李士实、刘养正等主要谋士，和凌十一、闵廿四等人的关系，放出流言，说他们都和自己有联系。王守仁设法将这些"密件"流布出去，让宁王得到，使其在做决策时疑惑难定，迫使宁王加以思考和判断。而这样的信息，也在一定程度上造成宁王集团内部的混乱。

第三，报告朝廷宁王谋反的真相，写了《飞报宁王谋反疏》，并请求朝廷给予自己暂时调用盐税、调集军饷的便利。王守仁在

六月十九日，派一个叫来仪的舍人，把上疏送出。²

第四，表明自己的态度，决心以身勤王。

第五，发出檄文，要各地汇集军队讨贼，并发文要求邻省派兵支援。

调集兵力，先要巩固自己的立足之地。³

邹守益当时被贬在广德当官，从广德带兵帮助王守仁。一天，他曾这样问王守仁：你去年平定的"贼"众，听说宸濠曾引诱他们反叛，如果他们起而来攻击我们，怎么办？⁴王守仁很有信心地回答："芳必不叛。"⁵理由是，过去他们都是用茅草盖房子，反叛了就烧掉。我到他们的老巢去，允许他们用巨木造了上万间屋子，他们的党羽有数千人，必定不肯焚烧屋子。他相信，自己采取的让民众生活得更好的政策，会使他们乐于安居而不造反。

邹守益还是不放心，说："如果他们现在跟随宸濠，可望得到封拜，不应以常理去判断。"

王守仁默默地想了很久，说："就是天下都反了，我们也还是要这样做（即讨伐宸濠）。"这话表明，王守仁在关键时刻，经过思考，做出了决断。

邹守益肃然起敬，觉得王守仁对于利害关系都看得非常透彻了。

次晨，王守仁又对他说："昨夜思之，若宸濠派人抓我老父亲怎么办呢？已经派人去报告，让他们赶快逃往他处。"

这说明王守仁在起兵时，也是非常慎重地思考过自己可能遇到的风险，置个人安危于度外了。

那么，这时宁王又在做什么呢？

他在六月十四日杀了孙燧、许逵，把许多官员都扣留了下来，又派兵去追在丰城的王守仁。

十六日，亲自出城，迎取刘养正。十七日，迎取李士实。⁶随后，派出军队攻取九江、南康，派校尉赵智前往浙江，报知太监毕贞，让他相助。宁王忘不了那个在当阁老时对他有戒心的费宏，起兵前后，指使党羽去捕抓费宏，结果被地方官刘清源率部打败。有人劝费宏外出躲避，费宏坚决拒绝，反而与堂弟费寀等拟组织义兵抗争。[7]

宁王还派亲信到各地传檄，公告举兵事宜。檄文中，废除正德年号，只称"大明"。同时募兵备战，并派人收缴各地官员的印信。

这期间，他还想争取王守仁，派参政季敩、南昌教授赵承芳等前往南方的吉安、赣州发檄文。

因为宁王的檄文上面没有正德年号，王守仁认为，这表明宁王已经不承认"正德"为正朔，乃是造反的物证，所以审问了季敩等人以后，立即上疏报告朝廷，[8]确定宁王叛逆，同时表明决心讨伐。

宁王本来准备六月十七日就率军出城北上，收到王守仁发出的如上所述那些真真假假的信息，有点疑惑。拖宕了十多天，直到判定了基本情况，才在七月初发兵出南昌，扬言要直取南京。王守仁为朝廷的应对，提供了半个月的时间。

再说正德皇帝和朝廷方面的情况。

在接到巡抚南畿都御史李克嗣等发来的宁王谋反的报告后，众官员在皇宫的左顺门前汇集。大家都互相观望，不敢直言斥责宁王——因为此时前途未卜。明初"靖难之役"的结果，那些大臣们当然是知道的。

惟有兵部尚书王琼胸有成竹，挺身而出，说："竖子素行不义，今仓促举乱，殆不足虑。都御史王守仁居上游蹑之，成擒必矣。"[9]

在王琼主持下，当即拟了各种措施的诏书，报请正德皇帝批准执行，包括：

宣布除去宁王朱宸濠的皇族"属籍"，确定其为"贼"。

发布命令，加强各地防范，出兵讨贼。方寿祥防卫江都，俞谏率淮兵翊南都，尚书王鸿儒负责后勤供应。

命令王守仁率南赣兵，秦金率湖广兵，李克嗣镇守镇江，许廷光镇守浙江，丛兰镇守仪真，遏制宁王。

同时，逮捕与宁王有关联的钱宁等重要人物。

王守仁这时仍在吉安。伍文定等人非常着急，催促他尽快出兵攻击宁王。但是，他还是坚持要先做好各方面的准备，直到七月十五日方才发兵。[10]

七月十三日，正德皇帝下旨，任命王守仁"仍巡抚江西"。[11]

七月十五日，王守仁发兵，在临江的樟树镇汇合。各地反对宁王的官员，都汇集到了樟树镇（在清江县）。

二、直取南昌

具体如何打仗？这是摆在王守仁以及当时汇集起来的讨伐军众面前的根本问题。

当时的形势是，宁王所率的军队，已经攻克了南康，从九江沿江而下，直逼安庆。

因为在南京、浙江等处都有内应，宁王原来以为，沿江而下，就可以顺利到达南京，一举取下浙江，控制住整个江南大局。但是没有想到，在安庆，遇到了知府张文锦、都指挥杨锐、指挥崔文为首的军民的坚决抵抗，[12]僵持了十多天。[13]

另一方面，七月十五日，王守仁等的军队汇集到临江的樟树浦（一作"樟树镇"，见前）。这天正好是宁王到达安庆、攻打安庆之日。

七月十八日，王守仁率军队到丰城。面对当前的局势，王守仁和聚集起来的各方领军人物商量，下一步怎么办？

有的人主张应当赶快去安庆解围，这时，安庆正处于危难之际。王守仁则认为：如果前往解救安庆，须长途奔袭，宁王在安庆则以逸待劳。而且安庆守军仅能自保，难以接应。此外，南康、九江已经在宁王的控制之下，如在安庆与宁王决战，便会首尾受敌，粮草供应会被切断，处于不利之地。

他主张，应该强攻南昌，直取宁王老巢。这样，可以使宁王丧失根基，军心动摇，有利大局。

有的人担心南昌有重兵把守，攻不下来。王守仁分析，宁王已经离城，家小也都带着，主要的军队也已经出去。再加上宁王久攻安庆不下，军队精锐已尽出。而自己的军队新集，气势正盛，直接就近攻南昌，南昌可克。攻下南昌，就使宁王处于首尾不能相顾的状态，再迎战宁王，就是以逸待劳，可操胜券。[14]

王守仁探听到宁王还有一支伏兵在坟场[15]，以作为援救省城南昌的后备力量，就派奉新知县刘守绪率军袭击之，并让溃散的士兵逃入南昌，动摇其军心，使城内人心惶惶。

十九日，王守仁率军从汊头出发。

事先王守仁向南昌城发出告示，要各民众安居，对城内的守军进行攻心战。

临战前，誓师，宣扬朝廷之威，揭示宁王之恶，以鼓舞士气。

二十日，全力攻打南昌。王守仁坐镇指挥，把所率军队，分为十三队（哨），分头攻城。伍文定身先士卒，攻入广润门，其他各方也先后攻入。[16]

这时，城上虽然有守卫的军队，但多闻风倒戈。就在二十日这天，王守仁率军攻克南昌，抓住了负责留守的宜春王朱拱𣗖、太监万锐等千余人，搜获原被劫收大小衙门印信九十六颗，并接受自首官员多人。[17]

由于王守仁南赣带来的军队有新招募的民众，进城后有抢掠杀戮行为，王守仁严加禁止，杀了数人方才止住。[18]

宁王的家眷等在宫内焚火自尽，大火殃及周围居民。王守仁命令："分道救火，散释胁从，封府库，谨关防。"[19]并发布告示：

"凡胁从皆不问，虽尝受贼官爵，能逃归者，皆免死。斩贼徒归降者，给赏。"让人们广为传播，以解散宁王余党。城内的民众逐步安定下来。[20]

有军士报告，在宁王府中，缴获了大批朝廷重臣以及各方给宁王的信件和往来单据，问他如何处理。他说，全部烧毁，不得残留。这是因为王守仁知道，和宁王交往的官员甚多，如果全部追查，恐会造成过多牵连。

二十二日，王守仁向朝廷做了报告，并请求朝廷赶快对有功者加以褒赏。[21]

这样，王守仁取得了平定宁王之乱的关键性胜利，基本掌握了对宁王斗争中的主动权。

三、决战黄家渡

在攻取了南昌以后，王守仁派人出去探听宁王方面的消息，得知宁王在十六日攻围安庆，没能成功。又得知他已得到南昌被攻占的消息，大为震怒。

面对这样的态势，如何应对？王守仁召集各领兵前来的知府、监军等众人议论。

大多数的人认为，目前各地勤王的军队还没有汇集，自己这方面的军队力量单薄，不是宁王的对手，应该在南昌先固守，等各地的军队到来，然后"徐图进止"，再一起歼灭宁王。

王守仁则认为，现在取得了攻占南昌的胜利，必然使宁王军队受到冲击。

> 宁王兵力虽强,军锋虽锐,然其所过,徒恃焚掠屠戮之惨,以威劫远近,未尝逢大敌,与之奇正相角,所以鼓动扇惑其下者,全以进取封爵之利为说。今出未旬月,而辄退归,士心既已携沮,我若先出锐卒,乘其惰归,要迎掩击,一挫其锋,众将不战自溃。[22]

正好这时,抚州知府陈槐率兵来了。这样,又增加了有生力量。于是,王守仁按照自己决定的战略,派军四出,分道并进,攻击宁王的军队。

王守仁判断,如果九江、南康不收复,宁王就不会回军,所以命令抚州知府陈槐、饶州知府林珹,领兵攻九江,又令建昌知府曾玙、广信知府周朝佐领兵攻南康。

宁王在安庆城下,连续打了十六天,没能攻下安庆。首先接到了王守仁率军北上的消息,然后是逃回的军士报告丰城、南昌先后被攻破,王守仁又率军继续北上,攻打南康、九江。宁王满肚恼火,几不可抑。

这时,宁王也有两种选择:一是李士实、刘养正等所主张的,不理睬王守仁等在江西方面发动的进攻,率众直取南京,到了南京,号令天下,再作打算。二是回兵迎战王守仁等的军队。

他采取的是第二种战略。[23]于是,安庆之危解除,宁王率军返回江西,迎战王守仁。

王守仁派出伍文定、邢珣、徐琏、戴德孺等部,分头攻击宁王宸濠的军队,宁王这时也派了精悍部队数千人想要出其不意地袭取南昌,结果两军相遇,王守仁的军队失利。

王守仁得知,大怒,欲以军法斩首吃了败仗的伍文定等人,考虑到两军正在交锋,斩了领军将领,易生混乱,这才作罢,让他们戴罪立功,以观后效。[24]

王守仁亲自率军与前来的宸濠军队作战。

七月二十三日，接到谍报，知道宁王前锋到达樵舍，"风帆蔽江，前后数十里，不能计其数"，声势浩大。[25]

七月二十四日，两军会战，宁王的军队乘风鼓进，逼近黄家渡。[26]

王守仁采取的战法是：让伍文定等率兵正面交锋，余恩继其后，邢珣率军绕到宁王军的后面，徐琏、戴德孺率军从两翼进攻。

当日早晨，宁王的军队气势骄横，直面而来。伍文定、余恩与之交锋，佯装败退，宁王军直奔王守仁的大营。

当时，王守仁稳坐帐中，指挥若定。

宁王军队各部争进趋利，在这过程中，阵形乱了套，前后不相及。邢珣率军乘机从后面猛攻，直贯其中。宁王军措手不及，败走。这时，伍文定、余恩的军队又掉过头来，徐琏、戴德孺之军合势夹攻，伏兵鼓噪并起，宁王军遂大溃。王守仁的军队追击十余里，擒斩二千余人，落水而死者近万。[27]

邹守益后来这样叙说王守仁坐镇指挥作战时的神情："昔先生与宁王交战时，与二三同志坐军中讲学。谍者走报前军失利，坐中皆有怖色。先生出见谍者，退而就坐，复接绪言，神色自若。顷之，谍者走报贼兵大溃，坐中皆有喜色。先生出见谍者，退而就坐，复接绪言，神色亦自若。"[28]

七月二十五日，宁王的军队再次挑战，当时风势不对，王守仁方的军队退却，死者数十人。此时，王守仁下令斩杀先退却者，伍文定站在炮火间，战火烧到他的胡须，仍坚守不退，奋力督战，终于击退敌军。后来，王守仁所率军队用大炮轰击，打中了宁王的副舟，宁王军队大败而退。[29]

在冷兵器战争中，军人决死的士气，在短兵相接时往往会起到决定性的作用。王守仁和伍文定等主要统军者的决心和镇静，功劳巨大。

这是王守仁军队和宁王军队关键性的一仗。王守仁取得了胜利。

四、擒获宸濠

七月二十五日，宁王的军队退到樵舍，为了保证船舶的安定，宁王下令把船连接起来，并拿出所有的金银以赏士卒，以求他们卖命。

王守仁方面，并不因白天取得胜利而松懈斗志，而是乘胜追击。当得知宁王退到樵舍以及他们的动向后，王守仁连夜督促伍文定等部准备火攻器具，命令届时邢珣攻击左边，徐琏、戴德孺攻击右翼，余恩等各分兵设伏，期以火发合击。

二十六日，宁王一早召集部下，斥责不尽力者，议论未定，王守仁的军队就已经开始火攻。大火烧到宁王的副舟，众人都逃散。宁王的嫔妃和宁王哭别，娄妃等都跳水自尽。宁王乘的船搁浅，他仓促换舟，带着四个宫女，想逃，结果被万安知县王冕所率的军队追上，未能逃脱，束手就擒。

被抓时，宁王还带着傲气，看着王冕，问道："当个什么官？"

"万安知县。"

"多亏你救活我，我会以爵位大大地奖赏你。"[30]

他全然不知自己的处境，又或是故意显出一副无所谓的样子。王冕等把他关押起来，以后交到王守仁帐下。

王守仁于是派人各方宣示，宁王已经被抓。宁王手下的各方军队见大势已去，纷纷逃窜。

当日，宁王的世子眷属，还有他分封的李士实、刘养正等一应从官，也多被抓捕。

二十七日，王守仁所率的军队到达樵舍，攻击宁王余部。叛军群龙无首，自然不堪一击，王守仁军大破宁王残存的军队。

二十八日，又率军在鄱阳湖中围歼残余之敌。

同时，陈槐等攻占了九江，曾玙等也收复了南康。

这样，一场几乎是突然爆发的宁王"叛乱"，就基本被平定了。其起也倏，其灭也速。从宁王六月十四日正式起事，到七月二十八日，虽然几乎波及中国的整个南部，但前后不到一个半月，便被王守仁为主导的力量平复了。

此后没有几天，在七月份内，被抓捕的李士实、刘养正，这两个关键的人物都在关押中死去。[31]

在平定宸濠之乱的过程中，王守仁的内心，实际受到了数次严峻的考验：在法制和道德准则之前，在生死攸关的抉择关头，他必须做出决定。在现实的生活中，他感受到在关键时刻自己内心判断的重要性。经过了这现实生活的实践，他的思辨理念得到了提升。

正是在经过这次事件之后，他把自己的思想学说的核心，归纳到"良知"这一点上，绝不是偶然的。

致良知，这一王守仁学说核心概念的提出，绝不仅仅是个人冥思苦想的结果，更是他生活和社会实践的结晶。

注释

1 见前引钱德洪《征宸濠反间遗事》，上古版《全集》1468 页。

2 见《飞报宁王谋反疏》，接着在六月二十一日王守仁再派人送出《再报谋反疏》，同时也送上了《乞便道省葬疏》，见上古版《全集》394 页。关于上此疏时间，颇值得玩味。

3 《年谱》："福建左布政使席书、岭东兵备佥事王大用，亦以兵来，道闻贼平，乃还。致仕都御史林俊闻变，夜范锡为佛狼机铳，并火药法，遣仆从间道来遗，勉以讨贼。"另举兵相助的有周期雍、邹守益，而不明确表态的官员也甚多。

4 王守仁去年平定的三浰等地区,在赣州吉安以南。若此处民众和宁王勾结,重举叛旗,那就会对处于吉安的王守仁造成极大威胁,使其处于腹背受敌的境地。见上古版《全集》1262-1263页。

5 指原来叛乱头领叶芳,他率众居住在南赣。但在王守仁死后,嘉靖末年又反叛,万历年间被剿灭。

6 见王守仁《奏闻宸濠伪造檄榜疏》,上古版《全集》,395页。

7 见《明史》卷一九三《费宏传》。

8 见《奏闻宸濠伪造檄榜疏》,上古版《全集》,394-396页,又《年谱》,上古版《全集》1262页。

9 以上见《年谱》,1263页。

10 以上措施见《年谱》,1262-1263页。七月十五日方才发兵,这在后来成为王守仁被非议的一个口实。见上引陆澄《疏》,上古版《全集》1457-1460页。

11 见《国榷》卷五十一正德十四年七月。没有朝廷的敕命,王守仁权限并不明确。有了圣旨,王守仁就可以名正言顺地统管江西和南赣之事了。

12 见《鸿猷录》317页,《明通鉴》卷四十八,1803-1804页,《明史纪事本末》卷四十七,699页。

13 《明武宗实录》,安庆,"凡被围十八日而解"。

14 见《全集》卷十二《擒获宸濠捷音疏》:"先是,臣等驻兵丰城,众议安庆被围,宜引兵直趋安庆。臣以九江、南康皆已为贼所据,而南昌城中数万之众,精悍亦且万余……今我师骤集,先声所加,城中必已震慑,因而并力急攻,其势必下。"

15 此据《鸿猷录》,《年谱》作"新旧厂",见上古版《全集》,1264页。

16 《鸿猷录》卷十四《讨宁庶人》,318页:"乃分其兵为十三哨,哨三千人,少者千五百人。令伍文定等各攻一门,以四哨为游兵策应之。"

17 关于搜获的印信数目,在后一个月的《处置官员署印疏》所列数字为"一百六颗"。

18 此事在后来成为反对者弹劾王守仁的重要口实,甚至《武宗实录》中也有记载。对此,《明通鉴考异》认为:"至于'积尸横路,鸡犬不鸣',未免过当。故不但《明史》删之,即《宪章录》诸书亦不载也。"见《明通鉴》卷四十八，1804页。

19 《江西捷音疏》，上古版《全集》399页。

20 《擒获宸濠捷音疏》，上古版《全集》402页。

21 见《擒获宸濠捷音疏》："于本月二十二日已经具题。"考《全集》中未收有"二十二日"王守仁的《疏》文，但是标明"十四年七月三十日"的上疏有两篇：《江西捷音疏》《擒获宸濠捷音疏》。《江西捷音疏》所言战事，仅到攻破南昌城为止。其中有曰："但当此物情睽贰动摇之日，非赏罚无以鼓士气。"这显然是宁王之乱尚未平定时的语言，如果到七月三十日，宁王宸濠已经被守仁捕获，又有何可谓"物情睽贰动摇之日"？

此外，《江西捷音疏》中所叙说之事，有的部分和《擒获宸濠捷音疏》基本重复。如果为同一天所上，无须如此重复。目前这样的形态，当是因为一个是早先发出的、前期阶段的报告，一个是平定宸濠之乱后的总结报告，因此吸纳前期报告中的内容。据以上理由，故疑此《江西捷音疏》，就是王守仁后来所言"二十二日"所上者。

22 《擒获宸濠捷音疏》，上古版《全集》401页。

23 见《鸿猷录》卷十四，319页。

24 见黄绾《阳明先生行状》，1420页。此事《擒获宸濠捷音疏》《鸿猷录》《明史》《明通鉴》《明史纪事本末》未载。

25 樵舍，今南昌市新建县境内樵舍镇。以上见《擒获宸濠捷音疏》，上古版《全集》403页。

26 《国榷》等又作"王家渡"，南方吴方言"王""黄"同音。

27 见《擒获宸濠捷音疏》，上古版《全集》402 - 403页，又黄绾《阳明行状》，1420页。

28 见上古版《全集》1473页。这是钱德洪听邹守益说的，可以见到当时王守仁心境成熟，将生死置之度外的一个侧面。

29 见《擒获宸濠捷音疏》，上古版《全集》402页。

30 见《国榷》卷五十一"正德十四年"："赖汝活我，我当厚爵汝。"

31 关于这两个人之死，有各种说法。这在后来又成为议论王守仁是非的一个话题，有人认为他"杀人灭口"，以掩饰他和宁王的关系。

第十七章 献俘杭州

正德十四年八月—正德十四年十二月

第十七章 献俘杭州

一、棘手的问题

正德十四年的七月底,王守仁平定了宁王之乱,带着已经就擒的宁王,回到南昌。

这时,王守仁开始遭遇他一生中最为严峻的政治风浪。正德十四年秋冬,可以说是王守仁人生航程上波涛汹涌的最险恶时节。

王守仁劈面遇到的问题,就是如何处置宁王之乱的后事。

首先是要向朝廷报告。七月二十日到三十日,王守仁向朝廷上了四封上疏。其中《江西捷音疏》《擒获宸濠捷音疏》,详细地汇报了解决宁王谋反的前后经过、自己所采取的方略、主要捕获的人员以及主要的立功者。[1]

同时,又上奏报告在此过程中,有"益王"出自己王室的私费资助军饷的情况,希望朝廷褒赏。[2]

还有一封上疏,报告江西旱灾,请求免除正德十四年江西的税粮。[3]这直接关系到江西等地的民生。

这些是官场上,作为当事官员必须做的报告。

更实质性的问题,是如何处置被捕获的宁王朱宸濠。县令王冕等抓到了朱宸濠后,把他押送到了王守仁所在的城中,军民聚观,呼声雷动。[4]

宁王见到王守仁,依然是一副居高临下、满不在乎的样子,招呼道:"王先生,我欲尽削护卫所有,请降为庶民,可乎?"

也就是说,他愿意撤销当时要求的护卫(这件事是导火索),降为一个平头百姓。他把自己的作为,说成仅仅是一个要不要撤销"护卫"的问题,实际是期待能有条生路。

王守仁当然明白,在如何处置这位皇族年长藩王的问题上,自己没有决定权,于是冷静地回答:"有国法在。"

当初,娄妃力劝宁王不要造反,后又投水自尽,王守仁寻其尸葬之。[5]宁王的亲戚,也都是皇亲国戚,内心惶惶,不知下场如何。王守仁自是先安慰,以稳定这些人的情绪。

当初,王守仁率领的军队攻入南昌。因为是讨伐逆贼,有的将士觉得那些大官的府邸,都属逆产,反正要处理,乐得捞一把。虽说王守仁率领的是官军,但其中有些是王守仁临时收编的南赣一带原来反叛人员,本来就带有"匪盗"性,见此机会,自然不会放过。大肆抢掠,将领也无法制约,更何况有的将领本身也想发财,放纵部下。于是在王守仁所率平叛军队进入到南昌的那几天内,整个南昌发生多起抢掠事件。

尽管王守仁下令严禁,但接着要出兵迎战宁王,一时也顾不得许多。等把宁王捕获,前方战事告一段落,再回军南昌时,就面临着一片混乱,而且城内人心惶惶。

他着手安置在战火中房屋被毁的百姓,稳定社会。

总之平定叛乱是一件事,而处理因叛乱造成的各种社会后果,则是更为艰巨的工作。

从王守仁起兵到和宁王激战的这一个多月中,朝廷中又是一种什么情况呢?

如前所述,接到了宁王谋反的消息,兵部尚书王琼冷静地做了部署。

六月甲辰，正德皇帝接到宁王造反的消息时，正在北京的豹房，有点惊恐。接着，身边的那些边将钱宁、江彬、许泰等，都献策要如何擒获宁王。

正德皇帝原来就想要到南方走动，这年三月曾想要去，结果被一批臣子拼死劝阻，为此，罚一百多位臣子在皇宫门前跪了好多天，还杖死了几个。[6]

这时，正德皇帝突发奇想，表示要御驾亲征，讨伐宁王。但他不是以皇帝的名义，而是以"大将军朱寿"的名义。

这样做，从正德的立场考虑，或许也有一定的道理：北方边疆还不平静，各地造反波涛汹涌。这样，一方面可以使北方的鞑靼部落等外敌认为皇帝还在北边，不轻举妄动；另一方面对于国内来说，也可免于受皇帝各种规定的约束，自己的行动也就更方便自由。

面对这位奇特皇帝的奇特举动，大臣们不知所措，有各种不同的态度。

江彬、许泰（当时叫"朱彬""朱泰"）等掌兵权将领，支持正德，主张征讨，这样他们可以获取好处。因为这些边将，主要就是靠在战争中征伐起家。

首辅杨廷和，还有内阁中的人员，从国家的大局出发，力劝正德不要亲自出行。[7]

最后，群臣拗不过皇帝，正德皇帝还是打着"威武大将军"的旗号，准备从北京率军南下。

王守仁平定了叛乱，抓住了宁王，还获取了宁王府的簿籍、文书资料。这些情况，自然很快地就传到了正德皇帝那里。

本来多少有点惊惶的正德，松了一口气，可以不那么急切地南行了。然而，如何处理这以后的局面，包括如何对待平定宁王之乱、立了大功的王守仁，却成了棘手的问题。

本来应当受到奖励的王守仁，一下子变成了受到朝廷怀疑和需要加以对付处置的对象。为什么会这样？有必要分析一下当时朝廷中各方的处境和想法。

正德皇帝面临的是：当时王守仁握有江西、福建、湖广等南方半边天的军政大权。皇帝内心的顾虑是：他万一图谋不轨，那将如何？

再看朝中大臣。

有的官员因为和宁王有来往，心事重重，生怕被王守仁捏住把柄。比如，当时的太监张忠、张雄、张锐，时号"三张"。"三人都交通宸濠，受臧贤、钱宁等贿，以助成其叛。"[8]

有的则是妒忌，认为王守仁这么个文人，凭什么立此大功？指责他凭着"滥杀"等手段才达到目的。[9]

还有的怀疑王守仁是否原来就和宁王有关系，散布流言道：他和李士实、刘养正等不是朋友吗？为什么李和刘二人被捕后，突然就死了呢？是不是王守仁杀人灭口呢？

更有人索性说王守仁本来就和宁王勾结，他不是派冀元亨和宁王联系吗？[10]他是在迫不得已的情况下才反对宁王的。否则，怎么能一下子把宁王擒获呢？[11]

还有，现在他有那么多的军队，是否想图谋不轨呢？因此，正德皇帝还是决心南行。

流言风传。受到流言中伤的，不仅是王守仁，还波及他的部下。伍汝真就是其中一位。[12]对此，伍汝真感到非常委屈，给王守仁写了信。王守仁在接到信后，复信曰："彼此情事何俟于今日之言乎？"认为："今日之事，惟宜安静自处，以听其来，顺受之而已耳。""诸君之事，自与区区休戚相关，故今日之言，非独以致恻怛之爱于二君，实亦所以自爱也。"[13]因为当时，他自己也岌岌可危，无法自辩，更不要说为他人辩白了。他还给伍汝真写了一首诗："莫怪乡思日夜深，干戈衰病两相侵。孤肠自信终如铁，众口从教尽铄金！碧水丹山曾旧约，青天白日是知心。茅茨岁晚饶风景,云满清溪雪满岑。"[14]讲了自己的实际情况:"干戈衰病两相侵。"但是,他依然充满信心,坚信会有辨明清白的时候:"云满清溪雪满岑。"

流言蜚语传到了社会各个层面,在王守仁故乡也反映出来。

当初有人传闻宸濠谋反,王守仁在江西,已经遇害。

王华当时因母亲(岑夫人)去世,在"丁忧"期间。他早就注意到宁王会生事,[15]所以,预先在上虞的龙溪找了块地,让自己族人在龙溪附近盖了些房屋,以备不虞。

这时,家人中有人就劝他到龙溪去躲一下。王华说:"以前我准备房屋,那是因为有老母在。现在老母已经入土,假如儿子又遇难,我还留在天地间干什么呢?"坦然处之,只是命令家人不要轻举妄动。

后来听说王守仁发兵讨伐宁王,人们又劝说王华:"现在守仁和宁王为敌,宁王说不定会暗中派人来,于你不利。"

王华依然坦然处之,一边促使县郡调集兵粮,一边严禁讹言乱众。[16]

不久传来了王守仁的捷报。大家放下了心,但又被新的流言所扰乱。有的人甚至到王家,"私籍其产宇丁畜,若将抄没之为"。

综上所述,王守仁所处的险恶景况,显而易见。

二、正德亲征的背后

正德皇帝收到王守仁奏疏,得知宁王造反,同时也听到朝廷中的各种传闻。当时他已二十九岁,在皇帝座位上坐了十多年,对于政坛事务有了一定经验。作为一个帝王,自然有他的担心。

他如何决断和处置呢？

正德皇帝当时采取了如下步骤：

1. 派自己最贴心的心腹张永先行到杭州，做好准备，以应付各种变化。之所以派张永先到浙江，是因为他有带兵和独当一面的经验，还因为他和杨一清、王华关系比较好。[17]

2. 派太监张永、张忠监军，安边伯许泰、都督刘晖等先率军前往江西，[18] 目的是控制江西局面。

3. 自己当大将军，[19] 率军南下。下诏曰："宸濠悖逆天道，谋为不法，即令总督军务、威武大将军镇国公朱寿，统各镇兵征剿，命安边伯朱泰为威武副将军，率师为先锋。"

朝廷中人知道，皇亲中并没有这么个"镇国公朱寿"，其实，是正德皇帝自己给自己起了个名，加了个封号。而"朱泰"也就是许泰，他被赐姓"朱"。

4. 此外，也对周边地区做了安排。

正德皇帝当时这样做，应该说有一定合理性。

面对如此态势，王守仁如何应对的呢？他清楚自己的位置，处于各种矛盾的聚焦点，稍有不慎，便会粉身碎骨。他采取了如下措施：

1. 如前所述，把宁王府中有关的信件等全部烧毁。[20]

2. 命令军队严肃纪律。对于乱杀抢掠者，严加处罚。

3. 列出账册，上报朝廷。[21]

在正德皇帝那儿，尽管大臣上疏谏劝皇上不要出征，皇帝一概不加理睬。后来一个御史叫陈察，再次上疏，正德皇帝发火了，传旨："罚俸一年。再有犯颜来奏者，治以极刑不宥。"他决心已定。

要出征，在手续上，需发布任命"威武大将军"的制书，他又想任命江彬为副将军，这些都要内阁起草。首辅杨廷和不同意，说："朝廷亲征，奉行天讨，谁敢云差遣？又谁敢称'威武大将军'？近闻逆濠移檄，方以失政为名，'威武大将军'是何政令邪？"这弄得正德皇帝满肚子不高兴。

正巧南京的吏部尚书刘春整理诰敕，指出杨廷和曾呵护自己的同乡，有私情。于是，皇帝就借机痛责杨廷和。杨廷和谢罪，请求罢免自己。内阁中的梁储等也都一同上疏，乞请"致仕"。上疏之后，杨廷和趁势说是生病了，不再入阁办事。实际是内阁和皇帝杠上了。

正德皇帝也未必想罢免杨廷和，于是退了一步，不再任命江彬，但还是传旨，以"威武大将军"之名出征。[22]

正德皇帝在八月癸未，率军由京师出发。皇帝命内阁的杨廷和、毛纪居守北京，而内阁的梁储、蒋冕随从出发。

五天以后，丁亥，到达涿州。这时，收到了王守仁发来的《捷音疏》。正德皇帝看了以后，秘不发布，心中肯定放松不少。[23]

大学士杨廷和等接到了捷报，急速派人前来，请求正德班师，梁储、蒋冕等也以为是。皇帝不理。皇上给王守仁发了个圣旨："这江西宁王谋为不法，事情重大。你部里既会官议处停当，朕当亲率六军，奉天征讨，不必命将。王守仁暂且准行。钦此。"

就在正德前行的路上，王守仁得圣旨后，于八月十七日，又上了三份奏疏。一是报告淮王出钱助军饷的《奏闻淮王助军饷疏》，一是《奏留朝觐官疏》，一是《请止亲征疏》。

他在《请止亲征疏》中提出，为了防止途中宁王可能安排的"博浪、荆轲之谋"，也就是刺杀的危险，希望皇上不要南征。

另外，提出于九月十一日，将"亲自量带官军，将宸濠并逆贼情重人犯，督解赴阙外……以昭圣武事理"。[24]

八月二十五日，王守仁再上了五道奏疏。

其中三道是关于如何处置那些被宁王胁迫参与谋反而被捕获

的人员。他的大致意见是:希望朝廷考虑这些罪犯、官员的实际情况,能酌情从宽,可以不杀的就不杀,允许官员戴罪办事,以求得社会的稳定。

一道是说明被宁王率军攻打,失守九江、南康等地的官员的处分意见。

还有一道,就是再次提出自己希望能回浙江老家省亲葬祖。

此后,九月十日,也就是他解押擒获的宁王离开南昌之前,再上了一道奏疏:《收复九江、南康参失事官员疏》,对有关人员的处分,提出意见。[25]

同时,给兵部尚书王琼写信,说:"始恳疏乞归,以祖母鞠育之恩,思一面为诀。后竟牵滞兵戈,不及一见,卒抱终天之痛。今老父衰疾,又复日亟,而地方已幸无事,何惜一举手投足之劳,而不以曲全之乎?"[26]

这些行动,表明他在具体进行后事处置,要求得到朝廷认许,同时,也表明自己并无任何野心。

皇帝在八月底到达保定,九月就在保定"驻跸",也就是停顿了一阵。

三、杭州献俘

就在王守仁致力处理江西叛乱后事,安定社会之际,奉了皇上的命令,由许泰、张忠等率领的北方军队的前锋,赶到安庆,经九江南下,在九月初到达了南昌。

在北军进入南昌前后,社会上流传着关于王守仁的流言蜚语,人心浮动。南昌城内一下子增多了许多军队,使得本来就遭受动乱的南昌更加混乱。

第十七章 献俘杭州

王守仁则按照以前给皇帝奏疏中所说的日期,九月十一日,带着捕获的宁王,从南昌出发,准备到"行在"献俘。他得知正德皇帝还在途中,而张永已经到达杭州在处置浙江事务,于是,决定先到杭州见张永。[27]

王守仁往杭州,走的还是浙赣间的老路,从南昌到杭州,那是他以前往贵州时走过的,这次反向而行,直奔广信而去。

这时,到达了南昌的许泰、张忠等闻之,派人追到广信。据说当时差官带的是"威武大将军"的旗牌,要王守仁把宸濠交出,但他拒绝了。对于这些差官,又不能太得罪,按照官场惯例,总要给点"辛苦费"慰劳慰劳。管事的部下问王守仁:"给多少慰劳费啊?"

王守仁说:"只可给五金。"当差的锦衣千户见了那点小钱,发怒不收。

第二天,差官来辞行,王守仁拉着那锦衣千户的手说:"我在正德初,下锦衣卫监狱很长时间,从未见到过您这样轻财重义的。昨天的薄礼,只是为了完备礼节。听说您不收,令我感到惭愧惶恐。我没有什么特长,只会写点文章。日后我当作文表彰,让人们知道,锦衣卫中有像您这样的人物。"说罢,反复行礼作谢。那个锦衣卫官员一下子反倒说不出话来,只能就此告别了。[28]

王守仁乘夜翻过玉山,经草坪驿,前往杭州。[29]

王守仁为何要前往杭州见张永呢?

这涉及他家和张永的关系以及当时朝廷中的权力格局。

首先,王守仁之父王华和张永,早在正德为东宫太子时便相识。张永在正德间的宦官中,是一位有胆识敢作为的人物,受到正德的信任,早年就派他和刘瑾共同掌握团营,执掌军队事务,平定安化王之乱、处理北方边境事务中也多重用他。对于王守仁来说,这时,张永是能够奉达天听,把自己的真实心意传达给皇帝的重要途径。

正德皇帝在刘瑾之后，镇压河北以及各地造反、应付边境战争过程中重用了一批边境上带兵的将领，如江彬、钱宁、许泰等。这些人善于逢迎，得宠之后，纠合皇族贵戚、宦官权贵，形成了围绕着正德皇帝的一股势力，成为控制权力中枢的集团。张永和这些人，别为一系。

另一方面，明朝的内阁制度虽以皇权为中心，但皇权和内阁两者之间有着某种制约关系。正德皇帝贵为天子，手中的权力很大，但是，内阁以杨廷和为主导，坚持儒家朱子学说，对于皇帝旨意，有一定的封驳权。当时内阁中，和王守仁关系密切的杨一清已经退出。

另外，在官员中，有一批从实践中实干出来的官员，如杨一清、王琼、陆完、彭泽、林俊、洪钟等等。他们的能力很强，但当时他们在中央政权中不占主导地位，和皇帝、内阁并不完全一致，不一定能和皇帝直接说上话。[30]

在这样的态势下，为了向朝廷说明自己的心境，王守仁手中唯一握有的"牌"，是擒获的宁王朱宸濠；而能和皇上直接说上话、又对自己比较了解的人物，只有张永。

王守仁在八月给朝廷的奏疏中，已经说过要在九月十一日献俘，同时，也为了避开和前来的北军正面冲突，所以，就决心把俘虏都押送到杭州去交给张永。

到了杭州，他求见张永。

据说，张永的门卫不让进入，他大声喝道"我是王守仁"，便闯了进去。张永被正德派往杭州，他在当时朝廷权力机构中的实际地位，比江彬等人都要高。王守仁敢于如此直闯他的府邸，是因为过去和他就有比较密切的关系。

王守仁在杭州有所逗留，因为要和张永交涉，并取得他的理解与支持。[31]

在前往杭州的那段日子里，由于前途未卜，王守仁感到焦虑忧愁。如下的诗颇能说明他当时的心情：

> 常苦人间不尽愁，每拼须是入山休。若为此夜山中宿，犹自中宵煎百忧。百战西江方底定，六飞南甸尚淹留。何人真有回天力，诸老能无取日谋？[32]

感到"人间不尽愁"，直到"中宵"还在"煎百忧"。他甚至有点怀念往昔往年被贬谪时的生活："棋声竹里消闲昼，药裹窗前对病僧。烟艇避人长晓出，高峰望远亦时登。"[33]

而如今更多的是各种牵挂，已无法像当年那样生活了。怎么办？自己一身毛病，只想早点回到"桃花源"那样的生活状况里去：

> 百战归来一病身，可看时事更愁人。道人莫问行藏计，已买桃花洞里春。[34]

他的心情，还可以在其他诗作中看到："一丝无补圣明朝，两鬓徒看长二毛。自识淮阴非国士，由来康节是人豪。"[35]他的理想是邵雍邵康节那样的人豪，而非淮阴侯韩信。"时方多难容安枕？事已无能欲善刀。"[36]他感叹国家四方有难，自己欲罢不能，向往着："越水东头寻旧隐，白云茅屋数峰高。"

同时，他也感到，自己是因"浮名"而被"世网"束缚："一自浮名萦世网，遂令真诀负初心。"[37]他觉得，自己诚意不足难以回天，性情孤僻，多违世情："诚微未足回天意，性僻还多拂世情。"[38]

这些诗作，表现了此时王守仁忧国的忠心，不得理解的烦恼，也流露了想要归乡的思绪。

总之，在杭州，他处于一种无路可走的困难之境，知道在皇帝周边，弥漫着不信任自己的氛围；另一方面，江西已被许泰等率领的北方大军控制，如果回去，吉凶未卜。自己孤身带着平叛的成果——"宁王"等战俘,来到杭州,虽说张永接受了俘虏,也表示理解自己的心情,但是,正德皇帝的判断是什么呢?——无法得知。

想到自己冒着风险起兵平叛,却落得这样前不着村后不着店,遭受冤屈的悬空处境,王守仁感到孤独和彷徨。他有着不被理解的苦闷,有着脱离泥潭、退隐林泉的想法。而同时,他又有着充分的自信,仰望苍穹,扪心自问,无愧天地,无愧良知。

怎么办呢?"付之无奈数由天。"[39]或许就是他最后的想法。

四、南京请教行藏计

接下来一段时间,王守仁的行踪,因史书记载不明,显得扑朔迷离。主要有这样一些说法:

其一,当时在西湖住下养病。[40]

其二,由京口,返回南昌。[41]

其三,经浙江,过"越"。即经过故乡,返回江西。[42]

也就是说,王守仁到了杭州,稍事休顿,此后主要有两种去向:其一,经过"越"地,返回江西;其二,前往京口,再返回江西。

考虑当时实际情况,张永在接收了被捕的朱宸濠之后,当即向"行在"报告,并押送朱宸濠朝南京方向而去。按现有资料推测,王守仁当是与张永同时,或在此稍后,也朝正德皇帝的"行在",即京口的方向而行。[43]

杨一清当时已经致仕,住在润州,也就是镇江。正德皇帝还是非常尊重他的。[44]大约在正德十四年十一月到十二月之间,王守仁从杭州到了镇江、京口。

他住在金山寺,写了《泊金山寺二首十月将趋行在》。

此时,正德皇帝正率军南下。王守仁的心情正如下面的诗句:"难后诗怀全欲减,酒边孤兴尚堪凭。"[45] "欲话前朝不忍听。"[46] 一种渺茫不清、孤独挺立之感。

因为杨一清就在附近,于是他前往造访。或许,王守仁正是为了造访杨一清,才到镇江的。关于王守仁造访杨一清的情况,可从所作《杨邃庵待隐园次韵五首》中看到一些情况。[47]

"兹园闻已久,今度始来窥。"(《其四》)可见王守仁这是首次到杨一清的待隐园。

诗中描述了园中的景色:"岩花如共语,山石故相依。"(《其一》)"绿野春深地,山阴夜静时。冰霜缘径滑,云石向人危。"(《其三》)

写到了当时杨一清的状态:

嘉园名待隐,专待主人归。此日真归隐,名园竟不违。(《其一》)

留侯先谢病,范老竟归湖。种竹非医俗,移山不是愚(原注:是日公方移山石)。对时存燮理,经济自成谟。(《其二》)

把杨一清比作汉代的张良、春秋的范蠡,甚为钦佩崇敬。

在诗歌中也多少透露了王守仁自己的感受:"平难心仍在,扶颠力未衰。江湖兵甲满,吟罢有余思。"(《其三》)"花竹深台榭,风尘暗甲兵。""语及艰难际,停杯泪欲倾。"(《其五》)这是说当时的状况和感触。

他们究竟谈了什么,没有明确的记载,但从诗歌中的"一身良得计,四海未忘情。语及艰难际,停杯泪欲倾"(《其五》)推测,王守仁从杨一清那里得到了指点。从王守仁以后的行踪来看,至少包括如下的内容:

杨一清告诉他,不要前往皇帝所在的"行在",而以回到江西军中为妥。⁴⁸得到杨一清这样的指点，王守仁虽然觉得难以把握，但也没有其他的办法，唯一妥善的选择，就是按杨一清所指示，暂时先回江西的军中。

于是，正德十四年的十二月，王守仁由京口返回江西九江。

注释

1 《江西捷音疏》，上古版《全集》397页；《擒获宸濠捷音疏》，上古版《全集》399页。

2 上古版《全集》406页。

3 上古版《全集》407页。疏文见上古版《全集》399－407页，《全集》中收有四篇"十四年七月三十日"的上疏，其中《江西捷音疏》当为七月二十二日所上，殆编《全集》者误写时日。《擒获宸濠捷音疏》最为详尽地报告了擒获宁王的前后经过。《奏闻益王助军饷疏》《旱灾疏》，是有关情况的报告。

4 见《明史纪事本末》卷四十七，702页。

5 《年谱》。

6 见《明通鉴》正德十四年三月，1678页。

7 各类人都劝正德皇帝不要前行，或许各自都还有一丝私心。

首先，内阁杨廷和等，因为原先在宁王恢复护卫事上，多少有着牵连。

其次，张锐等太监，虽说忠于朝廷，但都收过宁王不少银子，现在事情闹大了，他们内心不安，生怕清查，希望朝廷与宁王和解。

还有一些确实和宁王私下有勾结的。主要的官员已被抓捕，其他的人则更惶恐不安。他们甚至暗中还盼着宁王成功。对于他们来说，反正两边都是"朱家"，只要自己平安有利即可。

这几类人，都有自己的算盘。

8 《明史·宦官传》，7795页。

9 如许泰等人流布的，指王守仁、伍汝真等"滥杀""抢掠""侵王府金帛"等谗谤之言，见前引邹守益《邹守益集》，卷二十二《南溪伍希儒墓志铭》。

10 见钱德洪《征宸濠反间遗事》引采访所得龙光之言："京边官军南

来，失其奸计，由是痛恨夫子（指王守仁），百计搜寻罗织。无所泄毒，挤怨门人冀元亨与济、禹、光等，俱欲置之死地。"上古版《全集》，1471－1472页。

11 "使守仁而初有交好之情，中有犹豫之意，后有贪冒之为，诸人其肯隐忍而不发乎？"可见当时流言之盛。见陆澄《辨忠谗以定国是疏》，上古版《全集》，1457－1458页。

12 伍汝真：考邹守益《邹守益集》卷二十二有《南溪伍希儒墓志铭》，希儒"字汝真"。

13 《答伍汝真佥事》浙江古籍《王阳明全集（新编本）》，1826－1827页。

14 《用韵答伍汝真》，见上古版《全集》757页。

15 见第十五章注引陆深《海日先生行状》，上古版《全集》1397页。

16 王华说："吾儿能弃家讨贼，吾何可先去，以为民望。祖宗功泽在天下，贼行且自毙。吾为国大臣，恨老不能荷戈首敌。即有不幸，犹将与乡里子弟共死此城耳。"见陆深《海日先生行状》，上古版《全集》1397页。

17 张永为"八虎"之一，在正德为太子时，和刘瑾等都是陪伴正德的"太子党"，而王华为太子之师，后来，杨一清和他一起为除去刘瑾密谋，关系当然不一般，而杨一清又是和王琼一起提拔王守仁的人。

18 《鸿猷录》328页。

19 自称"奉天征讨威武大将军镇国公朱寿"，其他的将军皆称"先锋、偏、裨等"。见《鸿猷录》328页。

20 见《明史纪事本末》703页，《明通鉴》1835页。在攻占南昌后就这样做了，见前章。这是吸取历史上处置这类问题的经验（见《后汉书·光武帝纪》《三国志·魏书·武帝纪》等），以防牵连太广。

21 《擒获宸濠捷音疏》，上古版《全集》卷十二，404页。

22 如命大将军出征，必须由内阁起草制书，皇帝颁布。而正德皇帝自封为"大将军"，明显违制。所以明代人撰写的有关史书中，对敢于抵制这一做法的阁臣多有赞扬。这时的制书，为何人起草，历史上有争论。如高岱、薛应旂认为是梁储抵制不肯起草，薛应旂认为"更命廷和草之"，意思是杨廷和起草的。而杨廷和之子杨慎则认为出自梁储之手，王世贞也认同杨慎之说。见《通鉴考异》所录高岱《鸿猷录》、薛应旂《宪章录》、杨慎《丹铅总录》、《明史》等有关资料。《明通鉴》卷四十八,1807页。

23 关于究竟何时正德皇帝收到王守仁的捷音奏疏,史书不详。《通鉴考异》:"此据《明史本纪》。而守仁捷奏之至,诸书皆云'驻跸良乡',则去京师仅七十里也。《实录》无发京师至涿州日分,但云'戊子至保定',疑中间有漏脱也。车驾以癸未发京师,涿州去京师仅一百四十里,五日始至。而保定去京师三百五十里,安能以至涿州之次日遽抵保定?《本纪》谓'丁亥至涿州',亦恐未确。"此说有理。

24 上古版《全集》,408-09页。

25 以上疏文,俱见《全集》卷十二。《年谱》:"是月疏免江西税,益王、淮王饷军,留朝觐官,恤重刑以实军伍,处置署印府县从逆人,参九江、南康失事,便道省葬,前后凡九上。再乞便道省葬,不允。"

26 《上晋溪司马》,上古版《全集》卷二十一,818页。

27 关于王守仁献俘的经过,史料甚少,《明武宗实录》这一段时期的记载中,数月未见王守仁之名。后来的研究者指出:此乃由于《武宗实录》的修撰者,故意贬低王守仁。见王世贞《弇州史料》。根据各方记载,可以推知他是先由陆路往杭州见张永。

28 《年谱》:"武宗尝以威武大将军牌遣锦衣千户追取宸濠,先生不肯出迎。三司苦劝。先生曰:'人子于父母乱命,若可告语,当涕泣以从,忍从谀乎?'不得已,令参随负敕同迎以入。有司问劳锦衣礼,先生曰:'止可五金。'锦衣怒不纳。次日来辞,先生执其手曰:'我在正德间下锦衣狱甚久,未见轻财重义有如公者。昨薄物出区区意,只求备礼。闻公不纳,令我惶愧。我无他长,止善作文字。他日当为表章,令锦衣知有公也。'于是复再拜以谢。其人竟不能出他语而别。"

29 《年谱》正德十四年:"九月十一日,先生献俘发南昌。忠、泰等欲追还之,议将纵之鄱湖,俟武宗亲与遇战,而后奏凯论功。连遣人追至广信。先生不听,乘夜过玉山、草萍驿。"

30 王琼、杨一清等和杨廷和为首的内阁,关系甚不佳,所以杨一清在正德十一年辞职。王守仁在平定江西民众造反的过程中,多得到王琼的支持,而他在给正德的奏疏中,多提王琼兵部的功绩,很少涉及内阁,因此,内阁对他就有些看法，此外，杨廷和等所持的"正统"儒学观念也和当时王守仁的思想大相径庭。

31 按一般行程并考虑到其他因素，王守仁应在十月到达杭州。上引《尧山堂外纪》所记大致无误。如果王守仁在杭州和张永交涉、有所逗留的话，那么，该年的十月到十一月他在杭州。

32 《宿净寺四首》之二。

33 《宿净寺四首》之一。

34 《宿净寺四首》之三。

35 见《归兴》。

36 善刀：拭刀。《庄子·养生主》："善刀而藏之。"陆德明《经典释文》："善，犹拭也。"

37 《即事漫述四首》其一。

38 《即事漫述四首》其二。

39 《即事漫述四首》其四。

40 见上引《年谱》。又，黄绾《行状》，王守仁把捕获的宸濠交付给张永，"复上捷音"，"是皆钦差总督威德，指使方略所致"，"称病净慈寺"。《鸿猷录》："时守仁以槛车送宸濠，欲亲献俘阙下。屡诏止守仁勿献俘，还抚江西。守仁行至浙江，乃遣使以献俘，上疏乞致仕，不待报，留居杭州。"

41 《明史·王守仁传》："守仁乃以濠付永，而身至京口，欲朝行在。"《明通鉴》卷四十八正德十四年十一月："是月王守仁自京口复返南昌。"

42 《明史纪事本末》在基本引用《年谱》所载事后曰："于是守仁信其无他，以濠付之，乘夜渡浙江过越，还江西。"

43 王守仁离开杭州的时间，应和正德皇帝的行程有关。他离开杭州，是为了前往南京行在，求见正德。正德到达南京的具体时间，史料记载多有出入：《明史纪事本末》系于该年九月，薛应旂《宪章录》系于十月，《明通鉴》系于十二月。或当据《武宗实录》系于十二月。

王守仁的行踪，应该还和张永的行程有关系。张永在杭州，此后的行程，有不同记载：

一说，他和王守仁一起，"偕还江西"。（见《明史·张永传》7793页）

此说缺乏根据。

另一说,"太监张永复命,先见上,备言王守仁之忠"。而此列于"十一月,上在南京"之前。(见《明史纪事本末》卷四十七,704页)

44 杨一清得到正德皇帝的信赖。正德十一年,他因洞察到朝中状况,辞去了吏部尚书之职,回到老家镇江(京口)。正德还赐诗给他。他是提拔王守仁之人,王守仁在此关键时刻,何去何从,难以决定,途经镇江,前往拜访,听其教诲,乃情理中事。

45 《泊金山寺二首十月将趋行在》其一。

46 《泊金山寺二首十月将趋行在》其二。

47 此"次韵五首"可证当时王守仁曾和杨一清相会。《年谱》记载不误。

48 客观分析当时情况:一、在正德皇帝面前,王守仁处于说不清、无法自辩的状况,而且当时正德皇帝周围环境对王守仁不利;二、王守仁已经远离军队,无任何力量,只能是任人宰割的鱼肉。所以,在和杨一清的会晤中,杨一清会劝说王守仁暂时不要赴行在。

第十八章 风波江上行

正德十四年十二月—正德十五年二月

第十八章 风波江上行

一、漂泊的回程

正德十四年十二月，正当张永前往"行在"，向正德皇帝禀报江西情况之际，离开了京口的王守仁，沿着滔滔的长江漂泊。

如前所述，他在镇江，被杨一清劝阻，没有再往"行在"去，转向返回江西。

王守仁这时处于前后困顿的境地。如果回江西，那里已经基本被北军控制着，他们对自己虎视眈眈，不怀好意。本想把"俘"献到"行在"，取得皇上的信任，但是，从张永和杨一清那里得到的信息看来，皇上周围也弥漫着对自己不利的氛围。皇帝的态度究竟如何？尚不得而知。从为臣的立场言，自己奉命讨伐叛逆，现在叛乱已平，俘虏已献，朝廷尚无新的旨命。张永答应自己到皇上那里为自己说明情况，但结果自然也还不得而知。自己能尽力的事情，都已经尽力做了，那就回到所率的平叛军中，听候朝廷的声音吧。这就是王守仁此时的处境和选择。

已经到了年末，迎着劲吹的逆风，正德十五年正月的头几天，王守仁是在旅途中度过的。当时的心情，在诗歌中可见：

"元日昏昏雾塞空，出门咫尺误西东。人多失足投坑堑，我亦停车泣路穷。欲斩蛟虬开白日，还排阊阖拜重瞳。小臣谩有澄清志，安得扶摇万里风！"¹ 昏昏的大雾，坎坷的坑堑，连绵不断的风雨，是王守仁处境的写照。

第二天下雨，第三天刮风。²

王守仁感到无奈，"停车泣路穷"，感叹"谩有澄清志"，期待着"扶摇万里风"！³

然而，他还是认为："莫道人为无感召，从来天意亦分明。"因而，"坐对残灯愁彻夜，静听晨鼓报新晴。"⁴期待着："虎旅归思怀旧土，銮舆消息望还宫。"⁵

他期待着"銮舆"方面的消息，期待着不使自己"戚戚"的信息。

在途中江上漂泊了数日，大约在正德十五年正月中旬前后，回到了江西九江。这是王守仁正德十四底到十五年初的第一次长江之行。

王守仁期待盼望的"銮舆"中的正德皇帝，在这期间又在干什么呢？

八月从京城出发，出发不久，他就收到了王守仁擒获宁王的报捷消息，所以，对"南征"就没有了十分的迫切感。走到半路，为了刘姬，在途中滞留逾月，直到十一月才到达淮安。当时跟随正德皇帝的，有江彬、钱宁等"外军将领"。⁶

江彬因得到随军到江西的张忠的报告，且本来和钱宁不和，就把钱宁暗中勾结宁王的情况报告了正德，正德在十一月，下令拘捕钱宁，并下令在北京查抄其家，发现"玉带至二千五百束，金十余万两，银三千箱，胡椒数千担，其他珍玩财货不可胜计"。⁷也就是说，正德在南下的途中，处置了在京城的钱宁等朝廷中和宁王有关的"内应"。

这期间，张永押着从王守仁那里接手的朱宸濠等逆臣，从杭州前往行在，要把他交给正德皇帝，并向正德说明王守仁的忠心。然而，正德周围的权臣们则不断地在正德的耳边刮风，说王守仁有野心。"

另外，自从王守仁带着擒获的宁王离开南昌以后，许泰、张忠等率领的禁军和北方来"征剿"的军队，控制了南昌乃至整个江西。

因为前面有王守仁接到"大将军"的令牌也不肯从命、交出被擒获的宁王的状况，许泰、张忠就揣摩当时朝廷中舆论的动向，查找王守仁"谋反"的证据。

他们先是把协助王守仁平定叛乱最得力的助手伍文定抓了起来，审问他，要他认罪。[8]同时还抓捕、审问王守仁周围的亲信，如伍汝珍、龙光等。但是，结果也无所获。

有人说王守仁曾派他的学生冀元亨给宁王讲学，于是，他们就逮捕冀元亨，认为他是王守仁和宁王之间勾结的关键人物，横加拷问。[9]

同时，张忠、许泰等人在正德面前吹风："王守仁擅自离开职守，现在即使发圣旨，他也不会遵命前来。"[10]

这样的空气围绕着正德皇帝。但是，在另一方面，由朝廷派出在张忠、许泰军中"记功"的兵科给事中齐之鸾等报来的情况，又和张忠等的说法不同。从杭州来的张永那里的消息，也说王守仁忠诚可靠。所以，此时的正德皇帝，对于王守仁是将信将疑。

正德十四年十二月，銮舆到达南京。

二、反复风波江上行

在正德十五年（庚辰）初，正德下旨，命王守仁前往"行在"，也就是南京。这当是正德在权衡了各方面不同意见后的决定。他想要通过这样的方法，检验王守仁。这时在正德身边的张永得知这一消息，立即派人飞报王守仁，要他在接令后，不要迟疑，立即动身应召。[11]

正德，也就是"威武大将军"的使者到了王守仁那里，王守仁接诏，当天连饭都不吃，就和使者一起动身前往。因为知道正德已经到了南京，于是就从九江由水路顺长江而下。

这是他一个月内，第二次途经长江。

王守仁对于此行的结果会怎样，完全没有把握。在前往途中写的诗歌里，透露了不安的情绪。

听说王守仁动身前来。正德皇帝心中放下了一块石头：王守仁毕竟还是听召唤的。他离开了军队，即使有反意，也无大碍了。

现在难题又回到了正德皇帝周边那些进谗言的权臣处。他们觉得，如果王守仁真的到了行在，将其所知如实报告给正德皇帝，对他们大为不利。于是又想各种方法，阻碍王守仁前来。

正德皇帝或许也有着自己的盘算。下诏命王守仁前来，只不过是要考验他的忠诚，也便于完全控制局面，这需要时间。所以，对于王守仁急着要来行在的报告，采取了"留中不报"的拖延方法。

王守仁在途中得知有人阻止他前往南京行在的消息，感到麻烦了。该如何办？既没有明确的圣旨叫他回江西，难以回去；也不能弃官一走了之，因为对于他请辞的上疏，朝廷还没有回复。他拿不准正德皇帝究竟是什么意思。他知道自己仍处在危险之中。

一切都无法把握。王守仁感觉自己就像那长江波涛中一叶扁舟，在风波中飘荡，随时都会有翻倒沉没的危险。但是他心中泰然，因为扪心自问，没做过任何对不起朝廷的事。对于历经风波的他来讲，宦海沉浮，早已淡然了。

于是，他就在江中漂泊。进退都不妥，王守仁把船开到途中的铜陵池州一带，泊在江边，干脆带着童子、仆人到山中去转悠。这是无奈中的合理选择。如果还要回九江，可以从水路前往，而如果同意他致仕，那由此经青阳县、宁国府，回浙江，乃是当时常走的通道。而这样做，也完全合乎当时朝廷的手续。

他在郁闷之际，以酒浇愁，见《劝酒》诗：

> 平生忠赤有天知，便欲欺人肯自欺？毛发暗从愁里改，世情明向笑中危。春风脉脉回枯草，残雪依依恋旧枝。谩对芳樽辞酩酊，机关识破已多时。

诗中谈到"春风""枯草""残雪""旧枝"，可见乃是早春时节，可以感到王守仁内心中不可明言之苦。但"机关识破已多时"，他在这过程中，得以看穿世态炎凉和人心机微。

现实的日子还要过，愁也没有用，他就索性坦荡荡地和遇到的一些当地朋友登山游览。

其中有两个生员，姓江、姓施，都是孤傲不羁的性情中人，又遇到一名叫陶埜的医官。他们劝说王守仁，山中有好景色，有好寺院，邀王守仁一起前往游山。

那天，突然雷起雨降。三人游兴不减，说路程不远，还是去吧。于是就冒着淅沥雨水，前往山上。他们登高远眺探路，旁人劝他们回来，但三人还是随性嬉笑，牵携着，一往直前。

在雨中跌倒了又爬起，相互扶持。返回后，也顾不得浑身淋湿，高兴地说，前面的小路不难走。天气放晴，漫山的青林碧巘，紫雾绛云，有说有笑，指点前行。在这样的氛围之中，使得王守仁也感到了一种舒展和快乐。"不觉老兴如童时。"

在王守仁的思想深层，总流淌着一股超然出世的潜流。这时，又泛现出来：

> 年来世务颇羁缚，逢场遇境心未衰。埜本求仙志方外，

两生学士亦尔为。世人趋逐但声利，赴汤踏火甘倾危。解脱尘嚣事行乐，尔辈狂简翻见讥。¹²

他确实感到无奈，面对自己无力把握的现状，他扪心自问，无愧于天地良心。任其自然，是最好的方法。

在这空旷的山间，对于早在南京时期就已经不想混迹官场的王守仁来说，可以说是非常自在的场所。

过了十天左右，因为没有朝廷的明确消息，王守仁继续前行。

船到达繁昌一带时，遇到了大风。王守仁有感而发地写了《阻风》：

"冬江尽说风长北，偏我北来风便南。未必天公真有意，却逢人事偶相参。""果使困穷能稍济，不妨经月阻江潭"，这应该是他因前程吉凶未卜、想多停留一段时间的真实心情写照。

于是就在当地停泊。听说附近有个灵山寺，便登岸寻访。

顺水而下，不几日，王守仁到达芜湖。

再说朝廷方面，得知王守仁在山中盘旋数日，造访寺院道观，也不与外界交往。这反倒使正德皇帝难以处置了：

你说他怀有异心，会不听召，而实际情况是，诏书一到，他就立刻动身。你们说他会造反，现在倒好，把政务、军队都丢在一边，自己跑到山中去逍遥了。

还有，许泰、张忠等所率的大军，已经到达江西，完全控制局面了。那些北军的将领逢迎献媚或有一套，处理政务多是外行，这时没有找到王守仁谋反的证据。江西乱后有一大堆事务等待处置，军队的军粮等还要派人筹集，凡此等等，都是麻烦事。朝中一下子也找不到熟知江西政务的合适人选：溜须拍马或空发议论的官员，到处可见；真正能担当大任、独当一面的干臣，实在难得。否则，当时也不会派官场有争议的王守仁到南赣去。

于是，正德在正德十五年正月下旬，下旨，叫王守仁"仍回江西"，也就是不必到行在了。因为以前已任命王守仁巡抚江西，所以叫王守仁回江西，就仍让他总管江西和南赣的事务。[13]

王守仁接旨，知道自己在正德皇帝那里"过关了"。

在一月底，王守仁回到铜陵。那里的地方官自然要招待。闲谈之中，得知此地有一艘铁船，于是前往观看，并有感而发地写了一首歌行体的《过铜陵见铁船》，诗中云：

> 由来风波平地恶，纵有铁船还未牢。
> 我欲乘之访蓬岛……复恐驾此成徒劳。
> 世路难行每如此，独立斜阳首重搔。

颇可见当时他的心态。写了以后，还颇有兴致地书写了赠送给"士洁"，也就是谢源。[14]

王守仁在行程中，对九华山有一种特殊的情感。往返江中时，有《江上望九华不见》诗，可以看到王守仁的心情：

> 五旬三过九华山，一度阴寒一度雨。此来天色稍晴明，忽复昏霾起亭午。

"平生山水最多缘，独此相逢容有数。"[15]这里说的不仅是九华山，也是他自己的心态吧。

溯江而上，到安庆、枞阳一带，王守仁朝桐城方向，转入练潭湖中。他为什么会前往练潭呢？和他的一位门生齐之鸾有关。齐之鸾，是正德六年（1511）进士，而那一年，王守仁是会考的考官。如前所述，当时齐之鸾任兵部给事中，被派往张忠、许泰所率前往江西的"北军"中，担任"记功"之职。他针对当时诬陷王守仁"叛逆"的说法，澄清事实，为王守仁辩护。

王守仁或许是得到了这样的信息，所以才有练潭之行。在练潭湖畔，他写了《练潭馆》二首。[16]

诗中说到当时的境况是"风尘暗惜剑光沉","静夜空林闻鬼泣"。[17]鱼龙出没，风云突变。阴阳失调，冬天雷鸣电闪。[18]

王守仁感叹：人生匆遽短促，就如在旅途之中。在天地这个邮传驿舍中，不断地流转变化。但同时，"行止复何心，寂寞时看剑"。他又怀着驰骋疆场的雄心壮志，寂寞面对怀中的宝剑，有着一种壮怀难酬的氛围。[19]

回程中，他游览了九华山。

九华山群峰耸立，山上遍布亭台楼阁、寺院道观，是游览的胜所。山水一直是王守仁寄托情怀之所。这时心中各种情绪交集，他到了当年游过的莲花峰、云峰等山峰，芙蓉阁、无相寺等名胜，并用诗歌记载了当时的心境。

在这些诗歌中，有对景色的描述：

"九华之山何崔嵬，芙蓉直傍青天栽。""刚风倒海吹不动，大雪裂地冻还开。"[20]严冬之际，天寒地冻。

"夜半峰头挂明月，宛如玉女临妆台。""瀑流悬绝壁，峰月上寒空。鸟鸣苍涧底，僧住白云中。"[21]寒冬时节，清冷的寒夜月色，笼罩着瀑布山峰。

还写到了自己翻卷着的思绪：

> 游兴殊未尽，尘寰不可留。山青只依旧，白尽世间头。[22]

在这时写的《登云峰望始尽九华之胜因复作歌》[23]中，描写九华山的山峰，也带有抒发自己心情的含义：

> 九华之峰九十九，此语相传俗人口。俗人眼浅见皮肤，焉测其中之所有？……有如智者深韬藏，复如淑女避逞妒。暗然避世不求知，卑己尊人羞逞露。……旋解诗囊旋收拾，脱颖露出锥参差。

当他再次登上九华山时，景色与心情和前面《江上望九华不见》

诗中所显现的,"一度阴寒一度雨……忽复昏霾起亭午"的状况就大不一样了。这时写的《游九华道中》:"微雨山路滑,山行入轻舟。""不道舟行转屈曲,但怪青山亦奔走。薄午雨霁云亦开,青鞋布袜无尘埃。"[24]呈现出轻快的感觉。

正德十五年一月底,王守仁到达江西九江一带。该月三十日,他特地到了庐山开先寺,留石刻在"读书台"后,次日游白鹿洞。[25]

在庐山上,他又写了一些诗歌:《望庐山》《游庐山开先寺》等。[26]

正德十五年二月初,王守仁回到九江。这就是两月三次在长江中行。这些,在《武宗实录》《明史》等史书中都没有记载。

王守仁回到九江,虽说北军驻扎江西,但是,自己现在已经得到皇帝的认可,[27]所谓"谋反"的嫌疑基本解除,所以,心情就有了相当的变化。

二月,和伍希儒、谢源、徐琏、陈霖等人游青玉峡龙潭,刻石题名。[28]

在闲暇之际,写了一些诗歌。如《立春二首》[29]其中写道:"春风如旧鬓毛衰。""孤云渺渺亲庭远,长日斑衣羡老莱。"[30]他思念着远方的家人。

又有曰:"天涯霜雪叹春迟,春到天涯思转悲。破屋多时空杼轴,东风无力起疮痍。周王车驾穷南服,汉将旌旗守北陲。莫讶春盘断生菜,人间菜色正离仳。"[31]充溢着忧国忧民的情怀。

三月春光明媚之际,王守仁又上了一次庐山,有《庐山东林寺次韵》《远公讲经台》等诗歌。《重游开元寺戏题壁》:

> 三月开花两度来,寺僧倦客门未开。……君不见富贵中人如中酒,折腰解醒须五斗?未妨适意山水间,浮名于我亦何有?

在这些诗歌中，可以看到，王守仁已经没有了前日的焦虑和沉寂。他深感自己生命的消逝，怀念着远方的家人，充溢着忧国忧民的情怀，流露出勘破俗世、睥睨浮名的洒脱，同时，又透露出对未来抱有希望的光亮。这应该是王守仁在经历了这场大波浪以后，思想情感的真实写照。

王守仁度过了最艰难的时刻，因而把心思放到了治理江西的政务上。

注释

1 见《元日雾》，元日当为正德十五年元日。

2 见《二日雨》："昨朝阴雾埋元日，向晓寒云迸雨声。"《三日风》："一雾二雨三日风。"

3 见《元日雾》。

4 见《二日雨》。

5 见《三日风》："一雾二雨三日风，田家卜岁疑凶丰。我心惟愿兵甲解，天意岂必斯民穷！虎旅归思怀旧土，銮舆消息望还宫。春盘浊酒聊自慰，无使戚戚干吾衷。"

6 刘姬：即是第十三章所说的"刘娘娘"，正德宠姬。

7 《明通鉴》1811页。

8 《明史》卷二百："中官张忠、许泰至南昌，欲冒其功，而守仁已系宸濠赴浙江，张忠大恨，文定出谒，遂绑缚，文定大骂不已。"5280－5282页。

9 见钱德洪《征宸濠反间遗事》，上古版《全集》，1471－1472页。

10 《明通鉴》正德十五年正月："忠、泰言之于上：'守仁在杭州，竟不赴行在，陛下试召之，必不来。'"1818页。

11 见《明通鉴》卷四十九，1817—1818页。康熙癸丑（十二）年，俞嶙刻《王阳明先生全集》附录《王阳明先生年谱》正德十五年："正月有诏召先生。张永使幕士钱秉忠密以报先生。"

12 《江、施二生与医官陶埜，冒雨登山，人多笑之，戏作歌》。江，名学曾；施，名宗道。明邹守益《阳明书院记》："正德庚戌，（王阳明）以献俘江上，复携邑之诸生江学曾、柯乔、施宗道以游。"

13 《明通鉴》卷四十九，《明通鉴考异》："事见《明史本传》。《三编》系之闰八月'目'中，据其重上捷音及受俘之月日也。《实录》自守仁至杭州以宸濠付张永后凡数月，不及文成一字，故拿州以为修《实录》者忌之，是也。据《宪章录》，文成闻召至芜湖而返，系之正月，而《年谱》所载，亦云'趋至上新河，竟为诸权悻谗沮，不得见'，其为忠等尼之明矣。今据增入。"《明通鉴》1818页。

14 谢源，字洁甫，又字士洁。正德六年进士。王守仁《留用官员疏》："臣在吉安地方调兵讨贼……适遇钦差两广清军御史谢源、刷卷御史伍希儒各赴京复命，道经该府，不能前进……遂留军前，同心戮力，经济大难。待事宁之日，赴京复命。"上古版《全集》卷十二，396页。当时谢源或仍在江西王守仁军中。

此诗上古版《全集》卷二十收录，题目、文字和真迹略有出入。王守仁书写的此诗真迹现存北京故宫博物院。浙江古籍本《全集》据计文渊《吉光片羽弥足珍——新发现的王阳明诗文墨迹十种》收录，束景南《辑考编年》据《中国书法全集》第二十五卷收录。此真迹有"星衍""伯渊审定真迹"等印，可知曾经清代孙星衍之手。

关于此诗的写作时间，明言"书于铜陵舟次"，当不误。也可能在舟上撰写此诗，到后来再书写赠谢源。

15 诗中有"五旬三过九华山"之说，殆指正德十四年冬从京口返江西，又于正德十五年初再次往返九江、芜湖。

16 浙江古籍本《王阳明全集（新编本）》云录自明胡缵宗修《安庆府志》卷十八。束景南《辑考编年》称录自胡缵宗修《安庆府志》卷十六，道光《桐城续修县志》卷四。道光《桐城续修县志》卷一："练潭，有驿。北通县城，南通安庆府，西通青草塥，东通枞阳，四达之衢。"束景南云："此诗作在春间，则必是正德十五年春正月阳明由江西赴召至南都经安庆练潭作。"《年谱》："正德十五年正月，赴召次芜湖。寻得旨，返江西。"此诗当是由芜湖返回江西途中所作。

17 《其一》："风尘暗惜剑光沉，拂拭星文坐拥衾。静夜空林闻鬼泣，小堂春雨作龙吟。"

18 《其二》:"鱼龙互出没,风雨忽腾变。阴阳失调停,季冬乃雷电。"季冬:殆正德十五年一月,时值季冬。中国长江流域的冬季,一般少有雷电。这里除真的风雨雷电之外,或也有此次前往前途未卜之感。

19 《其二》"倏忽无停机,茫然谁能辨。吾生固逆旅,天地亦邮传。行止复何心,寂寞时看剑。"

20 《芙蓉阁》。

21 《重游无相寺次韵四首》之四。

22 《重游无相寺次韵四首》之一。

23 云峰,《九华山志》:"云峰在罗汉峰下,晴雨皆有云出入。"

24 据《年谱》正德十五年:"正月,赴召次芜湖。寻得旨,返江西。"此诗当为王守仁得旨命其回江西后所作。此时心情与前诸诗不同。

25 见《年谱》正德十五年正月:"以晦日重过开先寺,留石刻读书台后。""明日,游白鹿洞。"

26 上古版《全集》760页,此诗《全集》列于《杨邃庵待隐园次韵五首》之后,《除夕伍汝真用待隐园韵即席次答五首》《元日雾》等诗之前,所次位置殆有误。按照《全集》所收判断,从逻辑上讲,王守仁从京口到九江,应先经过繁昌、铜陵、九华山等。如果《望庐山》等皆为该年所作,则应在回到九江以后方有可能。从诗的内容上看,与《除夕伍汝真用待隐园韵即席次答五首》"人心本自危""筋力顿成衰"、《元日雾》"我亦停车泣路穷"等诗,颇为不同,有"九江风浪非前日,五老烟云岂定期"句,显示情况的转变。所以,《登庐山》等诗,当列于王守仁回到九江以后为妥。

27 这时,他仍是南赣、江西的巡抚和督军,还是江西等地平叛军队的实际首领。

28 见束景南《辑考编年》609页。

29 此当为正德十五年立春。

30 见《其一》。

31 见《其二》。

第十九章 经营江西(上):从九江到赣州

正德十五年三月—正德十六年六月

一、会见"北军"

正德十四年政治风波的惊涛骇浪渐渐平息，正德十五年二月，王守仁回到九江以后，名正言顺地开始主持江西政务，稳定叛乱后的动荡，着手社会整顿和建设。

回到九江，自然要和当时驻扎在江西的北军交涉，要和率领北军的许泰、张忠等人见面。在此期间，如何处理和北军的关系是一大问题。

在黄绾的《行状》中记载了王守仁和北军见面时的一件事情：

> 初见彬辈，皆设席于旁，令公坐。公乃佯为不知，遂坐上席，转旁席于下，以坐彬辈。彬辈衔之，出语诮公。公以常行交际事体谕之，左右皆为公解，遂无言。

虽说可能是传闻，但也反映出当时王守仁的处境和他的态度。主管北军的许泰、张忠等，与王守仁的关系说不上谐和，但皇上已经有旨，让他回江西管事，所以也奈何不得。

在据理不让的同时，王守仁作为当地的行政主管，依然注意照顾北军的必要军饷和日常生活。

因为北方的军队不服水土，多有人生病。再加上从去年十月至今，已经大半年，众人有思归之心。王守仁体察下情，对北军的将士多加关心。

当时，整个江西，尤其南昌一带，基本在北军的控制之下。北军的首领许泰、张忠等原本就不信任王守仁，朝廷派他们前来，就有牵制他的意味。另外，许泰等将军是在战场上打过仗的，认为自身武艺高强，而王守仁只是文人书生，就不把他放在眼中。于是，就引发了一场在校练场上比赛射箭的故事。

一天，王守仁巡视军营，因为他对待士兵很亲切，士兵对他也就少了点拘束。士兵们在营内练习射箭，看到王守仁前来巡视，于是北军的将士，便邀请王守仁比赛射骑。

王守仁见状，微微一笑，也不拒绝，步出营帐，骑马挽弓，连射三箭，皆中靶心。见此，北军将士都欢呼起来。这事流传开去，军士们对于王守仁就更是刮目相待，益发尊敬了。[1]

王守仁在抓紧恢复叛乱后社会环境的同时，也抓好自己所辖部队的训练。为此，王守仁拟在江西校检军队（就是整顿军队）。有人指出，这样做，会招致朝廷怀疑他有二心。但他依然坚持。为此，写了篇诗歌《啾啾吟》表明心态：

> 知者不惑仁不忧，君胡戚戚眉双愁？信步行来皆坦道，凭天判下非人谋。用之则行舍即休，此身浩荡浮虚舟。丈夫落落掀天地，岂顾束缚如穷囚！

> 君不见，东家老翁防虎患，虎夜入室衔其头？西家儿童不识虎，执竿驱虎如驱牛。痴人惩噎遂废食，愚者畏溺先自投。人生达命自洒落，忧谗避毁徒啾啾！

坦荡豁达之气，一览无遗。

因为和北方来的张忠、许泰等已经见面交涉过，领教过他们的分量，王守仁着实没有太把他们放在眼中。经过几个回合的交往，王守仁基本掌握了和北军交往的主导权。

要恢复动乱后的江西，有大量的实际工作要做。而大军驻扎在江西，对于地方的财政也是一巨大负担。王守仁根据事情的轻重缓急，逐步解决。

首先，在正德十五年三月二十五日，再次上疏，请求朝廷能够宽免税粮、急救民困，以弭灾变。

他在上疏中报告朝廷：江西十三个府所属的县，从去年三月到七月没有下雨，民众收成无望。宸濠作乱前，为收买民心，宣布国家豁免了税粮。现在平定了叛乱，大家担心是否要补交税粮。在定乱之后，前来的北方军队要撤回，漕运方面又来摊派有关费用。尽管朝廷也下令宽恤，然而徒有虚文。"户部以国计为官，漕运以转输为任，今岁额之催，交兑（税）之促，皆其职之使然。"但是"民者邦之本"，邦本一动，祸变可忧。他还从朝廷的立场出发，算了一笔账：免除江西粮税，"不过四十万石"，如果祸变卒起，"即出数百万石，既已无救于难矣"，劝朝廷不要因小失大。

疏文据实直言，条理分明，为国为民的真切情理，溢于字里行间。²

其次，四月二十五日，又上疏，请准予使用没收的房屋为官舍。由于历时长久，又遭动乱，旧的衙门都已损坏，难以维持。王守仁会同巡按御史唐龙一起勘查，拟将城中没收入官的房屋，以及原来宁王违制建造的宫室与革毁的各种衙门，都改修为公廨，认为这样"不费于官，不劳于民，工省事易，诚亦两便"。³

再次，五月，江西大水，使得已经灾难重重的江西民众雪上加霜。王守仁作为地方的主管，五月十五日上《水灾自劾疏》自劾，主动承担责任。

因为当时水旱灾严重，民不聊生。守仁此疏，实际是向朝廷说明江西等地民生的实际情况，希望朝廷能够适度宽免税赋。

最后，同日上《计处地方疏》，报告自己会同江西监察御史唐龙，把原来宁王强占的民间土地、山塘、房屋等都还给原主，其余的按照实价变卖，银两入官。

将所得的银子，首先尽量拨给在南康、新建等地的军用，同时上缴给淮安的京库，并拨发王府的俸禄，其余的收归布政司，以备缓急。

也就是在自己可能的范围内，解决江西的部分经济财政问题。

在王守仁的主持运作下，到正德十五年夏，整个江西的态势基本稳定下来。

二、返回赣州

在九江、南昌一带处置了江西的乱后事务，基本安排了军事、社会、经济、民生等一系列当面问题后，作为南赣的军政长官，正德十五年六月，王守仁从九江、南昌一带南下，经过章口，回到赣州。

自去年从吉安出发，平定宸濠之乱，历经了各种风险，惊涛骇浪，现在总算大局底定，又回到了这个地方。他不胜感慨。这是他从正德十年来一直主政之处，根基牢固，比较安定。

皇上已经任命自己主政江西，猜忌流言风波，大致平息。所以回到赣州的王守仁，心情上比较轻松了。

在赣州，根据朝廷解决宁王之乱的安排，王守仁于七月十七日"遵奉大将军钧帖"再次上了《江西捷音疏》，把平定宸濠之乱的功绩，也归于"朱彬""朱泰""张忠""魏彬"（司礼太监）等。[4]

同时，王守仁第三次上疏，请求罢免自己的官职，回乡省亲。

宁王朱宸濠虽然已经被擒获，然而，朝廷里暗中和宁王勾结的势力依然强大。王守仁回想一年多来的经历，看透有些所谓的正人君子、冠冕堂皇的高官，其实暗地里都干着肮脏的勾当：表面上忠于朝廷，私下里却和宁王的叛乱有着勾结。因而，对于"人心""良知"的意义，有了更清晰的认识。

在正德十五年八月所写的《纪梦》诗中，王守仁表达了这些想法。这是反映他这一时期思想的重要作品。诗前有篇《序》，写得挺特别：

> 正德庚辰八月廿八夕（正德十五年），卧小阁，忽梦晋忠臣郭景纯氏以诗示予，且极言王导之奸，谓世之人徒知王敦之逆，而不知王导实阴主之。其言甚长，不能尽录。觉而书其所示诗于壁，复为诗以纪其略。嗟乎！今距景纯若干年矣，非有实恶深冤郁结而未暴，宁有数千载之下尚怀愤不平若是者耶！

这里涉及几个重要人物：郭景纯，王敦、王导。[5]

晋元帝永昌元年（322）正月，王敦以诛隗嚣恶为名在武昌（今湖北鄂州）起兵。后明帝即位，太宁二年（324）下令讨伐。明帝亲率六军与王敦军抗争。敦病卒。乱被平定。[6]

关于郭璞被王敦杀害的故事，《晋书》有记载：

> 王敦之谋逆也，将举兵，使璞筮。璞曰："无成。"敦固疑璞之劝峤、亮，又闻卦凶，乃问璞曰："卿更筮吾寿几何？"答曰："思向卦，明公起事，必祸不久。若住武昌，寿不可测。"敦大怒曰："卿寿几何？"曰："命尽今日日中。"敦怒，收璞，诣南冈斩之。后，王敦之乱平，追封之，以彰其忠。故称"晋忠臣"。[7]

对这样的历史，王守仁《纪梦》诗的《序》中写道：自己在"梦"中遇见郭璞，郭璞对他说："王导真奸雄，千载人未议。""倘其为我一表扬，万世万世万万世。"⁸

于是，王守仁就写了诗歌，在诗中说：自己梦游到海滨神仙所居之处，见到了郭璞，郭璞"切齿尤深怨王导，深奸老猾长欺人。当年王敦觊神器，导实阴主相缘夤。不然三问三不答，胡忍使敦杀伯仁"。⁹

王守仁"开窗试抽《晋史》阅，中间事迹颇有因。因思景纯有道者，世移事往千余春。若非精诚果有激，岂得到今犹愤愤"。

并借郭璞之口，感叹："是非颠倒古多有，吁嗟景纯终见伸！御风骑气游八垠。彼敦之徒草木粪土臭腐同沉沦！"

在这首诗后，仿佛意犹未尽，又附列了郭景纯给他的诗歌，其中有郭璞临刑前的呼号："我死何足悲，我生良有以！九天一人抚膺哭，晋室诸公亦可耻。举目山河徒叹非，携手登亭空洒泪。"

上述的诗作，表面上看，是"纪梦"之作，评论东晋的一段历史，实际上是王守仁对现实生活的有感而发。以王敦隐指宸濠，以王导隐指朝中与宸濠有交涉的当权者，抒发自己内心的积郁，表述了积压在心底的愤怒之情。¹⁰

那么，在正德十四年平定"宸濠之乱"过程中，王守仁看到、感受到了什么呢？

是从底层的艰辛苦难到高层的荒淫腐败；

是从忠良真诚的热血呼唤到权贵卑劣的道貌岸然；

是在道学家"善"的教义的背后，显现出来的那些肮脏和无耻；

是在自己一片忠诚的奉献之后，遭受到的无端诬陷。

总之，历经平定"宸濠之乱"的波折和磨炼，王守仁对于当时朝廷中和社会上的伪善嘴脸，对于人性中丑陋的一面，看得更清楚了。

这首《纪梦》诗和《序》的写作，正是在王阳明一生中重要的时期、也就是正式提出"致良知"说的前后。把这二者结合起来思考，可以看到使他思想发生变化的现实诱因。这些现实的经验感受，是促成王守仁思想变化的重要因素，是促成他理念升华飞跃的现实基础。正是在实践中，使他认识到：单纯的心灵的"善"和"诚"，固然是立身之本，但现实人生中的那些"恶"与"伪"，必须要通过自我——也只有自我的反思，才能清除。

在这里，自我的思维不再是静态的、原生的、"本性"（所谓"性本善"）式的，而是强调了个人自我的思考、辨析、判断、追求的动态过程。这也就是他所想要提倡的，要"致"（达到，即动态的追求）"良知"。

王守仁不是天生圣人，他的思想在现实中逐步形成和展开。

王守仁在江西整顿恢复，朝廷也在按照自身的规则运作。

正德十五年闰八月，正德皇帝在南京"受俘"，也就是显示自己"平定叛乱"的胜利成果。丁酉（十二日），正德皇帝动身返回北京。

与此同时，前往江西"征伐"的北军也逐步撤回。

九月四日，王守仁上了《开豁军前用过钱粮疏》，这有点像是最后的决算报告，也就是这一年多平定宸濠之乱所用的军费情况报告。到了年底再次向朝廷报告"征收秋粮稽迟"，上《征收秋粮稽迟待罪疏》。实际上是再次向朝廷请求，减免江西民众的税收。

正德十五年九月，皇帝回军北京。"宸濠之乱"事件，至此，算是落下了帷幕。

三、经营江西

王守仁回到江西,作为主持一方的主要官员,为了恢复社会的安定发展,在一年多的时间里,往返于赣州、南昌之间,主持政事。这时,南赣和江西基本上都归他管辖。王守仁进一步推行了已经在南赣实行的"十家牌法",推行他的《乡约》。

"十家牌法"是用于保障地区安全、构筑农村社会的策略,也是对农民进行统治的手段。[11]要点是,农村中每十户组成一个联保单位,发生盗难等事件,联手防御;发生问题,共同担当责任。[12]

同时,加强社会基层行政组织建设,推广"乡约",注重农村基本道德和社会规范的教育培养。按照儒学教义,构建农村社会。

主要的内容是:

每村推举德高望重者组织"乡约"(有约长、约正、约史、知约、约赞等分管日常事务),乡约组织的经费由村民出资负担。建立"约所"为奖善惩恶之处。有危难事,由"约长"会同乡约裁处区划。按时纳粮交税。解决乡间债务、斗殴纠纷、对外交涉、招纳新民、婚丧嫁娶等日常事务。规定乡约开会时的具体仪式。

其目的是:"孝尔父母,敬尔兄长,教训尔子孙,和顺尔乡里,死丧相助,患难相恤,善相劝勉,恶相告戒,息讼罢争,讲信修睦,务为良善之民,共成仁厚之俗。"[13]

这些措施,是儒家教义在当时中国社会的具体实践,对于构筑当时南赣和江西的农村社会、巩固明王朝在这些地区的统治,起到了相当的作用。另一方面,从更长的历史发展角度看,这样稳固的社会结构,也就减少了本来在这一地区比较活跃的人口流

动。(是否延缓了中国商品经济的发展,这是可以进一步探讨的问题)

除了日常的行政工作之外,还要处理有关叛乱事件的各种善后事务。作为当地的行政长官和平叛的主要人物,他当然要提倡为国献身的忠诚,表彰在实践中殉难的同事。正如他在稍后时所说:"人于平居无事,扼腕抵掌而谈,孰不曰我能临大节、守大难。及当小小利害,未必至于死也,而或有仓皇失措者矣。"[14]他敢于担当,没有忘记为在这场大风浪中受到冤枉的人员申诉。

在北军进驻江西以后,发生了大肆逮捕有关官员、造成冤狱之事。[15]当时,王守仁不在江西,即使在,他也无力阻止。

而这时,王守仁站住了脚,于是在正德十五年八月,坚持上书,为伍文定、冀元亨,当然也包括伍汝珍等受冤屈的人员申诉。他说,对于这些同僚:"臣与之同事同功,今赏积于臣而彼有未逮,臣复抗颜直受而不以一言,是使朝廷之上,果以其功独归于臣;而此诸人者之绩,因臣之为蔽而卒无以自显于世也。"更何况,还有的人受了冤屈,那就更不公正。因此,他要"不避矜夸僭妄之戮,而辄为诸臣者一诉其艰难抑郁之情"。[16]

对于参与"宸濠之乱"者的家属,他作为朋友,也尽到应尽之责。在为刘养正母写的祭文中,可以看到这样的精神。[17]

在帝王统治时期,为因"叛逆"被处刑之人申辩,无疑需要有和当局抗争的勇气。这些申诉、祭文,反映了王守仁人格的一个重要方面。不仅在自己顺利时,不忘旧情,把荣誉功劳推及他人;尤其难能可贵的,是在有被牵连可能时,不避嫌疑,敢于为受冤屈的朋友申诉,敢于为已经被定罪的原来朋友的母亲写祭文。这些表现了王守仁得到利益,不抢先独占、多顾及他人;遇到危难,不推脱责任、敢于担当的坦荡人格。

此外,作为日常的公务,王守仁自然还要迎送、应酬往来的各种人员。

在江西，王守仁有不少朋友：陈文鸣、李梦阳、谢源、唐龙、邹守益等等。作为一方大员，随着官场升迁移动，路过往来的新朋旧友，自然多有唱和、讨论。其中有一篇诗，比较概括地反映了此时王守仁的心态。

余姚的同乡邵贇在广东任右布政使，正德十六年初致仕，路过江西，王守仁送别，撰《送邵文实方伯致仕》。[18]诗中曰：

> 君不见，埘下鸡，引类呼群啄且啼？稻粱已足脂渐肥，毛羽脱落充庖厨。又不见，笼中鹤，敛翼垂头困牢落？笼开一旦入层云，万里翱翔从廖廓。人生山水须认真，胡为利禄缠其身？高车驷马尽桎梏，云台麟阁皆埃尘。鸱夷抱恨浮江水，何似乘舟逃海滨？[19]

表现了对那种"稻粱已足脂渐肥，毛羽脱落充庖厨"的"埘下鸡"的鄙视，对于被困于笼，而"笼开一旦入层云，万里翱翔从廖廓"之"鹤"的赞赏，显现出"人生山水须认真，胡为利禄缠其身"的豁达，显现出对只顾追求利禄之徒的鄙夷。

四、"致知"说的提出

经过平叛、蒙冤、回到江西主政这段波动，王守仁的人生态度和价值观念进一步转变。从以往主要追求济世"立功"，转向了更多地讲究学术的"立言"，或许在他的脑海里，还闪现过青年时代要当"圣人"的霞光。他和新朋旧友，探讨学术，整理著述，讲学授徒，宣扬自己的见解。正如他给老友罗钦顺的信中所说："诸皆余事，守仁平生唯有讲学一节耳。"[20]

在这一时期，王守仁明确地提出了"致知""致良知"的观念,这一年,他四十九岁。[21]

如前第十三章所述,正德十三年,陆澄和薛侃在原来徐爱向王守仁问学记录的基础上,编撰了《传习录》。当时还刻印了《朱子晚年定论》《大学古本》等。由于很快爆发了"宸濠之乱",王守仁忙于平叛等事务,虽说他的著作在学者中引起了反响,产生了不同意见,但是王守仁根本没有进一步展开讨论的充裕时间。

这时回到赣州,军政事务大致安定,王守仁得以对有关学者的批评加以回答,更系统地阐明了自己的想法。[22]

引人瞩目的是与罗顺钦、湛若水、唐龙等人的讨论。

正德十五年春天,王守仁把新刊的《大学古本》赠送给当时在江西家中的罗钦顺。[23]

罗钦顺回信,对王守仁强调"内"的学术倾向,提出了一些看法。这触发了王守仁进一步阐述自己思想的意愿,在正德十五年六月,给罗钦顺写了一封长信,这就是著名的《复罗整庵少宰书》。[24]

王守仁在信中说:"来教谓某'《大学》古本之复,以人之学但当求之于内,而程、朱格物之说不免求之于外,遂去朱子之分章而削其所补之传'。"这是当时罗钦顺对王守仁《大学古本》的看法。王守仁认为并非如此,反问他:"学岂有内外乎?"[25]罗钦顺致书守仁说:圣人教化世人:既要研究学问,又要身体力行,其教训是很清楚明白的。如果不向外界学习,而只在内心反省体验,则正心诚意四字无所不包,又何必于入门之际下"格物"工夫呢?

王守仁回信说:"理无内外,性无内外,故学无内外。讲习讨论,未尝非内也,反观内省,未尝遗外也。"[26]

这是比较系统地回答关于《大学》的看法,包含着"致良知"的内涵。[27]

罗钦顺给王守仁的信，反映的不仅是他一个人的意见，其实这代表着当时相当一部分学者、官员，甚至其中也包括与王守仁关系很好的朋友乔宇、汪俊兄弟、潘岳、唐龙等的看法。

王守仁在回答中，着重谈论了"致知"这一概念。再次强调："格物者，格其心之物也，格其意之物也，格其知之物也；正心者，正其物之心也；诚意者，诚其物之意也；致知者，致其物之知也。此岂有内外之分哉？理一而已。"在此前后所撰新刊的《大学古本序》中，王守仁比原本《序》，特地增加了"致知"的论说："致知者，诚意之本也，格物者，致知之实也。""不本于致知而徒以格物诚意者，谓之妄。"[28] 明确地把自己的学说的核心，归纳为"致良知"。这在王守仁思想发展的过程中，是一个重要的关节点。

其次，是对于《朱子晚年定论》指责的说明。

正德十三年，门生刊刻《朱子晚年定论》，这并非王守仁本人的意愿，当时他还不高兴。因为那是王守仁在南京和朋友论学时所作，为的是给自己的理论找根据，并非正面批判朱子。[29]

在《答汪仁峰》的信中，对此做了说明："朱陆异同之辩，固守仁平日之所召尤速谤者，亦尝欲为一书，以明陆学之非禅，见朱学亦有未定者，又恐世之学者先怀党同伐异之心，将观其言而不入，反激怒焉。"[30] 也可见，王守仁编《朱子晚年定论》的初衷，并不在于公开批判朱熹。

他对朱熹的看法，在和学者的探讨中得以展开。其他人的看法，反过来对王守仁的思想发展有促动和启迪，以致他后来更明确地表明了与朱熹学说的不同。

除了和罗钦顺等人讨论之外，王守仁和自己在南方的好友湛若水也进行了深入的探讨。正德十五年春，湛若水家居服丧。当时霍韬、方献夫也在南方，他们时常家居为会，谈学论道。

王守仁到赣州后，和他们联系。正德十五年秋，霍韬过南昌，与王守仁论《大学》，所见也不尽相同。[31]

正德十六年，王守仁把自己的书送给他们，湛若水把自己的著述《学庸测》、方献夫把自己的《大学》《洪范》之论寄给王守仁，互相交流。

王守仁回信湛若水，认为他的研究："中间极有发明处，但与鄙见尚大同小异耳。""小异"主要有两点：一是内容的阐发，湛若水"命意发端处，却似有丝毫未协"，也就是说在根本的出发点上，和自己还有一点不协调，但"终当殊途同归"；二是表述的形式，王守仁认为，湛若水把"修齐治平"分开论说，"说话太多"，读者难以寻求，主张"明白浅易其词"，"使人自思得知"。对方献夫的著作，认为他"用力已深"，也表达了一定的首肯。

在此信中，王守仁更明确表示："致知之说，鄙见恐不可易，亦望老兄更一致意，便间示知之。"希望得到湛若水等的支持。认为："此是圣学传心之要，于此既明，其余皆洞然矣。"

这封通信，反映出两人坦荡交流、互为知己的心态。可惜此后二人没有相见，仅限于书信文字往复而已。[32]

他们之间虽说在学术倾向上有不同，但在重视个人内心的主体体验这一根本点上，则基本相同。王守仁和湛若水、方献夫的学术交流，反映出王守仁"致良知"说的提出，和陈白沙学系的联系。

在这一时期，王守仁还和唐龙、席书、霍韬等有书信来往，论"朱、陆"之学，辩"内、外"之理，大要同上。[33]

以上是和学者讨论，对自己学说的说明。

王守仁在这一时期，除了和学者交流之外，还进一步讲学收徒。

由于王守仁社会地位的提升，加上主政一方，原来的门人和慕名而来的入门者到江西南昌一带造访求教者日益增多，弟子的队伍有了很人的扩展。这一时期与王守仁过从较多的弟子有：夏良胜、季本、万潮、邹谦之、陈惟浚、伦以训等。舒芬也在这一时期和王守仁交往。[34]

此外，应该特别提一下，在江西时，新入门弟子有钱德洪、王艮。他们后来在阳明学系谱中占有相当的地位。

钱德洪，正德十四年从王守仁学。在江西时，钱德洪相随，年纪最小，王守仁称其为"小秀才"。[35]

王艮三十八岁时，闻王守仁之名，赴江西往谒。

他初到南昌，"以古服进见，至中门举笏而立。阳明出迎于门外。始入，先生据上坐，辩难久之，稍心折，移其坐于侧。论毕，乃叹曰：'简易直截，艮不及也。'下拜自称弟子。退而绎所闻，间有不合，悔曰：'吾轻易矣。'明日入见，且告之悔。阳明曰：'善哉，子之不轻信从也。'先生复上坐，辩难久之，始大服，遂为弟子如初。阳明谓门人曰：'向者吾擒宸濠，一无所动，今却为斯人动矣。'阳明归越，先生从之"。[36]

后来王艮在泰州推广王学，后称"泰州学派"，在晚明时期，影响颇大。

总之，在平定"宸濠之乱"后，南赣和江西的时期，王守仁不仅在现实的政治舞台上大展身手，在学术领域中，也明确地提出了"致良知"这一核心概念，著述、思想、学生规模，都有了充分的展开，形成具有一定社会影响的学术阵势，成为当时重要的儒学流派。

五、放情山水间

操持政务、探讨思想之余，在江西，王守仁和学生朋友多游览青山绿水。王守仁喜欢山水，一生中多有游览名山的记载。

王守仁主政江西，不少学生故友前来造访会见。

邹谦之、陈惟浚等来到江西，乘着天气晴朗，王守仁和他们一起到赣州西北的石窟——通天岩游览。通天岩，在赣州城西北。有石窟，据说开凿于唐朝，兴盛于北宋，被誉为"江南第一石窟"，有观心岩、忘归岩、龙虎岩、通天岩、翠微岩等五大岩洞。王守仁的《游通天岩示邹、陈二子》记载了此事。诗曰：

邹陈二子皆好游，一往通天（指通天岩）十日留。候之来归久不至，我亦乘兴聊寻幽。

在叙述了登山游览所见之后，又曰：

嗒然坐我亦忘去，人生得休且复休。采芝共约阳明麓，白首无惭黄绮俦。

养生出世的意识潜流，仍会在王守仁心中泛起波纹。

王守仁夏天，还游了青原山。山在吉安市东南，曾是黄山谷等人到过的地方，也是道教的圣地。在青云山，见到黄山谷的诗刻，王守仁诗兴冲涌，写了一首《青原山次黄山谷韵》。这里说的黄山谷韵，指宋代黄庭坚所作《次韵周元翁同曹游青原山寺长韵》。

"咨观历州郡，驱驰倦风埃。名山特乘暇，林壑盘萦回。云石缘欹径，夏木深层隈。"从"夏木深层隈"可知是在夏天。

"我来慨遗迹，胜事多湮埋。""剥阳幸未绝，生意存枯荄。""伤心眼底事，莫负生前杯。""烟霞有本性，山水乞归骸。""且从山叟宿，勿受役夫催。"描述了他和"二三子"登山看景，游历胜寺，宿于山叟之所的经过和感慨。

在这些诗歌中，和当初漂泊长江的焦虑，形成了明显的对照。在其他诗作中，可见当时王守仁生活状况的一些侧面。如《睡起偶成》：

>四十余年睡梦中，而今醒眼始朦胧。不知日已过亭午，起向高楼撞晓钟。
>
>起向高楼撞晓钟，尚多昏睡正懵懵。纵令日暮醒犹得，不信人间耳尽聋。

颇有点幡然醒悟的样子，显得坦然无忧。

随着年龄的增长，将近五十，也就是到了所谓"知天命"的阶段，面临着各种社会潮流，他内心深处有一种无力感，越来越想退出这样的泥潭。

在给陆原静的信中说："人在仕途，如马行在烂泥中，纵使能够驰跑，也是这脚起那脚陷，若是遇上劣马，就只能坐等沦陷了。"[37]他知道陆原静（澄）多病，故有同病相怜之感。

此外，不少朋友写信劝他"功成而退"。[38]

在这样的环境中，他的思乡之情，越来越强烈。

注释

1 见《年谱》，此事列于正德十四年，但十四年间，如前所述，王守仁似无与北军相交的机会。因为王守仁年轻时曾在北雍就学，"射"是必修之课程，加上连年征战，所以骑射的能力应当是有的。这事恐怕也多带有后来渲染的色彩。

2 《乞宽免税粮急救民困以弭灾变疏》，上古版《全集》卷十三，426－429页。

3 《巡抚地方疏》，《全集》卷十三，445－446页。唐龙，字虞佐，兰溪人。正德三年进士。见《明史》卷二百二，5327页。

4 上古版《全集》，435页。

5 见上古版《全集》，777页。郭景纯，名璞，字景纯。河东闻喜（今属山西省）人。《晋书》卷七十二有传。王敦、王导都是东晋大臣，《晋书》均有传，不赘录。

6 王敦之逆，见《晋书·王敦传》、《晋书·明帝纪》、《资治通鉴》卷八十三至九十三。诛隗剪恶：隗指刘隗，字大连，彭城（今江苏徐州）人，东晋大臣，司隶校尉刘讷之侄。起家秘书郎，后迁冠军将军、彭城内史、丞相司直。《晋书》有传。

7 《晋书》卷七十二本传。郭璞曾注释《周易》《山海经》《尔雅》《方言》及《楚辞》等。诗文有数万言，"词赋为中兴之冠"。今多散佚。

8 上古版《全集》，777页。

9 参见拙文《读王阳明〈纪梦〉诗》，载《中国诗学》第24辑，凤凰出版社，2017年。

10 杨慎《升庵诗话》卷二："慎尝反复《晋书》，目王导为叛臣，颇为世所骇异。后见崔后渠《松窗杂录》，亦同余见。近读阳明《纪梦》诗，尤为卓识真见，自信鄙说之有稽而非谬也。"

11 "十家牌法"的内容，见上古版《全集》卷十七，608-610页。又参见前第十三章。

12 《全集》中所载《申谕十家牌法》等文，未署年月。但该文字列于《批江西布政司设县呈》等文之后，似当在主持江西时所为。

13 见《南赣乡约》，上古版《全集》，599-604页。这也是王守仁在赣州所制定的方案。具体何时，没有确切资料。据邹守益《南赣乡约后语》，"此乡约乃是沿袭《蓝田乡约》而成"，或有所据。《年谱》列于正德十三年，作为南赣的乡约，即使确实作于十三年，他在南赣当时也无时间推广。那么在平定了宸濠之乱以后，要治理地方时，在江西广泛运用，也是必然的。

14 《再辞封爵普恩赏以彰国典疏》，上古版《全集》，457页。

15 见钱德洪《征宸濠反间遗事》，上古版《全集》，1471-1472页。

16 见上古版《全集》卷十三《再辞封爵普恩赏以彰国典疏》，458页。

17 见束景南《辑考编年》650页。

18 邵文实：据束景南考证，指邵蕡。见《光绪余姚县志》卷二十三。

19 乘舟逃海滨：指春秋时范蠡，助越王勾践打败吴国，不居功为官，乘舟泛海。事见《史记·越王勾践世家》《货殖列传》。

20 明张萱《西园闻见录》卷七《道学》，王守仁回答罗钦顺："诸皆余事，守仁平生唯有讲学一节耳。"束景南《辑考编年》985、963页。

21 关于王守仁何时提出"致良知"之说，学界有不同看法。一说在四十九岁，一说在五十岁。见日本山下龙二《阳明学研究》"成立篇"，199-

203 页。不管怎么说，这两年是王守仁思想观念发生变化的时期，则没有异议。

22 这段时间，王守仁基本在赣州，但也有时往返南昌。而南昌往来的学者比较多，所以，后世有的论著把这一时期王守仁的学术活动称为"赣州讲学"，或称"南昌论学"。

23 《年谱》正德十五年六月："如赣。""行至泰和，少宰罗钦顺以书问学。"这里的说法，和实际情况有出入，给人以罗钦顺向王守仁求教的印象，这恐是弟子尊崇其师的片面之见。

实际是王守仁先把刊出的《大学古本》送给罗钦顺，罗对他这书，谈了自己的看法。然后王守仁再回复。

罗钦顺《困知记》卷三《续》第二十："庚辰春，王伯安以《大学古本》见惠，其《序》乃戊寅七月所作。"

王守仁把自己的著作送给罗钦顺，是出于对他的尊重。因为罗钦顺在当时学界地位甚高，且年长王守仁七岁。

罗钦顺，字允升，号整庵，江西吉安府泰和县人。明代气学代表人物，对朱子学说有所发扬和修正。事见《明史本传》及《明儒学案》卷四十七。

24 见《传习录》卷二，上古版《全集》，73 页。束景南《辑考编年》640 页，录有据王守仁手书原件整理本，比《传习录》本全。

25 《年谱》，上古版《全集》，1272 页。

26 见上古版《全集》76 页。又见束景南《辑考编年》642 页。

27 束景南《辑考编年》524 页以降，对于王守仁何时提出"致良知"说，做了考证，可参见。

28 见束景南《辑考编年》670 页。此当为王守仁再版《大学古本旁释》时所增加的。

29 见《与安之》："留都时偶因饶舌，遂致多口，攻之者环四面。取朱子晚年悔悟之说，集为《定论》，聊借以解纷耳。门人辈近刻之零都，初闻甚不喜，然士夫见之，乃往往有开发者，无意中得此一助，亦颇省颊舌之劳。"这说明，此时他还没有公开别树一帜、批驳朱子的主观意愿。上古版《全集》，173 页。

30 汪仁峰，即汪循。此信见束景南《辑考编年》565 页，定为正德十四年所写。此说最初见永富青地《阳明学研究中文献学的意义》。

31 如前所述,湛若水长王守仁六岁,和王守仁早在弘治年间就已经相互交往,比较投缘。从某种意义上说,他是陈献章以后广东南海的儒学重镇。霍韬,见《年谱》,上古版《全集》,1280页。

32 信见上古版《全集》181页。此信《全集》标明为"辛巳",即正德十六年。

关于王守仁和湛若水的学术交流,关系明代中叶以后中国儒学以及思想史的变化发展。其后,邹守益、袁宏道、李卓吾、刘宗周、黄宗羲以及清代的毛奇龄,都曾论及。

近年,对此问题加以研究讨论的有日本学者冈田武彦,见所著《王阳明与明末儒学》第二章《王阳明和湛若水》。又,钱明《阳明学的形成与发展》上编第四章《王阳明和湛若水思想的异同》。

33 参见上古版《全集》卷五所载《与席元山》《答方叔贤》《复唐虞佐》,《年谱》"正德十六年"等。

34 以上诸人,都曾在正德十四年,上疏谏言,阻止正德"南征"而受罚。见《明通鉴》卷四十八正德十四年三月纪事。舒芬,字国裳,江西进贤人。正德十二年状元。《明史》卷一七九有传。《年谱》正德十五年言舒芬"跃然拜弟子"。又见《明儒学案》卷五十三《诸儒学案》,似黄宗羲未必认为舒芬为守仁弟子也。

夏良胜、季本、万潮、邹谦之,已见前。

陈惟浚,即陈九川,他从北京赶到南昌,当在己卯(正德十四年)。见近藤康信日译《传习录》404页(明治书院,1961年)。关于陈九川、夏良胜等的活动,见下节。

伦以训,字彦式,别号白山。广东南海人。明正德十二年(1517)舒芬榜进士第二人。授翰林院编修。伦以训的父亲伦文叙是弘治十二年(1499)状元,和王守仁是同年进士。

35 钱德洪,名宽,字德洪,号绪山,余姚人,以字行。德洪持论甚正,"虽无大得,亦无大失"。见黄宗羲《明儒学案》226页。收集整理王守仁遗著,多赖其力。

36 王艮,字汝止,号心斋。泰州人。他初见王守仁,当在正德十六年前后。上引文"向者吾擒宸濠,一无所动,今却为斯人动矣"可见,王艮是在王守仁平定宸濠之乱以后见到他的,后来跟随他回到浙江。见《明儒学案》卷三十二,处士王心斋先生艮,705页。

37 "人在仕途,如马行淖田中,纵复驰逸,足起足陷,其在驽下,坐见沦没耳。"上古版《全集》,166 - 167页。王守仁对于陆原静,引为知己,并予厚望。认为"自曰仁没后,吾道益孤,致望原静者亦不浅"。上古版《全集》167页《与陆原静》。

38 《黄绾集》卷十八《寄阳明先生书四》。

第二十章　经营江西（下）：白鹿洞讲学前后

正德十五年三月—正德十六年六月

一、正德之死与朝中波澜

王守仁在江西经营一方之时,朝中政坛,惊涛翻卷。

正德十五年八月前,正德皇帝一直在南京。正德十五年闰八月间,开始返回北方。十一月,到达通州。他在如何处置那位叛乱的长辈宁王朱宸濠问题上,有点犹豫不决。

这时,被派往江西,重新搜查宸濠有关文书典籍的张永和御史萧淮,把搜查所得的有关文书,上报给朝廷。[1]

张永等所得到的原来宁王的文籍档案,应该只是一小部分。但其中包括了当时的吏部尚书陆完(原为兵部,后转吏部)等与之交通的证据,这使正德皇帝颇为意外。于是,着手严厉处罚与宁王宸濠暗中勾结者,下令逮捕陆完。[2]

在此之前,由江彬告发,朝廷已经把钱宁、毕真、刘琅等有关党羽先后逮捕。但这只涉及部分与江彬不和者。江彬这样做,是为了掩饰自身的问题。对于像陆完这样握有实权的人物(而且是前几年在镇压刘六、刘七等民众反叛中立了大功者),基本没有触动。朝廷的行动,引起官员内心的恐惧和波动。

在交到朝廷的材料中,也有涉及王守仁的。主要是宁王在给陆完的信中,谈到要赶走胡世宁,表示后任的人选为王守仁"亦可"。这成了某些人物眼中王守仁暗中交接宁王的罪证。[3]

十二月,正德皇帝一行,北上到达通州。在通州,赐宸濠死。这样处置,或许是防止回到京城,各种势力的议论纷纷,无法处理。[4]

接着,江彬又劝正德不要回北京,直接前往宣府(那是江彬控制的地区),因正德皇帝身体状况不佳,难以成行,于是在十二月甲午(九日)还是回到了北京。王华上了贺诗,表示祝贺。这时的北京,左右朝廷大权的,主要是调入京城的所谓"外四家":钱宁、江彬、刘晖、许泰。他们执掌着团营的兵权,为都督。这些人并非铁板一块,比如钱宁等和江彬关系并不好。团营中,有太监任职,也就是皇帝派入的亲近人员,如张永、张忠、张锐等,他们分别和不同的外军有交集。

另一方,大学士杨廷和为首的内阁以及各级官员仍是政权机构的主要成员。此外,贵戚系统、皇太后、皇后家族等依然有着相当的势力。

在对待宁王朱宸濠的态度上,如前所述,最初外军、杨廷和这两方都与宁王有些勾结或交通,而宁王叛乱后,他们都要与之区隔,以显清白。但是他们和在平定宸濠之乱过程中,运筹帷幄、起重要作用的王琼,则显然对立。

这种相互间的矛盾、纠葛,酿成了正德十五年末到十六年春政坛的剧烈变动。

正德十五年十二月二十九日,兵部尚书王琼被罢免,代替陆完为吏部尚书。第二年初,兵部左侍郎王宪为兵部尚书。这反映了当时朝廷中错综交杂的政治势力的角逐。[5]王琼被免去兵部尚书之职,显然是受到江彬和内阁首辅杨廷和等的排挤。[6]由于王守仁和王琼关系密切,这又影响到朝廷官员对于王守仁的看法。

江彬集团和杨廷和集团也是对立的。江彬原是大同边防的将军,在镇压各地民众反叛的过程中,立了大功。率军入京,被赐姓"朱"，封爵位，权倾一时。[7]

江彬早就感觉到京城内众多反对自己的势力，所以就一直把正德皇帝拉在自己身边，"狐假虎威"。

江彬为了控制大权，想把团营的军队全部都归到"威武大将军"、也就是自己属下管辖（他当时是"副大将军"）。回到北京，就借正德皇帝的名义，发布命令。但有些命令尚未实行，正德皇帝便在正德十六年三月丙寅，驾崩归天了。[8]

正德皇帝死在豹房。过度的辛劳和无休止的纵欲，使他才三十一岁便过早地离开了人世。[9]

在帝王时代，任何一个帝王的死去，总会伴随着一场争夺朝政权力的角逐。在正德皇帝去世后，当然也是如此。

内阁首辅杨廷和，按照法定程序，主持商量继嗣之事。[10]他把张永、谷大用请到内阁，议论皇位的继承问题。杨廷和拿出《祖训》，力主立兴献王之后为新帝。[11]

这一提议得到皇太后的认可后，在湖北安陆的兴献王的儿子入嗣大位就正式决定了。[12]

杨廷和让内阁中年纪最大的梁储前往迎接，留蒋冕在身边相助，又命张永、武定侯郭勋、安边伯许泰、兵部王宪分头领兵布防。

在新皇帝进京即位之前，杨廷和实际掌握着最高权力。[13]他拟除去江彬，于是就利用进宫的机会和皇太后张氏商量。皇太后是个聪明人，同意了他的计划。[14]

真正拘捕江彬的是张永。据《明通鉴》载：

> 是日上坤宁宫脊吻，遣彬与工部尚书李𨱆行礼。彬吉服入，众不得从。祭毕，张永以计召彬、𨱆共饭于宫外。会懿旨令收彬。彬觉，亟走西安门。门闭，寻走北安门，门者曰："有旨留提督。"彬曰："今日安所得旨？"门者拥之，遂

被执。

既下狱,籍彬家,黄金七十柜,白金二千二百柜,他珍宝不可胜计。[15]

除去了江彬,四月,杨廷和等又趁势把和他政见不同的王琼也抓了起来,给他的罪名是"私通近侍罪",要处以死刑。[16]

四月二十二日新皇帝到京即位,大赦天下。此时,被江彬等扣押在狱中的冀元亨得释。但实际上他没过几天就死了。[17]

新皇帝即位后,就下旨召费宏进京。

五月,原先被逮在押的钱宁伏诛。大学士梁储致仕。六月,江彬被处死。宦官中有地位的张永、谷大用等都被罢免。另外,还罢免了正德末年的户部尚书阳潭、兵部尚书王宪、工部尚书李鏸。下诏书,"一切恢复旧制"。[18]

实际上,杨廷和为首的势力,是趁着新旧皇帝的交接,实行了一次全面的政权改组。[19]结果之一,是与杨廷和比较亲近的官员得以提升。这些官员多遵奉正统朱子之学,就成为后来大礼议之争中,力主传统礼制的主要人员。

放在杨廷和等大臣们面前的问题是:

正德十六年的四月,兴献王的世子(即后来的嘉靖皇帝)原本是一个藩王,他进入京城,登基,是以怎样的身份、该受到怎样的待遇?

新皇帝认为,自己受"遗诏",就是天子了。所以,进京时,应该按照天子的礼仪。自然,自己母亲也应按皇太后的礼仪办理。[20]

但是,以首辅杨廷和为代表的大臣们坚持既成的礼仪,主张兴献王子应当先以藩王的身份进京,然后按部就班登基,成为皇帝。理论上,是继承武帝之位,这样,他在正式登基的仪式之前,身份就是一个藩王,他的母亲自然也就是一个藩王的王妃,所受的就是一个藩王王妃的礼仪。

这样的做法,"准"皇帝的"兴献王子"无法接受。

他是兴献王的独生儿子,被选上,继承皇位,以延续朱家王朝的"皇统"。那么,如何处理"皇统"名义上的"父母"、祖先,与实际生身父母、祖先之间的关系呢?他坚持作为即将登基的皇帝,应按天子的礼仪进京。

结果是双方妥协,原则上接受阁臣的方案,嘉靖总算完成了即位的仪式。

但是,问题并没有根本解决。

在等级规定非常严格的宫廷礼仪的具体运作中,遇到了现实的麻烦。焦点是在中国皇家礼仪中占有重要地位的"祭祀"中,如何处置"统"(儒家理论上的继承权的正统性)与"后"(实际上是谁的后人,如何安置自己的先人在"皇统"中的位置)的关系。具体表现为:在祭祀等重大仪式上,怎样对待武宗正德皇帝一系和嘉靖皇帝生身父母一系的称谓、宗庙牌位?如何设置他们的庙宇?这些都涉及儒家经学的解释。

作为大多数朝臣们的意见,礼部尚书毛澄在六月上疏,把问题挑开了。毛澄上疏,力主儒家"正统"说法,要即位的皇帝,把自己生父"兴献王"改称为"叔父"。认为:根据《仪礼》中《丧服》所载"为人后者为之子"的原则,"自天子至庶人一也。兴献王子惟陛下一人,既入继大统,奉祀宗庙……陛下宜称为'皇叔父兴献大王',自称'侄皇帝名',以宋程颐之说为可据也"。[21]嘉靖皇帝难以接受。朝廷的争论公开化了,引发了震动中国十六世纪政坛的"大礼议之争"。[22]

王守仁也被拖到了这一争论的漩涡之中。

对于嘉靖皇帝来说,刚刚登基,众多事情等着他去处理,所以也无法太过详细地思考具体情况,对于各地的上疏、请求,他采取先按原来制度办理的态度。但是在"大礼"问题上,则有自己的动作和布局：

五月，被召的费宏入京后，嘉靖马上就让他重新入阁。[23]另外提拔自己为藩王时的旧臣钱宗皋入阁。这是在内阁中加入自己的亲信，平衡、制约杨廷和的势力。

同时，在"大礼"问题上毫不让步，对于毛澄的上疏，颇为不满。[24]

到了这年七月，事情出现了转机。新科进士张璁提出了反对杨廷和等朝中大臣们的意见，认为"大礼"应以人情为主，不必拘泥过去成法，同时援引前例，加以证明。"大礼"之争有了新的展开。[25]

二、白鹿洞讲学："致良知"说的展开

这时，江西的王守仁，作为一方军政主管，如上一章所述，在经营江西、南赣。他在正德十六年三月应该就得知了正德皇帝驾崩的消息。

不久，四五月份，到了春耕时节。王守仁眼中，是一派乱后的疮痍。他心中充溢着忧虑和对官场混乱的无奈。在所撰《立春》诗中曰：

荒村乱后耕牛绝，城郭春来见土牛。家业苟存乡井恋，风尘先幸甲兵休。未能布德惭时令，聊复题诗写我忧。为报胡雏须远塞，暂时边将驻南州。[26]

与此同时，面对内忧外患的现实，王守仁也在考虑日后的安排。

正德十六年五月，王守仁在庐山附近的白鹿洞，和自己的弟子们聚会。这就是所谓的"白鹿洞讲学"。[27]当时，他的弟子蔡宗

充为南康府教授，主管白鹿洞事，于是汇集同门相聚。王守仁在五月前，由南昌北上，至庐山。[28]

在庐山，不少官员有唱和之作。[29]

但王守仁真正关心的，不是游山，而是和门生后学等探讨自己的学说。与会的有陈九川、夏良胜、万潮、欧阳德、魏良弼、舒芬等多人，王守仁也曾催邹守益前来一聚。邹守益在广德，未能与会。[30]

王守仁在聚会中和弟子们探讨了自己的学说。[31]

在这一时期，王守仁的思想有了新的展开。

在平定了江西等地民众叛乱之后，他所主张的学说，由静态的"诚心"，发展到动态的"灭心中贼"，为"致良知"说的形成，做了铺垫。

而在平定"宸濠之乱"和以后的经历中，他更看清了那些道貌岸然官僚的真实面目，深感改造人心的重要，提出了"致良知"这一核心概念。"致良知"堪称王守仁思想的结晶。

在这一时期讲学中，王守仁强调"致良知"的重要性。认为：善与恶、忠诚与奸诈、崇高与卑微之间的界限，取决于个人内心的取舍判断，这是为学要解决的根本所在。[32]在致湛若水信中，明确表示："致知之说……此是圣学传心之要。"是作圣学问最重要的关键所在。[33]

同时，他意识到自己的学说，必须在中国传统儒学中找到历史的根源，才更具有存在的理由。从历史的传承角度而言，他认为，自己的主张和陆九渊的学说有相通之处。

在白鹿洞讲学后不久，他亲自为刊刻的《象山文录》作《序》，[34]并在自己管辖范围之内，录用陆象山子孙。应该说，这些都是他有意识地为建立以"致良知"为主要标识的心学体系的布局。

同时，王守仁反复向学生宣讲"致良知"。在南昌等地，一直强调这一点。如，对身边的陈九川说：

> 我此良知二字，实千古圣圣相传一点滴骨血也。[35]

在给邹谦之的信中说：

> 近来信得致良知三字，真圣门正法眼藏。往年尚疑未尽，今自多事以来，只此良知无不具足。譬之操舟得舵，平澜浅濑，无不如意。虽遇颠风逆浪，舵柄在手，可免没溺之患矣。[36]

这些叙述，都体现出王守仁从实践中得来的对"良知"的深刻认识。当然，对此加以系统化的表述，进行更全面的阐述，还有待以后的时日。

三、遥望故乡的云天

正德皇帝去世后，京都的朝廷中，政局剧烈变动。

清除了钱宁、江彬等外军将领，这对于王守仁来说，自然是个好消息。因为这些人曾对王守仁虎视眈眈。然而，他也感觉到，在嘉靖登基的过程中不和谐的声音：

和他关系密切的兵部尚书王琼被罢免，并被关进了监狱。张永等明显有功的人员被放逐。这些都是对他不利的变动。

朝廷中主政者杨廷和、毛澄等所持的儒家理念，和自己的思想不同。自己的学说，被这一系的人称为"邪说"。这无疑是一种笼罩在头顶的阴影。

政坛的波涛翻卷而来，王守仁的思绪跌宕起伏。纠结的心理，可见他写的《月夜》诗：[37]

> 客久欲迷乡国望，乱余愁听鼓鼙声。
> 湖南水潦频移粟，碛北风烟且罢征。[38]

各地的灾难和边疆的烽烟，都在念中。面对学术人心，王守仁在思考：

> 举世困酣睡，而谁偶独醒？[39]

在纠结之中，夹杂翻卷着对于故乡和亲人的思念：

> 濡手未辞援溺苦，白头方切倚闾情。[40]

秋天的冷寂，则更平添了他的归思：

> 露冷天清月更辉，可看游子倍沾衣。
> 白头应倚庭前树，怪我还期秋又违。
> 素位也知非自得，白头无奈是亲衰。[41]

"白头应倚庭前树""正怜白发倚南楼""白头无奈是亲衰"，这些诗句中反复出现的"白发""白头"，充分反映出王守仁处于政坛的惊涛骇浪之中，遥望故乡，思念亲人，感慨人生消磨的心情。

王守仁不仅是官员和学者，也是家庭中的一员。我们再来看看这时王守仁家中的情况。

祖母岑氏，长期卧病在床。祖母可以说是对王守仁关怀最多的女性。他对于祖母的感情，在文字中有所表现。

父亲已经回乡，年迈多病。

妻子诸氏这时也已经有病。诸氏虽说和王守仁没有生育，但是，她一直在担负着抚养养子和服侍公婆的责任。[42]

在《致诸弟函》中王守仁谈到家事，认为"田庄农务虽在正忙时节""切不可再迟迟矣"。对于族中的诸位弟弟：正心、正思、正恕、正愈、正惠等都有嘱咐，显示了对家人的关切，流露出对亲人的真切感情。[43]

王守仁自己的身体并不好，心中时而流露出一种生命消逝的孤寂。见《归怀》：

> 行年忽五十，顿觉毛发改。四十九年非，童心独犹在。
> 每当快意事，退然思辱殆。
> 奈何桑梓怀，衰白倚门待！[44]

曾经沧海，有过满怀忠心却被冤枉的经历，看到了共同奋斗过的朋友学生被冤枉的实际情况，面临变局，遥对朝廷中的派系权力争斗，王守仁对于自己的现实状况，当然有明确的认识。他预感政坛上会有变化。尽管无法预知结果，但是处在他的地位，不想掺和到纷争中去。

在反复思考后，一个信念渐渐明确，那就是王守仁一直潜存在心底的想法：退出仕途。"莫重三公轻一日，虚名真觉是浮沤。"这就是他的态度。

正德十六年六月，刚刚即位，登上了皇帝宝座的兴献王，面对着阁臣和官员系统时，自然希望一些有能力的人来辅佐自己。

然而，这时，嘉靖皇帝却接到了王守仁要求辞职回乡的上疏。

为何王守仁要在这时提出呢？

如前所述，正德末年，王守仁一度被怀疑"谋反"。"宸濠之乱"以后，在南京的正德皇帝周围，弥漫着对于王守仁怀疑的阴云。

当时朝廷中，对王守仁的各种非议不断。主要有两个方面：

一个是现实的政治运作上的问题，主要有三点：第一，不当擅自决定烧毁宁王簿籍；第二，不当越权要求设立县治；第三，没有做好灭宸濠之后的善后工作。

另一个是意识形态上的问题，认为他提倡的心学，宣扬陆九渊之说，有悖朝廷颁布的正统教义。

上述议论的阴云迷雾，在政坛飘荡。对此，王守仁不想辩解，他的态度是"不辨"，听之任之。[45]

从王守仁的角度言，正德皇帝已经去世，新来的皇上，和自己毫无关系，未来完全是未知数。

既然朝野有那么多流言，自己已决心退出官场，那么趁新皇帝登基，再次提出致仕归乡的要求，就是非常自然的了。

嘉靖皇帝，这位来自湖北的藩王，根据自己在藩时对政局的感受，自然知道王守仁——这是一位有能力之人。

他对王守仁的上疏，会怎样对待呢？

注释

1 萧淮在宁王起事前，就接到熊浃等的报告，并上报朝廷。所以他的报告，颇受朝廷重视。见《明史》17册5033、5215页，24册7428页，26册7793页。

2 当初，王守仁攻破南昌，得到簿籍档案，发现所涉与宁王交通者的姓名，遍及中外。"王守仁以簿籍连及者众，令焚之。张永所发者，仅百之一二云。"（《明通鉴》卷四十九，1825页。）

3 这样的证据，从一般的理性考虑，当然不能成立。因为这是宁王叛乱之前的信件，至于宁王觉得王守仁还可以接受，和王守仁是否主动结交，自然是两码事。但在政坛上，有人故意以此说事，捕风捉影，那就造成对王守仁不利的影响。此类手法，在中国历史的政争中，乃屡见不鲜。

4 见《明通鉴》卷四十九，1825页。又见《增定国朝馆课经世宏辞》卷十二：王华《大驾巡狩还京士庶咸朝喜而有作》。

5 《明史·王宪传》："王宪，字维纲，东平人。弘治三年进士。历知阜平、滑二县，召拜御史。正德初，擢大理寺丞。迁右佥都御史，清理甘肃屯田。进右副都御史，巡抚辽东，历郧阳、大同。以应州御寇功，荫锦衣世百户，迁户部右侍郎，改抚陕西。入为兵部右侍郎。近畿盗起，偕太监张忠、都督朱泰捕之，复以功荫锦衣。武宗南征，命率户、兵、工三部郎各一人督理军储。驾旋，以中旨代王琼为兵部尚书。"由此可见，他和张忠、朱泰等关系密切。这些人正是和王守仁在江西对立的北军统领,已见前。所以,他在当时政坛色谱中的位置,是属于比较偏向反对王琼、王守仁一系的。又见《明通鉴》卷四十九,1828页。

6 《国榷》:"壬子,上力疾视朝。少师兼太子太师兵部尚书王琼改吏部尚书,以朱彬力也。"3211页。又《明通鉴》卷四十九,1827页。

关于王琼和杨廷和的矛盾,见《明史·王琼传》及他撰写的《双溪杂记》(此书原本已佚,现有《纪录汇编》本,《弇州山人续集》《史乘考误》也收有部分资料)。

7 所谓立功,有杀戮百姓以充数的虚报因素。见《鸿猷录》卷十四"江彬之变",325-330页。

8 见《明通鉴》卷四十九。

9 历史书上对这位皇帝大多是评为"耽乐喜游,匿近群小",但也有着"犹幸用人之柄躬自操持"的清醒,所以还可以做到"不底于危亡"。见《明史·武宗本纪·赞》。

10 正德皇帝的父亲弘治皇帝,可能是中国历史上最不近女色的皇帝,据说一生中真正喜欢的女子只有一位,那就是正德的母亲张皇后。他们只有一个儿子,那就是正德皇帝。正德皇帝没有儿子。从儒家皇帝的继承系统"皇统"来说,后来的皇帝应当是前一皇帝"皇统"上的后裔。当然,历史上有所谓"兄终弟及"的继承方式。但正德皇帝是独子,也不存在作为"弟"而继承皇位的人。于是就产生了皇位继承和仪式祭祀系统的矛盾,一个儒学理论难以解决的问题。

11 兴献王原名朱祐杬,是明宪宗朱见深的第二子,明孝宗朱祐樘的异母弟,明武宗朱厚照的叔父。

12 见《明通鉴》卷四十九,1830-1831页。即位后改年号为嘉靖,他就是嘉靖皇帝。

13 李贽《续藏书》卷十二《太保杨文忠公》:"嗣君未至,承制专断者二十七日。"225页。

14 见本章附录《杨廷和除去江彬考》。

15 《明通鉴》卷四十九,1832页。

16 《明通鉴》卷四十九,1835页。王琼入狱,未必是新登基的皇帝的意思。他刚到北京，诸事仍由杨廷和等主持。此举颇为过分。当时，和近侍交往，又何止一人，就连杨廷和除去江彬，若不交通宦官温祥，能得以成事吗？

17 见《年谱》："世宗登基，诏将释，前已得疾矣。后五日卒于狱。"据此可知，虽然冀元亨已经蒙赦，但其实并没有放出就死于狱中。

18 《明通鉴》卷四十九，1834－1835页，1838页，1841页。

19 这样做，如何评论，可再探讨。参见前引李贽《续藏书》卷十二《太保杨文忠公》。

20 开始，他只是把自己的生身之父，正德时的"兴献王"作为"兴献帝"。后来，又加上"皇帝""皇后"的称号。

21 《明通鉴》卷四十九，1839页。这一主张，表现在正德十六年五月戊午，礼部尚书毛澄会合文武群臣六十余人给刚刚到京即位的皇帝的上议中。见《明通鉴》1835页。这些大臣中，包括王守仁的老友汪氏兄弟。

22 大礼之争，可分若干阶段：

第一阶段，是从迎立兴献王子进京开始，到新皇帝登基。这一阶段，有争议但最终嘉靖皇帝和朝臣双方妥协。根本问题没有解决。

第二阶段，从嘉靖登基后，到嘉靖三年杨廷和致仕、"左顺门事件"。毛澄的上疏，是第二阶段论争的爆发点。争论的焦点，从称谓转变为丧礼、祭祀、庙宇设置等礼仪上的争执。

第三阶段，是左顺门事件后，到嘉靖四年席书主编《大礼集说》的编成，这更进一步涉及明朝帝制规定以及政权内部不同经学解释的争论。

实际上，争论后来发展为嘉靖皇帝和以杨廷和为主的、正德皇帝去世后主持朝政的官员群体争夺政权主导权的斗争，发展到具体人事的变动。更深层，涉及对儒家经书的解释权的归属。

嘉靖皇帝最后的目的，不仅是要决定现实的礼仪、人事，作为皇帝，还要控制对儒家经书的解释权。

23 费宏和王守仁关系尚好，费宏促使江西一些官员率军前去支持王守仁。又见上古版《全集》所附费宏悼念王守仁之文：《阳明先生平浰头记》《移置阳明先生石刻记》《阳明王先生报功祠记》《田石平记》等，上古版《全集》1474－1482页。有的是在王守仁去世后多年写的。

24 见《明通鉴》卷四十九，1835－1836页。

25 关于张璁的意见及有关争论，见下一章。

26 《立春》，当为正德十六年之诗。

27 白鹿洞，位于江西省九江市的庐山东北玉屏山南，虎溪岩背后。白鹿洞书院是北宋六大书院之一，处于南康府星子县和九江府交界的庐山山麓。

28 《年谱》"十六年一月"："居南昌。"

29 如唐龙，见《唐鱼石集》卷四。舒芬、邹守益等，见吴宗慈《庐山志》"艺文"。

30 见《年谱》。又，明末孙奇逢《理学宗传》卷九。具体情况，没有详细记载，但是从此后王守仁的言行以及弟子们有关的记叙中，可以了解一些大致的状况。

31 关于这次聚会的内容，没有具体的记录，只能从以后的有关资料中推测。

32 见王守仁《大学古本旁释》，《辑考编年》670－679页。

33 参见第十八章第4节。见上古版《全集》181页。此信《全集》标明为"辛巳"，即正德十六年。

34 因为抚州的太守李茂元重印陆九渊的文集，王守仁特地写了一篇《序》，在《序》中阐发了自己的思想。认为："圣人之学，心学也。""无其心学，而尚何有所谓天理者乎？""陆氏之学，孟氏之学也。"见《重刊象山文集序》，束景南《辑考编年》，703－704页。

35 以上见《年谱》十六年正月，上古版《全集》1279页。

36 邹谦之，即邹守益，字谦之，号东廓。江西安福县人。《明史》有传。《明儒学案》的《姚江学案》载其事。

37 《月夜》二首，这两首诗虽然都题名"月夜"，但一为七言，一为五言，原本未必是并列的组诗。但其中都可以看到当时王守仁的内心动向。

38 以上诗句见《月夜》其一。

39 见《月夜》其二。此二句本《楚辞·渔父》，屈原曰："举世皆浊我独清，众人皆醉我独醒，是以见放。""独醒"或指自己所主张的儒学。《年谱》"正德十六年"："正月居南昌……是年先生始揭示致良知之教。"

40 见《月夜》其一。

41 《月下吟》三首当为十五年秋冬时所作。十六年冬,已经归越。

42 诸氏嘉靖四年正月去世。

43 束景南《辑考编年》,719 页,又浙江古籍本《王阳明全集(新编本)》,1795 页,1810 页。

44 辱殆:困辱和危险。语本《老子》:"知足不辱,知止不殆,可以长久。"

衰白:体老衰弱,鬓发花白。此指家中老人。王守仁正德十六年,年五十,殆此年所作。又考《年谱》,正德十六年六月允其归越省亲,故此诗当在此前所作。

45 见《全集》188-189 页,《与陆原静》壬午:"然则今日之多口,孰非吾侪动心忍性、砥砺切磋之地乎?"

附录：

杨廷和除去江彬考

杨廷和是明朝正德、嘉靖期间的重要人物。尤其他在正德驾崩后，执掌权柄，除去了当时执掌军权的江彬，为正德、嘉靖间的一件大事。简单考之如下：

《鸿猷录》卷十四《江彬之乱》："武宗崩，时彬偶不在左右，皇太后召杨廷和等议，恐彬为乱。秘不发丧，以武宗命召彬入，彬不知武宗崩，并其子入，俱收之。"是说在筹措丧事的时候，杨廷和趁江彬不在边上，与太后密谋除去江彬。则此事发生在颁布正德驾崩诏书之前。

《明通鉴》卷四十九：正德十六年三月丙寅，正德皇帝驾崩。戊辰颁诏天下。庚午以皇太后懿旨，下江彬等于狱。则处理江彬，在发表诏书之后。

关于处置江彬的经过，有如下记载："彬知天下恶己，又见罢遣边兵，益内疑。琮（周琮）劝彬速反，不胜则北走塞外，彬犹豫未决，诡称疾不出，阴布腹心，衷甲观变。令许泰诣内阁探意，廷和慰以温言，彬稍安，乃出成服。于是廷和谋以太后懿旨捕诛彬，遂与蒋冕、毛纪及司礼太监温祥谋。张永伺知其意，亦密为备。"见《明通鉴》1832页。

按《明通鉴》，杨廷和不是自己和皇太后密商，而是先和太监魏彬、张锐、陈严等谈江彬的罪状，胁迫他们向皇太后禀报。其中，张锐还坚持江彬无罪。因为他和江彬一党，都是鼓动正德处置宁王的（见前）。杨廷和与蒋冕当面折之。于是让温祥、魏彬去向皇太后禀报。等了好久，他们回来说，江彬已经被擒获。

这和《鸿猷录》所说有异。具体经过的详情，当再考。

总之，此事当由杨廷和发端，报请太后后实施的。

真正拘捕江彬的是张永。据《明通鉴》卷四十九载："是日上坤宁宫祭吻，遣彬与工部尚书李鐩行礼。彬吉服入，众不得从。祭毕，张永以计留彬、鐩共饭于宫外。会懿旨令收彬。彬觉，亟走西安门。门闭，寻走北安门，门者曰：'有旨留提督。'彬曰：'今日安所得旨？'门者拥之，遂被执。""既下狱，籍彬家，黄金七十柜，白金二千二百柜，他珍宝不可胜计。"

如根据此说，则杨廷和"定策"，是在正德驾崩以后，而在颁布诏书之前。否则，无所谓江彬"吉服"入宫。有意思的是，在明朝，虽然屡屡严惩贪官，儒家的学说也多提倡清廉，但是每当权贵被清查，总会发现他们多为贪官，而且所贪赃款，骇人听闻。此诚可深思。

第二十一章 百战归来白发新：从江西到浙东

正德十六年七月—嘉靖二年十月

一、"大礼"风波中的回程

王守仁早在还没有发生"宸濠之乱"的正德十四年正月十四日，就已经上了《乞放归田里疏》。未获批准。在平定了叛乱之后，又在正德十五年闰八月二十日，第四次上疏，请求能让自己回故乡省亲、葬祖。[1]

他反复强调："父老祖丧，屡疏乞休，未蒙怜准。""臣思祖母自幼鞠育之恩，不及一面为诀，每一号恸，割裂昏殒。日加尪瘠，仅存残喘。母丧权厝祖墓之侧，今葬祖母，亦欲因此改葬。臣父衰老日甚，今因祖丧，哭泣过节，见亦病卧苦庐。"表达了对于故乡亲人的怀念。

他自己则"臣今扶病，驱驰兵革，往来于广信、南昌之间"，[2]在经营管理江西事务。

对于第四次请求回乡的王守仁，当政者一直未置可否。而登基后的新皇帝在嘉靖元年六月十六日，下了一道敕书：

> 尔昔能剿平乱贼，安静地方，朝廷新政之初，特兹召用。敕至，尔可驰驿来京，毋或稽迟。[3]

王守仁接到了新皇帝命他入京的圣旨。接旨后，便于六月二十日立即起程，由江西经钱塘拟赴京城。内心中，或许还带着些期待和喜悦。

就在王守仁前往京城时，北京的朝廷围绕着他，又发生了对立。首辅杨廷和以及一些朝臣，早就对王守仁不满了。[4]这时，他们正执掌着朝中的大权，新登基的皇帝，还处在熟悉朝廷中情况的阶段。朝臣和新皇帝在"礼仪"问题上，已经摩擦出了火花。当权的朝臣们不想让王守仁进京。毫无疑问，王守仁进京，会打破当时京城中的政治局势，增强新皇帝的实力。于是以杨廷和为首的当权者就示意科道官员上疏："朝廷新政，武宗国丧，资费浩繁，不宜行宴赏之事。"

中国的政坛上，从来就不缺少坚持"正统"旗号而抹杀开拓改革的人物。对于锐意改革者，支持的少，看笑话、投石子，甚至拿刀子的多。

嘉靖皇帝刚即位不久，对当道大臣的意见，不能完全不听，结果在原则上接受阁臣的计划。对王守仁加以封赏，但不必到京。[5]

王守仁已是门生遍天下之人，对于朝廷这种情况，尤其首辅杨廷和、与其相近的礼部尚书毛澄等当时主导朝政人物的态度，不会毫无察觉。[6]

因此，王守仁到钱塘后，便又上疏，请求便道回故乡省亲。这是大家都可以接受的理由。这样也就失去了和嘉靖皇帝当面接触的机会。

就在王守仁请求回乡的时候，朝廷中关于"大礼"的议论，出现了新的情况。

如前所述，因为嘉靖对于六月毛澄的上疏不满意，要求再议"大礼"。于是，有的学子根据对经书的理解，提出了和当朝大臣们不同的看法，其中的代表是张璁。[7]

刚中进士不久的张璁在正德十六年七月上疏，提出："《礼》'长子不得为人后'，圣考止生陛下一人，利天下而为人后，恐子无自绝其父母之义。"主张:"宜别立圣考庙于京师,使得隆尊亲之孝。且使母以子贵,尊与父同。"[8]

这位默默无闻的进士,一鸣惊人,在朝廷中激起轩然大波。关于"大礼",对立的意见明朗化了。

刚即位的嘉靖皇帝得到这样的上疏,大为高兴,说:"此论出,吾父子得全矣。"

在镇江家居的杨一清,见到了张璁上疏,写信给自己的学生、当时为南京吏部尚书的乔宇说:"张生此论,圣人不易,恐终当从之。"[9]而根据当时正统的对于"礼"的解释,反对张璁意见的,则为朝廷中的主流。主要人物除了杨廷和、蒋冕、毛澄等当权者,还包括王守仁的老友汪氏兄弟、乔宇等,开始时,甚至包括他的弟子舒芬、陆澄等人。

和嘉靖皇帝关系颇佳的桂萼,还有与王守仁关系密切的霍韬、方献夫、席书、黄绾等是支持或基本支持张璁意见的。

王守仁当可从朋友那里听到自己的老上司杨一清对张璁上书的看法。面对这样的形势,王守仁采取怎样的态度呢?鉴于自己的处境,他不想卷入到这论争中去。回乡的决心更坚定了。[10]

如上所述,王守仁已经放下了对从政的萦怀牵挂,追求的重点放到了讲学和构筑以"致良知"为中心的儒学思想中去。

正德十六年夏天,八月,辞职回乡的请求获朝廷准许,还特地加封他为南京兵部尚书(正二品),参赞机务。这样,王守仁就可回乡省亲了。

二、百战归来白发新

得知可以回乡,王守仁感到肩上卸下了一副重担,一阵轻松。《归兴》二首反映了当时的心态。[11]其中有曰:"百战归来白发新,青山从此作闲人。""而今始信还丹诀,却笑当年识未真。"[12]"归去休来归去休,千貂不换一羊裘。"又曰:"青山待我长为主,白发从他自满头。""多情最爱沧州伴,日日相呼理钓舟。"[13]

　　回到了故乡的王守仁,对于朝中"大礼"的争执,采取了置身事外、不加议论、以养生为主的态度。[14]

　　在故乡,家族中各人的房子已经建好。[15]亲戚们都非常热心。久居军旅与官场的王守仁,感到欣慰。

　　回到故乡不久,九月,是年老的父亲王华的生日。[16]

　　王守仁因为长年没有和父亲在一起,这次,在不明朝中详情的故乡人看来,他是"衣锦还乡",所以,为父亲祝寿,办了很大的场面。王守仁亲自捧觞,敬酒祝寿。

　　席间,王华却皱起眉头对他说了一席话,大意是:我们父子已经好多年没有相见了,你在赣南辛苦,我担心你的疾病,但臣子的责任在身,也没有办法。宸濠之变,我担心你要遭遇不幸,后来事情得以平定。接着又有逸构,祸机四伏,你能致命忍性,我为你担忧,也为你高兴。现在天开日月,显忠遂良,得到封赏,人皆以为荣耀,我又要为你担忧。知足不辱,知止不殆。我老了,希望我们能平安相保,勿犯盈满之戒。[17]

　　王守仁跪下说:"大人的教诲,儿子我日夜记在心上。"

　　此后不久,王华就病倒了。于是,王守仁率着他的几个弟弟,日夜伺候在父亲的病榻之前。

　　秋日,天高气爽的十月。

　　这时,刚刚登基的嘉靖皇帝还是想重用王守仁。

　　嘉靖皇帝在十月二日,加封王守仁为新建伯,"授特进光禄大夫、柱国,封伯爵,世袭,岁禄一千石。然不予铁券,岁禄亦不给云"。[18]

　　封赏王守仁,京城中还是有不同的声音,有接连不断的议论。王守仁对京城中的政争,不甚在意。这时主要关心的,是他父亲的病。朝廷的封赏,对于他来说,或许未引起多大的兴趣。但这对于重病中的王华,却别有一番意义。

天气转寒,王华的病情又转重。王守仁作为家中的长子,忙前忙后地主持照应。在床榻边上侍候汤药,尽人子之责。

王华致仕回归故乡时,由于余姚一带本是历史传统上佛道神鬼之说比较兴盛之处,有的人就以神仙养生等劝说他。他回答道:"人所以乐生于天地之间,以内有父母、昆弟、妻子、宗族之亲,外有君臣、朋友、姻戚之懿,从游聚乐,无相离也。今皆去此,而槁然独往于深山绝谷,此与死者何异?""吾但安乐委顺,听尽于天而已,奚以长生为乎?"[19]

得知朝廷推论王守仁的功劳,追封其祖先三代,病中的王华感到非常高兴。

钦差来到余姚乡里,热闹非凡。嘉靖皇帝圣谕中,特地带了一句,问候王华。这当然使他兴奋。他对王守仁等说:"不可以吾疾废礼,宜急出迎。"虽已病得奄奄一息,还是硬撑着,坚持正衣冠、行大礼。[20]

嘉靖元年正月十日,王守仁上疏,请辞朝廷的封爵。他请辞的原因,除了自身的理念外,还出于对朝廷当权者的顾忌。当时,当权者不满王守仁,因为他多与王琼联系而不及内阁,示意有关下属,将记功册改造。许多王守仁的部下,在平定"宸濠之乱"中有功,不得封赏,反遭裁削。王守仁上疏,一方面陈述了上述情况,希望皇帝能体恤有功将士,同时又推举大学士杨廷和等"帷幄谋议"以及尚书王琼兵部调度之功,指出是他们"假臣以便宜之权",才得以迅速处置。也就是顾及朝中对立的双方,尽量把功劳归于朝廷,自己不想邀功。可谓费了相当的苦心。在此疏的最后,他说:

> 殃莫大于叨天之功，罪莫大于掩人之善，恶莫深于袭下之能，辱莫重于忘己之耻：四者备而祸全。此臣之不敢受爵者，非以辞荣也，避祸焉尔已。[21]

应当注意的是：这时，王琼已经被贬。[22]王守仁还是称颂他的功绩。可谓不忘知遇之恩。

嘉靖元年正月中，王华的病情加剧，王守仁更加忙碌，无暇旁顾。二月十二日己丑，王华去世。这在王家是一大丧事。

王家阖府上下，由喜事而转悲。王守仁作为丧主，操持丧事。他叫家中人先不要哭泣，给去世的父亲换上新的服饰，内外都安排妥帖，才举哀发丧。

接着是按制守丧。请了一位仙居人，叫金克厚，主持厨房事务。家中斋食百日，此后，王守仁让给家中弟弟和子侄辈的伙食中，加点肉食。他认为：家中人常年来吃肉食已经习惯了，现在强制他们不吃，反会滋长他们作伪，表面不吃，暗中偷吃。不如稍为宽限，让他们各自主动尽心即可。

对于他的这一做法，有不同的意见。老友湛甘泉，听到王华去世，特地前来吊唁，那已经是百日以后了。在请他吃饭时，菜间夹有一两道肉食，熟知经书的湛若水，见此，心中奇怪："这位仁兄怎么如此办丧事呢？"回去以后，特地给老朋友写了封信，指出此事。王守仁收到后，也就回复，表示承认过错，也不加辩解。

当地习俗，丧事宴吊，要列饼糖，设文绮，烹鲜割肥，以竞丰侈。王守仁全部革除不行。他对主厨的金克厚说："学必操事而后实。"也就是说，必须要把所学的知识，运用到实际事务的操作上，才能真正落实。[23]

在世俗的丧事中，王守仁又一次体验人生、思考着今后的走向。王华病逝，给王守仁感情上一个很大的打击，经历过父母去世的人都会有这样的经验：会自觉或不自觉地回顾人生，会感觉到生命的消逝，会有一个时代过去了的感觉。

长期的身心操劳，王守仁终于病倒了。

三、冷对"大礼议"漩涡

这时，朝廷大礼之争的波涛愈来愈凶猛。

王守仁虽然远在浙江的余姚，想置身事外，修养身心。但现实是，他脱离不了朝中的纠葛。

嘉靖元年七月十九日，朝廷传来圣旨：不准王守仁辞职。[24]

王守仁又一次上疏，除了再次辞谢去年皇帝的封赏之外，特地再次为在江西平叛中受到委屈的官员鸣冤叫屈。在疏文中，他明确指出：除伍文定、邢珣、徐琏、戴德孺诸人外，还有多人，功劳被当事者删去。"今闻纪功文册，改造者多所删削。"他特别提到举人冀元亨，"为臣劝说宁濠，反为奸人构陷，竟死狱中……此尤伤心惨目，负之于冥冥之中者"。认为在这样的情况下，自己不能受封赏。[25]

但是，他的上疏送上后，嘉靖皇帝再次不作答复。这也就是一种态度。

这时的嘉靖皇帝，在"大礼议"的角力中，仍受到杨廷和等的制约。

在这时，王守仁的日子不好过。他处于怎样的政治环境呢？

在现实的政治层面，当时派往江西的监察御史程启允，又搜查到宸濠通萧敬、张锐、陆完等的私书。于是上疏，指责王守仁"党恶"，应当剥夺爵位，加以处罚。[26]这对于程启允来说，或许是"职责"范围之事。

对此，王守仁的弟子们不高兴了。陆澄当时是刑部主事，仅为六品官，但不畏权贵，冒死写了《辨忠谗以定国是疏》，列举了六种议论，对要查办王守仁的意见，逐条地进行反驳。提出：

王守仁"学本诚明，才兼文武"，平定了宸濠之乱，当时"张锐、钱宁辈以不遂卖国之计而恨之，张忠、江彬辈以不遂冒功之私而恨之，宸濠、刘吉辈以不遂篡逆之谋而恨之，凡可以杀其身而赤其族者，诛求搜剔，何所不至"。[27]

又曰："迨皇上龙飞，而褒慰殊恩，形于诏旨。"不意"乃复有此怪僻颠倒之论，欲以暧昧不明之事，而掩其显著不世之功"。

问题不仅如此，陆澄在《辨忠谗以定国是疏》中点了"毛玉"的名字，又涉及意识形态层面的问题。

王守仁的学说，早就有人认为他违背了"圣学"，也就是他们心目中朱熹对于儒学的阐述。

给事毛玉，因奉命前往江西视事，议论了王守仁之学。[28]

除毛玉以外，其他也有人从儒学的理论角度，对王守仁的学说提出批评。嘉靖元年十月，乙未，礼科给事中章侨上疏：

"三代以下，论正学莫如朱熹，近有倡为异学者，乐陆九渊为捷径，而以朱子为支离。宜严禁以端士习。"御史梁世标亦以为言。虽没有点名，联系到就在近日王守仁为《陆象山集》写序，加以提倡，他们的指向也就很明确了。

嘉靖肯定章侨的意见，下诏："礼部国子监及各提学官申其禁。"嘉靖皇帝，大概不会不知道王守仁的学术观点。这样做，反映他对于王守仁的判断。[29]

反对派不断地进行攻击，甚至在考试的策问题目中，以"心学"为问，示意学子进行批驳。结果，造成了一些信奉王守仁之说的学子，考试落第。

对于这样的做法，王守仁有的学生公开抵制。如徐珊读了策问的考试题，长叹道："我怎么能昧着我的良知而迎奉时好呢？"

不答卷,离席而去。[30]

又如弟子钱德洪,在南宫会试,就索性不参加殿试,撒手南归。落第归后,颇为师说的境遇不平。王守仁却高兴地说:"圣学从此大明!"德洪不明其意,问:"时事如此,怎么说大明呢?"王守仁说:"吾学怎能遍向天下人说?现有会试录,穷乡深谷无所不到。吾学既被说成是错的,天下总会有人起而求真正正确之学。"[31]

从以上的情况看,王守仁虽在家乡,但是朝廷中对他本人,对他所提倡的学说的评价,相当不好。

王守仁洞察自己所处的境况,在门口贴了张告示:所有的朋友、学生,来请益者,一概不见。要大家自己去读孔孟之训。"有志于圣人之学者,外孔、孟之训而他求,是舍日月之明而希光于萤爝之微也,不亦缪乎?"[32]

当然,王守仁依然有各种人情交往。[33]朝中的大礼之争还在继续。而争论中,夹杂着和王守仁有关的因素。

嘉靖元年六月,吏部员外郎方献夫丁忧还朝,见到朝廷中有关"大礼"的争执,也上疏议论大礼。曰:"先王制礼,本缘人情,君子论争,当究名实。"认为当时礼官所论,"有未合人情,未当乎名实"者。[34]这也是反对杨廷和等当时大臣们的看法。[35]十月,兵部主事霍韬写了《大礼议》,从历史的角度,支持张璁的意见,反驳当朝礼部尚书毛澄的看法。这时,他也把自己的意见寄给了王守仁,而王守仁当时没有回答。

另外,其间,又有户科给事中汪应轸上书为王守仁辩解。[36]

黄绾也上了《明军功以励忠勤疏》,为王守仁鸣不平:"曩者陛下登极,命取来京宴赏,封之新建伯,而升南京兵部尚书。言者又谓不当来京宴赏,以致奢费。夫陛下大官之厨,日用无纪,较诸一飨之宴,所费几何?犹烦论之。北京岂无一职,必欲置之南京?此乃邪比蔽贤嫉功之所为也。守仁后丁父忧,服满遂不起用，反时造言排论。然虽蒙拜爵升官，铁券未给，禄米未颁，朝事无与，迹比樵渔。"这很能说明王守仁在嘉靖初年的实际境况。[37]而这时，反对的意见自然也并没有罢休。

御史向信上书指出：汪应轸是王守仁同乡，陆澄是王守仁门生，他们这样做是"党比欺罔"，也就是结党营私，欺骗皇上。[38]

在议论王守仁的同时，"大礼"议论的对立愈发尖锐。

十一月，围绕着嘉靖皇帝的祖母（嘉靖的祖母是成化皇帝的妃子，而正德的祖母是成化的皇后）的葬礼，皇帝的丧服期是多久，朝臣又发生了争议。

杨廷和等官员上疏，认为嘉靖皇帝不应该按照"祖母"的礼节服丧，只需服十三天即可。这对于深受祖母爱抚的嘉靖皇帝的感情，无疑是一种很大的伤害。所以，后来有的学者指出："宜其说之不能行也。"[39]这一时期，杨廷和议礼至奏数十上，引起了嘉靖的反感，也进一步加深了嘉靖皇帝决心要按照自己的意愿重新制定礼制的决心。"大礼"争论中，政坛上的斗争进一步激烈化。[40]

就在这时，山东省的佥事史道上疏弹劾杨廷和当年曾交通宸濠及谄附钱宁、江彬等事，现在这样对嘉靖，"实为欺罔"。[41]

史道被排除出京，又有御史曹嘉为史道辩护，继续弹劾杨廷和等"阻塞言路"。[42]

到嘉靖二年初，不顾朝中的"大礼"争议继续发酵，嘉靖坚持按自己的要求，安葬祖母孝惠皇太后于茂陵。[43]

毛澄作为礼部尚书，也是个敢于坚持己见的大臣。愤然曰："老臣耄，不能黩典礼，独有一去不与议耳。"于是，二月，毛澄致仕。[44]

几乎每遇到祭祀、典礼，有关称号等日常的皇家礼仪，都会遇到坚持"礼教"的臣子们的掣肘，嘉靖皇帝再也不能忍耐，觉得必须对议论纷纷的"大礼"作一个总结。他开始主动对反对派出手了。他要臣子们重新编制一部礼书。

面对朝中这样的局面，七月，刑部尚书林俊决心致仕。[45]

在"大礼"的论争中，在反对、支持嘉靖皇帝做法的两派争论中，又夹杂上了对于王守仁功过和他所主张学说的评价因素。而批判王守仁做法和学说的人，大多都反对张璁的意见，是坚持当时"正统"儒学的人物。

那么，这时的王守仁在干什么呢？他还在为父亲服丧。

嘉靖二年九月，王守仁改葬其父"龙山公"于天柱峰，母亲郑太夫人于徐山。这反映了王守仁对于父母家庭关系的态度。

十一月，王守仁的前辈、也是他所尊重的大臣林俊致仕，林俊是浙江人，回乡路过钱塘，王守仁特地到萧山迎接，住宿在浮峰寺，相对感慨时事，勉励随从诸人，勿忘从政初衷。[46]

总之，王守仁无法完全脱离政坛纷争的漩涡。王守仁虽然身在乡野，但却是朝堂上关注的对象。[47]

王守仁依然采取"不辨"，也就是不加辩解的态度，并再次要求辞职。[48]如何对待王守仁，这个问题始终在朝廷中盘旋。如何处置他的请辞，成了摆在嘉靖皇帝面前的一道难题。

一方面，王守仁为朝廷立过大功，嘉靖曾想要重用他，也曾询问过杨一清，杨一清也认为王守仁是个人物。[49]另一方面，反对他的意见又如此强烈，除了内阁，还有朝中其他官员，甚至还有地方官员。

王守仁在《疏》中态度坚定，朝廷中意见又明显对立、一时难以统一，因而，嘉靖颇难处置。"大礼"正争议得如火如荼，嘉靖皇帝没有工夫去管其他的事情，所以就冷处理，对王守仁的上《疏》，还是采取"不报"的方法。王守仁就被撂在一边了。

面对这样的态势，饱经风波的王守仁，也已习惯。于是，他就在余姚的山中，过着自己的日子。

总之，在嘉靖元年到嘉靖三年初，王守仁虽然人在余姚，想过一个退隐官员和学者的生活。但是，因为他在政坛的地位和学问的影响力，大礼之争的各种波纹，仍不断地波及到他那里。

在漩涡边缘，感受各种事态、观察各种人物，使得他对于"人心"这个儒学最关注的命题，有了更深入的认识。

注释

1 《乞放归田里疏》，见上古版《全集》388页。王守仁的四次上疏，第一次在正德十四年六月二十一日，《乞便道省葬疏》，394页。第二次在正德十四年八月二十五日，《二乞便道省葬疏》，414页。第三次不详。据《四乞省葬疏》："正德十五年三月二十五日差舍人王鼎赍奏去后，迄今复六月，未奉明旨。"438页。从前后时日推测，这当是第三次。疑编集者疏漏。第四次在正德十五年闰八月二十五日，《四乞省葬疏》，436页。

2 《二乞便道省葬疏》，上古版《全集》414页。

3 上古版《全集》黄绾《行状》，1424页，《年谱》，1281页。

4 这些大臣——主要是当时执掌朝中大权的杨廷和一系的人员，本来就对王守仁的"学问"不满，而且对于他所持的"政治立场"更是耿耿于怀。认为王守仁在南赣剿灭反叛势力，在江西平定宸濠之乱的过程中，所有的事务多和王琼联系，而疏忽内阁。

其实，王守仁身为督军，平定叛乱，当然主要和兵部多有联系，并得其授权。王守仁在设置新县等问题上，也都上报户部，由皇上裁决。从现在所见的上疏中，和内阁首辅杨廷和等的交往，很少见，相互的关系可想而知。于是，反对王琼等人的势力，自然对他另眼相待。

5 《年谱》："先生即于是月二十日起程，道由钱塘。辅臣阻之，潜讽科道建言，以为'朝廷新政，武宗国丧，资费浩繁，不宜行宴赏之事'。"又《明通鉴》正德十六年十一月："初，上在兴邸，深知守仁平逆功，甫即位，趣召入朝受封。而廷和以王琼故，衔之。廷臣亦多忌其功者，乃托言国丧未毕，不宜赐宴行赏。"见1847页。

6 比如，王琼在朝中处于弱势地位时，王守仁还给他写了信，见《与王晋溪司马》第十五封。束景南《辑考编年》，474页，此信在上古版《全集》卷二十七，1010页。束景南据上图本最后一句（此句上古版《全集》本无），断此信作于正德十六年六月，即圣旨叫王守仁进京之后。此误。其一，此处明明写："比兵部差官来，赍示批札。"乃是对王琼"批札"的答复，王琼当仍在兵部。考《国榷》《明通鉴》，王琼在正德十六年四月，就被铲除了钱宁、江彬等人的首辅杨廷和"下狱"。其二，束景南所引最后一句"归省疏已蒙曲成，得早下一日，举家之感也"当是王琼答应帮助王守仁，但命令还没有下达之时。此信中又对王琼充满了期待和感谢。据此，应当作于十六年四月以前。

王守仁了解京城中政局的变化。见该年《寄薛尚谦》："士鸣、崇一诸友咸集京师，一时同志聚会之盛，可想而知。但时方多讳，伊川所谓'小利贞'者，其斯之谓欤？"束景南《辑考编年》，706 页。这里说的"士鸣"，乃杨鸾之字。杨鸾，杨应奎之父。博览古文词，工诗。崇一，欧阳德之字。欧阳德，号南野，江西泰和人。嘉靖二年进士，见《明儒学案》卷十七。《明史》有传。

7 张璁，后因避嘉靖皇帝讳，改名张孚敬。《明史·张璁传》："张璁，字秉用，永嘉人。举于乡，七试不第。将谒选，御史萧鸣凤善星术，语之曰：'从此三载成进士，又三载当骤贵。'璁乃归。正德十六年登第，年四十七矣。"因论大礼，受知嘉靖皇帝，得入阁为宰相。

8 《明史·张璁传》，又《明通鉴》1843 页。这样的上疏，张璁的动机如何，可再探讨。不排除有着迎合皇上、以求发达的私心，当然，应当也有着根据自己所学、对儒家经典重加解释的意愿。

9 《明史纪事本末》，739 页，关于杨一清和乔宇的关系，见前。杨一清的态度，还可参见《明史·杨一清传》《明通鉴》。

10 十月九日《寄顾惟贤手札》："荏苒岁月，忽复半百，四十九年之非，不可追复。"束景南《辑考编年》，714 页。

又嘉靖元年《与子宿司谏》："自去岁到家，即已买田筑室，为终老之计矣。"束景南《辑考编年》，750 页。子宿，汪应轸，号青湖，浙江山阴人。事见季本《季彭山先生文集》卷三《奉政大夫江西按察司提学佥事汪公墓志铭》。王守仁此函当写于嘉靖元年回到故乡之后。但这样的"归乡"的想法，结合上引《寄顾惟贤手札》中所说，可见这一时期王守仁思想的基本倾向。

11 《归兴》二首当是归越前后作，应在正德十六年八月后。

12 《归兴》其一。

13 《归兴》其二。

14 关于养生,见给陆澄的信。《年谱》:"闻以多病之故,将从事于养生。区区往年盖尝毙力于此矣。后乃知养德、养身只是一事。"上古版《全集》,1282页。由此可见他的基本态度。

15 见前致诸弟书,束景南《辑考编年》,520页。

16 王华生于明正统丙寅九月甲午,见陆深《海日先生行状》。

17 陆深《海日先生行状》,上古版《全集》,1398-1399页。

18 见《明世宗实录》。一说,是十一月,见黄绾《阳明先生行状》,又见《年谱》。

19 见陆深《海日先生行状》,上古版《全集》,1399页。

20 杨一清《海日先生墓志铭》,上古版《全集》,1386-1387页。

21 见上古版《全集》,452-455页,又《年谱》,1284页。

22 在正德十六年,免王琼死,戍庄浪卫(在今甘肃省),后改绥德。见《国榷》卷五十二,3246页。

23 《年谱》,上古版《全集》1285页。据说这位厨师因受王守仁的感化,致力读书,后来还中了举人。这反映了王守仁为人处世和对待生活的看法,和他的"致良知""知行合一"的观念一致,和他遵守礼俗但又不拘泥的经学态度也是一致的。

24 上古版《全集》1285页。

25 上古版《全集》1286页,《明通鉴》1863-1864页。

26 程启允是在嘉靖元年九月以前前往江西的。当时,主持朝政的,是以杨廷和为首要人物的团体。选取程氏为监察御史,本身就有着监察王守仁之意向。这和杨廷和、毛澄等当权者,当有关系。又见王守仁《与子宿司谏》,束景南《辑考编年》,750页。《明史》卷206《程启允传》:"寻出按江西。得宸濠通萧敬、张锐、陆完等私书。"5435页。则程启允巡按江西在嘉靖元年之后。谈迁《国榷》卷五十二:"(嘉靖元年九月乙巳)巡按江西监察御史程启允上逆濠私书,劾王守仁党恶,宜夺爵。户科给事中汪应轸、主事陆澄皆奏辨,御史向信以应轸守仁同乡,陆澄守仁门生,党比欺罔。上皆不问。"第3266页。

27 《辨忠逸以定国是疏》，上古版《全集》1437页。

28 此见《年谱》。又，《明史》卷192《毛玉传》："时宸濠戚属连逮者数百人，玉奉命往讯，多所全活。且言宸濠称乱，由左右贪贿酿成之。因劾守臣不死事者，而禁天下有司与藩府交通。帝俱从之。"5097页。

29 去年王守仁刚刊印《陆象山集》并亲自作序，又录用陆九渊的后代，所以，这样的上疏，针对性是非常明确的。见《明通鉴》1866页。他们的矛头所向，是王守仁，认为王守仁的学说是歪理邪说，甚至要求对他进行查办。

30 关于徐珊生平，见《四库全书总目提要》卷三十二《卯洞集》。曰：号三溪，余姚人，官辰州府同知。又《浙江通志》卷一三七：嘉靖元年壬午科举人。《明儒学案》卷二十八，称其"侵饷缢死"。关于徐珊，还可参见前引日本学者永富青地《王守仁著作的文献学研究》，105-106页。

31 《年谱》，嘉靖二年二月。

32 《年谱》，上古版《全集》，1285页。

33 如四月十九日，洪钟去世，洪家来求《墓志铭》。《两峰洪公墓志铭》，见上古版《全集》937页。

34 《明通鉴》，1859-1861页。

35 方献夫早就和王守仁有交往。他回乡时，王守仁还特地写诗歌送他。鉴于他和王守仁的关系，此论一出，又难免被当朝官员联想到王守仁。

36 《明通鉴》1846页。霍韬和王守仁关系挺好，曾和他讨论对《大学》的理解，相互的见解不尽相同（见前《年谱》十六年五月）。

汪应轸，字子宿，和王守仁有交往，已见前。

37 此疏，上古版《全集》1461页标明"光禄寺少卿时作"，考黄绾为光禄寺少卿，乃是由于席书修《明伦大典》，推荐他相助。（见《明儒学案》卷十三《浙中王门学案三》，280页）此事在嘉靖二年，所以此疏当是此后所上。

38 陆澄拟上疏反驳，王守仁制止，"不辨"。见《国榷》，又见束景南《辑考编年》，750页。

39 《明通鉴》1868页。

40 李贽《续藏书》卷十二《太保杨文忠公》，引明支大纶语，当时群臣"以附廷和者为正，以附永嘉（张璁）者为干进。互相标榜"。然而皇帝

"卒不少动。圣孝天植,神武独断"。颇可见当时状况。

41 《明通鉴》1870页。

42 《明通鉴》1780页。关于史道,有的研究者指出,他与被杨廷和清洗的王琼一系有关系,见胡吉勋《大礼议与明廷人事变局》(社会科学文献出版社,2007年),180-189页。但是否能说他们就是一派,还可斟酌。要之,他所列的杨廷和之罪,和王琼所说相似,也可能这是当时相当一部分反对杨廷和人士所议论、所共知的事实。

43 嘉靖不顾杨廷和、毛澄等大臣的反对,坚持给自己的祖母加上了皇太后的名号。去世以后,大臣们又反对将她葬于茂陵(宪宗成化皇帝的陵地),而嘉靖依然坚持葬于此地。

44 见《明史》一九一《毛澄传》,又《明通鉴》本年纪事。他的下野,主要因为他是个坚持"典礼"之人,不愿意顺从嘉靖之意,改变自己对"礼"的坚守。

45 杨廷和曾询问过林俊关于大礼问题的看法。林俊的态度比较周全。一方面认为礼臣们恪守的原则,符合《礼》制,另一方面他也认为,嘉靖皇帝之所以如此,乃是过于孝顺,对嘉靖皇帝也表示出一定的理解。鉴于他在政界中的影响(见前第五章,关于他和乔宇、杨一清等的关系以及他在军方的影响),所以,当初杨廷和邀他出山,当六部中可谓最下的工部尚书,他坚持不干。结果或许是双方妥协的结果,后任刑部尚书。他和杨廷和,意见并非一致。更何况,他不是个贪恋权位的人,到七月,决心"致仕"回乡。

46 《年谱》:"十一月,至萧山。""道钱塘,渡江来访。"上古版《全集》1289页。这里说,林俊到浙江越中访王守仁,王守仁前往萧山迎接。似不妥。林俊乃王守仁尊重的长辈学者,当是王守仁前往会见。在林俊那里,当然会得知朝中的一些信息。

47 在给薛侃等人信中,多次提到"忧病中",见束景南《辑考编年》,760页,768页。自称"罪逆深至",同上,772页。

48 《年谱》嘉靖元年。又《致陆原静》书,上古版《全集》1285页;《再辞封爵普恩赏以彰国典疏》,上古版《全集》455页;《与子宿司谏》,束景南《辑考编年》750页。

49 杨一清《论王守仁为人如何奏对》:"钦承圣谕:'欲知王守仁为人

何如。'臣切惟守仁学问最博,文才最富。"又见杨一清《论提督团营文臣奏对》。(载《杨一清集·密谕录》卷五,中华书局,2001年,1001页,1003页)杨一清《奏对》作于何时,待考。但可见他对王守仁的态度。

　　黄绾认为是杨一清联合张璁,妒忌王守仁,所以阻止他入内阁当宰相。此说恐值得再考。从杨一清和王华、王守仁父子数十年的交往以及他对于官职随取随弃的态度来看,"妒忌"王守仁之说,似不可信。

第二十二章 在「大礼议」风波中:「良知」说的成熟

嘉靖二年十一月—嘉靖六年四月

一、左顺门事件前后

嘉靖三年以前，王守仁在家为父亲服丧，面对世间各种变化，安然处之。然而，朝廷中狂风叠起，波涛跌宕。

嘉靖二年毛澄致仕后，由于方献夫、霍韬等的上疏，席书、张璁、桂萼等的活动和议论，嘉靖三年，大礼之争进入了一个新阶段。

当时，在南京的张璁和桂萼，观测朝中动向，私下议论"大礼"之事。[1]到了该年十一月，或许是揣测到嘉靖想法的桂萼上疏，要嘉靖明发诏书："循名考实，称孝宗曰皇伯考，兴献帝为皇考，而别立庙于大内。"并附上了席书《疏》、方献夫的《议草》。[2]

嘉靖皇帝下诏："此事关系天理纲常，仍会群臣集议可否。"[3]"朕奉承宗庙正统，大义不敢有违，第本生恩情，亦当兼尽。"又下诏："召张璁、桂萼、霍韬于南京。"决心起用支持他的"大礼"观的官员。[4]

同时，嘉靖皇帝以得到桂萼上疏为由，决心改变自己父亲"本生兴献皇"的称谓[5]，并要为自己的父亲另建庙宇。他这样做，就是要重新解释、安排明代的"皇统"。这样，等于使明初以来，按儒家传统的"大宗"继承原则制定的、明王朝皇位继承的基本规则发生变化。

这无疑触碰到了大多数官员儒学思想的底线。摆在他们面前的选择：或者屈从皇权、改变自己对"经书"的认识，或者坚持自己的儒学理念，进行抗争。

以张璁、桂萼、席书、方献夫、霍韬等少数支持嘉靖皇帝想法的为一方，以大多数朝臣为另一方，进行了围绕"礼"的经学交锋。

首先发议的张璁，表现出"千万人吾往矣"的气概，和反对者辩论。[6]看到这样的局面，大趋势无法扭转，嘉靖三年二月，首辅杨廷和以谏阻江南织造、皇上不听为由，上疏致仕。[7]

四月，嘉靖皇帝调当时在南京的张璁、桂萼进京的同时，又催席书入朝。[8]见此状况，同月二十二日，阁臣蒋冕上《议礼失职恳求休退奏》，嘉靖帝挽留不住，许之。[9]

朝廷人员发生急剧变动。该年七月，吏部尚书乔宇致仕。由于杨廷和、毛澄、林俊、孙交、彭泽等被罢免，再加上乔宇致仕，在当时比较受人敬重的大臣，先后都在议论"大礼"的问题上落马。[10]这就宣告一批比较恪守儒学理念、比较有操守的官员主持朝政时代的结束。[11]这引起了一些有共同理念、有责任感的官员的不满。[12]这种不满和对于国家社稷的担忧交汇在一起，酝酿、积聚的能量难以压制，爆发了"左顺门哭谏"事件。

嘉靖三年七月，嘉靖皇帝决心改变自己父亲"本生兴献皇"的称谓，并要为自己的父亲立庙，命内阁毛纪执行。

对于嘉靖的这个决定，一批官员挺身劝阻，反复上疏了十三次。但是嘉靖皇帝还是决心施行。此时，杨廷和已经致仕，毛纪、石珤在内阁主事。嘉靖信用的张璁、桂萼、霍韬、方献夫等已经占有相当的位置。

出于维护儒家"正统"观念，反对嘉靖决定的朝臣们决心模仿前朝的榜样，集体在宫廷的左顺门外下跪，向皇帝进谏劝阻。

最初的发起者是何孟春,而进一步煽动的是杨慎(杨廷和之子)。他们的要求是:坚决反对去"本生"。

嘉靖三年七月丁丑(一作戊寅),近两百朝臣聚集在左顺门前。[13]结果嘉靖皇帝还是按照自己的意志去掉了自己父亲称号上的"本生"二字,严厉地处置了数百名官员,并且追及既往,对已经致仕的杨廷和等官员进行处分。[14]

左顺门事件,以皇权的胜利而告终。七月己丑,首辅毛纪致仕。[15]半年之内,先后三位内阁首辅去职,由石珤、贾咏先后补入。毛纪去职时说的一段话,说明了在这一时期政权体制向皇权集中的状况:

> 曩蒙圣谕,"国家政事,商榷可否,然后施行",此诚内阁职业也。……迩者大礼之议,平台召对,司礼传谕,不知其几,似乎商榷矣,而皆断自圣心,不蒙允纳,何可否之有?至于笞罚廷臣,动至数百,乃祖宗来所未有者,亦皆出自中旨,臣等不得预闻。[16]

可见在这过程中,皇权得以独大,内阁制衡的力量明显减弱。[17]

嘉靖四年春天三月,嘉靖下诏修自己生身之父"献皇帝"的《实录》,五月为自己的父亲建了庙宇"世庙"。[18]这些举措,目的是确定自己一系在历史上的"正统"地位。

为了应对繁复的政务,嘉靖再次起用已经致仕的费宏、杨一清,内阁成员由事件前的杨廷和、蒋冕、费宏、毛纪,变为事后的费宏、杨一清、石珤、贾咏。

总之,以"左顺门事件"为标志,嘉靖皇帝扫除了以杨廷和为代表的官僚反对势力,得以独掌朝政运作的主导权。同时,在这样的过程中,更加直接地掌控了经书的解释权。[19]这对于中国以后的思想发展,无疑是应当注意的事态。

那么,在这场大风波中,王守仁处于怎样的位置,他的态度又如何呢？在浙江故乡的王守仁，面临着非常难以处理的状况。我们可从不同的角度去分析。

政治地位：王守仁已经退出权力中心，他的一些主张，得不到原先占有主流地位的官员，如杨廷和、毛澄等的认同，曾经支持、庇护过王守仁的人如杨一清、张永、乔宇，也已经退出政坛主要位置。他在权力中枢已经没有了以往的支撑（杨一清重入内阁，情况又有变化）。

思想理念：王守仁的认识，和"大礼议"中的一些代表人物如张璁、霍韬、方献夫等的看法，比较相通。[20]

社会关系：王守仁和争论双方的主要人物，都有联系。[21]实际上，王守仁和汪俊等反对"大礼"的人有更多、更长久的交往。[22]

身体与家庭状况：王守仁的身体这时尚不甚佳。同时，妻子多病，家中杂事纷沓。[23]

生活态度：在故乡的山水中，生活安定，他已经不想在官场中折腾。（见前章《百战归来白发新》）

因此，他对于朝廷中的争论，不做公开的表态。他认为："典礼已成，当事者未必能改，言之徒益纷争，不若姑相与讲明于下，俟信从者众，然后图之。其后议论既兴，身居有言不信之地，不敢公言于朝。然士夫之问及者，亦时时为之辨析，期在委曲调停，渐求挽复，卒亦不能有益也。"[24]这可以说，就是他对待"大礼"争议的基本态度。

可见在内心，他还是有所倾向的：基本赞成张璁、霍韬等的看法。

他在给霍韬的信中说："每读章奏，见磊落奇伟之志，挺持奋发之勇，卓然非侪辈可望，深用叹服。果得尽如所志，天下之治诚可焕然一新。然其形势，自有不能尽如人意者，要在宽以居之、仁以行之而已。"

又说，在给西樵（方献夫）的信中，已经谈了自己的一些建议，又说"田州事实无紧要，徒劳师费财。纷纷两年，重为地方之患"。[25]

总之，这一时期，对于"大礼"之争，王守仁基本采取置身事外、不参与不议论的态度。[26]在风浪中，他思考着更本质性的问题。

二、新学的洗练——"良知"说的成熟

嘉靖三年"左顺门事件"以后，悬在王守仁头上的宝剑除去了——一直注视着他、对他不抱好感的重要人物杨廷和、毛澄离开了朝廷的权力中枢。王守仁自己也度过了"服丧"期，此后，在学术领域逐步活跃。他公开讲学，招收学生，和学者交流，写信阐明自己的主张。他的"致良知"学说，从开始提出，不断展开，到逐步成熟，并非偶然。在这几年内，王守仁主要做了这样一些事：

第一，公开讲学，招收门徒，门生日进，形成学术流派。

王守仁在嘉靖三年后讲学状况的变化，《传习录》中有这样的记载：

> 先生初归越时，朋友踪迹尚寥落。既后，四方来游者日进。癸未（嘉靖二年）年已后，环先生而居者比屋，如天妃、光相诸刹，每当一室，常合食者数十人。夜无卧处，更相就席，歌声彻昏旦。南镇、禹穴、阳明洞诸山，远近寺刹，徒足所到，无非同志游寓所在。

> 先生每临讲座，前后左右，环坐而听者，常不下数百人。送往迎来，月无虚日。至有在侍更岁，不能遍记其姓名者。

> 尝闻之同门先辈，曰，南都以前，朋友从游者虽众，未有如在越之盛者。[27]

由此可见当时王守仁讲学盛况。之所以会这样，有如下一些原因：

1. 王守仁在地方上，堪称是级别最高的官员。虽说朝廷中有各种纠葛，在信息不流通的时代，官场的信息未必会完全传到底层。即使传到家乡，当地官员采取何种态度，也有着选择的余地。王家两代高官，在地方上有着影响。

2. 当时反对力量退潮，和王守仁观念相近的官员，从内阁到大臣（张璁、方献夫、席书、霍韬等），再到地方，如当地的官员，彼此来往，形成一种略带有官方色彩的态势。

3. 王守仁之学本身的内在力量，使一般的市民等愿意接受。如他强调自身内心的反省："学须反己。若徒责人，只见得人不是，不见自己非。若能反己方见得自己有许多未尽处，奚暇责人？"[28]

强调个人的意识："心外无理，心外无事。"[29]这样，就不需借助外力，每个人都可以自力去做。

王守仁认为"满街都是圣人"，实际上否定了人在本质上的等级存在。

他反对空头做学问，主张"事上磨炼"，所谓"簿书讼狱之间，无非实学"。从方法上，指明了如何去做的问题，不尚空谈，认为从日常身边之事做起，就是"为学"。[30]在日常生活中，切实可行。

而且，他有意识地多用日常用语，多用比喻，明确易懂，便于实行，得到当时各个阶层的共鸣。[31]

4. 由于学者和听众众多，在不少地区，形成了社会氛围和民众潮流，变成为一种由众多方面的力量共同参与的社会实践活动。

往来人员的住宿、饮食、和寺院、地区，形成了一定程度的、也许是比较原始的"商业"交往，不少的人可以在这样的活动中得到利益，形成了一个互相关联的社会活动圈。

讲学所需有关书籍，需要刻印，也促成了刻书、印书行业的发展。如浙江地区，这一时期的书籍出版商，有双桂堂、清平山房等，逐渐形成出版的行业。王守仁的门生闻人诠、黄省曾、钱德洪都曾经营过刻书事业。这样的出版业，在某种程度上，和讲学活动形成了相互依存的关系。

5. 有一批弟子，专心从事阳明心学的宣讲、推广。

王守仁周边活跃的弟子，除了以前提到过的朱节、蔡宗充、夏良胜、钱德洪、薛侃、黄宗贤、黄宗明、邹守益、舒芬等以外，这一时期，在浙江活跃的还有：王畿、欧阳德、南大吉、季本等。

王畿，字汝中，浙之山阴（今浙江绍兴县）人。年轻时豪爽任侠，"跌宕自喜"。服膺王守仁之说，拜称弟子。认为王守仁提出"良知"，使知物理不外于吾心，"致知"便是为学之精髓。[32]他"试礼部不第，立取京兆所给路券焚而归"。后当会试，入京，因当时"阁部大臣多不喜学"，他说："此非吾辈仕时也。""不就廷试而还。"回到王守仁身边，教授弟子。前后四十年无日不讲学。自北京、南京、遍及吴、楚、闽、越等地，年八十仍不间断。人称"龙溪先生"。[33]

季本，正德十二年进士，授建宁府推官。宸濠之乱，曾带兵侧面支持王守仁。[34]

欧阳德，字崇一，泰和人。刚二十岁就乡试中举。后去南赣，拜王守仁为师，两次不赴会试。嘉靖二年，会试策问，题中有诋毁王守仁学说之意，他坦率论之，既不忌讳，也不袒护。进士及第，授六安州知州。聚徒讲学。官至吏部左侍郎，兼掌管詹事府。晚年与邹守益、聂豹、罗洪先等每日讲学。[35]

　　南大吉，绍兴太守，对王守仁称弟子，往复问学，殷勤恳切，并开辟稽山书院，建"亲民堂"。[36]

　　此外，当时有萧璆、杨汝荣、杨绍芳等来自湖广，杨仕鸣、薛宗铠、黄梦星等来自广东，王艮、孟源、周冲等来自直隶，何秦、黄弘纲等来自南赣，刘邦采、刘文敏等来自安福，魏良政、魏良器等来自新建，曾忭等来自泰和。真可谓四方云集。

　　正是有了这样一大批活跃的、有所建树的门生弟子，王守仁的影响才得以不断扩大。

　　总之，这时期的王守仁宣扬的"致良知"，已经不仅仅是局限于纯粹儒学理论的问题，而成为一定范围的社会实践活动。在社会资讯交流尚不发达的情况下，通过人与人之间直接的讲授传播，和一些现实的经济活动相结合，在社会各个阶层蔓延展开。这是王守仁"心学"得以在相当长的时期，在社会上具有影响的深层社会原因。

　　第二，整理出版自己的著述。

　　王守仁在回到故乡以后，进一步出版了自己的著述。嘉靖三年，学生丘养浩、韩柱、徐珊校核刊刻了他的诗文集《居夷集》。[37]

　　学生想要编辑他的诗歌，他开始并不赞许，最后还是同意了。但他主张不要分体。这反映了他对待诗文的态度。学生把他的一些诗歌汇集起来，出版了《居夷集》。钱德洪《答论年谱书》第八书："徐珊尝为师刻《居夷集》，盖在癸未年，及门则辛巳年九月，非龙场时也。"[38]

此外，王守仁的诗歌作品，现存的还有他生前所编《诗录》。该稿在他去世后，由钱德洪得之，王畿也收集到数卷，后给薛侃，薛侃命其侄子薛铠刊行。钱德洪在嘉靖五年写了序。[39]

嘉靖三年，南大吉刻印《传习录》。[40]

此后，嘉靖六年四月，邹守益刻《阳明文录》于广德。这是王守仁生前第一次出版的《文录》。[41]这些著述的出版，使得王守仁的学说得以广泛传播。

第三，和朋友、学生深入探讨，进一步阐述、完善以"良知"为中心的学说。

远离朝政漩涡的王守仁，这一时期，和朋友、学生通信交流，探讨儒学有关问题，涉及面相当广泛。比如和顾东桥通信，此外，嘉靖五年三月给邹守益信，四月，复南大吉信都谈及这些问题。他在阐述中，自觉地完善了自己的学术思想。

在这时期王守仁的论说中，一个重要的特色，是把与人相关的"心"的概念提到了最高层面。当时普遍认为最高的概念是"天"，与"天"相关的是"道""理"。而王守仁认为"心"和"理"两者，不可分割。

这实际上就在儒学系统中，打破了被某些儒者视为"彼岸"的"道""理"的制约，强调了、提高了本体的人"心"的作用。[42]在这些讨论中，王守仁阐述自己提出的"致良知"观念，阐述着自己的思想，已经成熟。

虽说这是一种儒学内部思维模式的转换，但即便如此，也对当时"正统"的思想方式造成了巨大的冲击。

第四，支持兴建书院，培养学生。

这几年间，王守仁虽然居于余姚故乡，但是浙江绍兴等地的地方官员，也还是非常尊重他。在嘉靖三年以后，他和地方官员的交往也渐频繁。他对于各地"复兴圣学"、修复书院的措施都大力支持，先后写了好几篇有关书院的文字。[43]

稽山书院，是绍兴的书院。由于常年失修，比较破落。南大吉为绍兴太守，主导重修。王守仁特为之撰文。[44]山阴县学，是山阴县的县学。"教谕汪君瀚辈以谋于县尹顾君铎而一新之，请所以诏士之言于予。"[45]

在这些文字中，王守仁也阐述了自己对儒学的一些看法。比如在《重修山阴县学记》中，谈到了儒学的心和禅学的"心"的区别。认为禅学和儒家圣人之学，"皆求尽其心也，亦相去毫厘耳"，"禅之学非不以心为说"，然而禅学把内外割裂为二，所以"不知已陷于自私自利之偏"。而他所倡导的儒学的"心"，"无人己，无内外，一天地万物以为心"，这样不仅"独善"，还可"治家国天下"。强调"内""外"二者不可分离，是一种入世的精神。[46]

此外与王守仁有关的书院还有弟子们立于越城的阳明书院以及真文书院等。

这些书院，在现实生活中，成为宣扬传播王守仁思想的实体框架。作为一种社会机构，对此后直到明朝末年相当长时间内阳明心学的传播，起到了重要作用。

通过这样广泛的学术、讲学实践，王守仁的学说在浙江，在南部中国，得到了广泛的传播，成为十六世纪中国思想领域的一个重要的儒学思潮和文化现象。

三、碧霞池之宴：阐述"致良知"的真髓

王守仁在这几年的讲学活动中，嘉靖三年八月的"碧霞池"之宴，是一次有影响的聚会。

那年八月，王守仁在自己家中碧霞池畔举行了一次盛大的宴

会，与会者有一百多人。⁴⁷一阵秋雨过后，秋风送爽。秋月当空，池水澄碧。王守仁的庭院中，宾客门生云集，丝竹轻扬，杯觥交错，王守仁兴致很高地和大家饮酒赏月，谈论学问。

兴致高扬的王守仁写了诗记载此事。⁴⁸

在此前后，还写了《秋夜》《夜坐》，也都是有关心学的。他在诗中说："千圣本无心外诀，《六经》须拂镜中尘。"强调了"心"的重要性。

这次宴会，是王守仁在外在政治环境改善，家庭中各种问题都得到处理以后，内外身心都顺畅之际的一次庆宴。与会的学生们对于王守仁强调的"心"学，对于"致良知"，有了更深刻的印象。

在嘉靖三四年后，王守仁公开地和朋友、学生探讨并阐述自己的学说，论述的重心，集中到了"致良知"这一核心观念上，使其内涵和外延，进一步明确。他的论说，可概括为如下三个方面：

第一，何谓"良知"？

王守仁认为："良知"是人的本性（未发，未动）中、人心本有的"灵昭明觉""昭然不昧"的本质。人，乃"天地之心"，也就是判断的主体。良知是"是非之心，不虑而知，不学而能"。⁴⁹或者可以说，良知就是发自人的本能，并通过感知、实践、学习、省悟，在个人内心中蕴发的，合乎当时的认知水准、道德法制规范，审美意识的感觉和理性。

对于"致良知"这一新的概念，使弟子们感到难以理解和把握的是"良知"与"心"以及儒学中固有的其他概念的关系。他们时常到王守仁府上请教。王守仁这样阐述：

> 心者，身之主也，而心之虚灵明觉，即所谓本然之良知也。⁵⁰

关于"良知"和"天道",王守仁说:"良知即天道。"他强调"良知"与"道"的同一性。[51]

关于"良知"和"性"的关系,他说:"良知者,性之本体。"[52]

关于儒学的核心概念"心"和"理"、"心"和"性"、"心"和"道"的关系,他认为:"物理不外于吾心。"[53]"心之体,性也。性即理也。"[54]"心之体,性也;性之原,天也。"[55]

王守仁认为朱子析心与理为二,"务外遗内,博而寡要"。[56]而他自己尽量将这些概念统一起来,视为同一根源的不同侧面、不同展开。

由此展开,涉及性、心的本体是善的还是无善无恶的?他说:"性之本体,原是无善无恶的。"也就是超越于"善""恶"的。然而,在其他地方他又说:

"至善者性也,性元无一毫之恶。"[57]承认性"善"。可见,他既承认"性本善",又认为"性"是"无善无不善"的,"至善"与"无善无恶"在王守仁这里是相互统一、彼此规定的。

关于良知的"动""静",他认为:天道良知,"无一息之或停"。也并非如有些学者所称,良知乃是"静寂"的。[58]

关于"良知"和"内""外",他认为:"良知",原是在每个人内心中蕴存着的。"人心中各有个圣人。只自信不及,都自埋倒了。"[59]所以要将其发扬开来,要"致良知"。

也就是说,良知是人的一种本质,是人的理性自我反思的结晶,是促使自我修正的一种人的内在意愿和表现。王守仁认为要通过自身的修养和实践,才能达到或还原"良知"。

王守仁还论述了"理"和"欲"、"格物"和"致知"之间的关系,基本构建起了以"致良知"为核心的儒学理论。

第二,为什么必须提出"致良知"?

王守仁指出,那是为了和当时流行的"朱子说"加以区别。

他明确表明：自己的见解，"则与朱子正相反矣"。[60]这和在南京时期，用"朱子晚年定论"来为自己的新说辩解时的情况相比较，显然不同了。这说明王守仁对自己的学说具有了更强的自信。

王守仁感觉到，在对"格物""致知"的认识上，在人内在的"心"和外在的"物"这一儒学的关键问题上，"朱子"之学（至少是他所理解的朱子学）和孔、孟等先贤的说法，存在着差异，和儒家的本来教义并不一致。这造成了"理""性"和"欲"的完全分离，造成"物""我"的分离，造成学问的形式化，成为一种和自我理念、道德、行动相分离的，仅停留于表面的"外在"教条。因而，他想用"良知"这样的概念来对儒学加以新的阐述。[61]

为了和朱子学说区隔，王守仁还特地说明自己学问的历史渊源，指明自己的学说和历史上陆九渊的学说有着内在的联系，也就是对自己学说做了历史性的定位。

他认为，朱熹和陆九渊之间，虽然所说的学问，在本质上一致，但是看问题的角度不同。他更倾向于陆九渊的看法。

第三，如何"致良知"？

王守仁认为，如何"致良知"，不仅是一个口头论说的问题，更是一个实践的问题。这个问题，和个人的"良知"在现实生活中的表现形态密切相关。

王守仁强调，要"知行合一"。

关于"知"与"行"的关系，他认为："夫学、问、思、辨、行，皆所以为学。未有学而不行者也。""则学之始，固已即是行矣。""非谓学、问、思、辨之后，而始措之于行也。"日本学者荒木见悟认为：在谈到王守仁说的"知"和"行"时：

> 首先必须置于念头中的，是知也罢，行也罢，总是心之知、心之行。两者相联系之处，就在于一心，此外无他。知

的主体是心,行的主体也是心。

这样看来,通过"知行合一"这一提法,阳明的目的,是为了明确知和行不是对立的不同层次,而是和包容它们的根源性的心的活动机能相关。

无视这浑一绝对的心,无论怎么说知和行的紧密合一,那都是和阳明所说的完全不相关。[62]

对于舆论指责的"狷狂",王守仁在给黄宗贤的信中指出:要防止乡愿式的"狂狷",即使心中有物,亦须"清脱"。他对薛尚谦,提出:要防止"轻傲",以致良知。[63]

关于格物之学的"博"和"约",王守仁强调,不要喋喋不休,当以"谦虚简明为要"。又说:讲述致良知之学,"莫若明白浅易其词"。[64]

如前所述,他提出,"致良知"并不是要离开现实的生活,他认为:"簿书讼狱之间,无非实学,若离了事物为学,却是著空。""良知本是明白,实落用功便是。不肯用功,只在语言上,转说转糊涂。"[65]

以上是王守仁在这一时期有关"致良知"的主要论说。

他把自己的这些叙说,概括称为"拔本塞源"之论,认为:"'拔本塞源'之论不明于天下,则天下之学圣人者,将日繁日难。"[66]

可见,他的思想已经非常明确,这几年,是他的思想得到系统整理、定型的时期。

他的这些思想,在这一时期写的诗歌中,也有表述。在给邹谦之的诗中,王守仁这样明确概括:

须从根本求生死,莫向支流辩浊清。久奈世儒横臆说,竞搜物理外人情。良知底用安排得?此物由来自浑成。[67]

又有诗:

> 尧舜人人学可齐，昔贤斯语岂无稽？[68]
> 万理由来吾具足，《六经》原只是阶梯。[69]

总之，王守仁的人生态度、对于儒家经书的态度，在平定了宸濠之乱以后，经受了各种风波，发生了变化。他自己说："在南都以后，尚有些子乡愿。""我今才做得个狂者的胸次。"[70]感到了生命的可贵和追求良知的迫切。

可以说，到这个时期，王守仁的思想和学说基本成熟了。

当然，鉴于当时中国传统思维并没有明确地区分"主""客"关系的界限，王守仁没有也不可能如后世唯物论者那样，认识到无论是"理"或是"良知"，不是人生来即有，都是受人的时代环境影响的。

他的一些论说，还存在着内在逻辑上的暧昧之处。比如关于"性善"和"本无善恶"。所以，后来产生各种论争。

他说："吾教人致良知，在格物上用功，却是有根本的学问，日长进一日，愈久愈觉精明。世儒教人事事物物上去寻讨，却是无根本的学问。"[71]主张"心"和"物"的同一，直指心性，以"致良知"，这对于拨正当时过于把"理"外在化、形式化的理学倾向，无疑独有建树。但是，这样的论说，在思维方式上，是否容易产生不注重对"事事物物"之理分析探求的倾向呢？王守仁的"致良知"说，也没有进一步在此基础上，导向对有关社会制度、社会构造、社会生活方式的思考。

有些"心学"的后学，只满足于"直指心性"，满足于"直觉"的简易可行，忽略甚至无视和主体认识密切相关但又极其多样的万物的特殊性，这是否是造成此后数百年中国知识界的思维过于注重直接经验的一个思想源头？是否是造成十五世纪以后，我国对物质世界分析欠缺逻辑推论和理性探讨的一个因素呢？这是值得进一步思考和探讨的问题。

总之，王守仁的学说，是中国历史上出现过的学说，与世界上任何一种学说一样，对其成就和意义、局限和不足，需要我们认真思考，加以扬弃。

四、家乡的生活与交游

王守仁在浙江活跃讲学之际，朝堂上有关"大礼"的争论及其影响，还在扩展变化。

嘉靖四年三月，嘉靖皇帝在处理了"左顺门"事件，毫不留情地罢免、处罚了有关的臣子，掌握朝政主动权以后，下诏，修自己生身之父"献皇帝"的《实录》；五月，为自己的父亲建了庙宇"世庙"。这些举措，正如前所说，是要确定自己一系在历史上的"正统"地位。

同时，在席书主持下，依照儒家经书和有关论说，对"大礼"做了新的解释，集中表现在《大礼集议》。此书在嘉靖四年十二月上呈。嘉靖下了诏令："大礼已定，自今有假言陈奏者，必罪不宥。"折腾了四年多的"大礼议"，在最高层面宣告落下帷幕。

然而，朝廷政坛上，"大礼议"的余波，照旧涛翻浪卷。

"左顺门"事件之后，明确反对张璁等人意见的大多数官员都被罢免，嘉靖再次启用了致仕在家的费宏主持内阁。当时首创"大礼"之议而骤贵的张璁、桂萼以及支持张璁意见的霍韬、方献夫等，在朝廷中为少数，所谓"举朝恶其人"。[72]新得宠的官员和原来朝廷中的势力，以及新进入内阁的费宏等，又发生了新的矛盾。

自父亲去世，王守仁丁忧在家，三四年过去了。王守仁脱离京城的宦海喧嚣，生活渐趋稳定。几年间，家庭生活状况也发生了变化。

嘉靖四年正月，和王守仁结婚三十多年的诸夫人去世。办完丧事，四月，王守仁将她附葬于徐山。[73]

到了新的一年，嘉靖五年初，王守仁的新夫人张氏怀孕了。十一月，生了儿子，这可谓老年得子，不胜欢欣。[74]

老来得子，在王守仁一生中，是件大事，在家中、家族中也都是件大事。嘉靖六年正月十五，元宵灯节前后，正值孩子满月，王守仁家开汤饼会。亲朋好友前来祝贺，以期盼孩子健康成长。族中的两位九十岁以上的老人六月、静斋，特地撰诗，前来祝贺。[75]为了答谢两位老人的盛情好意，王守仁写了两首诗回敬：

一首有"何物敢云绳祖武，他年只好共爷长"之句，流露出对于自己祖先业绩的自豪。

另一首有"携抱且堪娱老况，长成或可望书香"句，反映了这时的心态和对于孩子的期待。接着又问："不辞岁岁临汤饼，还见吾家第几郎？"这是对两位老人的祝愿，也是对自己家族人丁兴旺的期盼。

在乡间，王守仁作为一个归隐的乡绅，"自来不曾替人作书入府县"，也就是绝不搞"请托"，不介入当地官员事务。同时，颇注意家人的和睦相处。[76]

在家乡期间，故乡山水和友人，伴随着王守仁。这一时期经常陪伴他的比较有名的弟子，或者说是朋友，是董沄。[77]

董萝石佩服王守仁的"致良知"思想，拜他为师。在嘉靖五六年间，王守仁常与他一起，寄情志于山水之间，欣然忘返。

董萝石后来自号为"从吾道人"，王守仁为他写《从吾道人记》，赞扬他诚心好学，"挺特奋发，而复若少年英锐者"。时而结伴游历会稽附近的山川，吟诗论画。[78]

在这样的生活中，王守仁还为一些朋友品评书画，鉴赏题诗。嘉靖二年以后的几年中,王守仁撰写的有关绘画、书法等的诗有:《来雨山雪图赋》《书扇赠从吾》《心渔歌为钱翁希明别号题》《挽潘南山》《次韵毕方伯写怀之作》《题吴五峰大参甘棠遗爱卷》等。

王守仁虽说自己不以文辞为事,但是,直到晚年,依然有诗文之作。当然这时的诗歌已不再有年轻时代的文采、激情,更多的是对于现实心情的表述、对于自己心学理念的阐说。中国传统文人表述内心情感的主要手段,还是诗文。这一点在王守仁身上也充分表现出来。

在庆贺晚年得子的热闹中,王守仁迎来了嘉靖六年的春天。

嘉靖三年以后,王守仁过着比较平稳的日子。这一时期,是他生活安定的时期,是他思想完成的时期,也是他学术发展最充实的时期。

注释

1 桂萼,字子实,安仁人。正德六年进士。《明史》卷一九六有传。5181页。

2 《明史纪事本末》卷五十,将此事列于"十一月",见742-743页。而《明通鉴》卷五十,载:席书、方献夫的《疏》与《议草》,早在嘉靖元年草就,据《实录》,席书的《疏》未敢呈上,而方献夫的《议草》已经"报闻"。桂萼这时窥得嘉靖内心,再次上疏,并附席书、方献夫二疏,挑起了新的纷争。

3 《明史纪事本末》,743页。

4 《明通鉴考异》:"时韬谢病归粤东,不在南京也。"

5 这原来是嘉靖即位之初,为了减轻朝臣对于给他父亲称号加上"皇"的抵制,他自己主张的称谓,以示与武宗系统的区别。

6 见《明史》卷一九六,《张璁传》,5176页。又见《明通鉴》该年纪事。据胡启勋研究,前后共有700多名官员涉入这次论争。其中包括当时的阁臣毛纪、蒋冕,吏部尚书乔宇。他们有的弹劾张璁、方献夫,有的则指责反对派。陈洸、薛蕙、邹守益等反复上疏议论"大礼"。

7 《明史·杨廷和传》:"三年正月,帝听之去。"又见《明世宗实录》。杨廷和在正德初期坚持大礼,或许还有着维护皇统大义的忠心,如李卓吾所言(见《续焚书》卷三)。但是到后来,颇有点挟此以左右朝政的味道,所以引起了反感。

8 张璁、桂萼进京,并催席书入朝。见《明史》各人本传。席书入朝在嘉靖三年八月。

9 见蒋冕《湘皋集》第七卷,21页。(《四库存目丛书》本,齐鲁书社,1995年)

10 关于嘉靖三年初到七月的人事变迁,主要有二月内阁杨廷和致仕;三月吏部尚书汪俊被罢免,代之以席书,席书未到任之前,由吴一鹏代理;五月,蒋冕致仕,石珤入内阁;七月,吏部尚书乔宇致仕。在此半年时间内,一批进谏反对"去本生"的官员:舒芬、邹守益、薛蕙、张翀、李学曾、胡琼等被贬、被罚,而席书、桂萼、张璁、霍韬、方献夫等支持嘉靖的"大礼"派官员得到提升。见《明史》各人本传,《明通鉴》卷五十一。又参见胡吉勋《"大礼议"与明廷人事变局》71-81页。

11 《明通鉴》:"上即位,锐意求治,宇以选郎擢长吏部,与林俊、孙交、彭泽并召,皆海内人望也。"1913页。

12 当然其中也难免有些出于自己的私心而鼓动者。

13 何孟春:字子元,郴州人。弘治六年进士。时为吏部左侍郎。关于具体人数,见《明通鉴》1917页,《明伦大典》,也可参见前引胡吉勋《"大礼议"与明廷人事变局》78-79页。

14 《明史纪事本末》卷五十《大礼议》:"恭穆献皇帝主至自安陆,帝迎于阙内,奉谒奉先、奉慈二殿。已乃奉于观德殿,上册宝,尊号曰'皇考恭穆献皇帝',不复言'本生'。"753页。

15 《明史·毛纪传》:"三年,廷和、冕相继去国。纪为首辅,复执如初。"为劝嘉靖,不纳,辞去。其代冕亦仅三月。5046页。

16 《明通鉴》卷五十一,1918页。

17 造成这样的状况,乃由于士人之间因对经学理解的不同,出现了分歧,皇帝成了仲裁者。参见谈迁《国榷》卷五十三,嘉靖三年七月。

18 按照皇统规定，只有正统在位的皇帝才能修《实录》，有被后代祭祀的祠庙。见《明通鉴》1640页。

19 不管在大礼仪问题上，双方的论争谁更合乎儒学之道——应该说张璁等的说法更合乎儒学的原本理念，而杨廷和等的说法，更合乎当时官方的《四书大全》等法制运作规范。二者争论的结果，是嘉靖皇帝成了最终的决定者。

20 比如，王守仁曾劝说陆澄改变反对"大礼"的立场。此后又有《与霍兀崖宫端》二书，该信见钱明《阳明学的形成与发展》，江苏古籍出版社，2002年，324页。又见浙江古籍本《新编王阳明全集》1828页。束景南《辑考编年》889页。详见下文。

21 林俊、乔宇、汪俊、湛若水、吴一鹏等反对大礼的人物，都是和王守仁有着深厚交情的朋友，而邹守益、舒芬、夏良胜等王守仁的弟子也参与了"左顺门事件"。

张璁、霍韬、席书、方献夫等支持嘉靖的人，都很尊重王守仁，并且和他有着很长时间的私人交往。王守仁自然也知道他们的想法。

22 《明儒学案》说汪俊和王守仁绝交，不准确。应该是有一定的分歧，所以有后来王守仁平定思、田之乱，途经汪氏故乡，特地前往造访，却未能相见的情况。但是，应该说后来交情恢复了，见汪俊悼念王守仁之文。上古版《全集》卷三十八，1431页。

23 诸夫人在嘉靖四年去世，这时，身体状态当也不佳。

24 他后来给霍韬的信中说："往岁曾辱《大礼议》见示，时方在哀疚，心善其说而不敢奉复。"席书也把意见告诉他。《与霍兀崖宫端》，上古版《全集》834页。

25 《与霍兀崖宫端》第二书。见束景南《辑考编年》889页。又见本章附录《"大礼议"非朱子学与阳明学之争》。

26 《年谱》："四月，服阕，朝中屡疏引荐。霍兀崖、席元山、黄宗贤、黄宗明先后皆以大礼问，竟不答。"

27 见《传习录》卷下。这当是记载嘉靖三年到五六年间的情况。此条未写明是何人所录，日本三轮执斋推断当为钱德洪所记，所说有理。见日本近藤康信《传习录》534页。

28 《传习录》卷下，上古版《全集》101 页。

29 《传习录》卷上，上古版《全集》15 页。

30 《传习录》卷下，上古版《全集》95 页。

31 如，王艮原来乃底层人士；有小官吏，如山阴的县官等；还有高官，如方献夫等。

32 黄宗羲：《明儒学案·浙中王门学案》，238 页以降。

33 见《明史》卷二八三《儒林传》，7274 页，又李贽《续藏书》卷二十二《理学名臣》，436－440 页。

34 见《明儒学案》卷十三，271 页。他是徐渭的老师。见《徐渭集》628 页。后来浙东地区阳明学的展开，他起到了相当作用。

35 见《明儒学案》卷十七，359 页。

36 关于南大吉，《年谱》"郡守南大吉以座主称门生"，上古版《全集》1290 页。南大吉，生于明成化二十三年，正德六年进士。授户部主事，历员外郎、郎中、浙江绍兴府知府，不久致仕。卒于明嘉靖二十年。见黄宗羲《明儒学案》卷二九《北方王门学案》，又见冯从吾《关学编》卷四《瑞泉南先生》、焦竑《国朝献征录》卷八五《绍兴府知府南大吉传》。

37 王守仁虽说年轻时代曾经和李东阳、李梦阳等有所交往，但是，到正德后期，他的意向已经不是在文学辞赋上，意不在于与当时风行的"七子"等争短长。这时编集自己的诗文集，主要是想留下一点资料。参见薛侃《阳明诗录后序》，永富青地《王守仁著作的文献学研究》，269 页。

38 《居夷集》是王守仁生前最早刊刻的诗文集。现存上海图书馆。此书有丘养浩《叙居夷集》，韩柱《跋》，徐珊《跋》。据丘养浩《叙居夷集》，刊刻在嘉靖三年夏天。

39 此书分《正稿》《附稿》两部分。现存日本九州大学图书馆。参见永富青地前引书 268－274 页。又，该书日本内阁文库存一残本，主要为后半部分。该书所收诗歌，和现《文录》《全集》中所收有所不同。

40 《年谱》嘉靖三年："十月，门人南大吉续刻《传习录》。《传习录》薛侃首刻于虔，凡三卷。至是年，大吉取先生论学书，复增五卷，续刻于越。"关于南大吉刻的《传习录》，究竟本来面目如何？见上古版《全集》后所附钱明《阳明全书成书经过考》，1632－1640 页。又永富青地前引书，第一章《传习录的成立和完成》,21-68页。

41 此本已佚,后来《文录》有多种刊本,见永富青地《王守仁著作的文献学研究》第二章第二、第三节,129-202页。

42 笔者认为:王守仁所说的"心",不应该只从现代哲学语境中所说的"生成论""宇宙论"或者"存在论"的角度去理解,也带有主体和客体关系的"认识论"的意涵。中国传统儒学的概念的阐述、和现代哲学概念内涵的沟通和转换,是进一步深入研究中国传统文化的关键所在。

43 《王阳明全集》卷七,收有嘉靖乙酉(四年)的《从吾道人记》《亲民堂记》《万松书院记》《稽山书院尊经阁记》《重修山阴县学记》五篇《记》,后四篇,被有的研究者称为"书院四大记",见冈田武彦《王阳明大传》786页。《亲民堂记》,乃是为南大吉"莅政之堂"所书,见上古版《全集》252页。其余"三记",分别为"万松书院""稽山书院""山阴县学"所书。

此外,他还支持学生们办"天真书院"。见《年谱》嘉靖六年九月"丙申"条下"德洪、汝中方卜筑书院",他写了诗歌,表示支持。

44 上古版《全集》卷七,《稽山书院尊经阁记》,255页。此记在日本有清稿流传。

45 《重修山阴县学记》,上古版《全集》256页。

46 上古版《全集》256-257页。

47 见《年谱》,上古版《全集》1291页。

48 《年谱》:"八月,宴门人于天泉桥。""中秋月白如昼,先生命侍者设席于碧霞池上。""先生见诸生兴剧,退而作诗。有'铿然舍瑟春风里,点也虽狂得我情'句。"这诗就是《月夜二首与诸生歌于天泉桥》。碧霞池、天泉桥应该就在王守仁的府中。

49 见陈荣捷《传习录详注集评》,258页。

50 《传习录》卷中,上古版《全集》47页。

51 《惜阴说》,上古版《全集》267页。

52 陈荣捷《传习录详注集评》,214页,152条。

53 《传习录》卷中,上古版《全集》42页。对于这一论断,学界多有论说,是王守仁被视为"主观唯心主义"的基本依据。然而,笔者认为:对于这一说法，应该放到王守仁整体的思想中去把握，不能仅从这一句话做判断。王守仁不是从存在论的角度，更多是从认识论的角度来这样说的。王守仁并不否认在心之外的客体世界的存在。当然，王守仁在论述中，关于主、客体的关系，关于"心""物"的有关论述，存在模糊不清的情况，所以才引起后世的议论纷纭。

54　上古版《全集》42页。

55　上古版《全集》43页。

56　上古版《全集》45页。

57　陈荣捷《传习录详注集评》，352页。

58　见《惜阴说》，上古版《全集》267页。关于所谓"归寂派"，其说始于聂豹，称"良知本寂"。见《明儒学案》卷十七，374页。近年研究，见冈田武彦《王阳明与明末儒学》第三章第三节，138页。

59　《传习录》卷下。

60　上古版《全集》43页。

61　日本学者荒木见悟在谈到"理"和王守仁的"心"时，这样论说："没有理，人生而无法行动，没有理，社会无法存立。所以，理，本来就不是由私人之意作成的，反之，作为公理，自当有着超越个人的一面。理具有'公'的性质。如果无视理的'公'的性质，人就会成为功利打算之徒（这正如朱子所指出的那样）。但是，如果偏侧于理的客观的确定性、顺从这样的习惯的话，理就失去了生命，心的活力就被剥夺了。这样的极端，那么顺应着这样给与的理，就会造成所谓的善美的形式主义、乃至伪善主义。"（《佛教与阳明学》76-77页，日本第三文明社，1979年）这样的解说，可以参考。

62　（日）荒木见悟《佛教与阳明学》78页。

63　上古版《全集》199页。

64　上古版《全集》181页。

65　分别见《传习录》卷三，上古版《全集》95页；《传习录》卷三，上古版《全集》109页。

66　《传习录》卷中，上古版《全集》53页。

67　《次谦之韵》，上古版《全集》785页。

68 《林汝桓以二诗寄次韵为别》,上古版《全集》786 页。尧舜人人学可齐:王守仁《传习录》卷下:"人心中各有个圣人。只自信不及,都自埋倒了。"又,王守仁和董萝石对话:董曰:"见满街人都是圣人。"守仁曰:"你看满街人是圣人,满街人到看你是圣人在。"昔贤斯语:指《孟子·告子章句下》:"曹交问曰:'人皆可以为尧舜,有诸?'孟子曰:'然。'"

69 关于"阶梯",朱熹《朱子语类》卷一〇五:"'四子',《六经》之阶梯;《近思录》,'四子'之阶梯。"王守仁殆借其说而言。《稽山书院尊经阁记》:"《六经》者,吾心之记籍也。"

70 见《传习录》卷下,黄省曾录,第 312 条,上引陈荣捷书 355 页。

71 《传习录》卷三,上古版《全集》99 页。

72 《明通鉴》"嘉靖五年四月"。

73 王守仁对于自己的母亲,对于自己的妻子,有自己独到的感觉。长期的宦海沉浮与军旅奔波,王守仁真正家居、和夫人共同生活的日子并不多。他和夫人之间的感情,没有什么具体的文字记载。但是从一些现象中,却不难做出一点推测。

夫人系诸让的女儿,乃大家闺秀。她的父亲,是一位儒者,家中教育,可想而知。

遵父母之命,嫁给王守仁,经历了王守仁流放龙场的风波。当时,夫人并未随从王守仁到贵州去。

此后,王守仁到庐陵,夫人前往。但匆匆即返。王守仁又到北京,到滁州,到南京,到江西,从王守仁三十多岁到近五十岁,近二十年的时间中,前半时期,一因王守仁经历波折,二因夫人的教养和思想,三因王守仁家族状况,二人之间实际上相处时间有限。当然,其间也应考虑王守仁和夫人的身体健康因素。到后半时期,在南京,夫人应和王守仁同在。王守仁接到南赣的任命以后,夫人也和他同行。但是这一时期,王守仁戎马匆匆,多有风波,加上身体多病,王守仁和夫人,即使相敬如宾,也渐失男女间的激情。故结婚三十多年,到五十岁左右,没有子女。如此婚姻,在中国古代的官宦家庭中,并非罕见。

74 《年谱》:"十一月庚申,子正亿出。继室张氏出,先生初得子。""盖是月十有七日也。"而据上古本《全集》卷二十《居越诗》所收《嘉靖丙戌十二月庚申始得子》诗，则为"十二月"生。考《国榷》所载朔闰：嘉靖五年十一月"庚辰朔"，十二月"己酉朔"，则十一月不当有"庚申"日，故当为十二月生。又，也不应是"十七日"，而应在十二月十一日前后。王守仁所作答谢诗中有："偶逢灯事开汤饼，庭树春风转岁阳。"也可证一个月后为"灯事"，即元宵节前后，故正亿当生于十二月中旬。

75　此二位，都是和王华"同举于乡"，也就是在"成化庚子"时中举者。

76　见《与郑邦瑞书》，束景南《辑考编年》794页。

77　董沄，字复宗，号萝石。海盐人。他在游会稽时听王守仁讲学，已经六十八岁。一见面，王守仁见他长须银眉，气宇不凡，十分敬重他，请入上座。又与他长谈，十分投契。见《明儒学案》卷十四。

78　王守仁和董沄有关的诗有《登香炉峰次萝石韵》《观从吾登炉峰绝顶戏赠》《书扇赠从吾》《登妙高观石笋峰》等。

附录：
"大礼议"非朱子学与阳明学之争

有的学者把明代嘉靖年间的"大礼"之争，说成是传统的朱子学和阳明学的争论。他们的根据是，明代徐三重《采芹录》（影印《四库全书》本第四卷，18页）引用已经亡佚的王琼《双溪杂记》，认为是王守仁对于杨廷和等未能充分肯定其平宸濠之乱的功绩而怨恨，所以反对杨廷和等。

又《万历野获编》第二十卷《陆澄六辨》："（陆澄）复《疏》颂璁（张璁）、萼（桂萼）正论。云，以其事质之师，王守仁谓'父子天伦不可夺，礼臣之言未必是，张、桂之言未必非'。恨初议之不经而懊悔无及。《疏》下，吏部尚书桂萼谓澄事君不欺，宜听自新，上优诏褒答。"

这些说法，认为王守仁因支持张、桂而反对杨廷和等的主张。因为王守仁反对杨廷和，而杨廷和以及反对张璁等大礼议的人士多坚守"朱子之学"，于是得出二者乃朱子学与阳明学之争的论断。

这样的论断值得商榷。因为这些都是事后之论。

首先，从争论的性质和历史展开过程看，"大礼"争论，开始于对实际的宫廷"礼仪"的争执，后来发展为对于经书的理解，逐渐演变为皇权和内阁对于行政主导权的争夺，展开为政坛上利益集团间的政争。由此可见，大礼议并非单纯的"学派"之争，不能将其简单化和缩小化。

其次，从争论的不同意见看，在开始议论"大礼"之际，王守仁的学说尚未完全成熟，在当时的历史环境下，就学术的倾向性而言，张、桂等人主张人情的观念，和王守仁之说有着相通之处，但是和朱子之学也没有根本的抵牾。

从参与者来看，就连最坚决地主张《明伦大典》的嘉靖皇帝本人，后来却是最坚决地取缔"阳明学"的发难者。"大礼"之争的后期重要人物桂萼也是抨击王守仁非常有力之人。

反之，许多坚决地主张儒家正统的"皇统"观的官员，比如林俊、乔宇、汪俊，都是王守仁最长久交往的朋友。王守仁的弟子邹守益、陆澄、舒芬等也都参与了"左顺门"的进谏。这就是历史现实。

最后，从王守仁"大礼"争论中的态度看，他是认为，即使桂萼、霍韬等人所论是正确的，但也不必急切地弄成对立的激烈状况，因为社会上还有许多重要的事情要做。由此可见，王守仁对于支持嘉靖皇帝意向的大礼派的做法，有所保留。王守仁认为，当时的形势下，大礼派的做为，未必会很顺利，未必没有可调整处。（《与霍兀厓宫端第二书》，束景南《辑考编年》889页）因此他采取的是置身事外的态度。

所以，笔者认为，不能把"大礼"之争简单地归纳为朱子学和阳明学的"学派"之争。这一争论，在中国十六世纪的政治舞台上所起的作用和对于以后中国历史发展产生的影响，比较深远。虽然已经有了一些成果，但还是值得进一步研究。

第二十三章　踏上最后的征程

嘉靖六年五月—嘉靖六年十一月

第二十三章 踏上最后的征程

一、"大礼议"的余波

王守仁平静的生活,很快就被打破了。

外面的世界在变化。当时的现实,不允许王守仁这样一个人物安居讲学,谈论"心性";游山聚会,吟诗赏画,享受生命的余光。

嘉靖五年,嘉靖皇帝已经取得了政权运作的主导权,大力提拔张璁、桂萼、席书、霍韬、方献夫等在"大礼议"中支持自己的臣子,形成了新的行政班子。然而,新的当权者依然面临严峻的现实问题:

财政困乏、内部动乱、边防危机等等,这些问题,并非在朝廷殿堂上单纯议论便可解决,需要有实际能力的人才去处理。

通过议"大礼"上位的人员中,当然不乏清廉、有见识、有担当的人才,比如张璁、席书、霍韬、桂萼[1],但是,毕竟人才单薄。有人想起了在杨廷和当政时被排挤打击的大臣。[2]

嘉靖三年二月以后,谢迁、杨一清、翟銮等先后入阁。这些都是被杨廷和集团排斥的人士。

同时,还有人打算让王琼复出。[3]

然而,这些在"大礼"争论之后形成的新班子中,相互之间仍然有着矛盾。主要是以张璁、桂萼为代表的因"议礼"占据高位的人员和原来受杨廷和等人排斥、重新被起用的官员，比如费宏等人之间的纠葛。

嘉靖五年，王守仁的学生陈九川，被张璁、桂萼等告发"盗窃进贡的玉石"，还指责他把盗来的玉石制成玉带，献给首辅费宏。于是，陈九川被抓了起来。[4]

嘉靖六年二月，原锦衣卫官员王邦奇上书，借要求恢复职务为由，指责当时的首辅费宏、内阁阁臣石珤，都是"杨廷和一党"，包庇对丢失西部边境哈密等地应当负责的彭泽，要求朝廷查办。

这些事件的矛头都对着费宏。

接着，费宏、石珤、贾咏等先后致仕。张璁入阁。内阁成员更替成杨一清、翟銮、张璁等。[5]

王守仁，作为当时政坛和文坛的知名人物，社会没有忘记他。他和这大千世界、和政坛，仍然有着联系。

原内阁大臣王鏊去世，王守仁写了很感性的《王鏊传》，他和张璁、席书、霍韬、方献夫也都有书信来往。[6]

另一方面，反对"大礼"的汪俊，在政坛活跃的吴一鹏，还有石珤，都和王守仁保持着良好的关系。至于他的学生夏良胜、陈九川、邹守益、舒芬等，就更不用说了。

朝廷方面也关注着王守仁。在嘉靖四年，王守仁就被推举过数次：

嘉靖四年二月，已经被提拔为礼部尚书的席书，推荐杨一清、王守仁入阁，曰："今诸大臣皆中材，无足与计天下事。定乱济时，非守仁不可。"嘉靖皇帝不以为然，给他的回答是："书为大臣，当抒猷略，共济时艰，何以中材自诿？"[7]

该年十二月，杨一清被从陕西三边总督的位置上调回京城，对于用谁来替代杨一清担当守边的重任，"廷臣首推彭泽、王守仁",结果,嘉靖皇帝还是"不允"。最后起用了已经致仕的原兵部尚书王宪前往。[8]

直到嘉靖四年,嘉靖皇帝似乎并没有想要王守仁复出的意思。

但是,形势比人强。"左顺门事件"后,大量的官员被贬斥,内阁、翰林以及科道各处都人员缺乏。[9]两广之地,局势紧张。广西思州、田州的问题,闹得越来越大了。

各地急需用人,缺乏干练之材。王守仁,再次被推到历史的前台,也就是必然的了。[10]历史不允许王守仁平静地离开,一定要给他人生的最后阶段,抹上悲壮的色彩。

二、提督两广军政

形势的发展,尤其两广地区的形势,打破了王守仁乡居的恬静,使他面临着人生最后一次重大的选择。

这里先要介绍一下当时广西的"思、田之乱"是怎么一回事。

明朝广西地区的阶级、民族矛盾激烈,八寨等地民众的叛乱不断,产生这种情况的根本原因,是阶级的压迫,官员的腐败。安分的瑶、壮等民众忍受不了压榨,不断反抗。最长时,长达一百六十多年不受明朝管辖。[11]

成化元年(1465),民众造反,右佥都御史韩雍、都督同知赵辅等率军十六万前往镇压,杀七千余人。事后,置武靖州(在今桂平、武宣县一带),加强控制。[12]但是不久,反叛又起,坚持数年。正德年间,大藤峡等地区再次爆发叛乱。[13]

正德十一年(1516),总督陈金率军镇压、安抚,命汉人与当地少数民族互市，允许少数民族武装对过峡商船收税，使商舶稍通。[14]

嘉靖时，由于官府压迫转剧，大藤峡一带民众再掀反抗浪潮。加上东连柳州，北连庆远（今广西宜山）、忻城，西连东兰，南接上林的"八寨"叛乱，诚如王守仁所说"自弘治、正德以来，至于今日，二三十年间"，多次征剿，都未能根本解决。[15]

不仅民众叛乱，明朝的官僚内部，也发生纷争。派往那里的"流官"贪腐妄为，和当地的"土官"矛盾加剧。

当地自恃有功的"土官"岑猛，仗着手中的兵权，轻侮其他地方官员，被同族告发谋反。[16]"流官"盛应期听了部分与岑猛不合的人士之言，也上书报告说：岑猛谋反。[17]

嘉靖五年四月，都御史姚镆受命讨伐岑猛。在姚镆的军队到达时，岑猛已被他的亲戚岑璋除去，部下则由思州、田州的土官卢苏、王受两人统率。

王受等土官和当地反抗民众多有联系，[18]甚至和"交趾"勾结，[19]严重地威胁明政府在广西的统治。嘉靖派出的征伐不顺。嘉靖六年，姚镆报告，那里的情况反复不定。[20]

在这样的情况下，王守仁被起用，要他去处理思州、田州问题。[21]

王守仁再次被起用，除了广西态势的需要外，还和当时中央政坛的权力构造变化有关。到嘉靖六年，新的权力中枢成员，多和王守仁有交往，这样，王守仁退出中央政坛六年之后，才有可能又被推到了舞台上。[22]

皇帝在嘉靖六年五月，明确指示，给王守仁发圣旨。当时受皇帝信用的兵部侍郎张璁特地给王守仁写信，请他出山。[23]

嘉靖六年六月六日，兵部差官捧着文书到余姚王守仁家。"以两广未靖，命臣总制军务，督同都御史姚镆等勘处者。"[24]

王守仁突然接此任命，完全出于意外，开始时，当然推辞，给皇帝上了一封《辞免重任乞恩养病疏》,以"臣本书生,不习军旅""多病"等理由,"辞免重任乞恩养病"。[25]

又给张璁写了信,表示不想出山。信中曰:"仆迂疏之才,口耳讲说之学耳。簿书案牒,已非其能,而况军旅之重乎?往岁江西之役,盖侥幸偶集。近年以来,益病益衰。""若必责之使出,自择其宜,惟留都之散部,或南北太常国学,犹可勉效其袜线,外是,举非所能矣。"[26]这些,应该说都是真心话。由此也可看出,他和张璁的交情非同一般。

六月,嘉靖又下旨,命他上路就职。于是,王守仁又给张璁写了一封信:

"若恳辞不获,终不免为相知爱者之累矣。""若朝廷之上,人各有心,无忠君爱国之诚,谗嫉险伺,党比不已,此则心腹之病,大为可忧者耳。"对前往两广,持推辞的态度。

但朝廷还是要重用他,七月七日,官差又一次到家,要王守仁赴任。并带来了"敕谕":"今特命尔提督两广及江西、湖广等处军务,星驰前去彼处。""督同姚镆等斟酌事势。""一应主客官军,从宜调遣;主副将官及三司等官,悉听节制。"[27]说明嘉靖皇帝已经给了王守仁在南方各省很大的权限。但是王守仁还是推辞。

九月,差官再次到王守仁家,告诉他,皇上已经命姚镆致仕。又得到圣旨。旨云:"卿识敏才高,忠诚体国。今两广多事,方借卿威望,抚定地方,用舒朕南顾之怀。姚镆已致仕了,卿宜星夜前去,节制诸司,调度军马,抚剿贼寇,安戢兵民,勿再迟疑推诿,以负朕望。还差官铺马赍文前去敦趣赴任行事,该部知道。"[28]

这样,王守仁无法再推辞了,只好抱病上路。[29]王守仁虽然是上路了,但是这样反复推辞,会在嘉靖心里造成什么影响呢?那也许就是后话了。

嘉靖六年,王守仁率兵南征,走上了人生最后的行程。

三、天泉桥答问:"良知"说的未解之谜

在出征之前一天(丁亥,即九月七日),晚上,王守仁正在准备,家人来报,说是学生钱德洪、王畿前来送行。于是迎入府内。

钱德洪和王畿来到王守仁府上,一是为先生送行,更重要的是,他们二人对于王守仁所说的"致良知"之说,在理解上有着分歧,难以一致。想到先生要远行,所以约定,一同连夜见王守仁,听取先生对这个问题的解说。他们在府中庭院的天泉桥上,有一番关于"良知"和心性的对话。于是,就有了后来所称的"天泉桥答问"。

或是已经感觉到了自己身体的不适,或是出于对自己学说的责任感,在天泉桥上,王守仁和他们就"心学"根本要旨,进行了一次对话。

根据钱德洪的记载,当时王畿提到王守仁说过的:

无善无恶是心之体,有善有恶是意之动,知善知恶是良知,为善去恶是格物。

询问对此应当如何理解?因为王畿所记,和这样的说法不一样,他记得王守仁说过,不仅"心"是无善无恶的,"意"也是"无善无恶"的。"四句教"是"心无善而无恶,意无善而无恶,知无善而无恶,物无善而无恶"。[30]

王守仁回答说,钱德洪的理解,是对"利根"以下的人的讲学要求。

至于王畿所说的那种"四无"的情况,是对"悟性"高的人,即"利根之人"而言,这样的人,可以"一悟尽透"。照王畿的解释,乃是:"悟得无善无恶心体,便从无处立根基,意与

知物，皆从无生，一了百当，即本体便是工夫，易简直截，更无剩欠。顿悟之学也。"也就是无须什么"意""知""物"中间过程，直接便可。[31]

以上是王守仁最后归纳的有关"致良知"核心内容的表述。

王守仁在这次谈话中，实际把人分为了两个层次，一是所谓有"利根"之人，适用"四无"之说，一是"利根"以下之人，则适用"一无三有"之说。

这是当时话语中的表述，需要注意：

王守仁的"无善无恶"说和传统的"性善"说之间显然存在差异，动摇了"人之初，性本善"这一孟子以来被视为儒学正统的说法，也和王守仁在其他一些地方的表述有所不同。

在这一命题下，追寻、返回到本原，就不会简单地直接变为"善"，而是回到本来的"无善无恶"状态。那么，人生来具有的、"本原"的"七情六欲"，也就"无善无恶"，有了存在的理由。于是，合乎逻辑的推论就会是：

1. 人之"意"，如果"动"的话，就有善有恶。这就需要"知善知恶"，即要有价值判断的标准。

2. 有了标准，就应该通过"格物"，学习、修养、实践，达到去恶为善的目标。

3. 而这些"意""知""物"在王守仁看来，和本原的"心"又是完全一致、不可分离的。

也就是说，他认为：只要合乎自然本原的，就是"善"的，所以无所谓"内""外"，也无所谓"物""我"。

主体认识和外在自然的关系，是中外哲学的基本课题。王守仁在论说中，强调"外"和"内"二者的统一，这和中国儒家在《大学》里提出的看法，大致相同。但是，他的论述，并没有解决或终结这一永远古老而新鲜的问题。鉴于他的视野和认识的局限，存在着暧昧处。这也是后世对他的学说的各种解说不同的根源所在。[32]

以上这些看法，是王守仁在经历了这些年的各种现实政治风波的洗练，提炼出的心得，也可以说，是他"心学"的根本理念。

留下了这样一个对今天来说仍旧微妙的哲学问题，王守仁迈上了前往两广的征程。

四、前往两广途中

"天泉桥答问"后的第二天，即嘉靖六年九月八日，王守仁告别家人，带着仆人，踏上了前往两广的征程。[33]

王守仁一行，首先前往钱塘（今杭州）。在钱塘，当地的官员为他饯行。

王守仁和当地的一些官员、名流在侍御王璜的月岩新居中饮酒作别。王守仁撰《秋日饮月岩新构别王侍御》。[34]

他先回顾了自己这几年的生活"块处限形迹"，而现在是"军旅起衰废"，接着赞赏了王氏庭院的幽雅："新构郁层椒，石门转深寂。"最后期待着归来相会："来归幸有期，终遂幽寻僻。"[35]虽说是应酬之作，但反映了当时王守仁的真实心情。

在西峰，又有方思道来送行。王守仁撰《方思道送西峰》："方子岩廊器，兼已云霞姿。每逢泉石处，必刻棠陵诗。""悠悠伤绝学，之子亦如斯。为君指周道，直往勿复疑。"鉴于方思道是后辈，所以对他加以鼓励，也有所期待。

接下去，沿着由浙入赣的旧路，到了桐庐。王守仁想起了汉代严子陵的钓台："十年今始来，复以兵戈起。"自己这时："肺病双足胝。""忧劳岂得已!""滔滔良自伤,果哉未难矣!"[36]还特地写了跋文:"右正德己卯(正德十四年),献俘行在,过钓台而弗及登。今兹复来,又以兵革之役,兼肺病足疮,徒顾瞻怅望而已。书此付桐庐尹沈元材刻置亭壁,聊以纪经行岁月云耳。嘉靖丁亥九月廿二日书。时从行进士钱德洪、王汝中、建德尹杨思臣及元材,凡四人。"[37]这不只是对古人胜迹的吟咏,也包含对自己人生的思考。

继续前行,到了衢州。当时,钱德洪、王畿等随从王守仁一起到此。在衢州,王守仁会见了那里"天真书院"的学生,[38]又写了《西安雨中诸生出候因寄德洪汝中并示书院诸生》和《德洪汝中方卜书院盛称天真之奇并寄及之》。

有曰:"不踏天真路,依稀二十年。""文明原有象,卜筑岂无缘?"对于后学,对于以后的展开,抱有期待。

继续前行,到了广信府。这里是汪俊的故乡,离汪俊的家不远。[39]

在弋阳附近,一天早上,王守仁坐着"肩舆",翻山越岭,特意前往汪家。但那里"闭关"无人,当天又赶回。[40]王守仁这时乃钦命统军大臣,在前往两广途中,执意想见汪俊。事后写了诗歌记其事。《序》曰:

> 仆兹行无所乐,乐与二公一会耳。得见闲斋固已如见石潭矣。留不尽之兴于后期,岂谓乐不可极耶?闻尊恙已平复,必于不出见客,无乃太以界限自拘乎?奉次二绝,用发一笑,且以致不及请教之憾。

诗中有曰:"乘兴相寻涉万山,扁舟亦复及门还。"(《其一》)

明确两人的心情和当时的处境,便可知该诗意味。王守仁虽说没有见到汪氏,但却有点像《世说新语》中,王献之访问他的老友戴逵那样,乘兴而来,兴至而归。王守仁劝慰老友:"莫将身病为心病,可是无关却有关。"要脱出心"关"的枷锁。[41]

这一行动,显现王守仁不以身份境遇高低变化,念旧怀情,真诚待友的一个侧面,同时也表现出此时王守仁内心的寂寞。[42]

王守仁到南昌附近,又前往当时和宁王朱宸濠打仗的黄土脑。几年前惊涛骇浪,眼下已风轻云淡,然而,往事犹历历在目。

"前途且与停西日,此地曾经拜北风。"[43] 在此故地,他流露出对当地民生的关切:"水南多少流亡屋,尚诉征求杼轴空。"颇感无奈。

由南昌,南下赣州,嘉靖六年十一月四日,经过新城。那是他平定南赣叛乱时新建的城市。看到那里还算安定,有感而发写了《宿新城》:

犹记当年筑此城,广瑶湖寇正纵横。人今乐业皆安堵,我亦经过一驻兵。[44]

这是当初王守仁募兵,收募弓弩手之处。所以诗中又曰:"峰山弩手疲劳甚,且放归农莫送迎。"旧地重游,感触良深。

历经千里跋涉,在这时,王守仁一行已经接近广西的前线了。

注释

1 关于桂萼,以往的史书中多因为他是靠议论"大礼"而升腾,且又曾指责王守仁,故多负面评论。但对于他也当和张璁、席书一样,要从其为政的各个方面的情况去判断。他当时在财政等方面,也有所建树,容另讨论。

2 嘉靖三年,杨廷和致仕不久,便有人推举谢迁(推举者有陈洸),有人推举杨一清、王守仁(推举者有席书、黄绾,见黄绾《阳明先生行状》等),还有人推举胡世宁。

3 推荐王琼的,有桂萼、霍韬,但是其他人对他有微词。如杨一清认为他:"其才识之优,识见之敏,人多不及。但心险难测,性贪有疾。"见《杨一清集》998‐999 页。

4 见《明世宗实录》,《明通鉴》"嘉靖五年四月"。陈九川,见《明儒学案》卷十九,457 页。

5 此事见《明通鉴》卷五十三,1980 页。

6 关于王守仁这一时期和张璁、霍韬等的通信,近年有发现,见下文。和方献夫的通信,《全集》中已载之。

7 《明通鉴》1935 页。从中也可以品味出嘉靖皇帝对这一评价的不满。

8 见附录《关于"杨一清阻止王守仁入阁"说》。

9 见《明世宗实录》嘉靖六年九月乙丑:"吏部言:'两京科道官缺,乞照例行取推官、同知、在京主事、副评事、行人、博士、国子博士等官,一体选补。'上可其奏。仍以御史缺人数多,命先取京官及外官见到部者,就便考选,不必候齐。其改授官即与实授,余仍识职理刑。"《明世宗实录》卷八十。

10 黄绾《行状》:"张公孚敬拉桂公萼同荐,桂公不得已,勉从荐公。"上古版《全集》,1425 页。

11 就连明朝当时的学者也认为:诸瑶"方其无事时,亦皆刀耕火种,抱布贸丝",但当地的官员"贪纵者多""多依法为奸利",故引发民众反抗。见明高岱《鸿猷录》354 页。

钱德洪等编《年谱》引霍韬上疏:"若八寨乃百六十年所不能诛之剧贼。"《全集》1320 页。

12 关于武靖州的设立和变迁,参见唐晓涛《武靖州的设立、迁址及其废置缘由考析》,《云南民族大学学报》社科版,第 28 卷,第 5 期,156‐161 页。

13 《明通鉴》卷四十二"正德三年""七月",1590 页。

14 高岱《鸿猷录·在平蛮寇》,349 页。

15 《征剿稔恶瑶贼疏》,上古版《全集》,493 页。

16 《鸿猷录》卷十五《诛灭岑猛》"嘉靖二年"事。

17 《鸿猷录》卷十五《诛灭岑猛》:"都御史姚镆代,不察其故,再疏请征猛,制曰'可'。"

18 见《奏报田州思恩平复疏》,上古版《全集》,646 页。

19 《明世宗实录》卷七十四嘉靖六年三月:"卢苏、王受等乃为伪印,诳言猛在,且借交趾兵二十万,以图兴复。"

20 二月己巳,姚镆报告"岑猛平",要在田州"改土归流",见《明世宗实录》卷七十三,1648页。同年三月乙未,又报王受等复反,《明世宗实录》卷七十四,1665页。四月、五月,不断有动荡不安的报告。《明世宗实录》卷七十五,1675页;又《明世宗实录》卷七十六,1697页。

21 《明世宗实录》卷七十六"五年五月""丁亥":"以广西岑猛余党卢苏、王受等复炽,诏起原任南京兵部尚书新建伯王守仁兼左都御史,总制两广及江西湖广邻近地方军务,督同巡抚都御史姚镆等讨之。仍令巡抚都御史石金纪录功。"这事,乃由方献夫提议,张孚敬、桂萼支持。见上引黄绾《行状》。

22 据《年谱》嘉靖五年五月:"命兼都察院左都御史,征思、田。"
《明通鉴》卷五十三嘉靖六年五月,纪功御史石金上疏,"荐守仁可用"。皇帝从之。"敦趣守仁就道,至日仍命石金纪功。守仁疏辞,不允。"《明通鉴考异》:"石金一奏,诸书及《年谱》皆不具,今据增。"

嘉靖六年,霍韬又推荐王守仁。见《与霍兀厓宫端》:"往岁曾辱'大礼议'见示,时方在哀疚,心善其说而不敢奉复。""忽承两广之推,岂独任非其才,是盖责以其力之所必不能支,将以用之而实以毙之也。"可见其间书信往复状况。见上古版《全集》834页,又参见束景南《辑考编年》890页。

嘉靖六年七月,桂萼也上疏推荐。桂萼乃当时和嘉靖皇帝关系最近的臣子。

23 参见王守仁《与张罗峰》书札之一,此书见钱明《王阳明全集未刊散佚诗文汇编及考释》,又参见束景南《辑考编年》857页。

24 《辞免重任乞恩养病疏》,上古版《全集》,460页。

25 《辞免重任乞恩养病疏》,上古版《全集》,460-461页。

26 见《与张罗峰》,束景南《辑考编年》857页。钱明认为作于"十月"以后,乃是根据吴震提供的日本所存的信件,见浙江古籍本《全集》,1827-1828页。此说不妥。此信当写于六月到八月间。束景南已论之。

关于王守仁和张璁的关系,应该注意的是:
首先,二人都是浙江人,张璁为正德十八年进士,早在王守仁于南京任职时，或就有交往。此后，他对于王守仁的功绩，当有所闻。其次，二人之间有着一位起到联络作用的人员，那就是萧鸣凤。关于萧鸣凤和张璁的关系，可见《明史·张璁传》，他和张璁早就有交往。而他和王守仁的关系，见束景南《辑考编年》855页所载《送萧子雍诗》，萧鸣凤到了广东，仍和王守仁有交往，见上书923页《与提学副使萧鸣凤》。所以，他成为二人之间的交流渠道，不难想象。第三，在议大礼的几年间，霍韬、方献夫等也多与张璁有交往，他们自然也可成为二人交往的桥梁。

27 上古版《全集》469页。

28 《赴任谢恩遂陈肤见疏》，《全集》462页；《奏报田州思恩平复疏》，《全集》469页。

29 他当时的心情，在下面给杨一清的信中，说得比较清楚。《寄杨邃庵阁老》四书，其第三封信全文如下："某素辱爱下，然久不敢奉状者，非敢自外于门墙，实以地位悬绝，不欲以寒暄无益之谈尘渎左右。盖避嫌之事，贤者不为，然自叹其非贤也。非才多病，待罪闲散，犹惧不堪，乃今复蒙显擢，此固明公不遗下体之盛，某亦宁不知感激！但量能度分，自计已审，贪冒苟得，异时偾事，将为明公知人之累。此所以闻命惊惶而不敢当耳。谨具奏辞免，祈以原职致仕。伏惟明公因材而笃于所不能，特赐曲成，俾得归延病喘于林下，则未死余年皆明公之赐，其为感激，宁不穷已乎！恳切至情，不觉渎冒，伏冀宥恕。不具。"和当时给皇帝的上疏说法一致。

30 见本章附录《关于"四句教"的不同记载》。

31 见《天泉证道记》，又参见《明儒学案》卷十二，239页。

32 王守仁的解说中，存在着模糊、调和，乃至明显的矛盾，这就为后世阳明学朝不同方向的发展埋下了伏笔。

按照王龙溪的解释，可以越过"意""知""物"（格物），直指"心""性"，在思想方式上，就为后世所谓"狂禅"派"心学"的"撒手悬崖"开辟了通道；为抛弃经典、"六经注我"打开了大门，掀起了十六世纪后期思想和文坛的轩然大波。这在王守仁当时，也是始所未料的。

33 王守仁这次没有带家眷。当时儿子正聪（后改名"正亿"）尚未满周岁，自然无法跟随。又，从后来黄绾《行状》中也可略见一斑：王守仁临终前，是对"家童"托付的最终遗言，如果家属在，当不至此。

34 王侍御：束景南据《万历杭州府志》，认为当是"王璜"。"王璜，字廷实，直隶浚县人。正德辛巳（十六年）进士"，嘉靖六年来杭州为巡按御史。执法不拘情面。据《明世宗实录》嘉靖六年九月，因"不谨"，命其"闲住"。

35 《年谱》嘉靖六年丁亥九月："甲申渡钱塘。先生游吴山、月岩、严滩俱有诗。"

36 以上诗句见《复过钓台》。钓台：此指严滩的严子陵钓台。

37 由此可证明：王守仁当年献俘，到过杭州，走的是陆路，此后，又往京口而回。《年谱》有"时从行进士钱德洪、王汝中、建德尹杨思臣及元材，凡四人"而缺"嘉靖丁亥九月廿二日书"十字。

38 关于天真书院，钱明有考证："天真书院是由阳明弟子遵照阳明意愿修建的私人讲学场所。据阳明弟子邹守益说：'天真书院，本天真、天龙、净明三方地。岁庚寅（1530），同门王子臣、薛子侃、王子畿暨德洪，改建书院，以祀先师新建伯。'对天真精舍的历史沿革，明人田汝成的《西湖游览志》卷六有过记载，而田氏之记载，当来源于阳明弟子薛侃所撰的《勒石文》。"所据为邹守益《邹东廓先生遗稿》卷四《天真书院改建仰止祠记》，民国十五年胡庆道重印本。

39 汪俊，弋阳人，在广信府，今上饶。汪氏族兄弟都和王守仁相交，见前第五章。

40 见《寄石潭二绝》之一："见说新居止隔山，肩舆晓出暮堪还。"上古版《全集》795页。这时，汪俊似乎并不想见他。汪俊在"左顺门事件"后，因"以执议见忤"，处于被处罚状态。《明通鉴》卷五十一，1923页。

41 见《寄石潭二绝》之二。这两首诗，据说是根据王守仁自己编辑的诗稿。原本《王守仁诗录》是没有的，见日本内阁文库《王阳明诗录》，而嘉靖本的《阳明先生文录》中已经收入，可见当是编《文录》时收入。

42 对于王守仁的情谊，汪俊是如何回应的呢？在他给王守仁写的《祭文》中可见："公兹东来，曰'予无乐，乐见故人，来践旧约'……乃重订约，'其待予归。归将从容，山遨水嬉'。公既奏凯，吾治吾馆。忽闻讣音，乃以丧返。""交情未竟，公进此觞。"表现了他们兄弟和王守仁"投分最早""何幽不讨"的深厚情感。

43　见《重登黄土脑》，上古版《全集》796页。

44　此诗有《跋》："嘉靖丁亥十一月四日，有事两广，驻兵新城，此城予巡抚时所筑。峰山弩手，其始盖优恤之以俟调发，其后渐苦于送迎之役。故诗及之。"此跋文，上古版《全集》未收，见束景南《辑考编年》884页。这里所说的"予巡抚时所筑"，见上古版《全集》卷三十《批南安府请兵策应呈》："及行该府起立军营二处，听候官兵到彼安插。"1076页。关于筑营的情况，在《横水建立营场牌》有记载："周围先竖木栅，逐旋修筑土城。"1080页。

此诗收录在《阳明诗录》中。在《全集》中作《过新溪驿》，故王守仁所言"新城"或即新溪驿。位置在南康和南安之间，章水边上。见《中国历史地图集》第七册，64‐65页。

附录一：
关于"杨一清阻止王守仁入阁"说

黄绾《行状》嘉靖六年："（黄绾）具疏论江西军功，及荐公（按：指王守仁）才德，堪任辅弼。""杨公一清忌公入阁，与之同列"，乃与张璁具揭帖，认为王守仁"不宜入阁"。桂萼也"进揭帖毁公"，结果"上意遂止"。（上古版《全集》1425页，又可参见《明通鉴》1951页）

此乃所谓"杨一清阻止王守仁入阁"说。

笔者认为，此说堪疑，应当再考。

首先，考黄绾《行状》中之所以指责杨一清，殆因黄绾系朝中支持"大礼议"一方成员，后来和张璁关系很好，但和杨一清不谐。张璁"上疏阴诋一清，又唆使黄绾排之甚力"（《明史》卷一九八《杨一清传》，5230页），所以，对黄绾的话，应当加以分析。

其次，考杨一清和王守仁的关系，从王守仁的父亲王华起，就非常密切，在王守仁一生中，多次帮助王守仁（见本书前各章），王守仁请其撰王华的《墓志铭》，可见两者关系。杨一清断不必在晚年自己已经无意仕进之际，突然嫉妒身为后辈的王守仁。

真正不想让王守仁入阁、起到决定作用的，应该是嘉靖皇帝本人的意思。他数次否定王守仁，并非偶然。

那么，为什么嘉靖对王守仁的态度，会从刚登基时的看重，到后来的不想让他入阁呢？作为推测，主要有这样几种原因：

1. 在嘉靖刚入京登基时，实力单薄，希望有权臣支持，而王守仁却多次推辞受封。从王守仁的角度思考，有其理由，见前第二十章。但从嘉靖皇帝的立场上思考，就会对于王守仁这样的举动，有另外的感受。在回答席书推荐王守仁的话中，强调为大臣，"当抒猷略，共济时艰"，反映了他对大臣的要求。其中不难感到他对王守仁反复辞退任命的不满，认为王守仁想推脱责任。

2. 在此后的三四年间，王守仁虽远在浙江，把注意力放到了"心学"的构筑上。但是他在朝廷中多有影响。关于他的为人（如和宁王宸濠的关系）和学术的议论，自然会对嘉靖皇帝造成影响。

3. 阳明的弟子中，多有被纠弹者，如所谓"江西四谏"。又如，在"大礼议"中，陆澄态度的转变，说是受到他老师的教导，嘉靖心中恶之，加以贬斥。（《明通鉴》卷五十一，1955页）其他如邹守益、夏良胜、舒芬等支持、参与"左顺门事件"，受到贬斥。这些和王守仁关系密切的友人、门生弟子的作为，自然使嘉靖对于王守仁这一系的看法，产生阴影。

4. 再加上原来杨廷和一派官员对于王守仁之学的抨击，认为其为"邪说"。而嘉靖自身，在掌握了实际的朝廷大权以后，更关注对儒家经典的解释。因此，对王守仁及其所倡导的"心学"，产生戒备甚至反对的态度。王守仁平定思、田之乱后直到死去，嘉靖有关王守仁的话语，始终都带有对他学说不满的味道，正反映了这一点。具体见下章。

如果说杨一清确实如黄绾所说，曾反对王守仁入阁的话，似也可从另一种角度认识。作为王守仁多年的上司和提拔者，作为在正德、嘉靖年间多年活跃于政坛高层、宦海三次起伏、对于嘉靖皇帝的态度有所认识的官员，杨一清不主张王守仁入阁，或许正是洞悉当时政坛现状，为王守仁考虑的选择。他的决策，从更广的视角思考，对于王守仁来说，不失为明智之举。

附录二：
关于"四句教"的不同记载

王守仁"心学"基本观念的集中表现，被认为就是他在出征思州、田州之前，在"天泉桥"上，答弟子钱德洪、王畿之问所说的所谓"四句教"："无善无恶是心之体，有善有恶是意之动，知善知恶是良知，为善去恶是格物。"（见《传习录》卷下，上古版《全集》117页。《年谱》，上古版《全集》1306页。又见日文版近藤康信《传习录》，528－530页）

关于这所谓的"四句教"，钱德洪上述是一种记载，或称"一无三有"说。但是，还有若干不同的记载。最明显不同的，有王畿的记载。

王畿在自己的著述《天泉证道记》中，这样记载，如果"心"是无善无恶，那么"意"也应是无善无恶。认为："体用显微，只是一机。心、意、知、物，只是一事。若悟得心是无善无恶之心，意即是无善无恶之意，知即是无善无恶之知，物即是无善无恶之物。"（见《王龙溪全集》卷一，又见陈荣捷《传习录详注集评》362页）即所谓"四无"说。

此外，还有一些其他的记载，如邹守益在《青原赠处》中言及此"答问"，认为这是钱、王二人，在"富阳"送别王守仁时所问。所说如下：

钱德洪曰："至善无恶者心，有善有恶者意。知善知恶是良知，为善去恶是格物。"

王汝中曰："心无善而无恶，意无善而无恶，知无善而无恶，物无善而无恶。"（见《邹东廓文集》卷二，又见《明儒学案》

卷十六"文庄邹东廓先生守益",334页)

后世还有所谓的"四有"说,认为王守仁的四句教,按钱德洪、王畿说,都有难解之处,当改动王畿之"四无"为"四有":"心是有善无恶之心,则意亦是有善无恶之意,知亦是有善无恶之知,物亦是有善无恶之物。"(见《明儒学案》卷十,219页。此说或以为是黄宗羲之说,实际当为刘宗周所述,见陈荣捷《传习录详注集评》362页)

这些不同记载中所见的不同说法,其实反映了不同人物从不同角度、在不同历史时期对王守仁"心学"的不同理解和传承,值得我们进一步思考和探索,由此也反映出阳明心学不同的展开形式。

第二十四章 平定两广 献躯南疆

嘉靖六年十一月—嘉靖七年十一月

第二十四章 平定两广 献躯南疆

一、平定思、田之乱

嘉靖六年十一月十八日，王守仁到达肇庆。途中，他已经在思考有关问题的解决方案。[1]

十一月二十一日抵达梧州莅任。继续调查实情。[2]十二月五日，到达平南，和姚镆交代。二十五日，到达南宁。到了那里才发现，现实的问题远远超出预想。

王守仁真的感到疲劳了。他一次次地为这个大明的政权到处奔波，但是，每到一处，接手的，往往就是一团乱麻。

十二月又接到圣旨：命王守仁兼理巡抚两广。王守仁辞之。他想专心解决广西问题。

对于所谓"岑猛之反"，他根据现实情况，判定那并非"叛乱"，于是采取了果断罢兵的方针。这时，他也不得不罢兵。从后来的奏折中可见，当时已经没有多少钱粮可以支撑。[3]他考虑到岑氏在当地的实际影响，指出："夫可愤者，不过岑猛父子及其党恶数人而已，其余万余之众，固皆无罪之人也。"[4]

或许是得知了王守仁的态度，嘉靖七年正月七日，卢苏、王受派人到王守仁那里，投书诉苦，表示，他们并没有反叛朝廷的意图，实在是迫于无奈，才走上了目前的道路。知道王守仁没有一定要杀他们的意思,所以愿意接受招降。王守仁派使者加以劝慰和教导,限定他们二十日内投降。[5]

正月二十六日,卢苏、王受自投于南宁城外。二月初八,王守仁下令,让这些投降归顺的人员"各复其业",并允许他们休息三个月,以后再听候调用。[6]这样,没有动用军队,就使得"岑猛叛乱"沉静了下来。

处置完了"岑猛事件",接下来,王守仁分析了当地形势,决心利用湖南土司的军队返回之机,加上卢苏、王受等归顺兵员,集中力量解决当时断藤峡(在今桂平县一带)和"八寨"的问题。这一过程可以分为三个阶段。

第一阶段,自嘉靖七年二月解决田州、思州事件开始,到四月二十四日前后,初步镇压断藤峡的叛乱。

经过酝酿准备,王守仁着手解决断藤峡的民众反叛。[7]因为断藤峡为当时广西交通的重要通道,而"八寨"又处广西心腹之地。这些地方的民众叛乱问题不解决,广西难安。

这次行动,主要依靠的军事力量是"湖兵",包括永顺、保靖两部分。王守仁调集了七路兵马,共兵力七千二百余人。[8]当时王守仁驻扎在南宁。大致的过程和结果如下:

三月二十三日下令,开始行动。四月二日,秘密把军队调动到龙村埠等地登岸。主要进剿牛肠、六寺等地。[9]王守仁召集参将张经,会同守巡各官集中商议。命浔州卫指挥马文瑞、永顺统兵宣慰彭明辅及其子彭宗舜、保靖统兵宣慰彭九霄、辰州卫指挥彭飞等,分兵布哨。以永顺土兵进剿牛肠等地,保靖土兵进剿六寺等地。

四月三日,首战牛肠、六寺。四日,进攻仙女大山。五日攻打油榨等地。六日到十日,进军断藤峡横石江,在追讨过程中,赶入江内淹死的叛乱民众约六百多人。

十一日以后,湖南的永顺军在磐石、大黄江一带的仙台、花相,保靖军在乌江口、丹竹一带的白竹、古陶、罗凤等地围剿叛乱民众。

二十四日,王守仁的军队在永安县的立山进剿。

此外,派沈希仪部在各处拦截逃散叛乱民众,孙龙官、徐俊、刘乔等部,也都有斩获。

这样,经过近一个月的围剿,断藤峡一带的反叛势力基本被剿灭。

第二阶段,在上述基础上,分兵两路,夹攻、扫荡"八寨"。

这次行动,在四月五日下令。也是兵分两路,分别由林富、张祐和韦贵率领。王守仁调动的兵力为:田州卢苏兵3 000余人,思恩王受兵2 000余人,[10]韦贵率兵1 100人,共6 100多人。

两路兵马分头从田州、思恩出发,四月二十二日,连夜进到八寨附近。

四月二十三日,突袭石门天险。二十四日,攻破古蓬。二十八日,攻破周安等寨。五月一日,攻破古钵。五月十日,攻破都者峒。到此时,"八寨"基本扫平。[11]

第三阶段,从五月开始到七月,是追剿残兵时期。

荡平了八寨,寨中的民众纷纷向北逃散。王守仁率军在各地追剿逃散的叛乱民众。

在五月十二日后数日内,沈希仪部在洛春(今广西来宾市平阳镇地域),高樃部在思卢、北山(或在今广西象山县境),桂鳌等部在铜盆(象山县境),陈志敏等部在大鸣山等山区(今广西合山市一带),卢苏、王受部在黄田等寨(今来宾市境内),分头率兵追剿。

八寨残留之众,欲朝柳州、庆远(今广西宜山市)方向奔逃。在被赶过横水江时,死亡近千人。最后到达铁坑一带。又在六月七日后数日,被卢苏、王受部在铁坑(柳城县)等寨,康寿等部在绿茅等地,追杀剿灭。[12]

根据王守仁的《八寨断藤峡捷音疏》，平定断藤峡八寨的行动，一共动用的兵力为一万三千三百余人。"剿灭"的成果：斩首两千两百三十四人，淹死约一千六百余人，另外四千余人，丧身山野。[13]（见彩插"王守仁平定八寨进军示意图"）

可见，王守仁作为一个学者，讲求"致良知"；而作为一个政治人物，作为一个率兵打仗的官员，作为一个明朝的封疆大吏，则有着另外的一个侧面。

这样，在王守仁临死之前的两个多月，处置广西问题，暂告一段落，而王守仁的生命，也基本燃尽。他被迫留在那个封疆大员的位置上。[14]他的生命之火，只剩下了奄奄一息的微光。

二、王守仁的治理方略

王守仁解决了"思、田"之乱，平定"八寨"，控制住了嘉靖初年以来的"两广"动荡。在一定程度上，巩固了明王朝在这一地区的统治。对于王守仁的治理成果，前人曾归纳总结了所谓"八善"，给予了很高的评价。"八善"是：

1. 利用湖兵归路之便，不专门调兵，完成了平定之事；
2. 利用田、思之归顺之助，解决当地问题；
3. 出奇制胜，非滥杀报功；
4. 无粮草之费；
5. 不扰民；
6. 去极恶者，余下可抚，得剿抚之宜；
7. 为平定两广的叛乱打下基础；
8. 平定之后，建城镇之，后日难以为变，有长治久安之效。[15]

以今日的眼光视之，他的平乱措施和治理方略，有如下几点值得注意：

1. 充分尊重、利用圣旨的授权，并且有所发挥。

圣旨是他权力的来源；与朝廷群臣保持良好关系，是他能自由发挥治理方略的基础。王守仁在汇报的奏疏中，在给各方的命令、行文中，反复引用"圣旨""敕谕"，强调朝廷的功劳，强调自己行动得到朝廷认可的"正统性"。如前面引用的那段嘉靖皇帝的圣旨："卿识敏才高，忠诚体国。今两广多事，方借卿威望，抚定地方，用舒朕南顾之怀。姚镆已致仕了，卿宜星夜前去，节制诸司，调度军马，抚剿贼寇，安戢兵民，勿再迟疑推诿，以负朕望。还差官铺马裹赍文前去敦取赴任行事，该部知道。"这在他的上疏中引用过两次，[16] 给下级的公文中，也是以"敕谕"为先。[17]

同时，在《八寨断藤峡捷音疏》等奏折中，又反复强调成功乃是由于"庙廊诸臣咸能推诚举任，公同协赞"，[18] 卑微奉上。这殆是总结了以前江西平乱，引发中央政府官员不满，造成不佳后果的教训。

但是，在实际处理上，他又不完全被所谓的"圣旨"束缚，而是根据实情，大胆加以发挥运作。比如决断处置"八寨"，某种程度就是先斩后奏。

2. 深入了解"叛乱"者、被剿者的实情，按照实际情况，逐步"平反"，妥善处置"叛乱"当事者。

王守仁收到的嘉靖六年七月七日敕谕："广西田州地方逆贼岑猛为乱"，"卢苏、王受结为死党"，要王守仁对当地"叛乱未形者可抚则抚，叛乱已形者当剿则剿"。[19] 可见当时嘉靖皇帝已经断定为"叛乱"，则对于岑猛、卢苏、王受等当然是要"剿"、要严加处置的。

朝中收到的报告：卢苏、王受"借交阯兵二十万，以图复兴"。[20]但是王守仁到了当地，了解实际情况后，发现并非如此。在嘉靖六年十二月，他给皇帝的上疏中，先是指出："夫可愤者，不过岑猛父子及其党恶数人而已，其余万余之众，固皆无罪之人也。"[21]基本是按照圣旨，但处理手法已经和姚镆等欲使卢苏、王受互相残杀，全部剿灭的方针有了明确区别。

然后，嘉靖七年二月，进一步向皇帝陈述，"哀乞怜悯岑猛原无反叛情罪，存其一脉，俯顺夷情，办纳粮差"，[22]对于卢苏、王受，开其生路，分别处理。

再到嘉靖七年七月十九日，更提出："岑氏世有田州，久结于人心，岑猛虽没，诸夷莫不愿得复立其后。"[23]这在实际上，就是否定了"岑猛"反叛的定性。这样，使得处置思田的政治解决方案，有了基础。

对此，后代的史家也颇有赞同者，有曰："猛专横则有之，实未反。守臣不职，激使为乱耳。"[24]

3. 根据少数民族情况治理，反对一概以"流"代"土"，也反对一概归于土官，放任其事。这是他和前任姚镆做法的不同。

他深知岑氏家族在广西的影响力，在使朝廷默认了岑猛"反叛"实有其情由的基础上，提出"今日土官之立，必须岑氏子孙而后可"。[25]要让其家族继续在广西担任要职。同时，对于在剿灭"八寨"战役中出了力的卢苏、王受等，要给予褒奖。这是对"土官"上层的笼络和安抚。

与此同时，他又对土官的"中层"加以分解、使用。把原来统一在田州的"知州"的兵力，除"八甲"归于"州"之外，其余的四十甲，分解为九个"土巡检司"，每个带二三甲。思恩地区，也分为九个"土巡检司"，而以叫"韦贵"的"土目"为首。[26]如此一来，就造成了土官的权力相对分散，上下之间，巡检司之间，互相钳制，难以突然动乱。

除此之外，他当然也没有忘记以直接听命于朝廷的"流官"

和驻军来监视和制约"土官"。

他注意到不少土官所属之兵已经归田事农，但还是"议调腹里安靖地方官军、打手之属约二千名"，让这些官兵"隐然有屯成之形，而实以备修建（按：建流官府治）之役"，同时派得力的将军统率。这样，一方面，可以"免劳民动众"，另一方面，可以起到制约土官的作用，可谓用心良苦。[27]

4. 在剿匪的过程中，讲究用兵之道。分别情况，各个击破。剿抚并用，以抚为主。但是在进剿的实际战斗中，则采取各种计谋，善用兵法。

在王守仁看来，取得军事上的胜利，是根本解决广西问题必需的手段。尽管他也知道，多数加入叛乱的民众多由生活所迫，但是，在镇压的时候，毫不手软。这就明显地反映出他维护皇权统治的立场。

在用兵镇压之际，首先进行侦查，"进兵道路之险夷远近"，对方的"多寡强弱"等，"逐一备细，讲究明白"。

其次是不动声色，"寂无征剿消息"，麻痹对方。"湖兵"回归，不作任何声张，使得叛乱各寨的防守松弛。

然后秘密布置，隐蔽进军。早就计划在某月某日动手，事前秘密把军队安排在指定地点。周密计划，分头合击。[28]

最后一鼓作气，穷追猛打。在取得首战胜利之后，基本是一鼓作气，毫不停顿地穷追猛打，直到彻底解决。

平定思、田和"八寨"战斗胜利的实现，固然和分化了"土官"与"八寨"的联系有关，也有赖于官兵的英勇战斗，但和王守仁作为围剿主要指挥者的运筹帷幄，也是分不开的。

更值得一提的是，王守仁在平定思、田、八寨以后，善后工作的策略。

平定思、田、八寨的叛乱，是王守仁奉旨要做的主要之事。但是，作为一个有见识的政治人物，他并没有就此完事，而是从

长计议,安定地方。他主要采取了如下措施:

1. 重新布局行政建制。

把叛乱起源的田州的建制,重新区分。将原来田州府的地域,划出一部分,另立"田宁",在"荒田"重建思恩(今武鸣县一带)。[29] 同时,把原来属于思恩,而"徒寄虚名"的凤化县,设立到八寨之间的上林县的三里。此外,还把原来属于宾州的上林县,改属思恩,充实了"流官府"的实力。[30] 这样设立的新的行政体制,削弱了田州、思恩土官的实际控制地盘,形成田州、思恩和原南宁的流官府鼎立的基本行政结构,形成明朝在广西新的统治构造,使整个广西的明朝统治基盘得到明显的加强。

2. 建设基层社会。

对扫荡过后的地区,建立新的居住点。如,王守仁想把明朝官军的南丹卫,移到八寨的周安寨。把"迁江八所"的土官等也迁移到八寨地区落户,"分拨贼田,使之耕种"。[31] 同时,鼓励乡民定居,鼓励流民回归,即使那些有罪之人,"从今但能中心改过,官府决不追论旧恶"。构建新的基层社会。[32]

清查侵占的田地,设立里甲,以防争斗,禁约良民,不得互相报复。在原来"八寨"等地区,建立新的行政。实行"十家牌式",要求"各官务要用心举行十家牌式,不得苟且因循"。[33] 以地方十家联保之兵,维持治安。[34]

3. 顺情使用土官,关节之处由流官屯兵节制。

"宜仍立土官以顺其情,分土目以散其党,设流官以制其势。"可以说,这概括了王守仁对于"土""流"官员的基本策略。[35]

如前所述,他安排土官岑猛后裔主持田州。把"土"州中的权力分解开来,建立"土巡检司",各设头目,让土族自己互相制约。同时他又在关键地区,驻扎军队。王守仁调集附近武靖州的土兵三千人,分为六班。每两个月轮换一次,负责剿匪。如有需要，则再抽调。这样对土官加以制约。这些军队在城内盖营房，不扰民众，用这外来的军队，作为威慑、控制的必要手段。

4. 突破既定框架，大力选用人才。

他认为，平复以后地区，"必须得人以时绥缉"，但是，"任贤图治，得人实难"。"边远反复多事之地，则其难尤甚。"他主要推荐了三个重要官员：一是林富，认为他"慈祥恺悌，识达行坚，素立信义"。[36]此人也是他多年的朋友，后来接任他治理广西。还有两个将军，一是张祐，认为他"才识通敏，计虑周悉，将略堪折冲之任，文事兼扶绥之长"，一是沈希仪，一位带兵的将领。[37]这使得当时广西的官僚机构得以强化。此三人，在后来广西的历史上，都有名可查，起到了相当的作用。

在选用人才一事上，王守仁建议嘉靖皇帝，要"在位大臣，一时各举十余人之可用者"，不必拘于"时例"（也就是"惯例"），来选用官员。[38]他这种选拔人才的思路值得重视。

5. 设置学校，加强教育。

王守仁认为"田州新服，用夏变夷，宜有学校"。在开始没有条件时，先在田州等地设立学官，委派其他地方的学官"暂领其事"，同时"听各学生徒之愿改田州府学及各处儒生之愿来田州附籍入学者"，随意入学。这实际上就是放宽了入学的条件，使得愿意来的儒生都有入学资格。计划在二三年间，再"为之设官定制"。倡导孝弟，教授典章乡约、医学阴阳等知识。[39]逐步推广当时中原地区的文明。

6. 安定民生，促进经济发展。

他要求"惩恶之余，即宜急为劝善之政"，要官员"给以告示，赐以鱼盐"，使民众"安心乐业"。[40]同时，严格管理军队，命令行伍过路"毋得侵扰人家一草一木，有犯令者，即时照依军法斩首"。[41]

可见，王守仁作为一个现实的政治人物，在理念中，是要发展经济，安民乐业；在具体措施上，仅限于安置民生、促民耕种的传统做法。基本上是把以前在江西的方法根据情况，移到两广。

王守仁作为一个思想家，没有从中国社会结构上探讨各种问题，他关心的重点，是在当时的社会状态下，改变人的思想和追求。但是，作为一个行政官员，他在固有的体制模式下，采取了多种当时切实可行的方针措施，使得社会秩序得以恢复，生产得以发展。他用他的实践，说明了他所提倡的"知行合一"说的实质所在。

三、生命最后的火花

嘉靖七年二月，思、田之乱平定后，王守仁上疏请求辞职回乡。[42]朝廷不答应。四月王守仁请求迁都台于田州。又不果。

王守仁撑着病体，在南方处理各种政事，但是在北方的朝堂上，依然还是翻卷着冲突的波浪。

嘉靖七年六月"《明伦大典》成，上之……诏定议礼诸臣罪，以故大学士杨廷和为首……蒋冕、毛纪、毛澄、汪俊、乔宇、林俊俱夺职"。[43]好在此时，王守仁在广西，未卷入内。

对于王守仁来说，此时虽在军中卧病不起，但对世事仍多有感触。他抱病写了不少信，有给邹守益、钱德洪、王畿的，还有给何孟春的。在给何孟春的信中说"旬日后亦且具疏乞还"，在生命的最后时期，表述对友人的怀念。[44]

到嘉靖七年夏，思、田、八寨的事情，大致都已经处置得有眉目了。王守仁病体缠身，自觉难以久持，他又是两广的巡抚，所以就朝广东移动。

十月，王守仁到增城。到增城，从公务上说，他作为两广的巡抚，到所辖地区巡视，是理所当然的。而实际上，还有着一些其他的因素。

增城，是他祖先为国捐躯的地方，当地的官员，或许因为王守仁成了两广的最高官员，恢复了对其祖先的祭祀。增城，还是好友湛若水的故乡，久有所闻，所以也想去看看。

前往的途中，王守仁拜谒了伏波庙，也就是汉代伏波将军马援的庙。那"马革裹尸"的雄心，悲壮激烈，激励过多少有志之士。王守仁年轻时也做过这样的梦。现在身历其地，自然是别有感触，写了《伏波庙》诗。

王守仁参拜了祭祀自己祖先"死苗难"之祠。[45]

在写的祭文中，有"守仁承上命，来抚是方，上无补于君国，下无益于生民，循事省迹，实怀多惭"之语，是他当时心态的真实写照。

又到多年的老友湛若水当时守墓所居之庐及其老家参观，见到他家的家教和童仆，分别题诗。

《书泉翁壁》："我祖死国事，肇禋在增城。荒祠幸新复，适来奉初烝。""亦有兄弟好，念言思一寻。"

"落落千百载，人生几知音？道通著形迹，期无负初心！"

又到增城西南的菊坡麓，那里有湛若水的故居，他题诗《题甘泉居》：

"十年劳梦思，今来快心目。徘徊欲移家，山南尚堪屋。"流露了对老友的思念和想要移居岭南的心愿。

嘉靖七年十月十日，王守仁再次上疏，乞骸骨，举林富自代，请告归。朝廷还是"不报"，实际上就是不同意。

又过了一个月，到十一月，或许是自感身体状况完全不行了，他自行北回。大致是逆珠江而行，朝南赣大庾岭方向迈进。那是他数年前平定南赣民众叛乱的区域。

途中，王守仁疾病加剧。到了广东和江西交界的大庾岭，调广东布政使王大用前来。危急之间，对王大用说："尔知孔明之所以付托姜维乎？"把军队指挥权托付给王大用。

二十五日王守仁一行的车队，越过梅岭，到达南安。南安推官门人周积来见。

二十八日晚，到南安府青龙铺（今大庾县附近）。二十九日辰时，王守仁召周积入。王守仁已经奄奄一息，静默了相当一段时间，曰："吾去矣。"周积问："有何遗言？"王守仁微笑着说："此心光明，亦复何言？"[46]

二十九日（丁卯）辰时，王守仁在返乡的途中去世。车马停于南野驿。[47]

十六世纪，在世界东方苍穹中的一颗明星陨落了。

从弘治十二年中进士至今，前后二十八年。平定了两广动荡之后，王守仁献躯南疆，可谓"马革裹尸"了。

有意思的是，这一天，北京紫禁城中正在举行册封皇后的典礼，册封张氏为"皇后"。嘉靖皇帝"兴大乐"，"迎接舆彩"于左顺门外。[48]

过了四天，王守仁的门人广东布政使王大用、推官周积、举人刘邦采，实际操持了后事。其他的有关官员，自然是到场哀悼。

接下去，灵柩缓缓向浙江移动，先到达南昌。建安府镇国将军朱宸洪、太监黎鉴、御史储良材等出迎。

这时，正到年关，所以棺椁就停在南昌，那里曾是王守仁战斗过、经营过的地方。

嘉靖八年正月庚子，从南昌发棺椁，储良材等亲送。钱德洪、王畿兼程赶赴广信讣告同门，又与守仁嗣子正宪会于贵溪，迎接灵柩。庚午，到达越城。

王守仁之弟王守俭、守文，门人栾惠、黄洪等会于玉山。

接下去就是朝杭州进发。辛酉，到达衢州上杭驿。同知杨文奎等，西安知县林钟等，门人栾惠等，金华府通判高凤、兰溪县主簿高禹等，严州府推官程淳、桐庐县主簿屠继祖等就位哭奠。丁卯，到达杭州府。

灵柩到达家乡绍兴，在家乡举行了祭奠仪式。当地的不少官员出席。[49]

仲冬癸卯，王守仁的棺椁葬于越城南三十里之高村，会葬者数千人。[50]

死亡给很多个人在人生中的追求、功业、痛苦、灾难等等画上句号。死亡会使许多本来可以做好的事情终结。这对于古往今来的任何人都一样。人作为生物，无法摆脱注定的归宿。

王守仁还有哪些事业尚未完成呢？他追求的是一种怎样的思想学说呢？他自己无法解答了。

他已经完成了的或者说宣讲的那些学说，有的被传承了下来，在十六到十七世纪的中国各地，翻卷起思想的波浪。在十八世纪以后的东亚世界里，被作了各种各样的阐述、解说。有的成为现实社会的养料，有的被抹上色彩在思想的领域中展现，有的则成为被人争论不休的话题。

注释

1 见《全集》卷二十《两广诗》，黄绾《行状》："公遂扶病莅任，沿途涉历访诸士夫，询诸行旅，皆云岑猛父子固有可诛之罪；然所以为乱者，皆当事诸人不能推诚抚安以致之。"

2 黄绾《行状》，又见王守仁《赴任谢恩遂陈肤见疏》，上古版《全集》462页。

3 《赴任谢恩遂陈肤见疏》："计今梧州仓库所余银不满五万，米不满一万矣。"而当时"屯兵十万，日费千金，自始事以来，所费银米各已数十余万"。上古版《全集》471页。

4 《赴任谢恩遂陈肤见疏》,上古版《全集》463 页。

5 《奏报田州思恩平复疏》,上古版《全集》474 页。

6 见《奏报田州思恩平复疏》,上古版《全集》476 页。《鸿猷录》云,王守仁嘉靖七年三月到南宁,不确。见《八寨断藤峡捷音疏》,上古版《全集》502 页。

7 见《征剿稔恶瑶贼疏》。王守仁在奏疏中说,此举是由于众人的提议,其实,他早就在思考了。上古版《全集》492 页。

8 具体数字如下:张经等 1 600,马文瑞等 1 200,王勋等 600,唐宏等 600,卞琚等 600,张缙等 600,刘宗本等 1 000 多。以下所述,除另注明者,主要根据《八寨断藤峡捷音疏》,上古版《全集》500 页以降。

9 见黄绾《行状》,上古版《全集》1427 页。

10 这两处,当主要是卢苏、王受统领的"目兵"即土官之兵。

11 以上作战,共计斩首 771 人。见本章附录《关于王守仁剿平断藤峡斩杀人数》。

12 追杀民众人数,见本章附录《关于平"八寨"及追杀人数》。

13 "剿灭"的成果,是按王守仁《八寨断藤峡捷音疏》列举的数字。此外,同样据《八寨断藤峡捷音疏》:"两处共计擒斩获三千五名颗,俘获贼属一千一百五十五名口。"关于动用兵力数量,王守仁在《八寨断藤峡捷音疏》又说:"进兵不满八千,而斩获三千有余。"《八寨断藤峡捷音疏》,上古版《全集》506 页,508 页。

14 《明世宗实录》卷九十二"嘉靖七年九月庚申朔",甲戌,王守仁上疏报捷,但嘉靖不准其养病致仕。

15 霍韬《地方疏》,上古版《全集》1465 页。

16 《赴任谢恩遂陈肤见疏》,上古版《全集》462 页。《奏报田州思恩平复疏》,上古版《全集》469 页。此外,在《举能抚治疏》《地方紧急用人疏》等疏中,均先引用圣旨。《举能抚治疏》见《全集》494 页,《地方紧急用人疏》见《全集》476 页。

17 《钦奉敕谕通行》,上古版《全集》620 页,反映了这一点。这和以前的上疏,如在江西时的《三省夹剿捷音疏》《参失事官员疏》等直抒己见、直接言事的情况形成对照。《三省夹剿捷音疏》,《全集》371 页。《参失事官员疏》,《全集》300 页。

18 《八寨断藤峡捷音疏》,上古版《全集》508 页。《查明岑邦相疏》:"朝廷明见万里,洞彻细微。"上古版《全集》520 页。

19 《奏报田州思恩平复疏》,上古版《全集》469 页。

20 《世宗实录》卷七十四"嘉靖六年三月",1665 页。

21 《赴任谢恩遂陈肤见疏》,上古版《全集》463 页。

22 《奏报田州思恩平复疏》,上古版《全集》468 页,475 页。

23 《查明岑邦相疏》,上古版《全集》519 页。

24 《鸿猷录》,341 页。

25 《处置平复地方以图久安疏》,上古版《全集》483 页。

26 《处置平复地方以图久安疏》,上古版《全集》489 页。

27 《地方急缺官员疏》,上古版《全集》478 页。

28 《八寨断藤峡捷音疏》,上古版《全集》504 页。

29 《处置八寨断藤峡以图永安疏》,上古版《全集》512-513 页。《札付同知林宽经理田宁》,上古版《全集》639 页。

30 《处置八寨断藤峡以图永安疏》,上古版《全集》515 页。《札付同知桂鏊经理思恩》,上古版《全集》640 页。

31 《处置平复地方以图久安疏》,上古版《全集》512 页。

32 《告谕村寨》,上古版《全集》653 页。

33 《批岭东道额编民壮呈》,上古版《全集》635 页。

34 具体见《申谕十家牌法》,上古版《全集》609 页。已见前章。

35 黄绾《行状》,上古版《全集》1428 页。

36 《地方缺官荐才赞理疏》,上古版《全集》497-498 页。又,《地方急用人疏》,上古版《全集》477 页。

37 《地方急缺官员疏》,上古版《全集》479 页。

38 《地方急缺官员疏》,上古版《全集》479 页。

39 《处置平复地方以图久安疏》,上古版《全集》490 页。

40 《案行广西提学道兴举思田学校》,上古版《全集》631 页。《牌行灵山县延师说教》《牌行南宁府延师说教》,上古版《全集》633-635 页。

41 《处置八寨断藤峡以图永安疏》,上古版《全集》517 页。

《犒谕都康等州官男彭一等》，上古版《全集》625页。

42　上古版《全集》卷三十五《年谱》所载，1312页。

43　见《明通鉴》卷五十四。

44　见上古版《全集》，835页。何燕泉，即何孟春。"左顺门事件"的发起者之一。见《明史》卷一九一本传。虽说朝廷还在严厉追究"议礼诸臣罪"，王守仁给何孟春的信，反映了此时他的态度。

45　王守仁的祖先王纲、王彦达父子之祠。据《年谱》嘉靖七年十月："先生五世祖讳纲者，死苗难，庙祀增城。是月，有司复新祠宇，先生谒祠奉祀。过甘泉先生庐，题诗于壁。"下录此诗和前诗，当为是时所作。王守仁当时撰有《谒忠孝祖祠文》，《阳明全书》未收。原文见嘉庆二十五年（1820）版《增城县志》卷二十八《艺文·文选·祭文》，载《中国方志丛书》台北成文出版社，1974年，影印本。

46　见《年谱》，上古版《全集》1324页。对此，有不同看法。比如后来李贽的《王阳明先生年谱》没有录此最后的话。黄绾的《行状》也没有记载，而记载其他的答问：

临终前，家僮问有何嘱？答曰："他无所念，平生学问方才见得数分，未能与吾党共成之，为可恨耳。"见上古版《全集》1428页。

这两种情况，表现了王守仁的两种不同的人生侧面，引人深思。

47　黄绾《行状》："廿九日至南康县。"

48　见《明世宗实录》嘉靖七年十一月"丁卯"。

49　官员有当地官员御史陈世辅等，绍兴县官员知县洪珠等，会稽县官员知县王文儒等，山阴县官员知县杨仁中等。朋友湛若水、刘节、黄绾、毛宪、王臣、石简、陆澄、顾应祥、应良等都参加了祭奠。但值得注意的是，这些活动，没有朝廷方面的正式意见。

50　以上见程辉《丧纪》，上古版《全集》1451－1456页。

附录一：

关于王守仁剿平断藤峡斩杀人数

时　间	地　点	斩首人数	其　他
四月三日	牛肠、六寺	69人	
四日	仙女大山	62人	
五日	油榨等地	79人	
六日到十日	断藤峡横石江	65人，淹死约600人	
十一日以后	磐石大黄江一带的仙台、花相 乌江口、丹竹一带的白竹、古陶、罗凤等	490余人	永顺军在仙台、花相 保靖军在乌江口、丹竹一带
二十四日	永安县的立山	172人	
时间不详		86人	沈希仪部
		81人	孙龙官、徐俊、刘乔等部

以上为四月三日到二十日，王守仁部先后斩首（包括逼迫其死亡）的人数共计1 700余人，其中杀死1 104人，另600余人淹死。

附录二：
关于平"八寨"及追杀人数

王守仁率军平定"八寨"，是在嘉靖七年四月。共计斩首771人。如下表：

时　间	地　点	斩首人数
四月二十三日	石门天险（今忻城县境内）	291人
二十四日	古蓬	103人
二十八日	周安等寨	146人
五月一日	古钵	127人
五月十日	都者峒	104人

附录三：

追杀民众数

在这一阶段，共计斩首1 130人，淹死和逃亡山林而死者约5 000人。具体见下表：

时　间	地　点	斩首人数	其　他
五月十二日等数日内	洛春（今来滨市平阳镇地域）	98人	沈希仪部
	思卢、北山（或在今象山县境）	91人	高崧部
	铜盆（象山县境）	192人	桂鍪等部
	大鸣山等山区（合山市一带）	86人	陈志敏等部
五月十七日等数日	黄田等寨（今来宾市境内）	362人	卢苏、王受部
六月七日等数日	铁坑（柳城县）等寨	253人	卢苏、王受部
不详	绿茅（又作渌毛）等地	48人	康寿等部搜杀逃散
当在六月初	横水江（或当为今柳江上游的龙江）	争逃落水等1 000人左右	
	各地山林	死尸等4 000余人	据搜查山林合计

如上所述，王守仁在《八寨断藤峡捷音疏》前半具体列举的数字，动用兵力共计13 300余人。但在后半说："进兵不满八千，而斩获三千有余。"前后有出入。这殆是因为除去了卢苏、王受、韦贵等部土官所率的"目兵"之故。而斩获人数的不同，前半

2 234人当为当时确切的斩首人头数，而后来3 000余人或为将官欲请功获赏、将山野死人之首割下，或为又滥杀所致。后来，嘉靖皇帝和朝廷重臣指责王守仁报捷"近于夸诈"，这种前后的混乱矛盾，当也是一个原因。见《明世宗实录》卷九十四"嘉靖七年闰十月"。

  笔者认为，现在《全集》所收的《八寨断藤峡捷音疏》，其实并非一篇完整之文，而是由几个独立部分构成。从最初到"乃遂班师而出"为一部分，乃是正文。从"照得各职"到"合先开报"，为报告自己的命令筹划情况和结果。以后部分，是为各有功人员请赏的文字。

尾声——在历史的长河中

嘉靖七年十一月以降

王守仁去世了。但是围绕着他,围绕着他的业绩和学说,依然在明朝政坛上、社会中,议论纷然。

一、死后家中的变化

王守仁上疏,说明自己身体已经支撑不住,请求让林富代替自己,在还没有得到圣旨的情况下,就朝故乡的方向返回,在途中死去。结果,这成了朝廷中反对者追究他罪责的理由。当时主要的论说有:

1. 王守仁当时被起用,是他行贿的结果。

锦衣卫都指挥聂能迁告王守仁,"用金银百万",托黄绾"送与张公(指张璁),故荐公于两广"。黄绾上疏辩解,嘉靖皇帝下旨,"聂能迁这厮捏词妄奏,伤害正类",要都察院"严加审问"。结果是聂能迁下狱,"杖之死"。[1]

2. 指责王守仁平定思、田以后,擅自用兵。

"或者议王守仁则曰:'所奉命抚剿田州、思恩也,乃不剿田州则亦已矣,遂剿八寨,可乎?'"这是责问:朝廷命令你王守仁平定思州、田州的叛乱,你不剿田州就算了,反而对"八寨"用兵追剿,这难道是允许的吗?言下之意,你把朝廷的旨意,当成了什么?

3. 没有受命，擅自建置城邑，处理当地钱粮，乃是越权。

"或者又曰：'建置城邑，大事也。区处钱粮，户部职也，不先奏闻而辄兴功，可乎？'"²

4. 没有受命，擅自离职，非为臣之道。³

这一条指责，史书多载为桂萼所劾。因桂萼确实要王守仁"久任两广，责以抚处三年"，然考《实录》，此责难实由嘉靖皇帝首先发之。⁴

可见，对于王守仁的追究，非常严厉，而最终是出于嘉靖皇帝的旨意。有的大臣见风使舵（如桂萼），还有大臣妒忌王守仁上疏中没有言及自己的功劳，上疏告他擅离职守。结果，嘉靖皇帝下了圣旨："削袭爵。"⁵

所以，终嘉靖一朝，王守仁始终处于被官方撇在一边的冷落境地。

当时朝廷中的逆风，很快就吹到了王守仁的故乡。

王守仁死后，王家没有了朝廷的官方支撑，家中发生变故。

立为继子的王正宪，因此前受到"荫子侄一人做锦衣卫，世袭百户"的恩惠，后又加升为副千户，已经任职。大概依然留任，具体不详。

王守仁少子方两岁。在王守仁去世后，虽说王守仁生前将家务"托人经理"，但"殁几一载，家众童仆不能遵守"，又"家众欺正聪年幼，不知遵守"⁶，所以黄绾等就请"太夫人"（当是王华之继室赵氏）以及家族众人，一起研究后事安排，把财产等区分清楚，在官府参与下，写成文书，分交正宪、正聪（后改名正亿）⁷。

然后，王守仁的弟子们，考虑到王守仁的续弦寡母孤儿，易受欺负，就决定由同门弟子轮流抚养。⁸

数年之后，黄绾经与家人商量，把王守仁的幼子正聪和他母亲（即王守仁的续弦张氏），接到南京抚养。后来，经王夫人同意,把自己的女儿嫁给王正聪为妻,并避讳改"正聪"为"正亿"。

嘉靖八年二月,吏部曾上书,请朝廷原谅王守仁,但嘉靖依然"意未解。诏议其学术事功,给事中周延称其贤,谪太仓州判官"。[9]

虽然此后,各地多有弟子传布王守仁之学,纪念他在地方行政上的业绩,但是,终嘉靖一朝,作为官方的正式态度,王守仁一直没有得到"平反"。

直到四十年后,嘉靖皇帝去世,进入新皇帝隆庆时代,情况才出现变化。王守仁的弟子、后学薛侃等人反复上疏,请求重新复核有关王守仁之事,恢复他的爵位等恩赏。

隆庆元年六月,薛侃要求给王守仁等在嘉靖朝有功之臣重修坟墓,请求国家拨款,得到了隆庆皇帝的准许。

隆庆元年,命各地复核王守仁的功绩和有关事项。当时的江西巡抚任士凭,奉命"按验"王守仁平定宸濠之乱时的各事,"是否的有实迹可据"。十月十一日,任士凭在回答吏部的咨询中,列举了王守仁的业绩,驳斥了有关的传言。[10]

当时浙江巡抚王得春也上疏请求恢复王守仁的爵位,并指出在正德十五年、嘉靖七年前后他所受的不当指责。[11]其他的大臣也纷纷上疏。

到隆庆二年十月,经少傅、吏部尚书杨博等正式议论,决定复王守仁爵位,由其子王正亿袭任。[12]此后,王家一直作为明朝的贵族,受到优抚。

王正宪,生一子六女。

王正亿袭爵,为新建伯,生有三子五女。

王家的后代,在万历年间,因爵位的继承问题发生纠纷。

明末,李自成攻北京,王守仁的后裔王先通守卫齐化门,城陷,被杀。

王先通生有二子：业泰、业耀。在南明福王政权中，业泰仍被封为新建伯。这是王家最后的新建伯。王业泰的最终结局，有两种不同的记载，一说是在抗清斗争中战死，一说是归降了清廷。[13]

二、治理社会的影响

王守仁在明朝，作为一个政治人物，作为一个几乎要进"内阁"的大臣，作为一个曾经主管数省的封疆大吏，在治理社会上，有巨大的功绩。王守仁主要的行绩，一是江西，一是两广。

在江西的政绩，包括三个层次：一是在庐陵县，一是在南赣地区，一是在江西全省。虽说不能把这些地区以后的发展成果全部归于王守仁，但可以从这些地区以后的状况，还有这些地区民众对他的态度中看出他的影响。

现存一些零星的记载，比如高岱《鸿猷录》卷十二引王守仁之语："招抚之说，可偶行于无辜胁从之民，而不可常行于长恶怙终之寇；可一施于回心向化之徒，而不可屡施于佯服随叛之党。"[14]由于他的镇压和治理，结果"南赣自此数十年无溃池之警"[15]。

在嘉靖年间，虽然朝廷对王守仁多加惩戒，但是地方的官员和百姓还是自发地对他加以纪念。所谓民心向背，有口碑在[16]。

王守仁在广西的治理，影响也很大。

对于王守仁征讨思、田、八寨，以及所取的方略、政策，当时就有高度评价者，如张璁曾言"我今日方知王公之不可及"，深表钦服。[17]

王守仁死后，继承其职，主持广西之事的林富，基本采取了王守仁的方略。

嘉靖十五年，广西两江民众又起。十七年，朝廷派蔡经率军镇压，又采取了一系列政策，其中多有与王守仁相类者。故前人云，他们"皆可谓有功于岭表矣"。[18]

此后，隆庆、万历期间，广西依然有各种抗争。万历八年，督臣刘尧诲镇压了广西八寨等叛乱，还是延续了王守仁的一些做法。[19]当时的兵部左侍郎汪道昆撰、周天球书的龙隐岩《平蛮碑》较为详细地记录了镇压的经过。[20]

直到明末，广西八寨等地区，虽然叛乱不断，但是，明朝政府基本上掌控了这一地区。这一地区的民族融合也取得一定程度的进展。

可见，王守仁当时所采取的一系列方略，还是起到了一定的作用。

隆庆时，浙江巡抚王得春上疏，为王守仁平思、田、八寨之行辩护。有曰："当时大臣，有忌其两广功成，疏中未叙己者，乃从中主议，谓其不俟命而行，非大臣礼，遂有旨削袭爵。臣等尝为守仁冤之。何则？假使守仁诈病而归，与地方未平，而急身谋，诚为可罪。然地方已平矣，即不病，亦当听其辞归，以彰朝廷均劳大臣之义。矧地方已平，而又病，病又笃，卒死于道路，而人犹执其迹以罪之，冤亦甚矣。"[21]这是比较公允之论。

可见，王守仁为官，谈何易也。

至于王守仁所要求实施的"十家牌法"[22]、设立的乡村"社学""乡学"、倡导的《乡约》[23]，以及由他颁布的各种对"父老子弟"的告谕，对"节妇"的旌奖等等，这些具体的方法和措施，是儒家学说在中国社会的现实展现，对于中国十六世纪以后广大农村社会的构筑有很大的影响，甚至到二十世纪，仍然起着作用。这样的基层社会构造，对此后中国社会的发展，起了怎样的作用？有哪些经验和教训？需要我们深入思考和探索。

三、思想、学说的流布

如果说王守仁作为一个政治人物，他的足迹遍布了中国东南的大部省份，留下了重要的业绩，对于巩固明朝的统治，发挥了相当的作用。那么他作为一个思想家的影响，就显得更加深远。

关于他的思想和学说，在他生前，世间就议论纷纷；死后，更经历了漫长曲折的过程。造成这种波折变化的重要原因，是当政者的态度。其实，嘉靖皇帝在"大礼议"之后，就表明了重视朱子学的态度，引用朱熹《南剑州尤溪县学明伦堂铭自得有述》，批评当时臣子的品行。[24]

王守仁死后不久，在吏部讨论其功过时，嘉靖严厉指责他："放言自肆，诋毁先儒，号召门徒，声附虚和，用诈任情，坏人心术。近年士子传习邪说，皆其倡导。"并下旨："敢有踵袭邪说，果于非圣者，重治不饶。"[25]

当时桂萼掌吏部事务，后人以为系桂萼弹劾王守仁。但考之史实，首发此议到最后处分王守仁的，归根结底，还是嘉靖皇帝本人。因此，在嘉靖朝，王守仁本人的功绩，实际上一直没有得到朝廷的完全认可。

王守仁的学说则在不断流传。到隆庆时代，随着他被重新恢复爵位，整体环境改善，加上当权者中有徐阶等后学支持鼓吹，王学更逐渐成为显学。

隆庆以后到明末，王守仁的学术思想，广为传播。

从流派来说，有的按照地域，分为江左、江右、泰州等；[26]
有的按照内容，分为现成派、静寂派、修正派[27]；
有的按照当时的政治视点，分为"王学左派""王学右派"。

就内容来说，"天泉桥答问"所涉及的"四无"或"一有三无"等关系到儒学根本问题的争论，在中国思想史中继续延续着,至今仍是议论的课题。

由于李卓吾等后世称之为"王学左派"的肆扬发挥,"撒手悬崖",他们所宗的"阳明学"成为冲击统治意识形态的思潮。有的学者也指出,在这思潮中,出现了所谓"王学在万历、天启间,几已与禅学打成一片"的偏颇。[28]

关于明代人对王守仁的评价,《国榷》曾引诸家说,现列之于下,或可见当时的状况:

支大纶曰:"王文成鞠躬尽瘁,病剧而归,没于道路,亦可已矣。而言者犹以擅离重镇咎之,世之忌功如此。"

何乔远曰:"王守仁以致知为致本心之良知,有宋吕氏已有是说,而朱学辟之。其旨诚不知于《大学》何如?孟子曰,凡有四端于我,扩而充之,其近之与?若其傲倪权谲,以之蹈险出危,孔子所谓作《易》者其有忧患乎?至夫招朋讲学,虽在兵间,悾偬不废,临成败晏然,无所惧喜,可谓加齐卿相,不以动心。所谓豪杰之士耶?"

谈迁曰:"昭代名公卿最盛。靖远威宁、新建,俱以王氏封,余无望焉。彼虽韬钤显,于文学瞠乎后之也。新建度越诸子,倡明绝学。结世儒之舌,宁不诲妬乎哉。功不能疵,因而疵其学,曰'近禅'。噫,管大夫霸佐,仲尼仁之。即禅乎,何尤?"

王世贞曰:"吾时时见守仁乡人及其行兵地。道守仁智不可测如神云,高鸟尽,良弓藏。虽得保首领,乃勿克终有爵土逮子孙也。呜呼悲哉。其为说固未尽合朱氏,然亦洒然可喜,所自得深矣。学者又加甚焉。分门植党,以为胜朱氏。然此非守仁罪也。雄爽横放,不凿不蹈,能发所独见,难矣。"[29]

明末清初,阳明学的代表性学者是王守仁的同乡黄宗羲,他对于王学的贡献，重要的一点，是发展了王学中"人皆可为圣贤"的民本思想因素，表现在所著《明夷待访录》之中。而所编《明儒学案》，则勾画了明代阳明学展开的脉络。

清代前期，还有些阳明学者，如黄宗羲的学生韩孔当、邵鲁公。邵鲁公之孙邵念鲁，被称为是浙东王学的殿军。此后，邵鲁公的族孙邵二云，浙东的后学全谢山，虽然也受乡里学术的熏陶，但已非"道学"领域的阳明之学了。

这一思潮随着明王朝的崩塌、清王朝统治的巩固而被抑制。清朝康熙、乾隆时代，以明末的"空谈误国"，归咎于"王学"，尊崇朱子学。[30]王阳明之学，几成绝响。而在此时期，坚持阳明学的，是江右的李绂。[31]梁启超认为："李穆堂结江右王学之归。这个伟大学派，自此以后，便仅成为历史上名词了。"[32]

直到近代，外国的坚船利炮，打破了封闭天国的围墙，鸦片贸易，侵蚀了中国社会的肌体。中华民族危机之际，阳明学又被提起，又有了不同的评价和争论。

站在历史潮流前头的人士，从阳明学中吸取思想的养料。鸦片战争以后的曾国藩、康有为、谭嗣同、梁启超、蒋介石、毛泽东的思想中，多少都有着王守仁思想的因素。其他如熊十力、梁漱溟、张君劢、徐复观、钱穆等等的思想和议论中，都不乏王守仁思想的影响。[33]

但是也有严厉的批判。1895年，严复在他著名的《救亡决论》[34]中说：

> 盖学术末流之大患，在于徇高论而远事情，尚气矜而忘实祸。

> 夫陆王之学，质而言之，则直师心自用而已。自以为不出户可以知天下，而天下事与其所谓知者，果相合否？不径庭否？不复问也。自以为闭门造车出而合辙，而门外之辙与

> 其所造之车，果相合否？不龃龉否？又不察也。
>
> 　　后世学者，乐其径易，便于惰窳敖慢之情，遂群然趋之，莫之自反。其为祸也，始于学术，终于国家。

反映了当时接受了西洋思想的知识阶层的理性思考和对王守仁之学的另一个角度的评判。

王守仁的思想在明代就传到了日本、韩国等周边的国家。

在东亚其他国家，尤其在日本，以其"知行合一"的实践性，以其"直指心性"的直接明了，找到了生根发芽的新的社会环境，成为日本推动"尊王攘夷""明治维新"的思想要素之一。[35]

阳明学近年也流传到欧美，成为欧美思想界议论中国思想文化的重要资料。

王阳明的思想，在东亚社会，具有一定的影响。在现代的中国，又以其特有的形态流传着。

在当代，不同时期和不同区域，对"阳明学"依然有着不同的评论。或被称为中国在近代以前（或称"前近代"）思想解放的变奏曲。[36]或被批为"主观唯心主义"的反动思想。这样的斑驳现象，我想，正是其依然具有生命力的证明。

通过上述对王守仁生平、思想以及社会环境的探索，再回到我们在前言中提出的那些问题：

王守仁究竟是怎样一个人？清洗掉对他的各种误解，抹去他头顶的光环，可以看到：

王守仁是一个生活在十五、十六世纪中国明朝的现实的人，不是超越现实的神灵。

幼年，他生活在浙东的农村，受到当时传统文化的熏陶和教育，他从浙东的农村走来，随着家庭和社会的变迁，成为了一个明朝的官员，宦海沉浮，历经各种磨炼，成为独当一面的封疆大吏。他曾治理中国南部众多地区，显示了他的才干和远见。作为一个政治人物，有他的历史地位。

王守仁在现实的人生中，显现出不断反思、不断完善自我的发展过程。他的实践，他对自身的道德要求，他对家庭、师生、家族关系的处理，他作为一个地方的乡绅，都显现出独特的色彩。

他对于具体的乡村乃至县、省、民族地区的精心治理，具体地阐释了《大学》中所宣扬的"格物""致知""诚意""正心""修身""齐家""治国""平天下"这一儒家的理念，是"致良知"说的形象展开。

他一生所显现的人格，他的价值观念和生活方式，是那个时代儒家知识人的一个典型。他的经历和宗族的变迁，是那个时代政治历史的一个聚焦点。

王守仁思想的形成，并非生而知之，一朝顿悟。他不是超然的"圣人"。所谓的"五经皆史"，对经书的简约解说，是在精研之后的归纳，是研读经书、细加分析之后，在更高层次上的综合，并非不读经典、随心所欲、"一朝顿悟"的。若完全摒弃书本典籍，又何须"六经注我"？

他提出的"知行合一""心"即"理""致良知"之说，"人皆可为圣贤"的主张，在解决外在之"物"和内在之"心"的关系上，打破了当时正统儒学形骸化、教条化的框架，突出了个人自我内在的力量，强调了自我的重要性，在当时，以及此后中国的十六、十七世纪，形成了一股强烈的风潮，展现了人性一定程度的解放。其中，不乏有现代思想的萌芽和要素，是我们应当吸取的精神财富。当然，他的实践和思想，也存在一定的局限，有着影响中国社会和思想发展的负面因素，需要我们认真地解析、扬弃。

通过王守仁这个焦点，可以展现出那个时代中国各个层面

（政治的、社会的、思想的）的现实状态，他并没有对当时的政治体制提出挑战，没有勾画新的社会蓝图。当中国知识分子的精英，把主要精力纠缠于儒家学说的"正统"与"礼仪"当否的论争，困囿于当时的社会结构和文化传统之中时，恰恰是世界上各种新的社会思想显现出曙光的时代。

王守仁认为："物理不外于吾心，外吾心而求物理，无物理也。"人的"知"，是否可以完全跳越对于"物"的具体分析，直觉式地直接明"理"？如何解决"格物"（或可认为是对"物"的分析）和"致良知"（即达到"尽善"的地步）的同一？这是中国思想史乃至世界思想史中论争不休的问题，须在哲学上以及其他角度进一步探讨。抽象化、简单化的"致良知"思维模式，是否会是这五百年来中国社会文化停滞不前、未能踏进现代科学殿堂的一个关键所在呢？[37]

人类的认识，没有终点。我们对于王守仁及其思想的研究和探讨，也没有终点。

总之，王守仁以及他的思想，是中国文化的重要遗产，已经对中国和东亚社会产生了影响，或许还会继续发挥作用。因此，不是根据想象，不是根据后人涂抹上去的光环或污秽，而是真实地了解其人其事，在尽可能真实的基础上，理性地分析他的成就和不足，吸取有价值的内涵，或许也就不仅仅是"戏说"或"超越时空"式的媚俗和炫耀，也并非"斜阳只乞照书城"（龚自珍诗）的闲逸和洒脱了。

中国社会需要每个人内心的自觉，人的情感和理性的发展与成熟。这是社会进步的前提，是我们追求的目标，这也是本书或许可以存在的理由吧。

注释

1 见黄绾《行状》，上古版《全集》1429页。这里涉及王阳明临死前后，"大礼议"支持派内部的纷争。至于是否如黄绾所说，聂能迁所为是由于杨一清、张璁唆使，值得怀疑，可再考。要之，从王守仁前后行迹看，"行贿"求职，当为诬陷。

2 以上两条引文，见霍韬的《地方疏》，上古版《全集》1463 - 1467 页。这两条，在当时，当然都是"违规"的擅权之举。但当初嘉靖有"便宜从事"之旨，且事已成功，史有前例，霍韬在所上的《疏》中，辩之甚明，所以，群臣乃至嘉靖，也无法否认，以此加罪。

3 见黄绾《行状》，上古版《全集》1428 页。

4 嘉靖对于王守仁迟迟不受命赴广西，是有看法的。见《世宗实录》卷七十七，1709 页。又《实录》卷九十七"嘉靖八年正月"乙巳："（王守仁）以病笃，乞骸骨。因举富（按：林富）自代，不候命即归。上怒其专擅，且疑其有诈，谕吏部曰：守仁受国重托，故设没辞求去，不候进止，非大臣事君之道。卿等不言，恐人皆效尤，有误国事。其亟具状以闻。"2262 页。

5 王得春《浙江巡抚奏复封爵疏》，上古版《全集》，1510 页。王得春的疏文中，不谈嘉靖的旨意，也是为尊者讳也。

6 薛侃《同门轮年抚孤题单》。

7 黄绾《处分家务题册》，上古版《全集》，1488 页。

8 薛侃《同门轮年抚孤题单》，上古版《全集》，1488 - 1489 页。

9 《国榷》卷五十四，嘉靖八年二月，胡瓒宗、何鳌、屠应埈、萧鸣凤都被降职，不久，又命邹守益致仕。这些人都和王守仁有关系。胡瓒宗参与王守仁丧礼，萧鸣凤与其有诗文来往，邹守益乃其门生。嘉靖的态度是非常明确的。3394 页。

10 任士凭《江西奉复封爵咨》，上古版《全集》，1504 页。

11 王得春《浙江巡抚奏复封爵疏》："当时大臣，有忌其两广功成，疏中未叙己者，乃从中主议，谓其不俟命而行，非大臣礼，有旨削爵。"上古版《全集》，1510 - 1511 页。

12 杨博《会议复爵疏》，上古版《全集》，1514 - 1515 页。

13 以上参见黄绾《行状》，又，参见褚纳新《从谱牒记载看王阳明家世》，载《王阳明的世界》371 - 378 页，浙江古籍出版社，2008 年。

14 《鸿猷录》卷十二，276 页。

15 《鸿猷录》卷十三，308页。

16 见上古版《全集》《年谱》后所附资料。

17 黄绾《行状》，上古版《全集》1428页。

18 《鸿猷录》卷十五《在平蛮寇》，355页。

19 《读史方舆纪要》卷一百零九，"迁江县"的"南丹卫"条下。

20 据报道，此碑现存桂林市桂海碑林博物馆。

21 《奏复封爵疏》，上古版《全集》1510页。

22 见上古版《全集》528－531页，608－610页，1106页，1153页，1154页。

23 上古版《全集》599页。

24 见《世宗实录》卷七十三，1653页。

25 《世宗实录》卷九十八，2299－2300页。

26 见黄宗羲《明儒学案》。

27 参见日本冈田武彦《王阳明与明末儒学》。

28 见朱维铮校注本梁启超《中国近三百年学术史》第五章《阳明学派之余波及其修正》，138页，复旦大学出版社，1985年。

29 《国榷》卷五十四，嘉靖七年十一月，3389－3390页。

30 梁启超《中国近三百年学术史》，150－151页。康熙提倡程朱之学，清朝的主流学者，多批判阳明之学。雍正、乾隆对于《四书》注释的控制之严厉，为以前少见。

31 李绂，号穆堂。著有《穆堂类稿》五十卷，《续稿》五十卷，《别稿》五十卷，《陆子学谱》二十卷，《阳明学谱》若干卷，可惜后两种不存。见梁启超《中国近三百年学术史》，151页。

32 梁启超《中国近三百年学术史》，152页。

33 参见余英时《钱穆与中国文化》64－65页，上海远东出版社，1994年。朱维铮《阳明学在近代中国》，载《走出中世纪》240页，上海人民出版社，1987年。冯友兰《中国哲学史新编》第七册，《三松堂全集》第十卷485页以降，河南人民出版社，2000年。李泽厚《中国近代思想史论》，天津社会科学出版社，2003年等。

34 见王栻编《严复集》40页以降，中华书局，1986年。

35 参见日本源了园编《江户的儒学》199-236页,思文阁,1988年。永田广志《日本哲学思想史》212-215页,商务印书馆,1992年。关于日本阳明学的研究论著,数量颇多,或可参见拙著《日本汉学史》各卷中的介绍。

36 参见日本岛田虔次《中国近代思维的挫折》,筑摩书房,1970年。沟口雄三《中国前近代思想的曲折与展开》,东京大学出版会,1980年。

37 参见严复前引《救亡决论》,又陈方正《继承与叛逆》的《导论》部分、476页、628-629页。

参考文献

［明］王守仁撰，吴光、钱明、董平、姚延福编校《王阳明全集》，上海古籍出版社，1982年

［明］王守仁撰，吴光、钱明、董平、姚延福编校《王阳明全集（新编本）》，浙江古籍出版社，2010年

［明］王守仁撰，上海图书馆藏《与王晋溪司马》

［明］王守仁《居夷集》，明嘉靖三年温陵丘养浩刻本

［明］王守仁批评，［明］胡宗宪参评《新镌武经七书》，日本尊经阁文库藏明天启元年刊本

（日）近藤康信《传习录》，明治书院，1961年

（日）吉田公平《传习录》，角川书店，1988年

陈荣捷《传习录详注集评》，台湾学生书局，1989年

叶树望《新发现的王阳明佚文六件》，《文献》，1989年第4期

计文渊《王阳明书法集》，西泠印社，1996年

梁颂成《王守仁在常德的诗歌创作》，《常德师范学院学报》，2001年第1期

钱明《王阳明全集未刊散佚诗文汇编及考释》，见所著《阳明学的形成与发展》，江苏古籍出版社，2002年

尹文汉《王阳明游九华山综考》，《池州师专学报》2006年第2期

（日）永富青地《关于上海图书馆藏〈新刊阳明先生文录续编〉》，载日本《东洋的思想与宗教》，2006年第46号

计文渊《吉光片羽弥足珍——新发现的王阳明诗文墨迹十种》，余姚王阳明学术思想国际研讨会论文集，2007年

束景南《阳明佚文辑考编年》，上海古籍出版社，2012年

束景南、查明昊《王阳明全集补编》，上海古籍出版社，2016年

［清］毛奇龄《王文成传本》，明辨斋丛书本

（日）久须本文雄《王阳明的禅的思想研究》，日进堂书店，1957年

（日）冈田武彦《王阳明与明末儒学》，日本明德出版社，1970年

（日）山下龙二《阳明学研究》，现代情报社，1971年

（日）荒木见悟《佛教与阳明学》，第三文明社，1979年

钱明《阳明学的形成与发展》，江苏古籍出版社，2002年

（日）永富青地《王守仁著作的文献学研究》，汲古书院，2007年

［清］王仁闻等《四明上菁李家塔王氏宗谱》，载钱明、叶树望主编《王阳明的世界》，浙江古籍出版社，2008年

褚纳新《从谱牒记载看王阳明家世》，载钱明、叶树望主编《王阳明的世界》，浙江古籍出版社，2008年

（日）冈田武彦《王阳明与明末儒学》，上海古籍出版社，2011年

（日）冈田武彦《王阳明大传》，重庆出版社，2015年

《战国策》，中华书局，1985年
《史记》，中华书局，1972年
《晋书》，中华书局，1974年
《新唐书》，中华书局，1975年
《资治通鉴》，中华书局，1975年
《宋史》，中华书局，1977年
《明史》，中华书局，1974年
［明］李东阳、申时行等《明会典》，中华书局，1989年
［明］焦竑《国朝献征录》，广陵书社，2013年
［清］谈迁《国榷》，中华书局，1956年
［清］夏燮《明通鉴》，中华书局，1959年
［清］谷应泰《明史纪事本末》，中华书局，1977年
［清］顾祖禹《读史方舆纪要》，中华书局，2005年
台湾"中研院"历史语言研究所校印《明实录》，1962年

《万历杭州府志》，《中国方志丛书》本，台北成文出版社，1974年

《乾隆绍兴府志》，《中国方志丛书》本，台北成文出版社，1974年

《乾隆辰州府志》，《中国方志丛书》本，台北成文出版社，1974年

《同治湖州府志》，《中国方志丛书》本，台北成文出版社，1974年

《光绪余姚县志》，《中国方志丛书》本，台北成文出版社，1974年

《乾隆江阴县志》，《中国方志丛书》本，台北成文出版社，

1974 年

《乾隆无锡县志》,《中国方志丛书》本,台北成文出版社,1974 年

《嘉庆增城县志》,《中国方志丛书》本,台北成文出版社,1974 年

《乾隆池州府志》,《中国地方志集成·安徽府县志》,江苏古籍出版社,1998 年

《光绪贵池县志》,《中国地方志集成·安徽府县志》,江苏古籍出版社,1998 年

《道光繁昌县志》,《中国方志丛书》本,台北成文出版社,1974 年

《乾隆长沙县志》,《中国方志丛书》本,台北成文出版社,1974 年

《同治沅陵县志》,《中国方志丛书》本,台北成文出版社,1974 年

《光绪湖南通志》,《续修四库全书》本,上海古籍出版社,2002 年

《正德安庆府志》,《天一阁藏历代方志丛刊》本,2017 年

《湖广通志》,《文渊阁四库全书》本

《南昌郡乘》,北京图书馆据清康熙刻本影印本

《北新关志》,清雍正九年刊本

《重修庐陵县志》,民国九年刻本

田汝成《西湖游览志》,上海古籍出版社,1980 年

《上杭县志》,福建人民出版社,1993 年

《九华山志》,《四库全书存目丛书》本,齐鲁书社,1997 年

《京口三山志》,《四库全书存目丛书》本,齐鲁书社,1997 年

［明］俞汝楫《礼部志稿》，《文渊阁四库全书》本

［明］高岱《鸿猷录》，上海古籍出版社，1992年

［明］黄佐《南雍志》，《四库全书存目丛书》本，齐鲁书社，1997年

［明］郑晓《吾学编》，北京图书馆出版社，2004年

［明］何乔远《名山藏》，福建人民出版社，2010年

［明］黄文炤《古今长者录》，乾隆八年刻本

［明］薛应旂《宪章录》，明万历年间刻本

《弘治十二年进士登科录》，上海图书馆藏本

《天一阁藏明代科举录选刊·会试录》"弘治十二年会试录"，宁波出版社，2010年

［清］李调元《制义科琐记》，《丛书集成初编》本，商务印书馆，1937年

［宋］朱熹《四书章句集注》，中华书局，1983年

［明］李贽《续藏书》，中华书局，1974年

［明］黄宗羲《明儒学案》，中华书局，1985年

［明］冯从吾《关学编》，中华书局，1987年

［明］季本《季彭山先生文集》，书目文献出版社，1988年

［明］罗钦顺《困知记》，中华书局，1990年

［明］孙奇逢《理学宗传》，山东友谊出版社，1990年

［明］杨廉《月湖集》四十八卷，《四库全书存目丛书》本，齐鲁书社，1997年

［明］杨一清《杨一清集》，中华书局，2001年

［明］杨廉《皇明名臣言行录》《象山语录》《月湖文集》，《续修四库全书》本，上海古籍出版社，2002年

［明］邹守益《邹守益集》，凤凰出版社，2007年

［明］刘大夏《刘大夏集》，岳麓书社，2009年

［明］徐祯卿《徐祯卿全集编年校注》，人民文学出版社，2009年

［明］张邦奇《张文定公文选》，日本东京国会公文馆藏嘉靖己酉许氏序本

［明］林俊《见素集》，日本内阁文库藏明万历乙酉序刊本

［明］杭淮《双溪集》，日本内阁文库藏明刊本

［明］邵宝《容春堂集》，日本内阁文库藏本

［明］王世贞《弇州山人四部稿》，《文渊阁四库全书》本

［明］王世贞《弇州山人续稿》，《文渊阁四库全书》本

［明］李梦阳《空同集》，《文渊阁四库全书》本

［明］李东阳《怀麓堂集》，《文渊阁四库全书》本

［明］杨廉《杨文恪公集》，《文渊阁四库全书》本

［明］文徵明《甫田集》，《文渊阁四库全书》本

［明］顾璘《顾华玉集》，《丛书集成续编》本

［明］湛若水《泉翁大全集》，嘉靖十九年刻、万历二十一年修补本

［明］陆深《陆文裕公行远集》，明崇祯十年云间陆起龙刻本

［明］邹守益《邹东廓先生遗稿》，民国十五年胡庆道重印本

［清］顾炎武《日知录》，上海古籍出版社，2012年

［明］陈洪谟《治世余闻》，《丛书集成初编》本

［明］沈节甫《纪录汇编》，《丛书集成初编》本

［明］王鏊《震泽长语》，《丛书集成初编》本

［明］阎秀卿《吴郡二科志》，《万有文库》本，商务印书馆，1937年

［明］郑晓《今言》，中华书局，1984年

［明］杨慎《升庵诗话笺证》，上海古籍出版社，1987年

［明］萧彦等《掖垣人鉴》，《四库全书存目丛书》本，齐鲁

书社，1997年

［明］黄瑜《双槐岁抄》，中华书局，1999年

［明］沈德符《万历野获编》，上海古籍出版社，2012年

《吴文定公为唐子畏乞情帖》，载《美术生活》第三十七期

［清］纪昀等《四库全书总目提要》，台湾商务印书馆，1983年

［清］黄虞稷《千顷堂书目》，上海古籍出版社，1990年

［清］卞永誉《式古堂书画汇考》，浙江人民美术出版社，2012年

［清］路本亮《汶邑路氏族谱》，清乾隆五年刊本

（日）谷光隆《关于明代马政的一点考察》，载《东方学》第212期，1961年

（日）岛田虔次《中国近代思维的挫折》，筑摩书房，1970年

（日）谷光隆《明代的马政研究》，同朋舍，1972年

（日）沟口雄三《中国前近代思想的曲折与展开》，东京大学出版会，1980年

（日）源了园编《江户的儒学》，思文阁，1988年

（日）永田广志《日本哲学思想史》，商务印书馆，1992年

梁启超《中国近三百年学术史》，复旦大学出版社，1985年

严复《严复集》，中华书局，1986年

朱维铮《阳明学在近代中国》，载《走出中世纪》，上海人民出版社，1987年

卿希泰主编《中国道教史》，四川人民出版社，1993年

余英时《钱穆与中国文化》，上海远东出版社，1994年

李洵《明代内阁与司礼监的结构关系》，载《下学集》，中国社会科学出版社，1995年

栾成显《明代黄册研究》，中国社会科学出版社，1998年

周道振、张月尊《文徵明年谱》，百花出版社，1998年

张宪文、张卫中《张璁年谱》，上海古籍出版社，1999年

冯友兰《中国哲学史新编》，《三松堂全集》第十卷，河南人民出版社，2000年

邹志方、车越乔《历代诗人咏兰亭》，新华出版社，2002年

李泽厚《中国近代思想史论》，天津社会科学院出版社，2003年

胡吉勋《大礼议与明廷人事变局》，社会科学文献出版社，2007年

陈方正《继承与叛逆：现代科学为何出现于西方》，生活·读书·新知三联书店，2009年

陈志付《红脸白脸说王越》，《淇滨晚报》，2009年2月27日

唐晓涛《武靖州的设立、迁址及其废置缘由考析》，《云南民族大学学报》（社科版），2011年第5期

后　记

在 2021 年炎热的三伏天，接到了几位先生的讣闻，又收到了出版社发来的《王阳明传》校样。深感岁月荏苒，再无缘奉呈前辈斧正。悲欢交集，百味杂陈。

面对校样，回想起写作过程中的许多往事，浮现出当时的各种问题，仿佛再次经历了思考跋涉的过程。

萌生写作的动机，那还在 30 多年前，我在复旦大学古籍研究所，担当编《全明诗》的时期。阅读了不少明代的文献，觉得对明代社会政治史、思想史、文学史的研究，王守仁是必须面对的关键人物。前辈朱东润先生在《张居正大传》以后，曾撰写《王阳明大传》，但后来散佚了。因此我就搜集资料，进行研究，曾发表了些有关的论文。但后来因各种原因，把精力主要用于拙著《日本汉学史》的写作了。

直到写完了《日本汉学史》，才又转到王阳明的研究。

因为和当时致力王阳明文献辑佚考证的学者：计文渊、钱明、日本的永富青地博士、复旦的同窗老友束景南等先生，以及海内外明代文学、思想、历史研究的学者都有所交往，知道学界的状况，所以我把主要精力放在对王守仁诗文的解读上。我认为，其中包含着不少可"以诗证史"的信息。

上述学者的成果已经陆续出版，反映了我国近年王阳明研究的水平，为进一步研究提供了最基本的文献和坚实的基石，非常值得尊重。而我在编撰《王阳明诗集编年校注》（此书尚在出版社编审过程中）的基础上，结合有关政治史、思想史的研究，撰写了这部稿子。

费时多年，数易其稿，从原先传统谱牒式的年谱，到纲目式的编年体，再变成正文和注释说明混杂的传记，最后，听取了一些朋友的意见，经多次修订，改成如今的模样。

面对校样，又回到当初提到的那些问题：

王阳明是怎样一个人？他生活成长的家庭、社会环境如何？

他怎样一步步走上了明代的政治舞台？广为人知的"投江渡海"的传说，是否真有其事？

他在当时的政治体制中，处于怎样的位置？和各种政治势力有怎样的联系？一生几经波折，原因何在？

他以"致良知"为中心的心学体系究竟是如何建立、如何发展而成的？

"良知"说，究竟有怎样的含义？他所说的"心""良知"，和传统儒家所说的"性""理"等概念，是怎样的关系？当如何评价？

他本人的思想和作为，对我国历史和文化有怎样的影响？有没有可供我们今天参考的因素和值得吸取的教训？

所谓的"阳明学"，在十五、十六世纪，世界的历史发展中，处于怎样的地位？应当如何看待它和当时以及现今世界思潮的关系？

凡此等等。

俗语说，一个傻瓜提出的问题，十个聪明人也许都回答不

后记

了。我提出了些问题，但深知自己不是聪明人。我回答了没有呢？也许回答了一些，也许为解决问题提供了一些资料和思考的角度，但肯定尚未全部回答，尤其上述问题的后面几个，更需再加探索。

此稿在2017年和拙著《王阳明诗集编年校注》（暂名），一起交到上海古籍出版社。承蒙接纳。到今年，出版社决定由杨立军编辑审理此稿。他认真工作，改正了原稿中的不少脱误漏阙，对格式以及不合乎出版标准的地方做了整理，对一些文字和注释做了删改。他提出，本书引用不少诗歌的校释，和拙著《王阳明诗集编年校注》有重复处，建议删除繁冗。尽管对于他的处置，有些地方我有不同看法，但我还是尊重他从出版角度所提的意见。因为我知道，自己的想法未必一定正确。不仅这本书，包括我们每个人，都只不过是历史长河中微不足道的一滴水，匆匆过客而已，不必固执己见。拙著的问题和误讹，肯定在所难免，衷心期待各方的批评，以便进一步改进。

对于杨立军编辑的工作，对于上海古籍出版社为此书的出版贡献了力量的查明昊、刘海滨等编辑，还有社领导高克勤、吕健、奚彤云等新老朋友，我由衷感谢。因为任何一部著作的出版，都不仅是作者个人的成果，其中都包含着编辑、出版者的大量奉献和辛劳。

在此书编辑出版期间，得知景南兄又刊出了新的大著《王阳明大传》，可喜可贺。身处东瀛，尽管该书我尚未拜读，但这说明，王阳明的研究，还在不断进行，可望进一步的深入和展开。

连续多日校读，夏日已过，秋声渐起。伏案之间，突然想起少年时，在小学语文课读过的课文：

夏天过去了，可是，我还十分想念，那些个可爱的早晨和黄昏。早晨起来，打开窗户一望：田野一片绿，天空一片蓝，多谢夜里一场大雨，把大地洗得多么干净。

是的，非常想念过往的那些早晨和黄昏。

校阅期间，孩子携带孙女，特地从其他城市开车来看望父母，颇感温馨。"七十老翁何所求？"不止一个亲友劝过我，何必再写什么书呢？即使要写，又何必那么较真？写点轻快的文字不行吗？何苦呢？或许确实如此。

西哲笛卡尔说，"我思故我在"，王阳明说，"心外无物""知行合一""致良知"。对此有各种不同的阐述和理解。

我的态度是：我在，我思，我行。

环球疫情严重，世间风云激荡。处于历史大变动中，"长恨此身非我有，何时忘却营营？"（苏东坡词句）只能在自己选择的道路上，做自己想做、应该做而又可以做的事：探讨真相，探求真情，探索真理。

如此而已。

2021年9月，中秋节前，于日本金泽卯辰山麓

图书在版编目(CIP)数据

王阳明传:十五、十六世纪中国政治史、思想史的
聚焦点/李庆著. —上海:上海古籍出版社,2021.11 (2025.7重印)
ISBN 978-7-5732-0121-8

Ⅰ.①王… Ⅱ.①李… Ⅲ.①王守仁(1472-1528)
—传记 Ⅳ.①B248.2

中国版本图书馆CIP数据核字(2021)第223135号

王阳明传
十五、十六世纪中国政治史、思想史的聚焦点
李　庆　著

出版发行　　上海古籍出版社
地　　址　　上海市闵行区号景路159弄A座5F
邮政编码　　201101
网　　址　　www.guji.com.cn
E-mail　　guji1@guji.com.cn
印　　刷　　浙江临安曙光印务有限公司印刷
开　　本　　890×1240　1/32
印　　张　　18.875
插　　页　　4
字　　数　　474,000
版　　次　　2021年11月第1版　2025年7月第4次印刷
印　　数　　6,101—7,600
书　　号　　ISBN 978-7-5732-0121-8/B·1235
定　　价　　88.00元

如有质量问题,请与承印公司联系